엑셀과 AI로 쉽게 배우는

경영통계학

김상조 | 최원일 | 공희숙

도서출판 창명

머리말
PREFACE

현대 사회는 정보와 데이터가 넘쳐나는 '정보 과잉의 시대'로 정의될 수 있다. 적절하고 정확한 정보는 효과적인 판단으로 이어지지만, 편향되거나 과도한 정보는 오히려 불확실성을 키우고 잘못된 의사결정을 유도할 위험이 있다. 불확실성은 미래의 상황이나 사건을 정확히 예측할 수 없는 상황을 의미하며, 이는 개인의 사소한 선택부터 기업의 경영 의사결정, 국가의 정책 결정에 이르기까지 우리의 삶 전반에 존재한다.

불확실성은 '가능성'과 '확률'이라는 개념으로 표현될 수 있다. 어떤 사건의 발생 확률이 0%나 100%에 가까울수록 불확실성은 낮아진다. 그러나 실제 상황에서는 특정 사건의 발생 확률이 0%나 100%인 경우는 드물다. 우리는 대부분 0%와 100% 사이의 확률 값을 전제로 의사결정을 내릴 수밖에 없다. 이때 중요한 것은 '추정의 정확성'이다. 추정이 정확할수록 의사결정의 오류 가능성이 낮아지고, 반대로 추정이 부정확하면 치명적인 결과를 초래할 수 있다.

특히 학생들이 활약하게 될 복잡한 경영 환경에서는 시장 변화, 소비자 행동, 경쟁 상황, 기술 발전, 국제 관계 등 불확실성으로 가득찬 다양한 변수들이 있다. 이런 환경에서 복잡한 변수들을 과학적으로 이해하고 대응하는 능력이 반드시 필요한데, 이런 능력들은 통계적 사고를 통해 보다 정교해질 수 있다. 즉, 정확한 데이터 해석은 경영 의사결정의 질적 향상에 기여할 수 있으며, 통계학은 이를 위한 핵심 도구로 작용한다. 그러므로 통계학은 단순히 숫자를 계산하는 기술이 아니라, 자료의 수집에서부터 분석과 해석에 이르기까지 의미 있는 정보를 도출하고 이를 의사결정자의 논리적 판단을 위한 정제된 보고서를 만드는 능력의 관점에서 이해해야 한다.

이 책은 많은 학생들이 통계학을 너무 어렵고 멀게 느끼는 현실을 조금이나마 타개하기 위해 저술되었다. 저자들은 의사결정과 관련된 다수의 교과목 강의 경험에서, 통계학이 일상적인 사고와 문제 해결 능력을 기르는데 필수적인 학문임에도 불구하고, 학생들이 단지 복잡하고 어려운 수학의 한 분야로 인식하는 점을 안타깝게 여겨왔다. 따라서 이 책은 학생들이 통계학을 보다 친근하게 받아들이고, 실생활과 실무에서 유용하게 활용할 수 있는 역량을 키우기를 바라는 마음으로 기획되었다.

통계학은 수학 그 자체라기보다 현실의 문제를 수치화하고 해석하는 방식에 관한 학문이며, 이를 이해하는 데 필요한 수학 지식은 기초 수준으로 충분하다. 특히 최근에는 정보기술의 발달로 통계 분석의 계산 부담이 크게 줄었으며, Microsoft Excel이나 ChatGPT 등 실생활에서 친숙한 도구를 활용하여 통계적 사고를 쉽게 실현할 수 있는 환경이 마련되었다.

이 교재는 통계학의 기초 개념을 학부 수준에서 쉽게 이해할 수 있도록 설명하고, 경영학과 관련된 실제 사례를 중심으로 통계적 접근과 분석 방법을 소개한다. 학생들이 통계학을 부담 없이 학습할 수 있도록, 어려운 용어는 상세히 풀이하고, 실습 중심의 구성으로 직접 데이터를 다뤄보며 통계 원리를 체득할 수 있도록 하였다.

2025년 8월
저자 일동

차례
CONTENTS

chapter 06 표본분포와 모수의 추정

chapter 07 단일집단 모평균의 검정

chapter 08 두 모집단의 평균차이에 관한 가설검정

chapter 13 다중회귀분석

CHAPTER

01 경영통계학 입문

BUSINESS STATISTICS

1. 경영환경과 통계학

현대사회의 가장 큰 특징 중 하나는 '불확실성'이다. 과학기술의 급속한 발전, 글로벌 경제환경의 변동성, 정치사회적 불안정성 등 다양한 요인들이 불확실성을 키우고 있다. 특히, 경영의사결정 측면에서 불확실성은 기업의 미래를 위험에 빠뜨리는 중요한 요인으로 작용한다.

경영학에서 통계는 의사결정 과정에서의 불확실성을 제거하거나 축소하기 위해 활용되는 전략적 수단 중 하나이다. 하루가 다르게 변하는 시장에서 자료가 부족한 경영자는 의사결정의 시기와 방향을 정하기 두려워하며, 결과적으로 잘못된 의사결정을 내릴 위험이 크다. 반대로, 자료가 너무 많으면 자료의 진실성과 유용성을 판별하는 데 많은 시간이 필요할 뿐만 아니라 선택의 폭이 넓어져서 오히려 의사결정에 방해가 된다.

그래서 많은 기업들이 의사결정에 필요한 품질이 좋은 자료를 확보하기 위해 통계나 자료 수집에 적지 않은 자금을 투입한다. 질이 좋은 자료는 경영자가 더 정확하고 신속하게 결정을 내릴 수 있도록 도와주며, 이는 궁극적으로 기업의 성공에 크게 도움을 주기 때문이다.

그림 1-1 기술통계학과 추론통계학

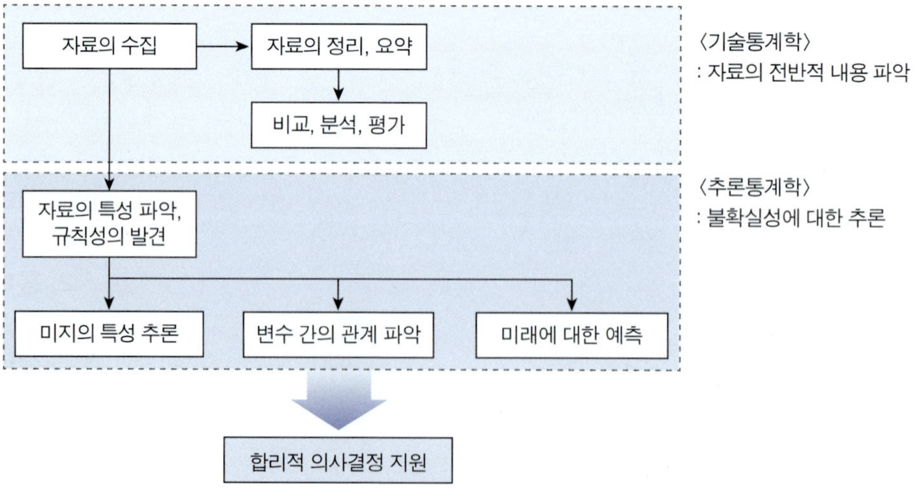

통계학(statistics)은 통계적 절차에 의해 수집된 자료의 신뢰성과 타당성을 평가하고, 자료 분류기법이나 분류된 자료에서 성질과 규칙성 등을 찾아내는 기술과 기법을 연구하는 학문이다. 통계학은 기술통계학(descriptive statistics)과 추론통계학(inferential statistics)으로 구분된다.

기술통계학은 수집된 자료를 효율적으로 정리하고 요약하는 방법에 관한 것이다. 여기에는 자료의 개수를 세는 방법(도수), 자료의 배열을 바꾸는 것(정렬), 자료를 몇몇 집단으로 묶는 것(범주화), 자료를 표나 그림으로 표현하는 것(도표화), 자료를 연산하여 다른 숫자(대표치)로 변환시키는 절차 등이 포함된다.

추론통계학은 수집된 자료를 처리하여 의미 있는 결론을 도출하는 방법에 관한 통계적 절차를 포함한다. 이는 수집된 정보(표본집단 자료)로 전체 집단의 정보(모집단)를 추정하는 것과 통계적 추정의 정확성을 판단하는 것(통계적 가설검정)으로 나눌 수 있다.

현대 통계학은 기술통계보다는 불확실한 미래에 대한 결론을 이끌어 내는 데 필요한 기법과 이론을 제시하는 추론통계학에 더 큰 관심을 두고 있다. 그러나 기술통계학과 추론통계학 모두 수집된 자료를 바탕으로 합리적인 의사결정을 지원할 수 있는 정보(information)를 만드는 것을 목표로 한다.

기술통계와 추론통계의 예

기술통계

- 경인지역에는 1,000만 명이 넘는 사람이 살고 있다.
- 한국대학 경영학부에서 경영통계학을 수강하고 있는 학생 85명 중에서 56명이 K브랜드의 스마트폰을 갖고 있다.
- 작년 우리나라의 KOSPI와 KOSDAQ 지수는 연초 대비 각각 +3.3%와 −15.6%를 기록했다.

추론통계

- 1월부터 8월까지의 수출입 통계를 고려할 때 올해 수출규모는 전년 대비 12.4% 증가할 것으로 예측된다.
- 임상실험결과 새로 개발된 항바이러스 약품의 완치율이 95% 정도일 것으로 예측된다.

2. 통계와 자료

사람은 의사소통을 위해 다양한 형태의 자료와 정보를 활용한다. 이때 자료(data)는 개인의 오감각을 통해 관찰된 사물의 존재나 속성 그 자체로, 의미 없이 수집된 사실이나 그것들의 집합이다. 단순한 사실로서의 자료는 의사소통이나 의사결정에 도움이 되지 않는다. 자료를 의사결정에 유용게 만들기 위해서는 일정한 기준과 절차에 따라 분류하고 정제하는 과정을 거쳐야 하며, 이렇게 정리된 데이터의 집합을 정보(information)라고 한다.

자료와 정보는 문자, 소리, 영상, 숫자 등 다양한 형태를 가질 수 있지만, 가장 안정적이고 객관적인 형태는 숫자 정보이다. 숫자 형태로 수집된 자료는 통계적 방법을 통해 객관화되고 체계화되며, 더 높은 수준의 의사전달과 설득력을 확보할 수 있다. 더욱이 숫자는 컴퓨터로 처리할 수 있는 유일한 형태의 자료이기도 하다.

2.1 자료의 종류

1) 1차 자료와 2차 자료

1차 자료(primary data)는 의사결정자가 당면한 문제 해결에 필요한 자료나 정보를 관심대상으로부터 직접 구하거나 수집하여 얻은 자료이다. 1차 자료는 설문지, 관찰, 면접(인터뷰), 실험 등의 방법으로 구할 수 있다.

2차 자료(secondary data)는 다른 목적이나 과거에 수집되었던 자료 중에서 당면한 문제를 해결하는 데 활용할 수 있는 자료이다. 사내 실적 자료나 국책기관 연구보고서, 통계청이 제공하는 자료, 인터넷 검색자료 등이 해당한다.

예 1-1

- 1차 자료 : 인터뷰와 관찰을 통해 획득한 신제품에 관한 소비자 태도 자료
- 2차 자료 : 컴퓨터를 구입하기 위해 검색해 본 Consumer Report의 인터넷 기사

1차 자료 획득방법 중 하나인 설문법(survey)은 응답자의 내면적 속성이나 태도 등에 관한 정보를 미리 고안된 설문지(questionnaire)를 이용하여 획득하는 방법이다. 활용하기 쉽고 획득된 자료로 다양한 분석을 할 수 있기 때문에 경영현장에서 흔히 쓰인다.

예 1-2

- 이번에 출시된 스마트폰의 디자인은 어떻습니까?
  ① 매우 나쁨 ② 나쁨 ③ 보통 ④ 좋음 ⑤ 매우 좋음
- 가장 선호하는 여자 모델의 이름을 쓰시오. (　　　　　　　)

관찰법(observation)은 인위적인 조건이나 제약을 가하지 않은 상태의 관심대상을 직·간접적으로 관찰하고 기록하는 과정에서 필요한 자료나 정보를 얻는 수집 방법이다. 직접 관찰은 관찰자가 대상의 행동을 직접 관찰하는 방식이고, 간접 관찰은 CCTV, 사진, 온라인 기록 등의 다른 매체를 이용하는 방식이다. 상황이나 자극을 다양하게 연출하는 실험을 병행할 수 있기 때문에, 관찰법은 경영 현장에서 흔히 사용된다. 예를 들어, 마케팅에서는 디스플레이, 포장, 광고물 등의 마케팅 자극을 조작하고 그에 대한 소비자 반응을 관찰하기도 한다.

관찰법은 관찰의 대상이 되는 자극-반응 간의 관계뿐만 아니라, 말이나 글로 표현하기 어려운 비언어적 정보를 발견할 수 있는 장점이 있다. 반면에, 관찰자의 능력, 경험, 주관에 의존할 수밖에 없고, 관찰 대상의 행동에 내재된 심리적 요인을 알기 어렵다는 단점이 있다.

예 1-3

- 새로 출시한 가을 코트에 대한 소비자 반응을 체크하기 위해 진열대 앞에 설치된 관찰 카메라로부터 얻은 동영상 자료의 분석(video ethnography)
- 거리행인이나 매장방문객의 동선이나 쇼핑행동 관찰(town watching)
- 가족이나 친구의 기록물을 활용하여 관찰대상의 일생생활 분석(peer shadowing)
- 인터넷 광고 효과 측정을 위해 메인 서버의 로그 파일 분석(log file analysis)

면접법(interview)은 조사자가 관심대상을 직접 대면하여 질의응답하는 과정에서 자료를 수집하는 방법이다. 면접법은 면접에 참여하는 면접대상자(interviewee)의 숫자나 질문의 자유도에 따라 심층면접(in-depth interview)과 집단면접(group interview)으로 구분할 수 있다. 심층면접은 조사자나 면접관이 대개는 1~2명 정도의 소수 응답자를 대상으로, 특정 주제에 관한 심도 깊은 인터뷰를 진행하는 방식으로 자료를 얻기 때문에, 정량조사로는 얻기 힘든 관심대상의 내면적 가치나 심리를 파악하는데 유용하다. 집단면접은 여러명의 응답자를 한 그룹으로 모아놓고 주제에 맞는 질문과 토론을 유도하는 방식이다. 집단면접법 중에서 가장 알려진 것은 표적집단면접법(Focus Group Inter-view: FGI)이다. 표적집단면접법은 면접관이 참가자간의 상호작용과 의견교환을 유도하는 방식으로 진행되는데, 관심 주제에 관한 다양한 의견과 폭넓은 정보를 얻는데 유용하다.

면접법은 다른 정성적 기법과 마찬가지로 시간과 비용이 많이 들고 면접의 진행과 해석에서 조사자의 주관이 개입될 위험이 크기 때문에, 객관성이나 보편타당성을 확보할 수 있는 면접조사설계와 해석이 필요하다.

예 1-4

- (신제품 개발을 위해) 기존 제품에 대한 아쉬움이나 단점에 관한 인터뷰 실시
- (노동환경 개선을 위해) 근무환경의 적절성이나 개선점에 관한 종업원 면담 실시
- (신차 품질 개선을 위해) 인터넷 자동차 커뮤니티 회원을 본사로 초청하여 신차의 문제점이나 개선방향에 관한 토론회 개최

실험법(experimentation)은 실제 상황과 비슷하게 만들어진 모의 환경에서, 조사자의 관심요인 혹은 원인변수를 임의로 조작한 상황을 만든 다음, 그에 따른 실험참가자의 행동이나 심경변화 등을 관찰하는 방법이다. 실험법은 연구자가 관심이 없는 변수(외생변수)의 영향을 최소화하는 방향으로 실험 환경을 통제할 수 있기 때문에, 관심변수 간의 인과관계를 찾아내는데 유용하다. 경영분야에서 실험법의 대표적인 예는 모의시장 테스트이다. 모의시장 테스트는 실제 시장과 유사한 모의시장을 조성한 다음, 그 안에서 일어나는 소비자의 구매 행동을 분석하는 조사방법이다. 모의시장 테스트에서의 원인변수는 제품, 가격, 진열 등이 있으며, 결과변수는 제품선호도, 가격 민감도, 진열 민감도, 구매의도 등이 있다.

실험법은 변수 간의 인과관계를 측정할 수 있으며, 여러번 실험을 반복하여 결과의 신뢰성을 높일 수 있는 장점이 있다. 그러나 실험 환경의 현실성 문제나 시간과 비용이 많이 든다는 단점이 있다.

예 1-5

- 신제품의 시장반응을 예측하기 위해 진행하는 모의시장 테스트(simulated marketing test)
- 새로 개발한 음료에 대한 관능(taste) 테스트
- 신약효과 검증을 위해 소비자를 실험집단(신약을 복용한 집단)과 통제집단(신약을 복용하지 않은 집단 혹은 기존에 출시된 약을 복용한 집단 등)으로 나눈 다음 집단 간 효과 비교

1차 자료는 어떤 기법을 활용하든지 많은 시간과 비용이 필요하고 자료획득과정에서의 오류 발생 가능성이 높기 때문에 엄정하게 수립된 계획과 절차에 의해 수집되어야 한다. 1차 자료의 수집 절차에 대한 설명은 본서의 범위를 벗어나는 것이므로 조사방법론 서적을 참조하기 바란다.

2차 자료는 인터넷 검색자료, 연구보고서, 사내자료와 같이 이미 만들어져 있는 자료로부터 구한 자료이므로 1차 자료보다 수집하기 쉽지만, 자료의 작성목적이나 시점이 해결해야 할 문제의 그것과 다른 경우가 대부분이다. 그러므로 2차 자료를 이용할 때에는 자료의 적시성(timing)이나 정확성을 검토하여야 하며 자료 생성주체와 생성목적, 활용

된 표본과 자료의 획득방법, 분석방법 등의 다양한 요인들을 고려해야 한다.

2) 양적자료와 질적자료

자료는 양적자료(quantitative data)와 질적자료(qualitative data)로 나눌 수 있다. 관측대상의 속성을 수학적 연산(더하기, 빼기, 곱하기, 나누기)이 가능한 숫자로 표현할 수 있는 변수를 양적변수라고 하며, 이러한 형태로 얻어진 데이터를 양적자료 혹은 정량자료라고 한다. 비율척도나 등간척도[01]가 양적자료에 해당하며, 질적자료에 비해 객관성과 일관성이 높아 수리통계에 적합하다.

반면, 질적자료 혹은 정성자료는 관측대상의 속성을 수학적 숫자로 나타내기 어려운 데이터이다. 관찰, 면담, 개방형 설문지 등의 주관적 도구로 얻은 문자나 기호 데이터가 대표적인 형태의 질적 자료이다. 뿐만 아니라 성별이나 혈액형처럼 특정 속성의 유무를 나타내는 명목자료 그리고 비교대상의 순서를 표현하는 서열자료도 질적자료에 해당한다. 그런데 질적자료에서 숫자는 객관성과 일관성이 낮기 때문에 통계분석에 사용하거나 결과를 해석하기 어렵다.

양적자료는 질적자료로 비교적 쉽게 변환시킬 수 있지만, 그 반대의 방향으로 변환하기는 어렵다. 예를 들어 비율척도인 종업원의 연봉이나 성적 총점을 상 · 중 · 하 또는 A · B · C의 질적변수로 바꿀 수 있다. 그러나 상중하로 표시된 연봉수준을 구체적 금액으로 바꾸기는 어렵다.

양적변수는 다시 이산변수(discrete variable)와 연속변수(continuous variable)로 구분한다. 이산변수는 정수로 나타낼 수 있는 속성값(예: 자녀 수, 자동차 판매량)을 가지며, 연속변수는 길이나 무게처럼 소수점 이하까지 표현할 수 있는 속성값을 가진다. 이산변수의 관찰값은 이산자료, 연속변수의 관찰값은 연속자료라고 한다.

2.2 측정의 개념

측정(measurement)은 '척도를 지닌 도구를 이용하여 연구대상의 관심속성을 숫자

01 비율척도, 등간척도, 서열척도, 명목척도는 측정 방법에 의해 구분된 자료이다. 척도에 대해서는 2.3에서 학습한다.

로 전환시키는 과정'이다. 우리가 무엇을 측정한다고 하는 것은 대상의 속성값을 숫자로 표현하는 것이다. 연구대상의 관심속성은 측정에 의하여 특정의 숫자(측정값, observed value, measured value)로 표현된다. 연구자들은 측정행위를 통하여 대상의 속성에 관한 자료를 수집하는데, 수집된 관심대상의 속성값들의 모임을 자료집합 또는 데이터 집합(data set)이라고 한다.

그림 1-2 측정과 데이터 집합

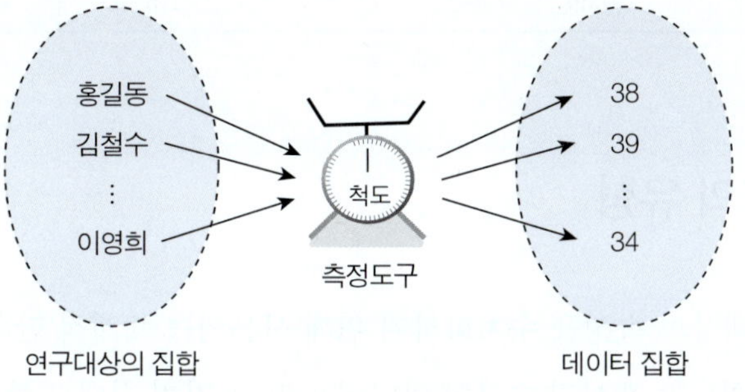

예 1-6 팀장 홍길동, 팀원 성춘향, 이몽룡의 3명으로 구성된 D기업 판매1팀의 직원 몸무게를 측정한다. 측정된 몸무게는 팀장 홍길동 68kg, 팀원 성춘향 52kg, 이몽룡 75kg이다. 조사대상, 관심변수, 측정도구 등을 정의하라.

풀이

- 조사대상(subject, case) : D기업 판매1팀(원)
- 관심변수(attribute, variable) : 몸무게
- 측정도구(instrument) : 저울
- 척도(scale) : kg
- 측정값(measured value, 관측치) : 홍길동 68, 성춘향 52, 이몽룡 75
- 자료집합(data set) : 68, 52, 75

한 변수에 대한 측정값을 모아 놓은 것을 단일변량 자료집합(uni-variate data set), 두 변수에 대한 측정값을 모아 놓은 것을 이변량 자료집합(bivariate data set), 세 변수

이상에 대한 측정값을 모아 놓은 것을 다변량 자료집합(multi-variate data set)이라고 한다. 다변량 자료집합의 전형적인 구조는 다음과 같다.

	변수 1 (몸무게)	변수 2 (키)	변수 3 (시력)	…	변수 k (ex : 고과점수)
사례 1 (홍길동)	70	175	2.0	…	4.0
사례 2 (성춘향)	45	160	1.2	…	4.0
사례 3 (이몽룡)	75	185	1.5	…	4.5
⋮	⋮	⋮	⋮	…	⋮
사례 n	60	165	1.5	…	3.5

2.3 척도의 유형

척도는 대상의 속성을 수치화하기 위해 사용되는 체계적 단위 혹은 각 속성에 부여된 숫자이다. 척도는 표시된 숫자의 의미에 따라 네 가지 형태로 분류된다.

명목척도(nominal scale)는 관심속성을 상호배타적인 범주로 구분하고 각각의 범주에 할당해 놓은 숫자체계이다. 성별을 표현할 때의 1과 2는 남성과 여성으로 범주화한 집단별로 1과 2의 기호를 배정한 것으로 수학적 의미가 없다. 명목척도로 측정된 자료를 명목자료라 한다.

서열척도(ordinal scale)는 관심속성의 순위관계를 나타내지만 숫자로서의 의미는 거의 없다. 성적 석차나 운동경기 등수 등에서의 숫자가 서열척도에 해당한다. 마라톤 1등, 2등, 3등에서의 등수는 1등이 2등보다 더 빠르고 2등은 3등보다 더 빠르다는 의미이지 1등이 2등보다 두 배 더 빨리 뛴다거나, 1등과 2등의 차이가 2등과 3등의 차이와 같다는 의미가 아니다. 서열척도로 측정된 자료를 서열자료라 한다.

등간척도(interval scale)는 관심속성의 순위뿐만 아니라 임의의 기준값을 중심으로 동일한 간격으로 숫자를 배치한 것이다. 섭씨온도계에 새겨진 척도에서 0℃는 온도가 없음을 의미하는 것이 아니라 순수한 물이 얼기 시작하는 온도이며 100℃는 물이 끓는 온도이다. 섭씨온도계는 어는점과 끓는점에 0과 100의 값을 배치한 다음 그 사이를 100개의 구분자로 나누어 각각의 점에 숫자를 배치한 것이다. 등간척도는 자연계에 존재하는 실제 숫자체계가 아니라 인간의 필요에 의해서 만든 척도이므로 원칙적으로는 사칙연산이 불가능하다. 그러나 서열을 구할 수 있으며 필요에 따라 사칙연산을 활용하기도 한다. 서울과 부산의 기온이 10℃와 15℃로 측정되었을 때 "서울과 부산의 온도의 합은 25℃" 라고 할 수는 없지만, "부산이 서울보다 5℃ 더 따듯하다" 혹은 "두 도시 온도의 평균은 12.5℃"라고 할 수 있다. 등간척도로 측정된 자료를 등간자료라 한다.

비율척도(ratio scale)는 관심속성이 전혀 존재하지 않는 상태를 절대기준점인 '0'으로 정하고 그 점을 중심으로 일정한 숫자를 배치한 숫자체계이다. 절대영점이 존재하고 사칙연산이 가능하다. 2kg의 물건과 1kg의 물건의 무게를 합하면 3kg, 두 물건의 무게 차이는 1kg, 평균무게는 1.5kg이다. 비율척도로 측정된 자료를 비율자료라 한다.

척도가 갖는 정보량은 비율척도, 등간척도, 서열척도, 명목척도의 순으로 적어진다. 따라서 통계를 통해 다량의 정보를 얻고 싶다면 비율척도나 등간척도를 활용하는 것이 좋다. 그러나 정보량이 많은 척도일수록 응답자가 응답하기 어렵기 때문에 정확한 응답을 해주지 않는 경우가 많다. 그런 이유로 비율척도나 등간척도는 서열척도나 명목척도로 측정하는 경우보다 더 많은 노력과 시간 그리고 비용이 필요하다.

ChatGPT 활용

본 서는 인공지능(AI)의 통계적 활용을 다룬다. 인공지능은 분야별로 다양한 Tools가 있지만, 가장 대중적인 ChatGPT를 위주로 설명한다. 저자들은 학생들이 ChatGPT가 제공하는 통계 개념이나 문제 풀이에 대한 즉각적이고 상세한 설명을 통해 학습의 연속성을 얻을 것으로 기대한다.
ChatGPT를 포함한 인공지능은 머신러닝기반이므로 데이터가 누적될수록, 제시되는 답의 형태나 표기방식이 조금씩 달라질 수 있음을 기억하자. ChatGPT를 호출한 다음 명령 프롬프트에 궁금한 질문들, 예를 들면 아래의 질문을 입력한 다음 답을 살펴보자.

명목척도, 서열척도, 등간척도, 비율척도의 개념과 각각의 예를 2개씩 설명해주세요.

네, 각 척도의 개념과 예를 간결히 설명합니다.

1. **명목척도 (Nominal scale)**

- 개념: 서로 구분만 할 수 있고, 순서나 크기는 없음.
- 예:
  - 성별 (남성, 여성)
  - 혈액형 (A, B, AB, O)

2. **서열척도 (Ordinal scale)**

- 개념: 순서가 있지만 간격은 일정하지 않음.
- 예:
  - 학년 (1학년, 2학년, 3학년)
  - 고객 만족도 등급 (불만족, 보통, 만족)

3. **등간척도 (Interval scale)**

- 개념: 순서와 간격이 일정하지만 절대 0이 없음.
- 예:
  - 온도 (섭씨, 화씨)
  - 날짜 (연도)

4. **비율척도 (Ratio scale)**

- 개념: 절대 0점이 있어 비율 계산 가능.
- 예:
  - 몸무게 (kg)
  - 키 (cm)

필요 시 더 자세히 설명해 드리겠습니다.

3. 모집단과 표본

정보를 얻고자 하는 관심대상의 전체집합을 모집단(population or universe)이라고 한다. 모집단은 조사자의 관심이나 조사목적에 따라 다르게 설정되며, 모호하게 설정된 모집단은 조사결과의 정확성과 신뢰성을 떨어뜨리는 주요 원인이 된다.

모집단을 설정할 때는 추출단위, 조사의 범위와 시간 등에 대한 검토가 필요하다. 추출단위(sampling unit)는 조사대상이 되는 개체의 수준인데 조사의 관심대상인 개인, 가구, 학교, 지역 등으로 정의될 수 있다. 조사범위(research scope)는 전국, 경인지역, 서울시 명동 등의 지리적 범위나 연령, 성별과 같은 논리적 범위로 구성된다. 조사시간(time)은 조사시점이나 기한을 의미하는 것으로서 조사시간에 따라 모집단이 달라질 수 있기 때문에 조사계획을 수립할 때 조사기간과 시간을 미리 한정해야 한다.

유한개의 추출단위로 구성된 모집단을 유한모집단, 무한개의 추출단위로 구성된 모집단을 무한모집단이라고 한다.

예 1–7

- 서울시장 선거 후보자 지지율 조사에서의 모집단은 조사일 기준으로 서울시에 주소지를 둔 만 20세 이상의 성인 남녀 모두이다.
- 주말 예능 프로그램의 TV 시청률 조사에서의 모집단은 방송당일 TV를 보유하고 있는 모든 가구이다. 이때 추출단위는 개인이 아니라 가구이다.
- 홍길동 셰프가 창업한 레스토랑의 소비자 만족도 조사에서의 모집단은 해당 식당 방문 및 식사경험이 있는 개인 소비자 집단이다.

기업이나 조직의 의사결정자가 통계조사를 하는 이유는 모집단에 대한 정보, 즉 모수(parameter)를 알고 싶어서이다. 예를 들어, 특정 브랜드 선호도나 정부의 국정 지지율에 관한 통계 정보는 수백 명에서 수천 명으로 구성된 표본집단에서 얻어진 값(표본통계치)으로, 이 값은 모집단인 전체 국민이나 목표 고객의 의견을 추정하는 데 사용된다.

모집단의 값, 즉 모수를 알아내기 위해 조사 대상 전체를 조사하는 것을 전수조사(census)라고 하고, 모수를 추정하기 위해 모집단에 속한 일부 소집단을 대상으로 관심 속성을 측정하는 것을 표본조사(sample research)라고 한다. 전수조사는 표본을 추출할 필요가 없으므로 표본 구성에 의한 오류가 없고, 모집단의 실제 속성 값을 측정할 수 있는 장점이 있다. 그러나 전수조사는 표본조사에 비해 비용과 시간이 많이 들며, 심지어 조사 자체가 불가능한 경우도 있다. 예를 들어, 국정지지도의 전수조사는 조사기간과 비용이 커질 뿐만 아니라, 조사기간 중 국민의 생각이 변할 수도 있다. 또한, 바다나 우주처럼 전체 크기를 가늠할 수 없거나, 자동차나 형광등의 내구성 테스트처럼 대상이나 속성이 파괴되는 경우에는 전수조사를 해서는 안 된다.

이런 이유로 대부분의 상업조사는 전수조사보다 모집단의 일부만을 측정하는 표본조사를 선호한다. 모집단에서 선택된 모집단의 일부를 표본(sample)이라 하고 표본을 선정하는 과정을 표본추출(sampling)이라고 한다. 부분적 자료인 표본으로 모집단 전체를 추정하면 반드시 오류가 발생한다. 그러나 정교하게 추출된 표본에서 얻은 통계치는 모수를 추정하는 데 부족함이 없다. 유명한 여론조사가인 갤럽(George Horace Gal-lup)은 "One spoon is enough!"이라는 말로 표본조사의 충분성을 표현하였는데 "국 한 솥의 간은 한 숟가락만으로도 충분히 알 수 있다"는 의미이다.

모집단과 표본의 관점에서 통계학을 정의하면 "통계학은 표본에서 얻은 자료를 이용하여 모집단의 모수에 대한 유용한 정보를 추출하는 학문"이다.

그림 1-3 모집단과 표본

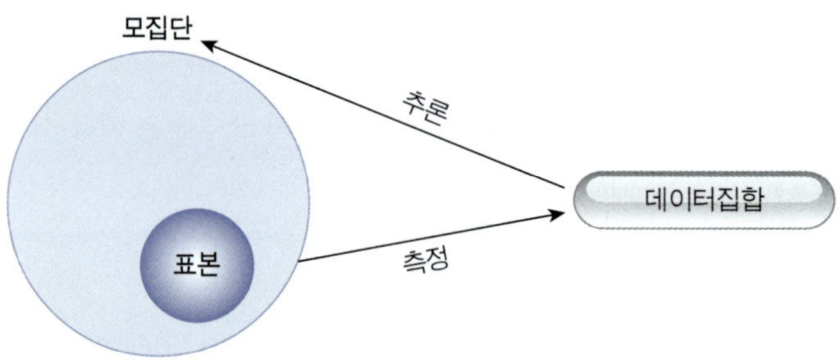

4. 표본추출법

표본추출법은 확률적 표본추출법과 비확률적 표본추출법으로 나뉜다.

확률표본추출법은 ① 표본프레임, 즉 표본으로 추출될 표본집단의 구성요소가 명확히 존재하고, ② 표본프레임으로부터 표본이 뽑힐 확률이 정확하게 알려져 있으며, ③ 표본프레임의 모든 구성요소가 표본으로 추출될 가능성(확률)이 같게 설계된 상황에서 표본을 추출하는 방법이다.

비확률표본추출법은 ① 표본프레임이 없거나, ② 모집단의 원소가 표본에 포함될 확률이 알려져 있지 않고, ③ 조사대상이 표본으로 추출될 확률이 다르게 설계된 상황에서 표본을 추출하는 방법이다.

> **예 1-8** A대학의 김통계 교수는 신입생 3,000명의 월평균 용돈수준을 조사하기로 하였다. 김통계 교수가 신입생의 용돈수준 조사를 위해 표본을 추출하는 방법을 생각해 보자.

김통계 교수가 신입생의 월평균 용돈을 구하는 방법 중의 하나는 신입생 3,000명 모두의 용돈을 조사하는 것이다. 이 방식을 전수조사라고 하는데 잘못된 표본선정에 의한 오류가 없고, 신입생 용돈의 실제 수준을 알 수 있다. 그러나 모든 학생으로부터 응답을 얻기 어렵고 시간과 비용이 많이 든다.

또 다른 방법은 표본조사를 하는 것이다. 김통계 교수는 3,000명의 신입생 중에서 300명의 학생을 표본으로 추출하고 추출된 표본집단에서 구해진 평균값으로 신입생 전체의 월평균 용돈을 추정할 수 있다. 이를 표본조사라고 한다.

김통계 교수는 다음의 두 가지 방법으로 300명의 표본을 추출할 수 있다. 첫 번째, 수석입학자가 임의로 추천한 학생 300명의 용돈을 조사한다. 두 번째, 3,000명의 신입생 명단에 1번부터 3,000번까지의 번호를 부여한 다음 제비뽑기 형식으로 300명을 추첨 선발한다.

첫 번째 방법은 간단하면서도 편리하며 시간과 노력을 줄일 수 있다. 그러나 모집단으로부터 표본으로 뽑힐 확률이 학생마다 다르다. 수석합격자와 친분이 있거나 같은 학과의 신입생들이 선발될 확률은 높은 반면에 수석합격자와 친하지 않은 학생들이 표본에 포함될 확률은 매우 낮다. 두 번째 방법은 까다로운 절차와 노력이 필요하지만 3,000명의 신입생 명단과 번호가 부여되었고(표본프레임) 어떤 신입생이든 표본으로 선택될 확률이 1/10(300명/3,000명)로 똑같다.

선택된 각각의 표본을 $x_1, x_2, x_3, \cdots, x_{300}$ 이라고 할 때 위의 두 사례를 확률적으로 설명하면 다음과 같다.

첫 번째 표본추출 상황에서 모집단인 3,000명의 신입생 각각은 표본으로 선택될 확률이 서로 다르다. 첫 번째 표본인 수석합격자(x_1)는 무조건 표본에 포함되므로 표본추출 확률은 1이다. 나머지 표본($x_2, x_3, x_4, \cdots, x_{300}$) 샘플이 이 조사의 표본으로 선택될 확률도 수석합격자의 마음에 달려있으므로 같지 않다. 예를 들면 수석합격자의 가장 가까운 친구가 두 번째 표본으로 선정될 가능성이 매우 높다. 그러므로 두 번째 표본인 x_2 의 표본추출확률은 1에 가깝지만, 수석합격자와 사이가 좋지 않은 신입생이 표본으로 선택될 가능성은 0에 가깝다. 이와 같이 표본으로 선택될 확률이 서로 다른 표본추출법을 비확률표본추출법이라고 하는데, 이런 방식으로 추출된 표본집단의 특성은 모집단의 그것과 다를 가능성이 크기 때문에 추천하지 않는다. 이 사례에서 수석합격자가 학비가 비싼 고등학교 출신인 경우, 비확률표본추출에 의해 구성된 표본집단의 평균용돈은 신입생 전체의 실제 용돈수준과 차이를 보일 가능성이 높다.

두 번째 상황은 추출된 표본($x_2, x_3, x_4, \cdots, x_{300}$)의 표본추출확률이 1/10(=300/3,000)로 모두 같고 $x_1, x_2, x_3, \cdots, x_{300}$ 에서 각각의 표본은 다른 학생의 표본추출확률에 영향을 주지 않는 독립사상의 집합이다. 이렇게 구성된 표본집단으로부터 구한 용돈의 분포는 전체 학생의 용돈분포와 유사할 가능성이 높다. 이와 같은 표본추출법을 확률표본추출법이라고 한다. 확률표본추출법에 의해 구성된 표본의 분포가 서로 독립이면서도 동일한 분포를 따르는 확률변수(i.i.d.: independently, identically distributed random variables)일 때, 이를 확률표본(random sample)이라 한다.

5. 경영과 통계학

날로 복잡해지고 있는 기업환경에 처한 현대 경영자의 핵심과업 중 하나는 상황에 적합한 최선의 의사결정을 내리는 것이다. 적절한 의사결정을 위해서는 시의적절하면서도 잘 정리된 자료와 정보가 필수적이다. 통계학은 현실세계에 존재하는 무수한 자료들을 체계적으로 수집하고 분류하는 기법과 의사결정에 적합한 형태로 수집된 자료를 분석하고 해석하는 과학적 기법을 연구하는 학문이다. 인사조직, 생산, 마케팅, 재무, 회계 등 기업경영 전반에 걸쳐 통계학이 활용되고 있다.

통계학이 기업경영 현장에 활용되기 시작한 것은 생산품의 품질관리를 위한 목적으로써, 제조라인별 생산품의 불량률을 계산하거나 완제품의 불량률 조사를 위해 표본조사를 시행하면서부터였다. 통계학자인 피셔(Fisher)는 통계적 검정, 베이즈 통계, 표본론,

실험설계와 같은 현대적 통계이론의 발전에 크게 공헌하였으며 그가 제안한 대부분의 응용통계기법들이 현대 경영관리에 활용되고 있다. 제2차 세계대전 중에 군사적 목적으로 결성되었던 OR(Operation Research)팀도 경영학과 통계학의 융합에 크게 기여하였다. 수학자, 자연과학자, 공학자, 통계학자 등의 다양한 전문가들이 참여한 OR팀은 군수품의 전략적 생산과 분배문제 등을 계량적으로 해결하려고 노력하였는데 그들이 개발한 많은 기법들은 전쟁이 끝난 뒤에 다양한 경영관리분야에 활용되었다.

경영분야별 통계학의 활용사례

- 회계 : 회계법인이 회계감사를 수행할 때 통계적 표본추출방법을 사용한다. 재무상태표상에 있는 외상매출금이 적정한지를 판단하기 위해 모든 외상매출금을 조사하는 것이 아니라 일부 자료를 표본으로 선택한 다음 표본자료의 정확성을 체크한다. 그 결과에 따라 추가감사 여부를 결정한다.
- 마케팅 : 설문조사기법, 관찰기법, 면접기법, 인터넷 조사 등의 다양한 자료수집법을 이용한다. 수집된 자료의 신뢰성과 타당성 검증과 관련요소의 연관성 등을 검정하기 위해 다양한 응용통계기법을 활용한다. 프랜차이즈 본부는 가맹점의 POS 단말기로부터 전송되는 자료들을 분석하여 매출, 재고, 수익률, 상품회전율 등을 파악하며, 운영개선에 필요한 다양한 기법들을 제안한다.
- 생산 : 생산품의 불량률 조사, 최적주문량 및 재고량 계산, 소비자 트렌드 분석을 통한 제품별 생산계획 수립 등의 활동에 다양한 통계기법을 활용한다.
- 재무 : 주가수익률(PER)과 배당수익률 계산을 위하여 응용통계기법을 활용한다. 미래수익 극대화를 위해 추세분석이나 시나리오분석 등에 통계적 분석기법을 이용하며 최적자본비율 구성을 위해 재무공학적 기법을 활용한다.

엑셀의 통계적 활용

Microsoft사에서 개발한 스프레드시트(spreadsheet) 프로그램인 엑셀은 경영현장에서 수집되는 각종 숫자자료를 손쉽게 가공하고 처리하기 위해 개발되었다. 엑셀은 일반적인 문서작업과 도표의 작성은 물론 통계학에서 다루고 있는 대부분의 주제들을 처리할 수 있다. 엑셀은 경영 현장에서 가장 많이 활용되는 사무용 프로그램이지만, 학생들이 모바일 환경에 익숙해지면서 사용 경험이나 활용 능력이 떨어지고 있다. 본 서적은 취업이나 창업 현장에서 마주하게 되는 스프레드시트 활용 능력 향상을 목표로 엑셀의 기본 활용법을 소개하고, 엑셀을 이용하여 각종 통계적 사례를 푸는 방법을 설명한다.

본서에 설명된 엑셀의 발표 버전은 Microsoft Excel 2021이지만, 이전이나 이후 발표된 버전에서도 화면 구성이나 기능은 크게 다르지 않다. 엑셀을 좀 더 편하게 쓰려면 마우스보다 키보드에 익숙해지는 것이 좋다.

1) 엑셀의 화면구성

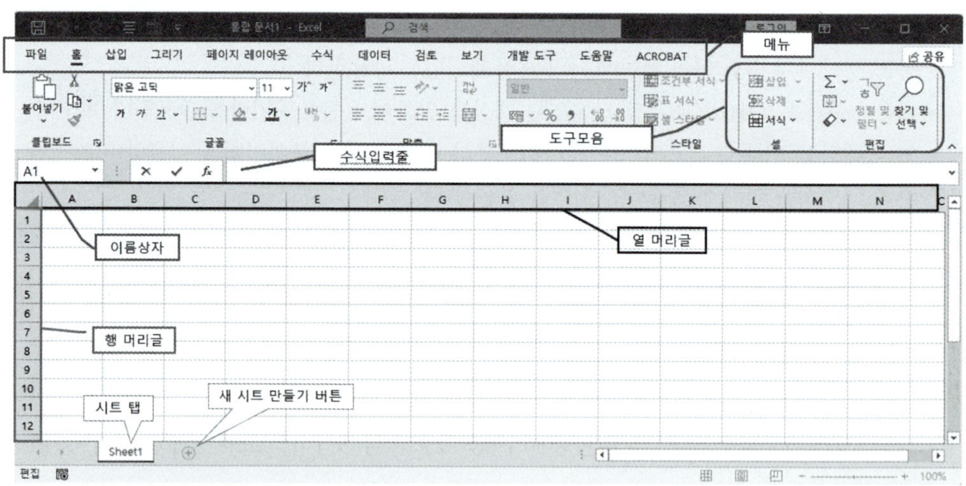

2) 셀 포인터의 구성

셀 포인터 혹은 셀 커서는 셀 경계, 셀 내부, 채우기 핸들로 이루어져 있으며 각 위치에 따라 마우스 포인터의 모양이 다음 그림과 같이 다르게 나타난다. 셀 경계는 셀의 복사 및 이동 시에 사용하고 셀 내부는 셀 및 범위를 지정할 때 사용하며, 채우기 핸들은 동일한 자료 혹은 연속된 자료를 채울 때 사용한다.

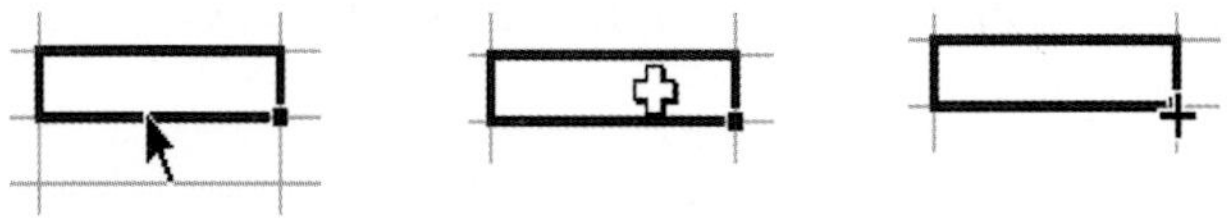

셀 경계　　　　셀 내부　　　　채우기 핸들

3) 엑셀 자료의 위계

엑셀 화면은 기본적으로 열과 행으로 구성되어 있다. 열에는 A, B, …, XFD와 같은 이름이 붙어 있고 행에는 1, 2, …, 1,048,576의 번호가 붙어 있다. 열과 행이 만나서 생기는 칸을 셀이라고 하는데 각 셀의 이름은 열 이름에 행 이름을 붙여서 만든다. 예를 들어서 C열의 5행에 있는 셀의 이름은 〈셀 C5〉이다.

4) 셀의 선택

셀 포인터는 마우스, 커서 키, 단축키 등을 이용하여 원하는 위치로 이동할 수 있다. 첫 번째 방법은 마우스 포인터를 원하는 셀에 위치시키고 마우스 왼쪽 단추를 누르는 것이다. 두 번째 방법은 전후좌우 커서 키를 이용하여 셀 포인터를 원하는 셀로 이동시키는 것이다. 세 번째 방법은 F5키를 누르고 이동할 셀 이름을 직접 입력한다.

엑셀에서는 여러 개의 셀을 동시에 하나의 범위로 지정할 수 있다. 연속적 범위를 지정하는 방법은 시작 셀에서 끝 셀까지 '끌기'하면 된다. 이때 지정된 범위의 이름은 '시작셀:끝셀'이 된다.

그리고 비연속적 범위를 지정하기 위해서는 왼쪽 Ctrl키를 누르고 있으면서 범위로 지정하고 싶은 셀들을 왼쪽 버튼으로 '한 번 누르기' 또는 '끌기' 하면 된다.

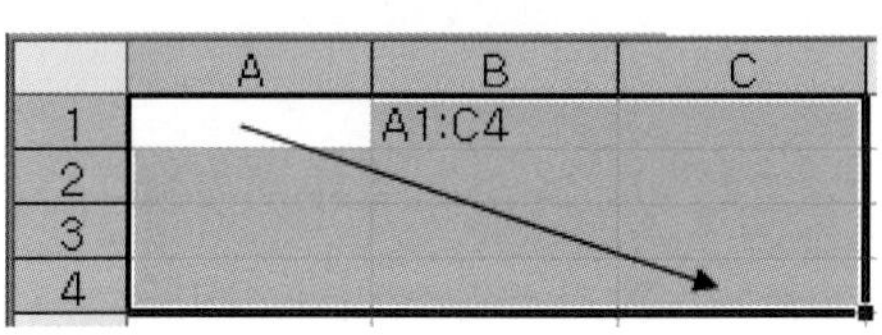

5) 자료의 입력, 수정 및 삭제

키보드로 자료를 입력하고 Enter키를 치면 셀 포인터가 있는 위치의 셀에 그 자료가 입력된다. 문자 자료의 경우 한/영키를 이용하여 한글과 영문을 번갈아 입력할 수 있으며 한자는 한글을 입력한 후 [한자]키를 이용하여 한자로 변환할 수 있다. 숫자 자료는 키보드의 숫자 키를 이용하여 입력할 수 있다. 그리고 특수 문자의 경우에는 [ㄱ]키부터 [ㅎ]키까지의 자음 키를 입력한 후 [한자]키를 누르면 다음에서 보는 바와 같이 특수 문자를 입력할 수 있다.

■ 자음 코드 문자표

자음 ㄱ 입력 시 / 자음 ㄴ 입력 시 / … / 자음 ㅎ 입력 시

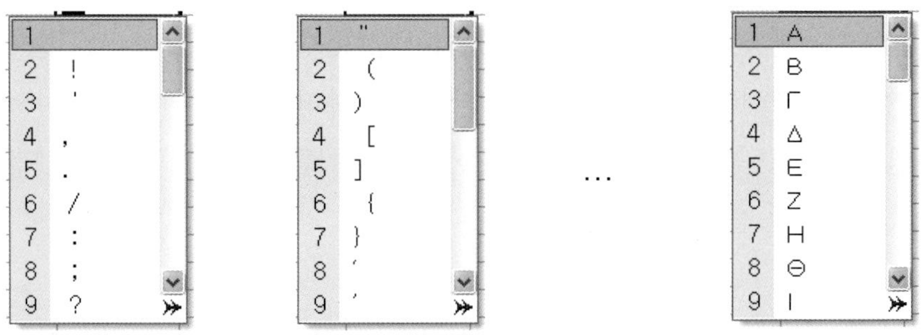

입력된 자료를 수정할 때에는 수정할 셀을 ‘두 번 누르기’ 하거나 [F2]키를 누르면 수정할 수 있다. 입력된 자료를 삭제할 때에는 삭제할 셀에 셀 포인터를 위치시키고 [Delete]키를 누르면 삭제된다. 범위를 설정한 후 [Delete]키를 누르면 범위 내의 자료들이 모두 삭제된다.

6) 자료의 이동과 복사

입력된 자료를 이동하는 방법은 셀 또는 범위의 경계를 ‘끌기’ 하여 원하는 위치에 놓으면 된다. 그리고 자료를 복사하는 방법은 [Ctrl]키를 누른 채로 셀 또는 범위의 경계를 ‘끌기’ 하여 원하는 위치에 놓으면 된다.

7) 셀 참조

셀 참조는 현재 셀의 내용으로 다른 셀에 있는 자료를 참조하여 입력하는 것이다. 자료의 계산이나 형태 변환 등에 반드시 필요한 기능이므로 셀 참조의 의미와 방법을 숙지할 필요가 있다. 셀 참조는 현재의 셀에 ‘=’ 기호를 입력하는 것으로 시작한다. 다음 그림의 〈셀 C5〉에 〈셀 B3〉의 내용을 입력하려면 ‘=’을 입력한 다음 마우스로 〈셀 B3〉을 선택한 다음 [Enter]를 누르면 된다.

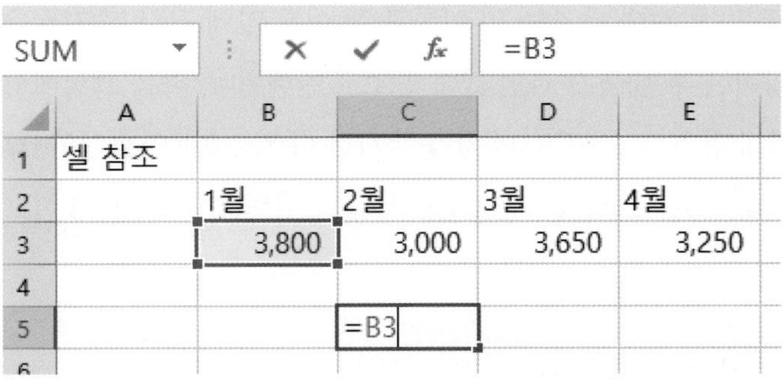

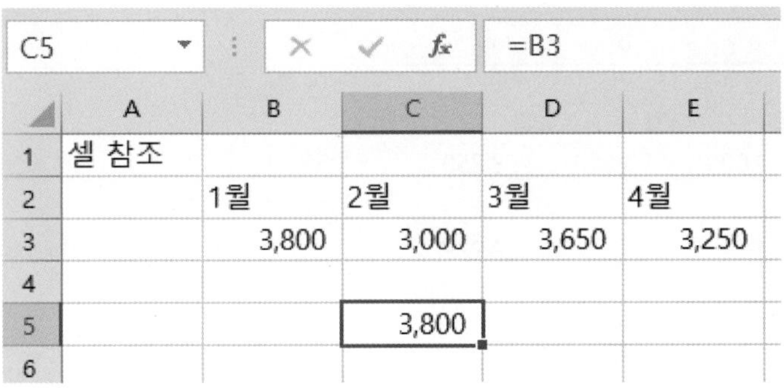

셀 참조는 상대 참조와 절대 참조 방식이 있다. 상대 참조는 현재 셀과 다른 셀의 상대적 위치, 즉 현재의 셀과 참조 셀과의 떨어진 위치와 거리를 기준으로 하는 방법이다. 예를 들어 〈셀 C5〉에서 〈셀 B3〉를 상대 참조하면 〈셀 C5〉에서 왼쪽으로 1칸, 위쪽으로 2칸 떨어진 셀의 자료를 사용하겠다는 것이므로 〈셀 E5〉에 똑같은 기준을 적용하면 왼 1칸–위 2칸 떨어진 〈셀 D3〉의 내용을 참조하게 된다. 상대 참조 방식의 〈셀 C5〉를 복사한 다음 〈셀 E5〉에 '붙여넣기'를 하면 다음의 결과값을 얻을 수 있으며 〈셀 E4〉의 입력값은 '=D3', 표시값은 '3,650'이다.

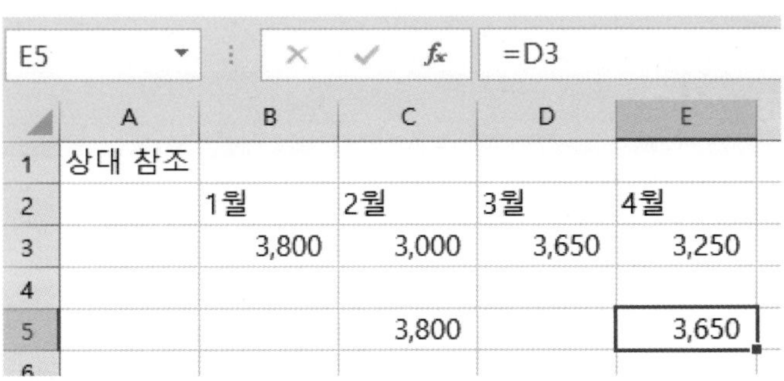

절대 참조는 셀의 고정된 위치값을 참조하려는 것으로서 현재의 셀과 떨어진 거리와

무관하게 항상 같은 값이 참조된다. 절대 참조는 열 이름과 행 이름 앞에 각각 '$' 기호를 붙이면 되는데 상대 참조로 입력한 후 F4를 누르면 절대 참조로 전환된다. 다음 그림에서 보는 바와 같이 〈셀 B3〉를 절대 참조한 〈셀 C6〉의 값을 복사한 다음 〈셀 E6〉에 '붙여넣기' 하면 〈셀 B3〉값이 표현된다. 다음 그림에서 〈셀 C6, E6〉의 입력값은 '=$B$3'이고 표시값은 '3,800'이다.

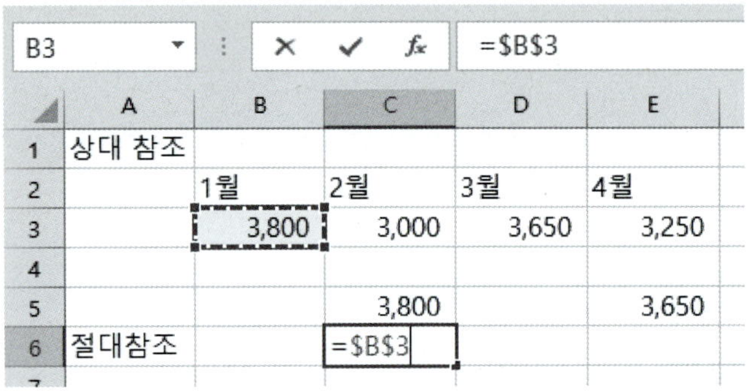

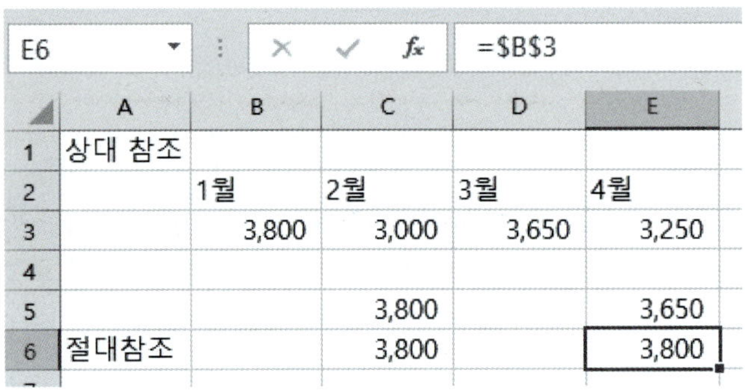

엑셀의 기본 기능과 활용

엑셀은 가로와 세로의 격자형태의 자료 구조를 갖는다. 아래 표는 식음료 도매상의 매출 현황표이다. 출고 날짜, 상품명, 담당직원, 매출처, 단가, 수량, 공급가액, 세액, 합계금액의 순으로 입력되어 있는데, 공급가액, 세액, 합계금액이 비어있다. 엑셀을 이용하여 계산해 보자.

	A	B	C	D	E	F	G	H	I
1	출고일	상품명	담당직원	매출처	단가(Ton)	수량	공급가액	세액	합계금액
2	2031-01-01	바나나	헨리	DE F&F	406,000	5			
3	2031-01-02	망고	제이미	DS Logi	483,000	9			
4	2031-01-02	스트로베리	JH Park	SGD	178,000	9			
5	2031-01-03	땅콩	헨리	DS Logi	389,000	6			
6	2031-01-05	호두	헨리	DE F&F	456,000	11			
7	2031-01-07	땅콩	헨리	DDM상사	389,000	12			
96	2031-10-02	바나나	헨리	DDM상사	406,000	12			
97	2031-10-04	아몬드	헨리	DDM상사	550,000	11			

1) 전자계산기를 이용한 매출현황표 계산

두 번째 행의 바나나 납품금액을 계산해보자. 만약 엑셀의 함수기능을 사용하지 않고 전자계산기를 활용하는 경우에, 계산방법과 순서는 다음과 같다.

절차 1

엑셀 G2셀의 값은 바나나의 공급가액이다. '공급가액 = Ton당 단가×수량'이므로, 계산기나 스마트폰 계산기를 꺼내 바나나의 단가인 406,000원 × 수량 5를 하여 나온 2,030,000의 값을 입력한다.

절차 2

H2셀의 세액은 '= 공급가액 × 부가가치세액 10%'이다. 계산기를 두드려 나온 203,000을 입력한다.

절차 3

I3의 셀은 합계금액으로 '=공급가액+세액'이므로 합계금액 2,233,000을 입력한다.

절차 4

위 세 과정을 96번 반복한다. 세 단계 각각 숫자, 연산자, 숫자, 등호(=)를 네 번 입력해야하고, 모두 96번 반복해야하므로 계산기를 두드려야 하는 총횟수는 864회이다. 물론 숫자를 입력할 때의 횟수를 뺀 숫자이다.

2) 엑셀함수를 이용한 계산

엑셀의 함수를 이용하면 위의 번거롭고 반복적인 작업에서 해방될 수 있다. 순서에 맞춰 연습해보기 바란다.

절차 1

먼저 G2에 사용될 계산식, '공급가액(G2)=Ton당 단가(E2)×수량(F2)'을 생각한다. G2셀을 마우스나 키보드 화살표를 이용하여 선택한 다음, '=E2*F2'를 입력하고 엔터를 누르면 값 2,030,000이 입력된다. 이때 '='과 "*"는 키보드를 이용하고, E2나 F2와 같이 셀을 선택할 때에는 마우스를 이용하여 셀을 찍으면 된다. 실제로 해보면 문자를 입력할 때보다 훨씬 쉽다.

절차 2

H2에 사용될 계산식은 '=공급가액(G2) × 부가가치세율(10%)'이므로, H2를 선택하고 '=G2*.1'을 입력한다. 세액 203,000의 값이 입력된다. 세율 '.1'은 '0.1'과 같다. 키보드 터치 횟수가 더 많은 '0.1'보다 '.1'이 더 효율적이다. 물론 '0.1'이나 '10%'를 입력해도 된다.

절차 3

I2의 계산식은 '=공급가액+세액'이므로, I2셀에 '=G2+H2'를 입력하고 엔터를 누른다. 2,233,000의 값이 나온다. 함수의 사용에 익숙한 경우에는 '=SUM(G2:H2)'를 직접 입력하거나, 아래 그림의 ② 자동합계(∑) 함수를 활성화한 다음 마우스를 이용하여 G2부터 H2의 범위를 지정하면 된다.

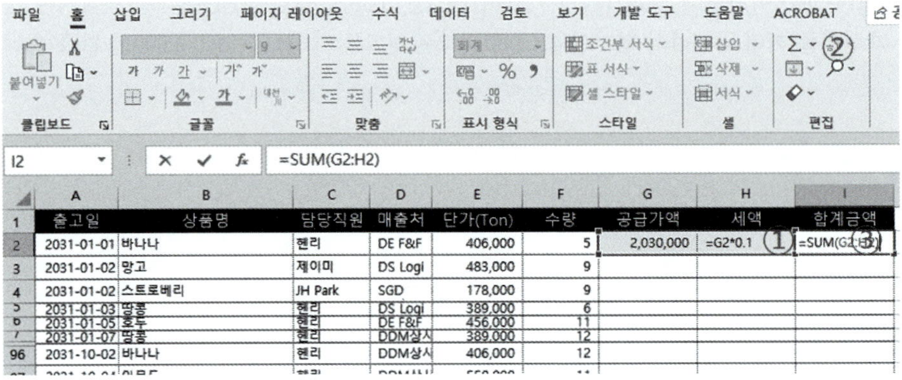

절차 4

함수식을 입력한 G2부터 I2까지 마우스를 이용하여 끌어선택한 다음, 마우스 오른쪽 클릭하여 복사를 선택한다.

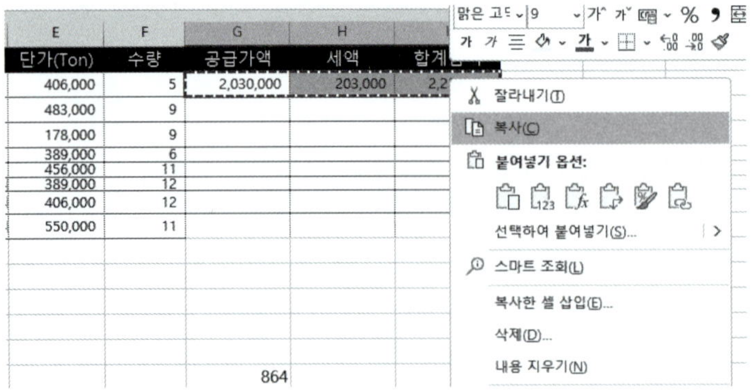

절차 5

마우스로 G3:I97까지 끌거나 G3에서 키보드 왼쪽 [Shift]키를 누른채로 화살표키 [→][↓]를 이용하여 범위를 선택하고, 붙여넣기를 한다. G2부터 I97까지의 계산식이 완성되었다.

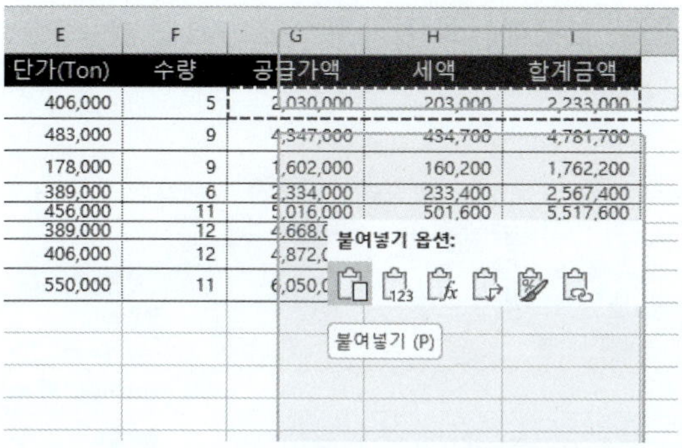

다른 방법

더 간편한 방법 두가지를 소개한다. 첫 번째 방법은 마우스를 끄는 방법이고, 두 번째 방법은 마우스 왼쪽버튼을 더블클릭하는 방법이다. 우선 아래 그림과 같이 마우스를 끌거나 키보드 왼쪽 [Shift]키를 누른채 화살표 [→]를 이용하여 G2:I2 영역을 선택하면, 선택영역의 오른쪽 하단에 초록색 점이 생긴다. 그 점에 마우스 커서를 올려두면 화살표 모양이 얇은 십자가로 바뀐다.
첫 번째 방법은 커서 모양을 십자가로 유지한 채로 마우스를 붙여넣기할 영역의 맨 아래쪽까지 끄는 방법이고, 두 번째는 커서를 십자가 모양으로 유지한 채 마우스 왼쪽 버튼을 두 번 클릭하는 법이다. 두 방법 모두 결과는 같지만, 범위가 넓은 경우 마우스를 끄는 방법은 실패가 잦은 편이다. 저자는 두 번째 방법을 선호한다.

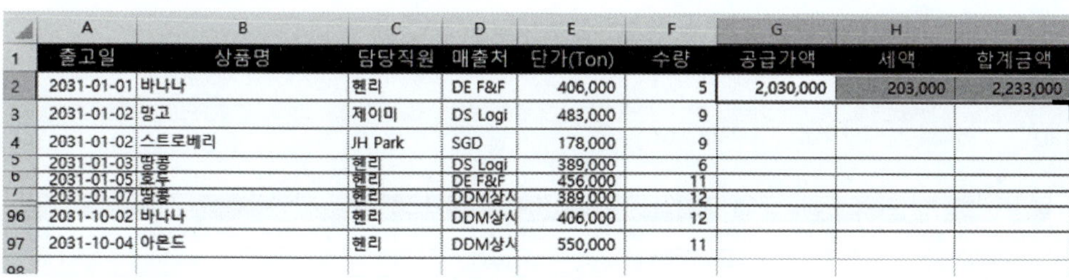

3) 매출현황 결산표 만들기

1월부터 10월 4일까지 매출현황을 결산해야 할 경우가 있다. 매출총액만 계산하면 될 때도 있고, 월별 매출이나 판매원별 혹은 상품별, 원산지별 현황이 필요할 때도 있다.

(1) 총합계, 평균, 빈도 등 기초함수 이용하기

G98, H98, I98셀에 총공급가액과 총세액, 총매출액을 구하는 방법이다. 함수식을 직접 입력하는 방법과 자동함수를 이용하는 법이 있는데, 자동함수식을 이용하는 법이 좀 더 쉽다. 합계를 표시할 셀G98을 선택한 다음, 도구메뉴의 합계함수를 누르면 자동으로 합계가 계산된다.

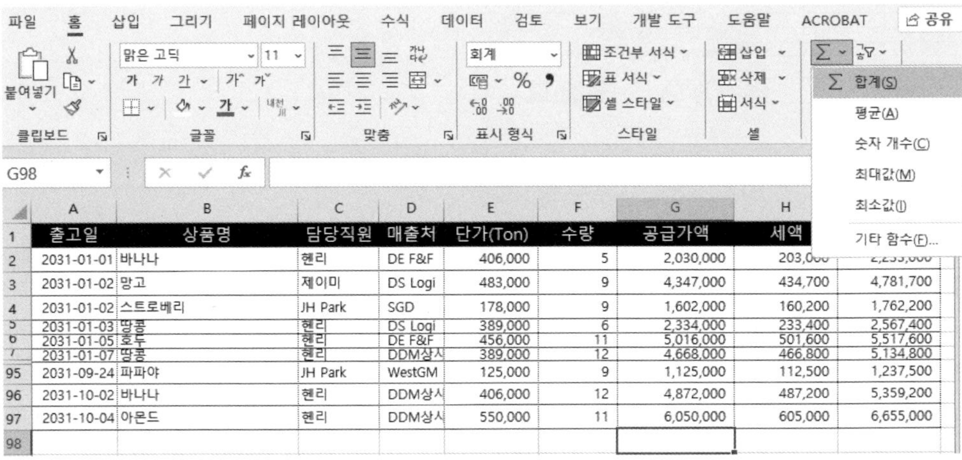

필요에 따라 합계(∑)표시 옆의 ∨를 선택하면 나오는 평균, 개수(빈도), 최대, 최솟값을 선택할 수도 있다. 다만, G99이하의 행에서 값을 구할 때 각 함수의 범위를 재정의해야만 한다. 자동함수는 지정된 셀에 인접한 범위를 자동으로 선택하므로, 평균을 구할 때 자동범위를 그대로 두면 G98의 총합계 값이 포함되어 잘못된 값이 산출된다.

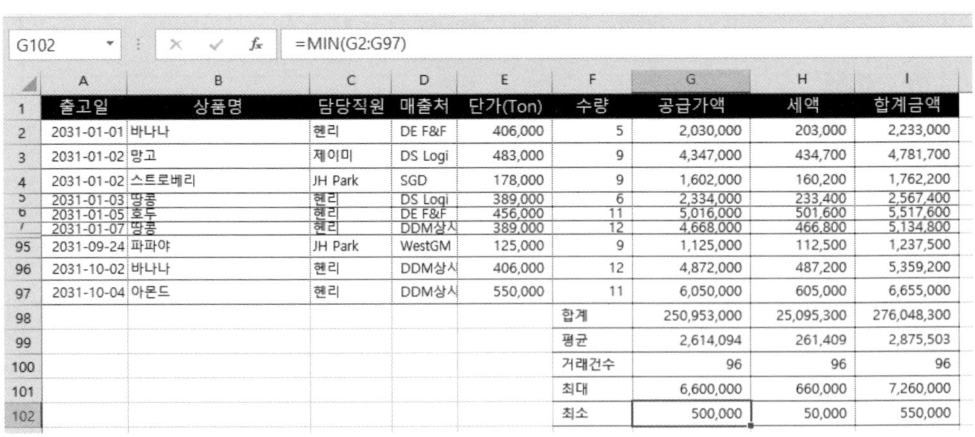

(2) 피벗테이블로 표 요약하기

표의 예처럼 자료가 수개월 혹은 수년간 발생한 경우에는, 자료를 월별이나 분기별 혹은 연도별로 정리할 필요가 있다. 엑셀에는 대량의 데이터를 사용자가 원하는 형태로 요약하고 정리해 주는 피벗테이블 기능이 있는데, 이를 활용하는 방법을 알아보자.

■ 월간 매출총액구하기

엑셀의 데이터가 2031년 1월부터 10월까지의 데이터이므로 월간 매출데이터를 구해보자.

절차 1

① 데이터가 있는 셀, 여기서는 A1~I96의 셀 중 하나를 선택한 다음, 메뉴의 ② [삽입]탭을 선택한다. 삽입탭을 선택하면 아래 도구상자가 열리는데, 화면의 왼쪽에 있는 ③ [피벗테이블]을 선택한다.

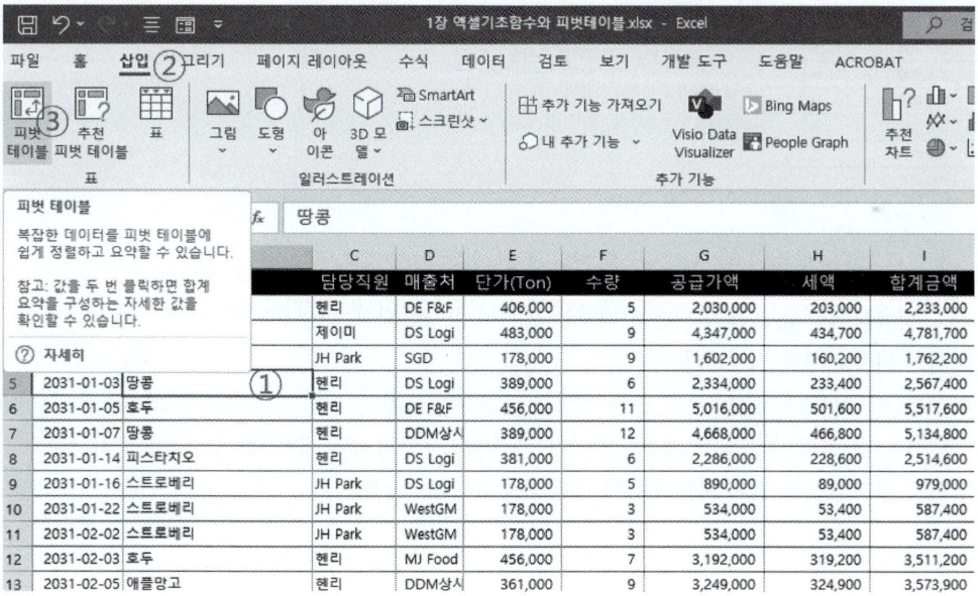

절차 2

[피벗테이블]을 선택하면, 아래 그림에서처럼 도구상자가 흐려지면서 [피벗테이블 만들기] 대화상자가 나온다.

피벗테이블을 생성하기 전에 커서 위치(셀선택)를 데이터에 두었다면, 대화상자는 그림과 같이 표 범위값이 '피벗테이블 요약하기'!$A$1:$I$97 ' 로 표시되고 생성할 피벗테이블의 위치를 선택하는 옵션이 표시된다. 사용자가 피벗테이블이 만들어질 위치를 선택하는 옵션이다.
새 워크시트를 선택하면 엑셀은 피벗테이블을 현재의 sheet가 아니라, 새로운 sheet에 만들어 준다. 기존 워크시트를 선택하면 현재의 sheet의 특정 위치를 선택할 수 있는 위치창이 열리는데 사용자가 원하는 위치를 선택하면 된다. 설명을 위해 기존 워크시트를 선택하고, 마우스를 이용하여 K3셀에 피벗테이블 위치를 지정해보자.

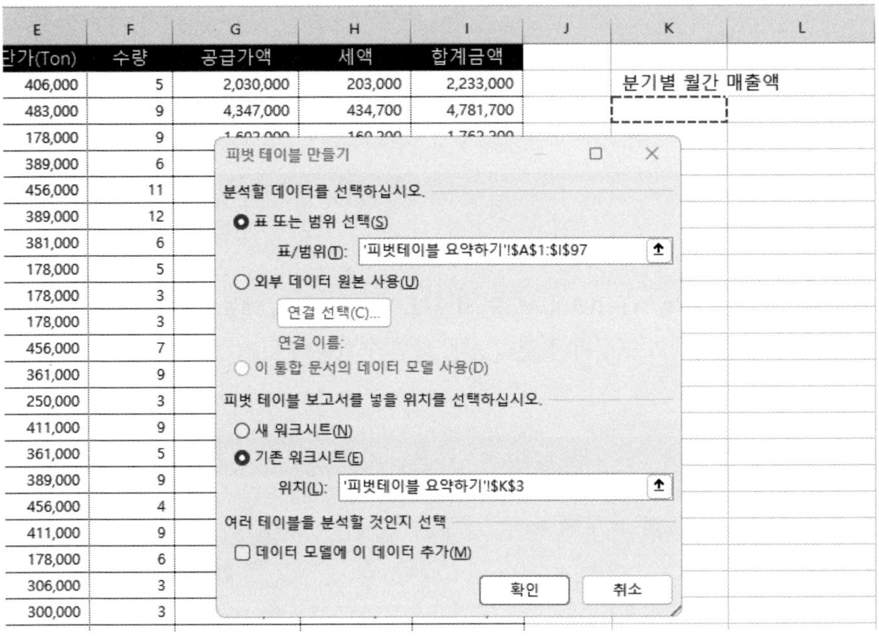

만약 데이터가 없는 셀, 그림에서는 K3셀을 선택한 채로 [피벗테이블]을 선택하면, 대화상자는 아래 그림에서처럼 표 또는 범위를 선택하는 옵션이 활성화되고, 피벗보고서를 만드는 위치가 현재 커서의 위치로 자동 지정된다.
마우스나 키보드를 이용하여 표 또는 범위를 선택하면 되지만, 저자는 데이터가 입력된 셀을 미리 선택하는 첫 번째 옵션을 선호하는 편이다. 두 번째 옵션의 경우에는 데이터가 크고 지정해야할 범위가 넓어질수록, 범위 지정 오류가 생길 가능성이 높기 때문이다.

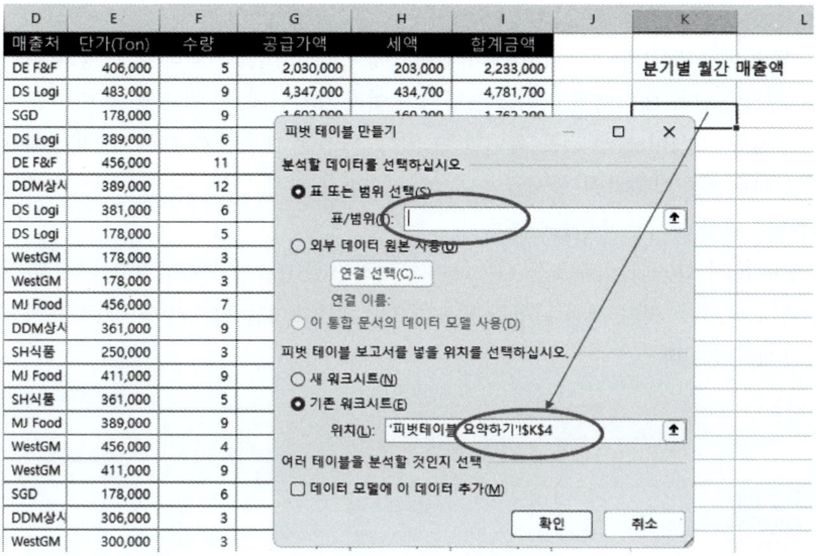

절차 3

새 워크시트를 선택한 채 [피벗테이블 만들기] 대화창의 하단 [확인]버튼을 누르면, 아래의 대화창이 열린다. 그림의 우측 상단을 보면 메뉴탭이 자동적으로 [피벗테이블 분석]으로 이동한 것을 알 수 있으며, 데이터 입력셀 우측편에 ①의 [피벗 테이블 필드]라는 대화창과 ②의 피벗테이블 보고서 블럭이 생성된다.

①의 [피벗 테이블 필드]는 사용자가 표현하기 원하는 표를 구조화할 수 있는 편집수단이고, ②의 피벗 테이블 보고서는 ①에서 선택한 필드를 표의 형태로 보여주는 블럭이다.

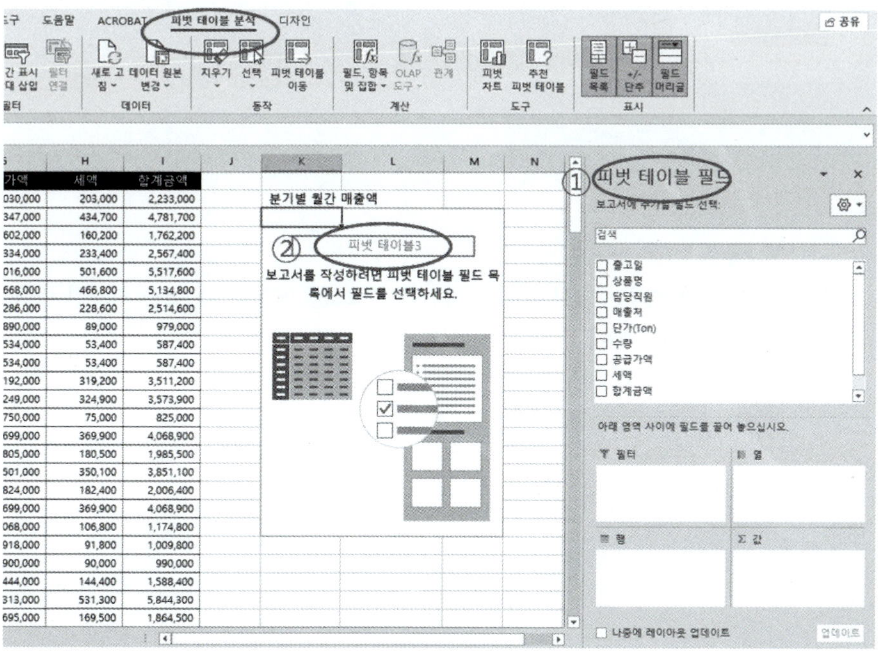

절차 4

만들어야 할 표는 월별 매출데이터이다. 피벗 데이터 필드에서 [출고일]을 선택하여 ① 행의 위치에 끌어다 놓는다. 엑셀은 날짜 데이터를 처리하는 방식이 여러 가지인데, 열 필드에 '출고일' 뿐만 아니라 '월'이라는 새로운 속성이 생긴 것을 확인할 수 있다. 다음은 매출합계금액란을 생성해야 하는데, 마찬가지로 마우스를 이용하여 '합계금액' 속성을 ②의 값 위치로 끌어다 놓는다. 이 과정을 마치면 그림 좌측의 피벗 테이블이 만들어진다.

행레이블 월표시 앞에 [+]가 있는데, 마우스를 이동하여 클릭하면 출고날짜가 펼쳐지고, 다시 한번 더 누르면 출고날짜가 닫힌다. 만약 개별 날짜가 필요없으면 피벗테이블 필드의 행, ①로 표시된 칸에서 출고일을 삭제하면 된다.

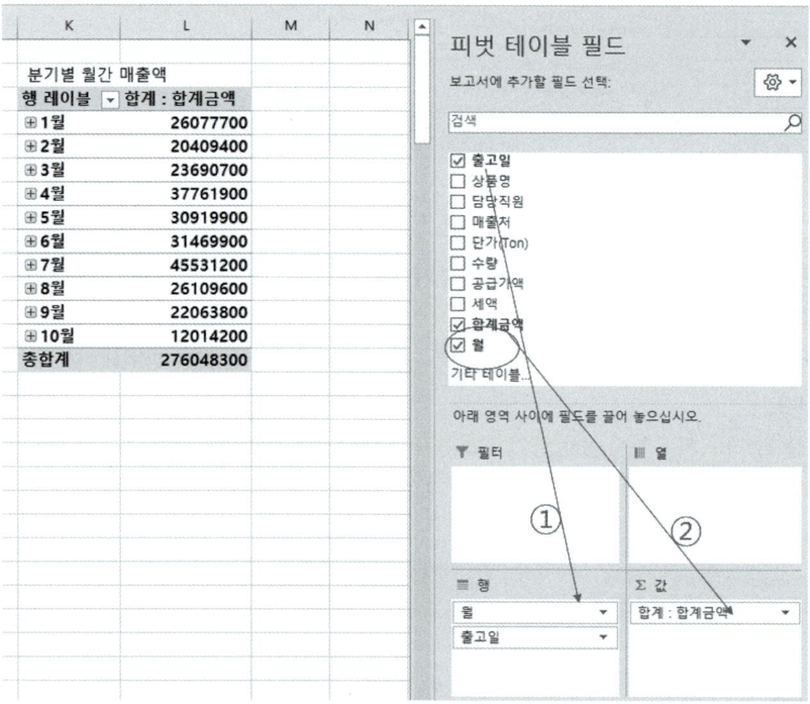

절차 5

피벗테이블의 금액 표시를 바꾸려면 그림의 ①의 범위를 주고, ② 메뉴의 [홈]탭을 선택한 다음, ③ 표시형식의 자릿수를 선택하면 된다.

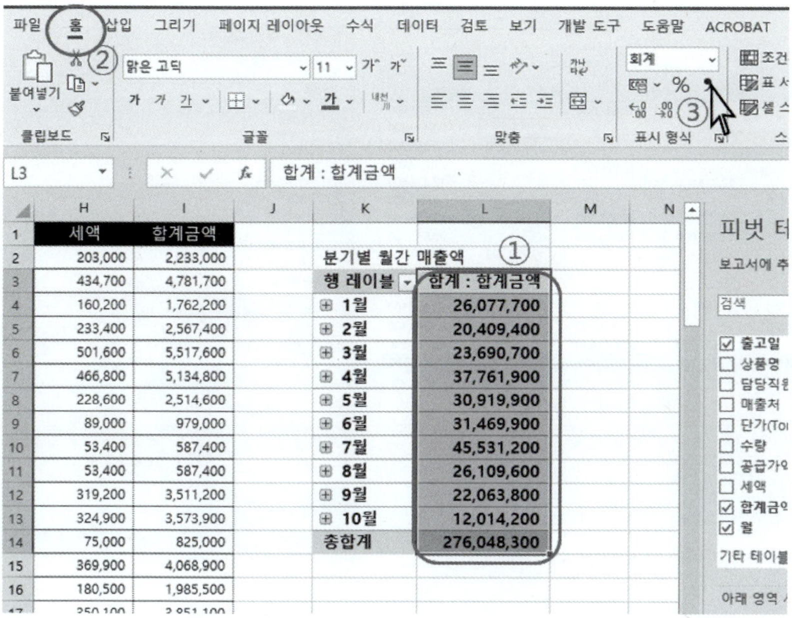

■ 상품별, 담당직원별 매출총액 표만들기

상품별, 담당직원별 혹은 상품별 월별 매출액표처럼 더 복잡한 표도 쉽게 만들 수 있다. 참고로 앞에서 만든 매출총액표를 수정해서 사용할 수도 있는데, 피벗테이블 필드의 하단 영역에 있는 값을 삭제하면 된다.

상품별, 직원별 매출총액표도 피벗테이블 만들기의 기본절차인 앞의 [절차 1]~[절차 3]의 순서로 진행되며, 내용이 겹치지 않는 [절차 4]부터 설명한다.

절차 4

만들어야 할 표는 상품별, 직원별 매출데이터이다. 피벗 데이터 필드에서 [상품명]을 선택하여 행의 위치에 끌어다 놓는다. 다음은 열의 위치로 [담당직원]을 옮겨놓고, 값의 위치에는 [합계금액]을 끌어다 놓는다. 이 과정을 마치면 그림 좌측의 피벗테이블이 만들어진다.
마찬가지로 피벗테이블이 금액란에 범위를 주고, 메뉴의 [홈]탭에서 자릿수를 선택하여 숫자표현을 바꿔주면 표가 완성된다.

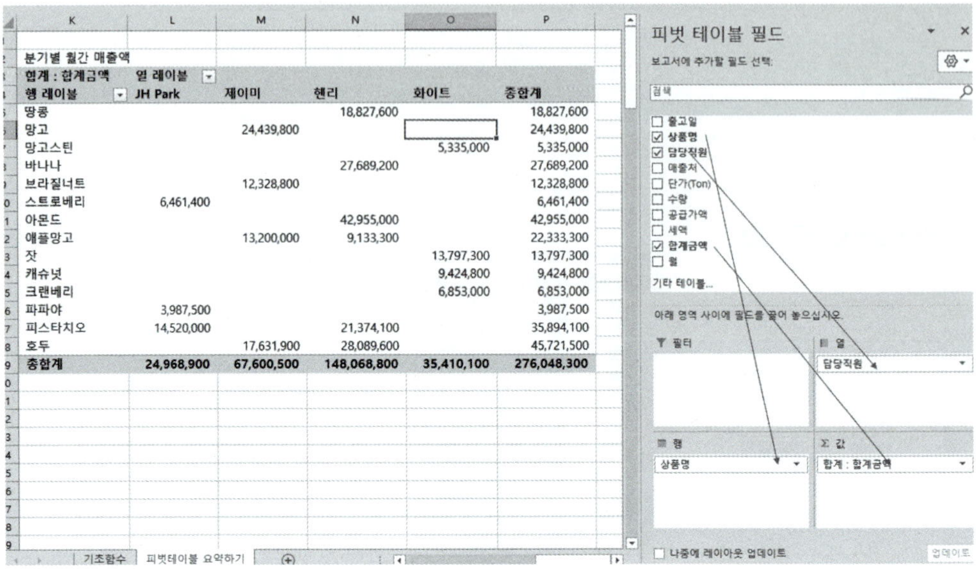

■ 필터 또는 슬라이서를 이용한 담당직원별 월별*상품별 매출총액 표만들기

피벗테이블의 고급 기능 중 하나인 필터를 이용하면 담당직원별 성과표를 따로 확인할 수 있다. [절차 1]~[절차 3]의 과정은 동일하며, 앞의 표를 수정해서 사용해도 된다.

절차 4

그림과 같이 피벗테이블의 열에는 [상품명], 행에는 [월], 값의 영역에는 [합계금액]을 가져다두면 월간*상품별 매출데이터가 만들어진다. 담당직원별 성과를 따로 확인하기 원하므로, 직원별로 필터링된 보고서를 만드는 방법을 쓴다. 그림에서처럼 피벗 테이블 필드의 [담당직원]을 필터영역에 옮기면 새로운 표가 생성되는데, 이 표는 전체직원의 성과표이다. 이제 필터를 적용해보자.
그림의 왼쪽 상단에 [담당직원] [(모두)]라는 항목과 pull−down 버튼 [▼]표시가 있다. [▼]를 누르면 원하는 직원(그림에서는 헨리 선택)의 성과를 알 수 있다.

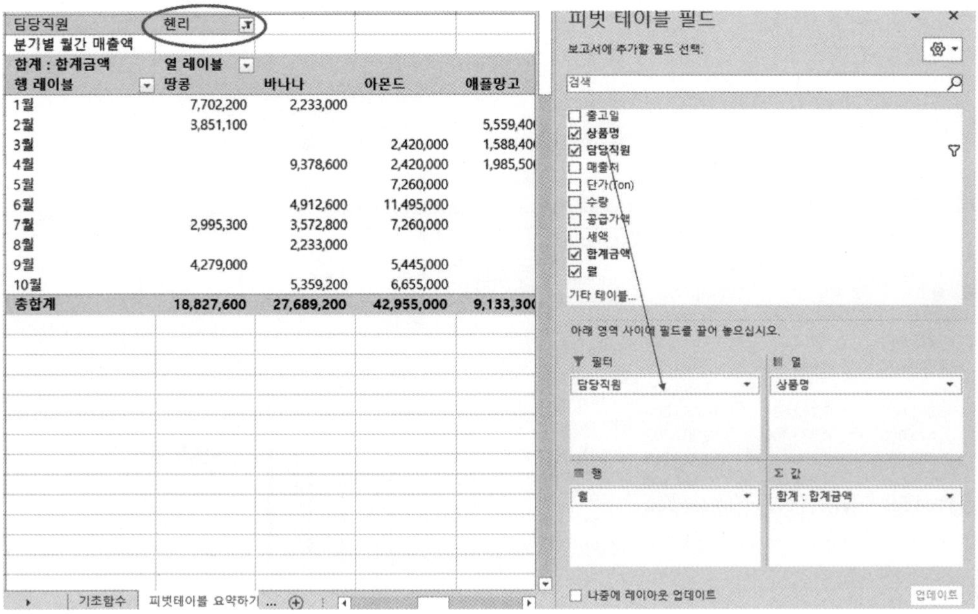

필터항목의 선택방법을 시각적으로 더 부각한 것이 슬라이서 라는 기능이다. 메뉴의 [피벗테이블 분석] 탭을 선택하면 [슬라이서 삽입]이라는 표시가 활성화된다. [슬라이서 삽입]을 클릭하면 슬라이서로 선택할 항목이 나온다. 담당직원을 선택하면 그림과 같이 슬라이서가 활성화된다.

슬라이서는 여러 장점이 있다. 피벗테이블의 상하단 등 원하는 위치로 이동할 수 있고, 메뉴의 [슬라이서] 탭을 활용하면 슬라이서의 모양을 바꿀 수 있다. 저자는 슬라이서를 피벗테이블의 그래프와 연동하기도 하는데, 원하는 데이터를 표와 그래프의 형태로 실시간 바꿔가며 확인할 수 있다. 피벗테이블의 그래프는 메뉴의 [피벗테이블 분석] 탭에서 [피벗차트]를 선택하면 된다.

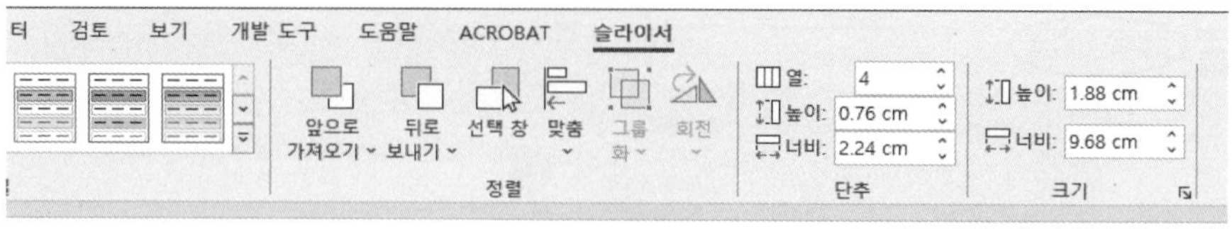

터 검토 보기 개발 도구 도움말 ACROBAT 슬라이서
앞으로 가져오기
뒤로 보내기
선택 창
맞춤
그룹화
회전
정렬
열: 4
높이: 0.76 cm
너비: 2.24 cm
단추
높이: 1.88 cm
너비: 9.68 cm
크기

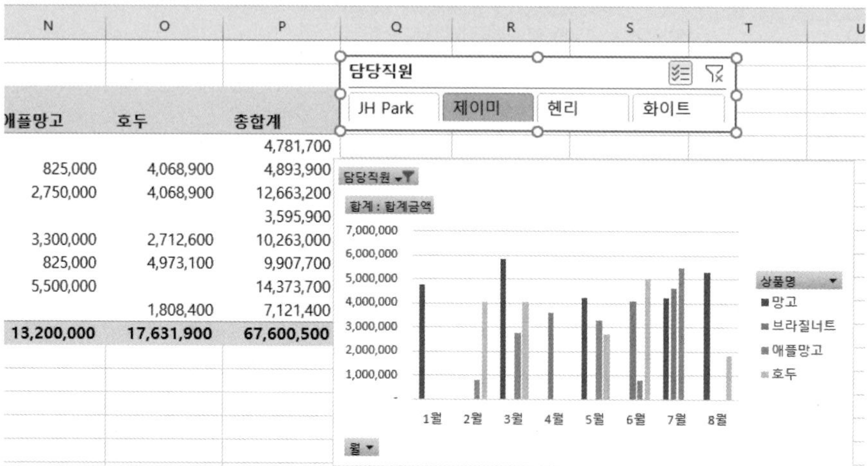

N O P Q R S T U
담당직원
JH Park
제이미
헨리
화이트
애플망고 호두 총합계
4,781,700
825,000 4,068,900 4,893,900
2,750,000 4,068,900 12,663,200
3,595,900
3,300,000 2,712,600 10,263,000
825,000 4,973,100 9,907,700
5,500,000 14,373,700
1,808,400 7,121,400
13,200,000 17,631,900 67,600,500
담당직원
합계 : 합계금액
7,000,000
6,000,000
5,000,000
4,000,000
3,000,000
2,000,000
1,000,000
1월 2월 3월 4월 5월 6월 7월 8월
월
상품명
망고
브라질너트
애플망고
호두

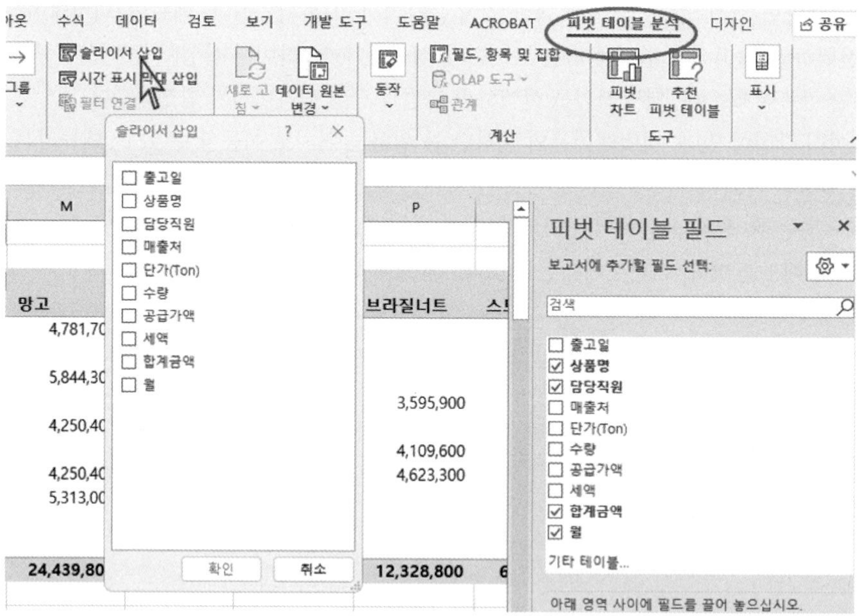

수식 데이터 검토 보기 개발 도구 도움말 ACROBAT 피벗 테이블 분석 디자인 공유
슬라이서 삽입
시간 표시 막대 삽입
필터 연결
새로 고침
데이터 원본 변경
동작
필드, 항목 및 집합
OLAP 도구
관계
계산
피벗 차트
추천 피벗 테이블
도구
표시
슬라이서 삽입
출고일
상품명
담당직원
매출처
단가(Ton)
수량
공급가액
세액
합계금액
월
확인
취소
M P
망고 브라질너트
4,781,70
5,844,30
3,595,900
4,250,40
4,109,600
4,250,40
4,623,300
5,313,00
24,439,80
12,328,800
피벗 테이블 필드
보고서에 추가할 필드 선택:
검색
출고일
상품명
담당직원
매출처
단가(Ton)
수량
공급가액
세액
합계금액
월
기타 테이블...
아래 영역 사이에 필드를 끌어 놓으십시오.

엑셀의 통계적 활용을 위한 추가기능 설치

엑셀의 대부분의 기능은 기본옵션으로 설치가 되어 있지만, 통계기능은 고급기능에 해당하므로 숨겨져있는 경우가 많다. 그러므로 엑셀로 통계분석을 하려면 [데이터분석] 기능이 활성화되어 있어야 한다. 만일 데이터분석이 포함되어 있지 않다면 [옵션]–[추가기능]에서 [분석도구] 기능을 활성화시킨다. 그런 다음 [추가기능사용] 항목 중에서 [분석도구]를 선택한다. 만일 [분석도구]가 나타나지 않는다면 Microsoft Excel Setup pro–gram을 이용하여 그 기능을 추가해야 한다.

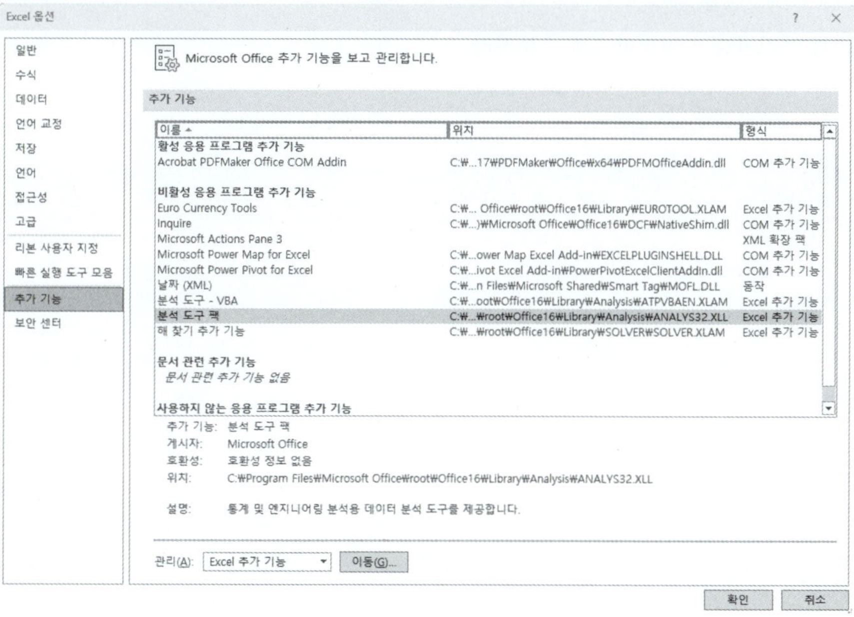

연습문제 EXERCISES

01 모집단과 표본의 차이를 설명하라.

02 기술통계학과 추론통계학을 비교 설명하라.

03 다음을 명목자료, 서열자료, 등간자료, 비율자료로 구분하라.

① 몸무게	② 주민등록번호
③ 섭씨온도	④ 상중하로 나눈 생활수준
⑤ 매출액	⑥ 학급석차
⑦ 성별	⑧ 지능지수

04 위의 보기를 양적자료와 질적자료로 구분하라.

CHAPTER

02 기술통계학

BUSINESS STATISTICS

1. 표를 이용하는 데이터의 정리 : 도수분포표
2. 그림을 이용한 데이터의 표현
3. 특성치를 이용한 데이터의 요약
4. 이변량 데이터의 정리

기술통계학(descriptive statistics)은 데이터를 수집하고, 정리하며, 요약하고, 시각적으로 표현하는 데 중점을 두는 통계학의 한 분야이다. 경영학은 기업 운영과 관련된 다양한 문제를 다루며, 성공적인 경영을 위해 정확하고 신뢰할 수 있는 정보가 필수적이다. 경영자는 매출, 비용, 이익, 고객 만족도 등 다양한 데이터를 분석하여 전략을 세워야 한다.

현대 기술통계학은 그래프, 차트, 표 등 시각적 도구를 활용하여 수집된 데이터의 분포와 특성치를 찾아내고 표현하는 것에 중점을 두지만, 단순한 데이터 정리에 그치는 것이 아니라 통계적 추론이라는 고급통계의 기초가 된다. 예를 들어, 마케팅팀은 기술통계를 통해 고객 설문조사 결과를 분석하고, 효과적인 마케팅 캠페인을 추정할 수 있다. 기술통계학은 방대한 양의 데이터를 적절한 형태로 정리하고 요약하여, 경영자가 직관적으로 데이터를 이해하고 빠르게 결정을 내릴 수 있도록 돕는다.

그림 2-1 USA snapshot의 데이터 시각화 자료

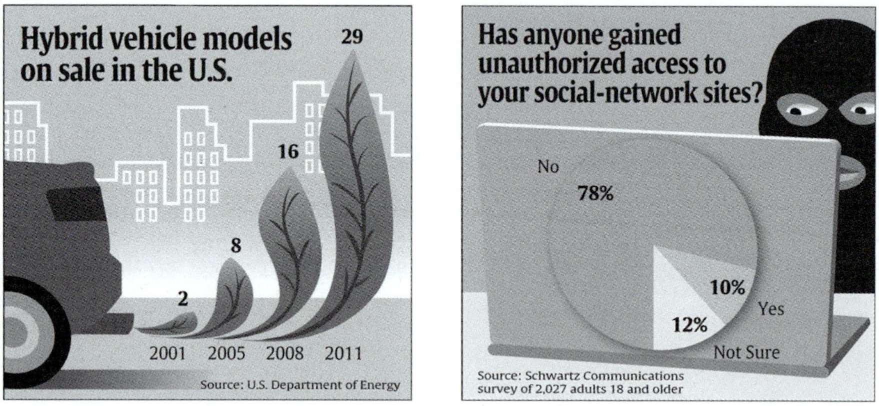

1. 표를 이용하는 데이터의 정리 : 도수분포표

가장 기본적인 기술통계는 데이터의 개수를 세는 것이다. 데이터집합을 범주화하는 기준이 제시되면 각 범주에 속하는 데이터의 개수를 셀 수 있다. 이런 기법을 흔히 빈도분석이라고 하는데, 빈도분석에 의해 관측된 데이터를 도수분포표의 형태로 정리할 수 있다.

도수분포표(frequency table)는 수집된 데이터를 일정한 속성에 따라 분류하고, 분류된 속성에 해당하는 데이터의 관측빈도를 정리해 놓은 표이다. 도수분포표에서 데이터의 분류기준이 되는 속성을 범주, 계급(class) 혹은 구간이라고 하고, 범주나 계급에 해당하는 데이터의 개수를 도수(frequency)라고 한다. 도수분포표에서 도수는 절대도수(absolute frequency)나 상대도수(relative frequency) 혹은 두 가지 형태의 도수를 동시에 사용할 수도 있다. 절대도수는 범주별 단순 개수이고 상대도수는 비율, 즉 범주별 도수를 전체 도수의 합으로 나눈 값이다.

예 2-1 새로 구성된 프로젝트팀의 성별이 {남자, 여자, 여자, 남자, 여자, 여자, 남자, 여자, 여자, 남자}로 조사되었다. 이 자료를 이용하여 작성한 다음의 도수분포표에서 범주와 범주의 수, 범주별 도수를 정의하라.

계급	도수
남자	14
여자	16
합계	10

풀이

- 범주(구간, 계급) : 남자, 여자
- 범주의 수 : 2
- 범주별 도수 : 남자 4, 여자 6

도수분포 혹은 빈도분석은 범주가 필요하므로 미리부터 범주화되어 있는 명목자료나 서열자료의 분석에 유용한 기법이다. 비율자료나 등간자료의 연속형 변수도 도수분포표로 작성할 수 있지만, 다음의 번거로운 절차가 필요하다.

연속형 변수의 도수분포표 작성 절차

① 범주(구간)의 속성 확인
② 데이터의 최댓값, 최솟값과 범위(=최댓값−최솟값)의 확인
③ 구간 개수와 구간 폭의 설정($=\frac{\text{범위}}{\text{구간 수}}$)
④ 구간별 도수 확인과 도수분포표 작성

연속형 변수의 도수분포표를 작성할 때 구간 개수나 폭은 범주의 특성이나 자료의 범위와 분포형태, 작성할 도수분포표의 크기 등을 고려하여 설정한다.

예 2-2 맞벌이 중인 30가구의 월평균 식비 조사 결과를 이용하여 도수분포표를 작성하라(단위 : 만 원).
{42, 38, 54, 38, 67, 36, 61, 58, 55, 61, 37, 44, 63, 62, 63, 46, 64, 51, 59, 69, 41, 39, 36, 49, 53, 66, 42, 39, 67, 43}

풀이

① 범주(계급, 구간)의 속성 확인

- 범주속성 : 소비자 30명 월평균 식비 분포

② 최댓값과 최솟값, 범위의 확인

- 최댓값과 최솟값 : 69, 36
- 범위 : 33=69−36

③ 구간의 수와 구간 폭($=\frac{\text{범위}}{\text{구간 수}}$)의 설정

- 구간 수 : 7 (범위와 구간 폭을 고려하여 임의로 설정)
- 구간 폭 : 5 (구간 폭 결정공식에 의해 $4.71=\frac{33}{7}$ 으로 계산되지만, 구간 폭은 정숫값으로 설

정하는 것이 좋다)

④ **구간별 도수 확인과 도수분포표 작성**

구분	도수	상대도수	구분	도수	상대도수
36~40	7	0.23	56~60	2	0.07
41~45	5	0.17	61~65	6	0.20
46~50	2	0.07	66~70	4	0.13
51~55	4	0.13	합계	30	1.00

2. 그림을 이용한 데이터의 표현

도수분포표로 데이터를 정리하는 방법 이외에도 그래프나 그림을 이용할 수 있다.

2.1 막대그래프와 원그래프

막대그래프(bar chart)와 원그래프(pie chart)의 대부분은 범주형 데이터로 된 도수분포표를 그림으로 나타낸 것이다. 막대그래프는 각 범주의 도수를 가로나 세로 형태의 막대그림으로 배열하는 것이다. 원그래프는 하나의 원을 1로 보고 각 범주의 도수를 전체 도수로 나눈 상대도수에 상응하는 크기의 호로 표현해 놓은 것이다. 앞의 성별 데이터를 그래프로 나타내면 다음과 같다.

그림 2-2 막대그래프와 원그래프

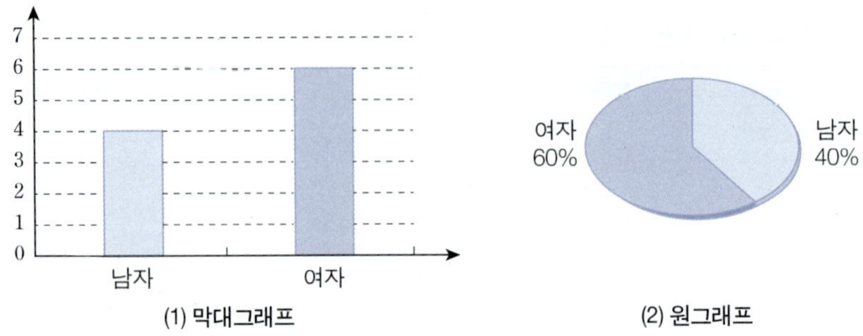

2.2 히스토그램과 꺾은선 그래프

히스토그램은 양적 데이터로 된 도수분포표를 그림으로 나타낼 때 적절한 방법이다. 히스토그램은 막대그래프와 유사하지만 자료의 형태가 다르고, 막대 간에 간격이 없다는 점에서 차이가 있다. 꺾은선 그래프는 이산적으로 그려진 막대그래프나 히스토그램과 달리 도수를 선으로 연결해서 표시한다. 꺾은선 그래프는 월별 매출액 등 시간의 흐름에 따라 데이터가 주기적으로 발생하는 시계열 데이터를 표현하는 데 적합하다.

그림 2-3 히스토그램과 꺾은선 그래프

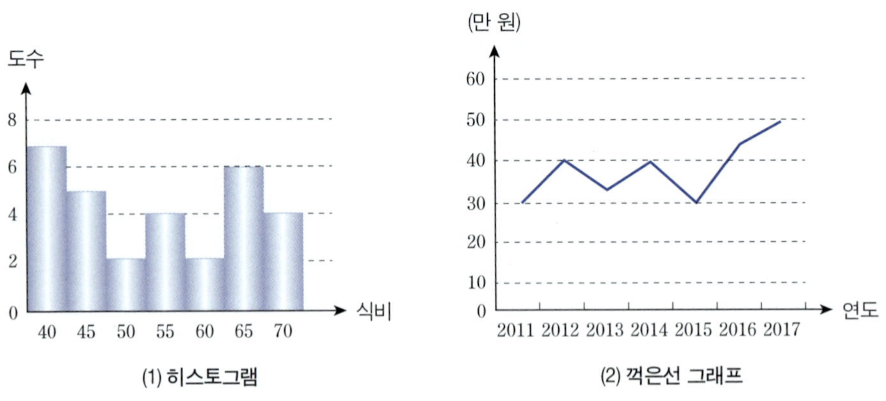

2.3 줄기-잎 그림

줄기-잎 그림(stem-leaf diagram)은 데이터들의 배열을 이용하여 막대그래프와 유사한 효과를 낼 수 있도록 만든 그림이다. 구간별 관측치의 크기뿐만 아니라 개별 관측치의 구체적 값들을 확인할 수 있기 때문에 막대그래프나 히스토그램보다 많은 정보를 담을 수 있다.

줄기-잎 그림은 데이터의 수가 적은 경우에 적합하다. 데이터가 너무 많으면 줄기-잎 그림이 지나치게 복잡해져서 보기에 불편할 뿐만 아니라 굳이 데이터를 정리하는 의미가 없다.

예 2-3 월요일 오후에 K브랜드의 로드숍(road shop)을 방문한 고객들의 연령 데이터를 이용하여 줄기-잎 그림을 그려라.
{68, 57, 40, 33, 18, 45, 28, 30, 56, 30, 33, 51, 61, 53, 62, 54, 40, 33, 56, 36, 71, 46, 42, 24, 34, 65, 52, 43, 41, 42}

풀이

① 각 데이터를 줄기와 잎으로 구분한다.
줄기는 그래프에서 구간의 수를 나타내므로 그 수가 너무 많지 않도록 정하는 것이 좋다. 위의 데이터에서는 십 단위의 자리를 줄기로 정하고 일 단위의 자리를 잎으로 정하는 것이 좋다. 따라서 첫 번째 관측치인 68의 줄기는 6이고 잎은 8이다.

② 모든 가능한 줄기의 값들을 크기순으로 정리한다.
가장 작은 줄기는 1이고 가장 큰 줄기는 7이다.

③ 각 관측치의 잎을 해당 줄기에 크기순으로 나열하여 줄기-잎 그림을 완성한다.

그림 2-4 줄기-잎 그림

```
1 | 8
2 | 4 8
3 | 0 0 3 3 3 4 6
4 | 0 0 1 2 2 3 5 6
5 | 1 2 3 4 6 6 7
6 | 1 2 5 8
7 | 1
```

3. 특성치를 이용한 데이터의 요약

데이터를 크기순으로 늘어놓거나 그래프를 그려 보면 특정 위치에 자료가 몰려 있거나 퍼져 있는데, 데이터의 이런 특성을 하나의 수치로 요약해 놓은 값을 데이터 특성치라고 한다. 데이터의 위치를 정리한 특성치를 중심화 경향치라고 하고, 퍼져 있는 정도를 정리한 특성치를 산포도라고 한다.

3.1 중심화 경향치

데이터의 그래프를 그려 보면 넓게 분포된 자료의 일부지점에 몰려 있는 경우가 많다. 데이터분포의 이런 특성을 중심화 경향치라고 한다. 중심화 경향의 척도는 평균(average)인데 평균과 관련된 개념에는 최빈값(mode), 중앙값(median) 그리고 산술평균(mean)이 있다.

1) 최빈값

최빈값(mode)은 변수집합에서 가장 빈번히 나타나는 데이터값이다. 도수분포표를 이용하면 최빈값을 쉽게 찾을 수 있으며, 가장 자주 나타나므로 대상 집단의 속성을 대표하는 평균값으로 활용되는 경우가 많다. 예를 들어, 어떤 외국인이 "한국인들은 겨울에도 아이스아메리카노를 마셔"라고 말했을 때, 이는 모든 한국인이 아이스아메리카노를 마신다는 뜻이 아니라, 아이스아메리카노를 마시는 사람이 관측된 빈도가 가장 많다는 의미이다.

최빈값은 이해하기 쉽고 값을 찾기도 쉽다는 장점이 있지만, 빈도 이외의 정보를 확인할 수 없는 단점이 있다. 그러므로 최빈값은 명목척도 이외의 자료를 대표하기에는 적합하지 않다.

예 2-4 지난 한 달 동안 어느 기업의 모바일 쇼핑몰을 통한 제품판매건수가 {75, 65, 36, 52, 70, 37, 55, 63, 70, 59, 68, 70, 63, 43, 46, 73, 70, 71, 47, 68, 75, 75, 54, 70, 68, 63, 46, 54, 70, 65}일 때 최빈값을 구하라.

풀이

최빈값 : 70 (판매건수가 70인 판매일이 6건으로 가장 많다)

2) 산술평균

산술평균(mean)은 한 변수의 데이터를 모두 합한 후 그 합을 데이터의 개수로 나눈 값이다. $X_1, X_2, \cdots, X_n$의 n개로 이루어진 데이터 집합이 있을 때 이 집합의 평균은 다음의 계산식으로 표현할 수 있다. 모집단의 평균은 μ(뮤)라고 표기하며 표본집단의 평균은 $\overline{X}$ (엑스바)로 표시한다. 일상생활에서 언급되는 평균은 산술평균을 의미한다.

모집단의 산술평균 계산식

$$\mu = \frac{\sum_{i=1}^{N} X_i}{N}$$

여기서, μ : 모집단의 산술평균

X_i : i번째 관측치

N: 모집단의 전체도수

도수분포표를 이용한 표본 산술평균의 계산

$$\overline{X} = \frac{\sum_{i=1}^{n} X_i f_i}{n}$$

여기서, $\overline{X}$: 표본집단의 산술평균

n : 표본의 전체도수

X_i : i구간의 중앙값

f_i : i구간의 도수

예 2-5 {20, 18, 15, 26, 25}는 5개월 전에 창업한 K기업의 월간 매출액 데이터이다. 이 데이터를 이용하여 K기업의 월평균 매출액을 구하라(단위 : 억 원).

풀이

• K기업 월평균 매출액 : 20.8(억 원)

모집단 평균을 구하는 공식 $\mu = \frac{\sum_{i=1}^{N} X_i}{N}$ 에 의해

$$\mu = \frac{(20+18+15+26+25)}{5} = 20.8$$

데이터집합이 도수분포표로 정리되어 있는 경우에도 평균을 구할 수 있다. 도수분포표는 개별 데이터의 실제값(관측치)이 표시되어 있지 않기 때문에 전체 관측치의 합과 도수의 합을 이용하여 산술평균할 수 없다. 그러므로 이때에는 원래의 관측치가 각 구간 내에 균등하게 분포되어 있을 것이라고 가정하고 이 구간의 중앙값으로 대푯값을 추정한 다음 구간별 도수를 곱하여 구간합을 구한다. [예 2-2]의 도수분포표를 이용하여 평균을 구해 보자.

구분	도수	대푯값 (구간 중앙값)	구분	도수	대푯값 (구간 중앙값)
36~40	7	38	56~60	2	58
41~45	5	43	61~65	6	63
46~50	2	48	66~70	4	68
51~55	4	53	합계	30	−

구간 36~40의 대푯값은 38이고 41~45의 대푯값은 43이다. 이하의 구간에서도 구간별 대푯값 53, 58, 63, 68을 구한 다음 구간별 대푯값과 도수를 곱한 값의 전체 합을 전체 도수 30으로 나눈다.

도수분포표로부터 표본평균을 구하는 공식은 $\overline{X} = \frac{\sum_{i=1}^{n} X_i \cdot f_i}{n}$ 이므로

$$= \frac{(38\times7+43\times5+48\times2+53\times4+58\times2+63\times6+68\times4)}{30} = 51.83$$

3) 중앙값과 분위수

중앙값(median)은 변수의 데이터를 크기순으로 정렬하였을 때 가운데에 있는 데이터 값이다. 중앙값은 데이터의 순위 정보만 이용하고 크기 정보는 영향을 받지 않는다. 그러므로 서열자료, 등간자료, 비율자료에서만 중앙값을 계산할 수 있다.

전체 데이터가 홀수 개일 때는 중간에 위치한 값이 중앙값이고, 데이터 개수가 짝수인 경우 중앙값은 가운데 있는 두 개의 데이터 값을 합한 후 2로 나눈 값이다. 예를 들어, {20, 18, 15, 26, 25}의 데이터를 크기순으로 정리하면 {15, 18, 20, 25, 26}이므로 중간에 있는 값은 20이다. {20, 18, 15, 26, 25, 16}의 짝수 데이터를 크기순으로 정리하면 {15, 16, 18, 20, 25, 26}이며, 이때 중앙값은 18과 20의 평균인 19이다.

중앙값은 데이터의 극단값(이상치)에 영향을 덜 받기 때문에, 앞에서 설명한 산술평균보다 집단의 성격을 더 잘 대표하는 경우도 있다. 직원의 월 급여가 {200, 210, 220, 230, 240}인 A회사와 {10, 20, 30, 40, 1000}인 B회사를 가정해 보자. 두 회사의 월급여 합계와 평균은 각각 1,100과 220으로 같지만, 중앙값은 각각 220과 30으로 크게 차이가 난다. 이와 같이 데이터의 극단치가 존재하는 경우의 대푯값 혹은 중심화 경향치는 평균값보다 중앙값이 더 적합하다.

분위수는 순서대로 나열한 데이터를 미리 정한 등급을 기준으로 균등하게 나누었을 때 각 구간에 해당하는 값이다. 4분위수는 전체 데이터를 작은 값부터 큰 값 순으로 정렬한 후, 데이터의 위치를 4등분한 값이다. 예를 들어, 데이터가 {15, 16, 18, 20, 25, 26, 27}일 때, 제2사분위수는 중앙값인 20이고, 제1사분위수는 16, 제3사분위수는 26이다.

분위수는 필요에 따라 4분위수, 5분위수, 10분위수, 100분위수 등의 다양한 형태로 활용된다. 예를 들어, 대학생의 국가장학금 지급을 위한 소득분위 유형은 1구간부터 10구간까지의 10분위수이고, 우리가 흔히 사용하는 백분위율(%)은 100분위수의 다른 표현이다.

- 제1사분위수 : 데이터의 하위 1/4(25%) 지점
- 제2사분위수 : 데이터의 중앙값 1/2(50%) 지점
- 제3사분위수 : 데이터의 상위 3/4(75%) 지점
- 제4사분위수 : 데이터의 상위 4/4(100%) 지점

4) 중심화 경향치의 선택

최빈값, 중앙값, 평균(산술평균) 중 어떤 값을 중심화 경향치로 사용하는 것이 좋을까? 일반적으로 평균이 가장 많이 사용된다. 평균은 다양한 수학적 활용을 할 수 있기 때문에 가장 흔히 활용되는 특성치이지만 데이터의 특성에 따라 평균을 중심화 경향치로 사용할 수 없는 경우도 있다. 어떤 특성치를 중심화 경향치로 사용할 것인지 결정할 때에는 다음의 몇 가지 사항을 고려해야 한다.

첫째, 데이터의 특성이다. 관측치의 분포가 거의 좌우 대칭인 경우에는 어떤 대표치를 선택하더라도 큰 문제가 없다. 그러나 극단적으로 왼쪽 또는 오른쪽으로 치우친 형태의 표본분포는 평균값만으로 중심값을 삼으면 안 된다. 이 경우에는 대푯값으로 평균과 중앙값을 함께 사용하는 것이 좋다.

둘째, 극단값을 갖는 데이터의 존재 여부이다. 데이터에 극단적으로 크거나 작은 값을 갖는 관측치가 포함되어 있으면 평균이 왜곡된다. 이때에도 중앙값이나 최빈값을 함께 쓰는 것이 좋은데 극단치가 평균에 미치는 영향보다 중앙값이나 최빈값에 미치는 영향이 적기 때문이다.

셋째, 사용목적이다. 중심화 경향치를 데이터특성을 이해하기 위해 사용한다면 목적이나 데이터분포를 고려하여 적절한 경향치를 사용하면 된다. 그러나 통계적 목적을 갖는 경우 중앙값이나 최빈값은 적절하지 않다. 평균은 분산의 계산과 가설검정 등의 통계처리를 통해 더 많은 정보를 획득할 수 있지만 중앙값이나 최빈값 등은 제한된 정보만을 제공하기 때문이다. 따라서 주어진 데이터로부터 통계적 정보를 얻고자 한다면 평균을 선택하는 것이 바람직하다.

3.2 산포도

주어진 데이터의 특성을 완전히 이해하려면 중심화 경향치는 물론 각 관측치들이 밀집되거나 분산되어 있는 정도를 함께 알아야 한다. 관측치들의 퍼진 정도, 즉 산포도(dispersion)를 측정하기 위한 통계량들은 다음과 같다.

1) 범위

범위(range)는 데이터의 가장 큰 값과 가장 작은 값의 차이를 말하는 것으로 산포도를 알아보는 가장 단순한 방법이다. 앞의 [예 2-5]에서 범위는 26−15=11이다. 범위는 계산이 용이하지만 예외적으로 크거나 작은 관측치가 있으면 범위가 과도하게 넓어지는 단점이 있다.

2) 백분위수

k백분위수는 데이터의 k%가 이 값보다 작고 나머지 $(1-k)$%는 이 값보다 큰 경우를 표현하는 특성치이다. 백분위수 중에서 25%수를 제1사분위수, 50%수를 제2사분위수 또는 중앙값, 75%수를 제3사분위수라고 한다. 그리고 최솟값, 25%, 50%, 75%, 최댓값(100%)을 함께 나타낸 것을 5수 요약(five number summary)이라고 한다.

3) 분산 및 표준편차

분산과 표준편차는 통계학에서 중심화 경향치인 평균만큼이나 자주 사용되는 특성치이다. 관측치와 평균의 차이를 편차(deviation)라고 하는데 분산과 표준편차는 자료의 흩어진 정도가 클수록 편차가 커진다는 점을 이용한다.

개념적으로 개별 관측치의 편차를 모두 합하면 관측치 전체의 편차, 즉 전체 데이터의 편차 정도를 알 수 있다. 그런데 편차는 관측치가 평균으로부터의 양(+)의 방향 또는 음(−)의 방향으로 떨어져 있는 거리이므로 편차의 합은 항상 0이다. 따라서 편차를 단순 합산하는 방법으로는 전체 데이터의 산포도를 구할 수 없다.

편차의 합이 언제나 0이 되는 문제를 해결하기 위해서 편차를 제곱하여 모든 편차의 값을 양수(+)값으로 바꾼 다음 합하는 방법을 쓴다. 이와 같이 편차를 제곱하여 더한 후 이를 데이터의 개수로 나눈 것을 분산(variance)이라 한다. 분산은 데이터들이 중심위치로부터 어느 정도 떨어져 있는가를 평균적으로 나타내기 때문에 데이터집합의 퍼져 있는 정도를 대표하는 값으로 쓰인다.

그런데 분산은 편차를 제곱한 값의 평균이기 때문에 실제의 산포 정도보다 과대계산되어 있다. 과대평가되어 있는 편차의 제곱합인 분산을 원래의 편차크기로 환원시키기 위하여 분산값에 양의 제곱근($\sqrt{\ }$)한 값을 분산의 제곱근 혹은 표준편차(standard deviation)라고 한다.

평균을 모집단의 평균 μ와 표본의 평균 $\overline{X}$로 구분한 것과 마찬가지로 표준편차와 분산 역시 모집단의 표준편차와 분산 그리고 표본의 표준편차와 분산으로 구분한다. 모집단의 분산과 표준편차는 각각 σ^2(시그마 제곱), σ로 표시하며 표본의 분산과 표준편차는 각각 s^2, s로 표시한다. 모집단과 표본에서의 평균과 표준편차, 분산의 표기는 다음과 같다.

구분	평균	표준편차	분산
모집단	μ	σ	σ^2
표본	$\overline{X}$	s	s^2

표본집단의 분산과 모집단의 분산/표준편차의 표기를 σ와 s로 구분하는 이유는 그것의 용도와 계산방법이 다르기 때문이다. 표본집단의 분산(s^2)과 표준편차 (s)의 용도는 모집단의 분산(σ^2)이나 표준편차(σ)를 추정하기 위한 것이다. 표본의 분산(s^2)은 표본평균($\overline{X}$)과 관측치(X_i)의 차이의 평균을 구할 때, 총관측치수가 아니라 하나를 차감한 수($n-1$)[01]로 나누어 구한다. 관측치에서 하나의 값을 차감하는 이유는 표본분산으로 모분산을 비슷하게 추정하기 위한 것으로, 통계적 증거에 의하면 총관측치수(n)에서 1을 빼지 않으면 모분산이 과소하게 추정되는 경향이 있기 때문이다.

모집단의 분산과 표준편차의 계산식

$$\sigma^2 = \frac{\sum_{i=1}^{N}(X_i - \mu)^2}{N}, \qquad \sigma = \sqrt{\sigma^2}$$

표본의 분산과 표준편차의 계산식

$$s^2 = \frac{\sum_{i=1}^{n}(X_i - \overline{X})^2}{n-1}, \qquad s = \sqrt{s^2}$$

01 관측치에서 1을 뺀 수($n-1$)를 자유도(degree of freedom)라고 한다. 1의 값을 차감하는 이유는 표본통계량을 계산할 때 이미 하나의 자유도를 사용했기 때문이다. 자유도 1을 차감함으로써 표본통계량이 모수에 편향되지 않은 추정치가 될 수 있다.

편차의 제곱합을 관측치(N)로 나누었기 때문에 표준편차는 데이터들이 평균으로부터 떨어진 평균 거리이다. 편차에 제곱을 가하기 때문에 데이터가 평균에서 양의 방향이건 음의 방향이건 멀리 떨어질수록 표준편차는 커진다. 산술평균과 마찬가지로 표준편차도 이상점(outlier)에 많은 영향을 받는다.

[예 2-5]의 자료가 K기업 매출액 자료 중의 일부라고 가정하고 분산과 표준편차를 구해 보자. 이때 주어진 데이터가 표본자료이므로, 분산과 표준편차는 다음과 같다.

• 분산 $s^2 = \dfrac{\sum_{i=1}^{n}(X_i - \overline{X})^2}{n-1}$

$$= \frac{(20-20.8)^2 + (18-20.8)^2 + (15-20.8)^2 + (26-20.8)^2 + (25-20.8)^2}{(5-1)} = 21.7$$

• 표준편차 $s = \sqrt{s^2}$

$$= \sqrt{21.7} = 4.66$$

도수분포표의 분산은 다음과 같이 계산된다.

도수분포표에서의 분산 계산식

$$\sigma^2 = \frac{\sum_{i=1}^{N}(X_i - \mu)^2 f_i}{N}, \qquad s^2 = \frac{\sum_{i=1}^{n}(X_i - \overline{X})^2 f_i}{n-1}$$

4) 측정단위가 다른 자료의 비교

신용카드 회원의 나이와 연간 이용액과 같이 두 변수의 형태나 절대단위가 다른 경우에는 분산이나 표준편차로 두 변수의 산포도를 비교할 수 없다. 나이는 0에서 100세 정도의 범위 안에 분포되겠지만 신용카드의 연간 이용액은 0원에서부터 수억 원까지의 넓은 범위에 분포되기 때문이다.

관찰대상의 척도가 다르면 관련변수의 편차나 분산도 달라진다. 그러므로 측정단위가 다른 자료들의 산포도를 비교할 때는 분산이나 표준편차가 아닌 다음의 방법을 활용하여야 한다.

(1) 데이터 표준화

두 데이터의 측정단위를 통일시키는 것을 데이터의 표준화라고 한다. 가장 많이 사용되는 방법은 표준편차를 이용하여 데이터를 표준화하는 것이다. 표준편차를 이용해 데이터를 표준화한 값을 Z값($Z-score$)이라고 하는데, 표준화된 Z값의 평균값은 항상 0이고 표준편차는 1이다.

데이터의 표준화

$$Z = \frac{X-\mu}{\sigma}$$

Z값은 관측치에서 평균을 뺀 값을 표준편차로 나눈 값이다. Z값은 분자값을 같은 척도로 계산된 분모값(표준편차)으로 나눈 값이므로 분자와 분모값에 포함되어 있던 단위(척도)의 의미가 제거되는 효과를 갖는다.[02] 그러므로 거리를 나타내는 m나 무게의 kg과 같이 서로 다른 단위나 척도로 측정된 데이터라도 Z값에 의해 표준화하면 척도차이에 의한 간섭이 없어진다.

(2) 변동계수

표준편차를 평균의 퍼센트로 표시하는 변동계수(coefficient of variation)는 데이터의 상대적 산포도를 나타내는 것으로서 다음과 같이 계산한다.

변동계수의 계산식

$$CV = \frac{\sigma}{\mu} \times 100$$

특정 기간의 다이아몬드가격과 석탄가격의 변화, 큰 기업과 작은 기업의 매출, 재고자산, 투자액 등을 비교할 때처럼 서로 다른 측정단위나, 속성이 상당히 다른 두 가지 데이터의 산포도를 비교할 때에는 변동계수를 이용할 수 있다.

---

02 분자와 분모에 같은 값이 있으면 약분되어 1이 되는 것과 같은 원리이다.

3.3 기타 특성치

평균과 표준편차 혹은 Z값만으로도 데이터에 관한 상당한 정도의 정보를 획득할 수 있다. 그러나 정확한 형태의 데이터 분포를 확인하려면 왜도와 첨도 등의 추가적 정보가 필요하다.

1) 왜도

왜도(skewness)는 데이터들의 분포가 평균을 중심으로 어느 정도 대칭적인 모양인가를 나타내는 수치적 특성치이다. 분포의 비대칭 꼬리가 오른쪽으로 치우쳐 있으면 양수의 왜도값을 갖고 분포의 꼬리가 왼쪽으로 치우쳐 있을 때에는 음수의 왜도값을 갖는다. 왜도가 0이면 완벽한 좌우 대칭의 모양이다. 왜도의 계산식은 다음과 같다.

왜도의 계산식

$$\frac{n}{(n-1)(n-2)}\sum\left(\frac{X_i-\overline{X}}{s}\right)^3$$

2) 첨도

첨도(kurtosis)는 자료의 분포 모양이 뾰족한 정도를 나타내는 값으로 기준값은 정규분포이다. 양의 첨도값은 정규분포보다 더 뾰족함을, 음의 첨도는 정규분포보다 덜 뾰족함을 나타낸다.

첨도의 계산식

$$\frac{n(n+1)}{(n-1)(n-2)(n-3)}\sum\left(\frac{X_i-\overline{X}}{s}\right)^4-\frac{3(n-1)^2}{(n-2)(n-3)}$$

그림 2-5 왜도와 첨도

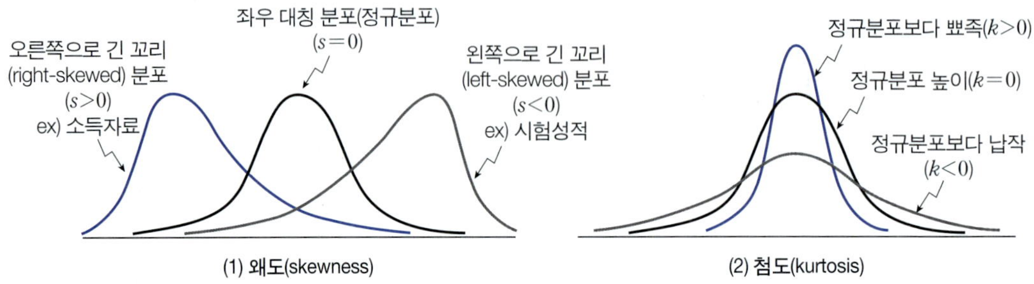

ChatGPT 활용

> 왜도와 첨도의 의미를 주변에서 쉽게 볼 수 있는 예시를 들어서 표로 설명해주세요.

아래 표는 왜도와 첨도의 의미를 쉽게 이해할 수 있도록 주변 예시로 정리한 것입니다.

용어	의미	예시 (주변에서 쉽게 볼 수 있는)	설명
왜도	데이터 분포의 비대칭 정도	시험 점수: 대부분이 높은 점수(오른쪽으로 치우침)	오른쪽으로 꼬리가 길면 오른쪽 왜도(양의 왜도)
		아파트 가격: 몇몇 고가 아파트로 인해 왼쪽으로 치우침	왼쪽으로 꼬리가 길면 왼쪽 왜도(음의 왜도)
첨도	분포의 뾰족함 정도(꼭짓점 높이)	키 분포: 평균 근처에 집중된 키 분포는 뾰족함 높음	뾰족하면 첨도가 높음 (leptokurtic)
		다양한 키가 고루 분포하면 뾰족함 낮음	평평하면 첨도가 낮음 (platykurtic)

필요하면 왜도와 첨도 계산 방법도 설명 가능합니다.

4. 이변량 데이터의 정리

단일데이터는 중심화 경향과 산포도만으로도 데이터 분포나 특성에 관한 상당한 수준의 정보를 얻을 수 있다. 그러나 두 개 이상의 변수를 갖는 데이터는 변수들의 연관관계(association)에 관한 이해가 필요하다. 두 변수의 상호작용이나 영향관계 때문에 데이터가 제공하는 정보가 달라지기 때문이다. 두 변수 간의 연관관계를 시각적으로나 통계적으로 표현하는 기법은 다음과 같다.

4.1 분할표와 결합분포

하나의 명목데이터나 서열데이터로 측정된 데이터는 도수분포표(일차원분류표)로 정리할 수 있는데 두 개의 명목데이터나 서열데이터의 정리는 분할표(이차원분류표, contingency table)가 사용된다. 분할표는 두 종류의 명목데이터를 행과 열로 교차시켜 표를 만들고 표의 각 칸에 해당되는 도수를 기입한 표이다.

분할표는 2개의 변수를 동시에 고려하므로 열과 행에 서로 다른 변수별로 구간을 정하고 행과 열이 교차하는 각각의 칸에 해당되는 도수를 표시한다. 두 종류의 명목데이터나 서열데이터를 분할표로 정리하면 두 변수 간의 관계를 쉽게 파악할 수 있다. 분할표를 작성하는 방법을 [예 2-6]을 통해 살펴보자.

예 2-6 P대학 재학생들의 성별과 전공 간에 연관성이 있는지를 알아보기 위해 600명을 무작위로 뽑아 두 개의 명목변수, 즉 성별과 전공을 조사한 결과가 다음과 같다. 이 자료를 이용하여 분할표를 만들어 보자.

번호	성별	전공	번호	성별	전공	번호	성별	전공
1	남	인문	101	여	인문	⋮	⋮	⋮
2	여	자연	102	남	자연	596	여	인문
3	남	예체능	103	남	인문	597	남	예체능
4	남	자연	104	여	예체능	598	남	자연
5	여	인문	105	남	인문	599	여	인문
⋮	⋮	⋮	⋮	⋮	⋮	600	남	예체능

풀이

① 분할표 구성

학생의 전공과 성별로 분류하면 3개의 전공속성과 2개의 성별속성으로 나뉜다. 한 변수가 r개의 행을 갖고 있고 다른 변수가 c개의 열을 가질 때 만들어지는 분할표를 $r \times c$ 분할표라고 한다. [예 2-6]은 6개의 셀(2×3)을 갖는 분할표로 정리된다.

구분	인문계열	자연계열	예체능계열	합계
남				
여				
합계				

② 분할표 정보입력

분할표가 만들어지면 600명 각각을 성별과 전공에 따라 6개의 칸에 할당하여 합계를 내면 된다. 그러면 다음과 같은 분할표가 얻어진다. 데이터 칸의 첫 번째 140은 남학생이면서 동시에 인문계열 전공을 하고 있는 학생의 수이다.

구분	인문계열	자연계열	예체능계열	합계
남	140	100	90	330
여	130	80	60	270
합계	270	180	150	600

분할표에 절대도수 대신 상대도수를 표시하면 두 변수의 결합분포(joint distribution) 표가 된다.

4.2 공분산과 상관계수

비율척도로 측정된 두 변수 간의 관계를 나타내는 데는 상관계수가 사용된다. 다음의 예를 통해 상관계수의 성격을 설명할 수 있다.

예 2-7 편의품을 생산하고 있는 D기업은 광고비 지출액에 따라 매출액이 어떻게 달라지는가를 알아보기로 하였다. 이를 위해 과거 10개월간의 광고비와 매출액을 조사하여 다음의 데이터를 얻었다. 광고비와 매출액의 관련성 정도와 형태를 알아보자.

(단위 : 억 원)

월	광고비	매출액	월	광고비	매출액
1	5	80	6	6	140
2	4	80	7	6	150
3	6	160	8	3	90
4	7	190	9	7	160
5	5	120	10	4	130

산점도(scatter diagram)는 쌍을 이루는 두 변수의 관측치를 *XY*좌표상에 표시한 것이다. 산점도를 그려 보면 광고비와 매출액, 두 개의 변수가 서로 어떤 형태로, 어느 정도 관련되어 있는지를 직관적으로 알 수 있다. [그림 2-6]은 위의 데이터를 산점도로 표시한 것이다.

산점도에서 광고비는 *X*축에, 매출액은 *Y*축에 표시되어 있는데 각각의 점들은 쌍을 이룬 두 변수의 결합 위치 정보이다. 산점도를 보면 각 점들이 우상향의 직선 형태로 배열되어 있다. 이것은 광고비 지출이 증가하면 매출액이 높아지거나 매출액이 증가하면

그림 2-6 산점도

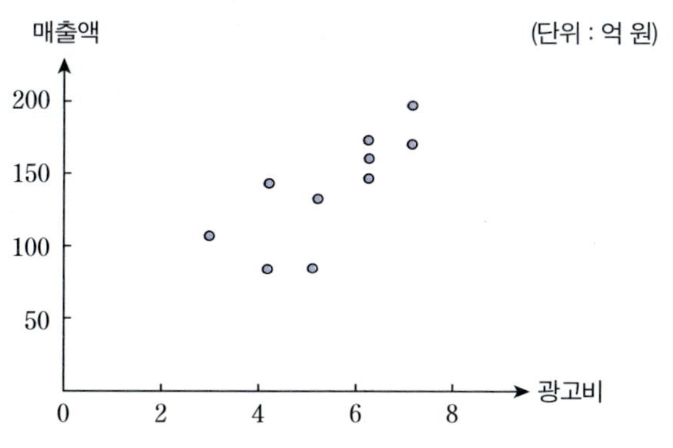

광고비가 늘어나는 경향이 있음을 의미하는데, 이때 "두 변수가 정(+)의 상관관계를 갖는다"라고 한다.

산점도는 두 변수 간의 관계를 보여 주지만 연관 강도를 설명하지는 않는다. 두 변수 간 관계의 강도를 알고 싶을 때는 상관계수를 사용한다.

상관계수와 변수 형태

- 피어슨(Pearson) ρ(로우)상관계수 : 선형관계를 갖는 두 연속변수의 상관관계 정도 측정
- 굿맨-크루스칼(Goodman-Kruskal) γ(감마)계수 : 등위의 중복이 있는 두 서열변수의 상관관계
- 켄달(Kendall)의 τ(타우)계수 : 등위의 중복이 없는 연속적 서열변수 간의 상관관계

보편적으로 이용되는 상관계수는 피어슨(Pearson)의 적률상관계수인데, 선형관계에 있는 두 연속변수가 직선에 관계되어 있는 정도를 나타낸다. [그림 2-7]에서 두 변수가 쌍을 이룬 점들이 직선에 가까이 몰려 있을수록 상관계수가 −1 또는 +1의 값에 가까워진다. 상관계수의 부호가 +이면 정의 상관이 있음을 나타내고, 부호가 −이면 부의 상관이 있음을 나타낸다.

그림 2-7 산점도와 표본상관계수

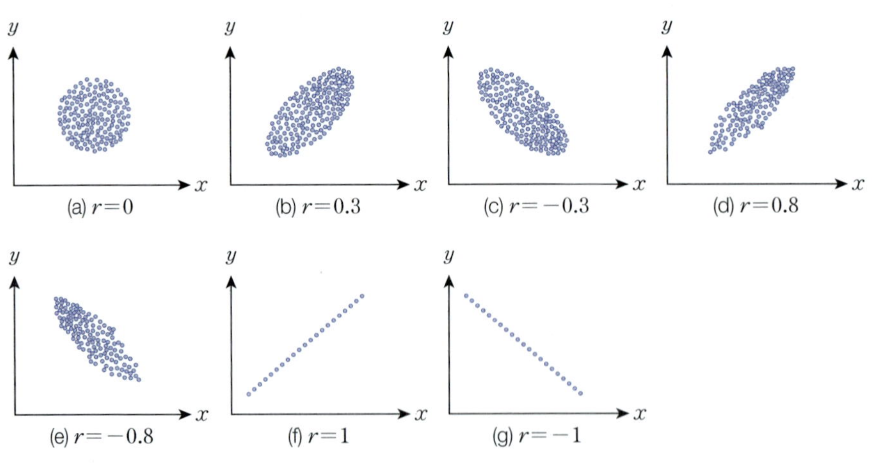

피어슨 상관계수는 공분산(covariance)을 구한 후에 계산하는 것이 좋다. 공분산은 두 변수의 상관관계를 나타내는 통계적 척도로, 두 변수가 함께 변하는 정도를 계산한 값이다. 공분산은 두 변수의 값이 각각의 평균으로부터 떨어져 있는 정도를 나타내 주는 특성치로 $Cov(XY)$로 표시한다. 공분산의 계산식은 다음과 같다.

공분산의 계산식

$$Cov(XY)=\frac{\sum_{i=1}^{N}(X_i-\mu_X)(Y_i-\mu_Y)}{N}=\frac{\sum_{i=1}^{N}(X_i Y_i-\mu_X\mu_Y)}{N}$$

[예 2-7]의 공분산값 $Cov(XY)$는 다음과 같다.

$$Cov(XY)=\frac{(5-5.3)(80-130)+\cdots+(4-4-5.3)(130-130)}{10}=37$$

공분산 계수는 상관의 유무나 방향을 판별하는 데 쓰인다. 공분산이 양의 값이면 두 변수가 양의 상관을 갖기 때문에 두 변수는 같은 방향으로 움직인다. 반대로 공분산이 음의 값이면 음의 상관, 즉 두 변수가 서로 반대 방향으로 변동한다. 물론 공분산 값이 0에 가까울수록 두 변수의 상관관계는 낮다. 그러나 공분산 계수는 상관관계의 크기나 강도를 판별할 수 없고, 두 변수의 측정 단위가 다른 경우 과대 계산될 위험이 있다. 자동차 광고 노출 빈도와 구매액의 관계를 예를 들면, 광고노출 빈도는 0회, 5회, 11회 등 낮은 자연수로 측정되는 반면, 구매액은 0원부터 수천만 원에 이를 정도로 변동량이 크기 때문에 공분산 계수도 당연히 커진다.[03]

상관관계 계수(correlation coefficient)는 상관성과 선형성을 판별할 수 있으며, 공분산계수와 달리 두 변수의 측정단위가 다르더라도 일정범위의 결과값을 갖는다. 상관관계는 척도의 형태에 따라 스피어만, 켄달의 타우, 포인드 바이세리얼, 피셔 등 다양한 계산법이 있지만, 등간척도나 비율척도로 측정된 변수의 상관관계는 피어슨 상관관계 계수로 측정한다.

03 제2장의 엑셀을 이용한 풀이에서 5) 공분산의 계산 사례 참조

피어슨 상관계수는 두 변수 간의 선형성과 상관의 정도를 측정할 수 있다. 앞에서 배운 공분산값을 두 변수의 표준편차를 이용하여 표준화하였기 때문에, 분산값의 차이와 상관없이 언제나 −1과 +1 사이의 값으로만 표시된다. 피어슨 상관계수에서 표본상관계수는 r(감마)로, 모집단상관계수는 ρ(rho : 로우)로 표시한다.

모집단상관계수(ρ)를 구하는 공식은 다음과 같다.

모집단상관계수의 계산식

$$\rho = \frac{Cov(XY)}{\sigma_X \sigma_Y}$$

앞의 자료로 상관계수를 계산하면 다음과 같다.

$$\rho = \frac{Cov(XY)}{\sigma_X \sigma_Y} = \frac{37}{(1.26 \times 35.49)} = 0.82$$

표본집단의 공분산과 상관관계(r)는 다음과 같이 계산한다.

표본공분산과 표본상관계수의 계산식

$$S_{XY} = \frac{\sum_{i=1}^{n}(X_i - \overline{X})(Y_i - \overline{Y})}{n-1} = \frac{\sum_{i=1}^{n}(X_i Y_i - \overline{X}\,\overline{Y})}{n-1}$$

$$r = \frac{S_{XY}}{S_X S_Y}$$

상관계수는 다음의 특징이 있다.

① 상관계수는 −1에서 1 사이의 값을 갖는다. 두 변수의 관계의 강도가 클수록 두 변수는 직선에 가깝게 몰려 있다. 이때 상관계수는 −1 또는 1에 가까운 값을 갖는다.

② 상관계수가 1이면 완전한 양의 상관관계, −1이면 완전한 음의 상관관계가 있다고 한다. 이 경우 두 변수는 완전한 선형관계이다.

③ 상관계수가 0이면 두 변수 간의 관계가 전혀 없다는 의미이며, 이때 두 변수는 상호 독립적이다.

상관계수의 의미는 〈표 2-1〉과 같다.

표 2-1 상관계수의 실제적 의미

상관계수의 범위	상관관계 크기에 대한 기술
± .81 ~ ± 1.00	매우 강함
± .61 ~ ± .80	강함
± .41 ~ ± .60	어느 정도 있음
± .21 ~ ± .40	약함
± .00 ~ ± .20	없음

ChatGPT 활용

공분산의 개념을 실생활 예시와 설명해주세요.

공분산은 두 변수의 관계 방향과 정도를 나타냅니다.

개념:

- 두 변수 값이 함께 증가하거나 함께 감소하면 공분산이 양수
- 한 변수는 증가하고 다른 변수는 감소하면 음수
- 관계가 없으면 0에 가까움

실생활 예시:

- 공부 시간과 시험 점수
  - 공부 시간이 늘어나면 시험 점수도 오르는 경향 → 양의 공분산
- 야외 운동 시간과 체중
  - 운동 시간이 늘어나면 체중이 줄어드는 경향 → 음의 공분산

즉, 공분산은 두 변수 간의 함께 움직이는 방향을 알려줍니다.

엑셀을 이용한 풀이

(1) 피벗테이블을 이용한 도수분포표와 그래프의 작성

1장에서도 배웠지만 엑셀은 숫자로 구성된 시트를 요약하고 분석하는 강력한 도구인 피벗테이블을 제공한다. 엑셀의 피벗테이블은 기업의 회계자료나 대규모 설문조사와 같이 데이터의 양이 크면 클수록 유용성이 크므로, 피벗테이블 활용능력을 키우면 업무 유능감을 높일 수 있다.

본문의 [예 2-2]의 자료를 도수분포표와 그래프를 만들어 보자. 엑셀로 표를 만드는 방법은 여러 가지이지만, 여기서는 1장에서 학습한 피벗테이블 기능을 활용한다.

절차 1

먼저 A열에 [예 2-2]의 데이터 입력이 끝나면 커서를 값이 있는 셀, 여기서는 A1~A31의 값 중 하나를 선택한 다음, 메뉴의 [삽입]탭을 선택한다. ① 삽입탭을 선택하면 그림의 도구상자가 열리는데, 화면의 왼쪽에 있는 ② [피벗테이블]을 선택한다.

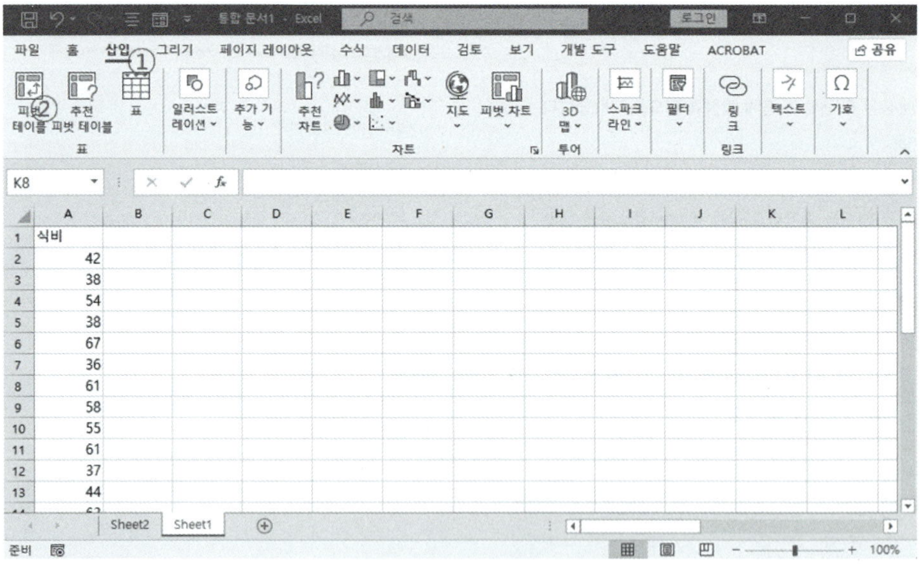

절차 2

[피벗테이블]을 선택하면 [피벗테이블 만들기] 대화상자가 나온다. 피벗테이블을 생성하기 전에 커서 위치(셀선택)를 데이터에 두었다면, 대화상자는 그림과 같이 표 범위값이

Sheet1!$A$1:$A$31로 표시되고 생성할 피벗테이블의 위치를 선택하는 옵션이 표시된다. 새 워크시트를 선택하면 엑셀은 피벗테이블을 현재의 sheet가 아니라, 새로운 sheet에 만들어준다. 기존 워크시트를 선택하면 데이터가 있는 sheet의 특정 위치를 선택할 수 있는 위치창이 열리는데 사용자가 원하는 위치를 선택하면 된다.

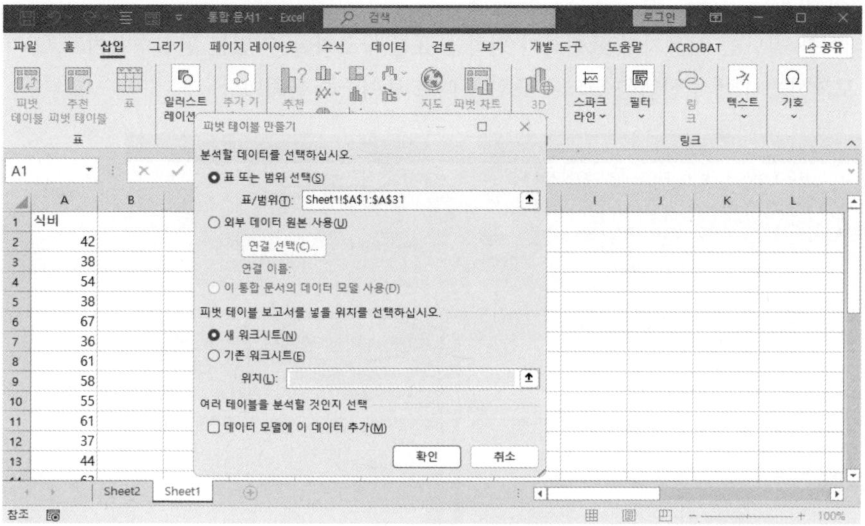

데이터가 없는 셀을 선택한 채로 [피벗테이블]을 선택하면 대화상자가 다른 형태로 열린다. 아래 그림에서처럼 표 또는 범위를 선택하는 옵션이 활성화되고, 피벗보고서를 만드는 위치는 현재 커서의 위치로 자동 지정된다.

사용자가 익숙한 방식을 선택하면 되지만, 저자는 데이터가 입력된 셀을 미리 선택하는 첫 번째 옵션을 선호하는 편이다. 왜냐하면 두 번째 옵션의 경우에는 표 범위를 마우스나 키보드를 이용하여 재지정하여야 하는데, 데이터가 크면 여러 가지 번거로움이 있기 때문이다.

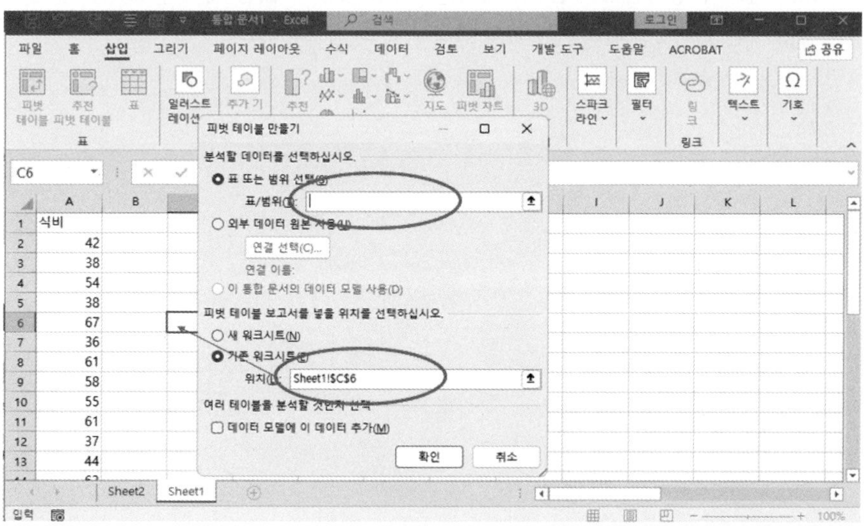

절차 3

새 워크시트를 선택한 채 [피벗테이블 만들기] 대화창의 하단 [확인]버튼을 누르면, 아래의 대화창이 열린다. 그림의 우측 상단을 보면 메뉴탭이 자동적으로 [피벗테이블 분석]으로 이동한 것을 알 수 있으며, 데이터 입력셀 우측편에 ①의 [피벗테이블 필드]라는 대화창과 ②의 피벗테이블 보고서 블럭이 생성된다.

①의 [피벗테이블 필드]는 사용자가 표현하기 원하는 표를 구조화할 수 있는 편집수단이고, ②의 피벗테이블 보고서는 ①에서 선택한 필드를 표의 형태로 보여주는 블럭이다.

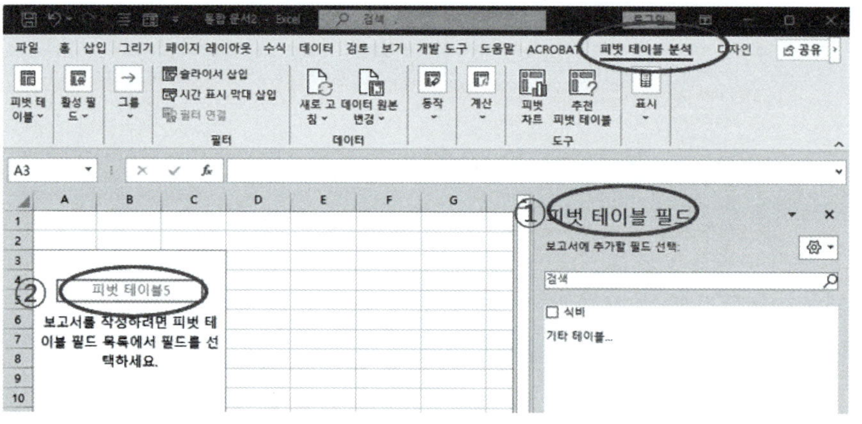

절차 4

원본 데이터의 열(항목)이 식비 하나이므로, 피벗데이터 필드에서 선택할 수 있는 필드도 하나이다. 식비 데이터를 이용하여 빈도분포표를 만들려면 구간과 돗수를 구해야하므로, 아래 그림에서처럼 마우스를 이용하여 식비 항목을 '행'과 '값'의 칸으로 중복해서 이동시킨다.

식비 필드를 ①과 ②의 위치로 각각 이동하면, 그림 좌측의 피벗테이블이 만들어진다. 그런데 이렇게 만들어진 표는 자료가 정리된 도수분포표라 할 수 없고 B열의 값은 해석하기도 쉽지 않다(B4의 72는 A4에 표시된 36이 2번 관측된 결과로 관측된 값의 합계이다).

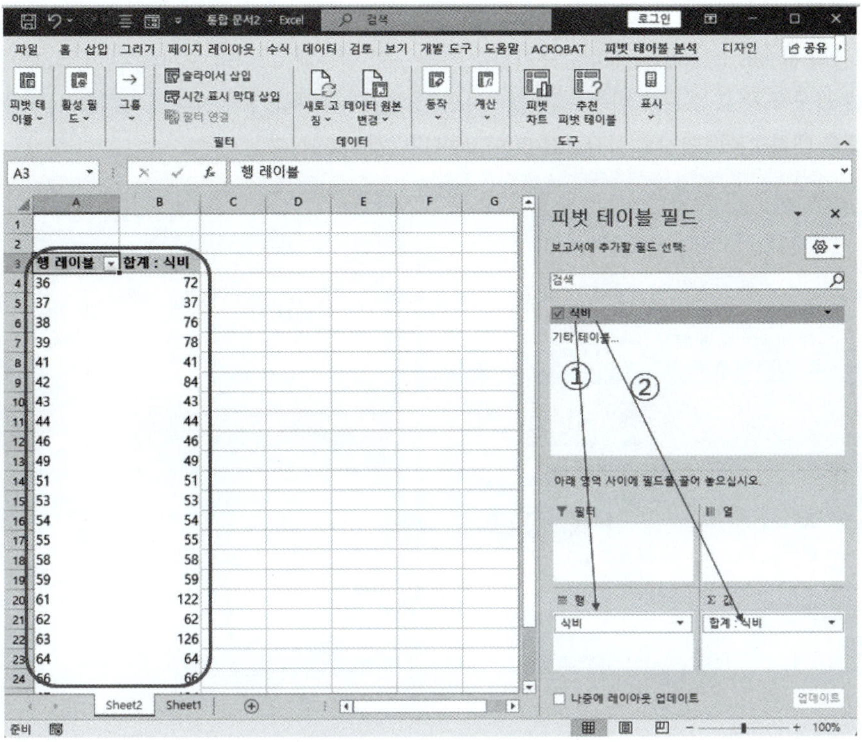

절차 5

피벗테이블의 형태가 만들어졌으므로, 사용자가 원하는 도수분포표의 형태로 변환시키면 된다. 도수분포표는 빈도이므로, 피벗테이블의 값을 '합계'가 아닌 '개수'로 바꾸어야 한다. 그림의 피벗 데이터 필드에서 [값]–[값 필드 설정]의 순서로 선택하면 ③의 화면이 뜨고, 여기서 개수를 선택하면 B열의 값이 {2, 1, 2,.....}의 빈도값으로 바뀐다.

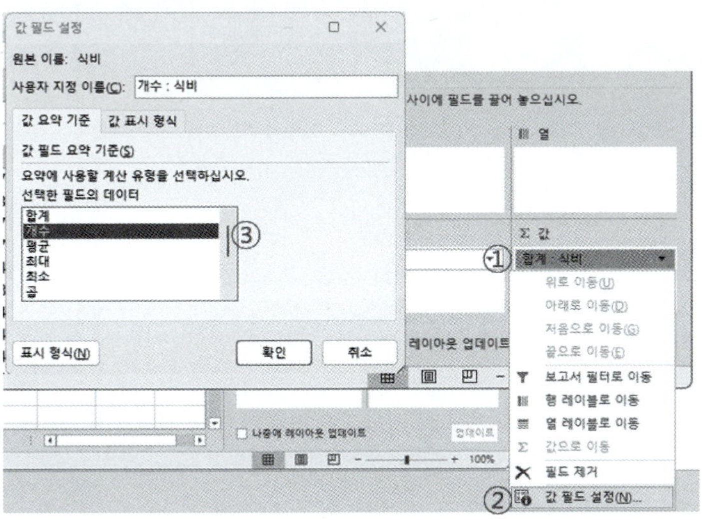

절차 6

이제 행레이블의 값 {36, 37, 38,...,69}을 구간값으로 바꾸면 되는데, 그림의 순서와 같이 행 레이블의 값 위에 커서를 두고 오른쪽 마우스를 클릭하면 ②의 [그룹] 메뉴가 보인다. [그룹]을 선택하면 ③의 [그룹화 대화창]이 뜨는데, 시작값은 36이고 마지막값이 69이다.

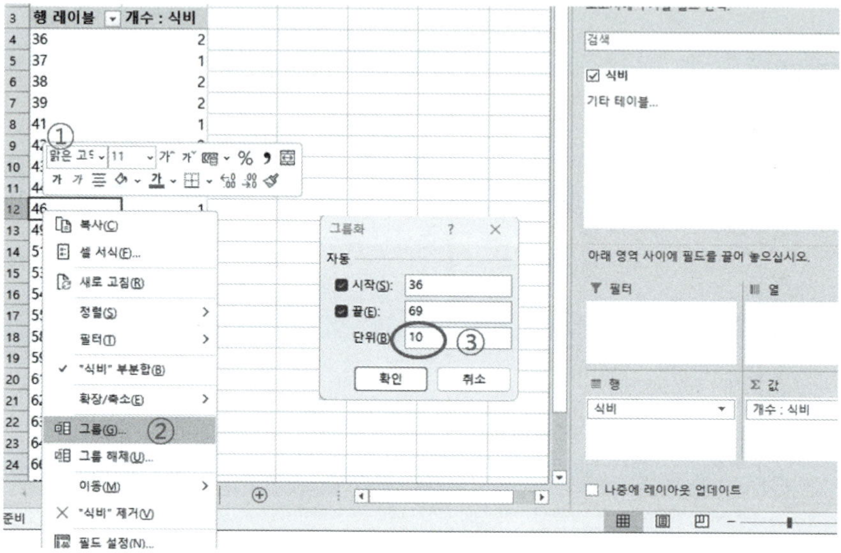

③의 순서와 같이 [그룹화 대화창]의 단위를 원하는 구간값으로 바꾼다. 디폴트값은 10이지만, [예제 2-2]와 같은 표를 만들기 위해 구간값을 5로 바꾸고 확인버튼을 누르면 대화창이 사라지면서 그림의 도수분포표가 만들어진다.

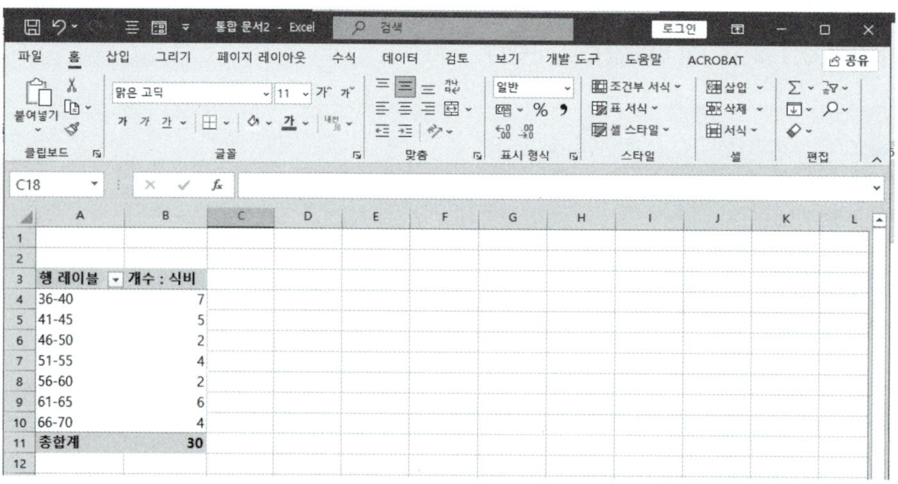

절차 7

피벗테이블을 활용하면 그래프도 손쉽게 그릴 수 있다. 피벗테이블이 완성이 되면, [메뉴]에서 [피벗테이블 분석]이 사라지는데, 커서의 위치 혹은 셀선택을 ①과 같이 피벗테이블 안에 두면 ②의 [피벗테이블 분석] 메뉴와 ③의 도구모음이 활성화된다. [피벗차트]를 클릭하면 다양한 그래프 옵션이 뜬다.

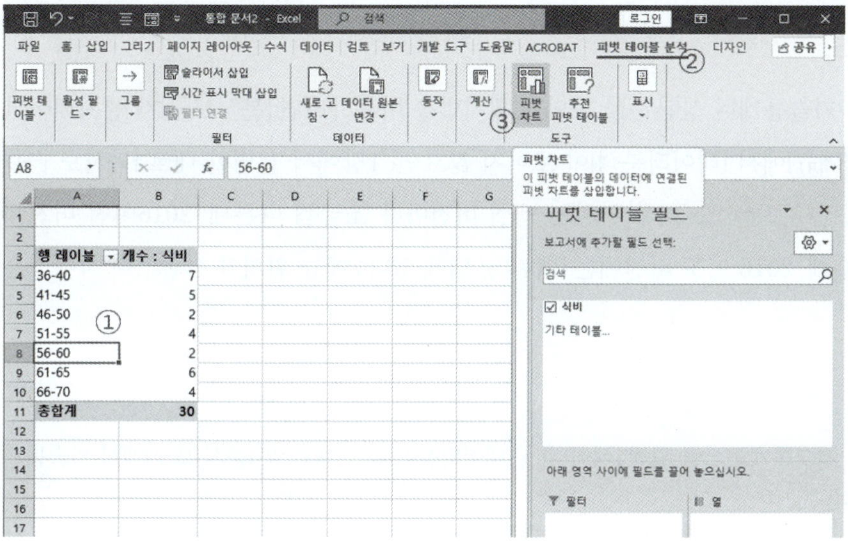

엑셀이 추천하는 "묶은 세로 막대형"을 선택하면 아래 그림과 같다. 엑셀 그래프는 표현형태나 구성요소를 손쉽게 편집할 수 있으므로, 사용자의 요구에 맞게 수정하면 된다.

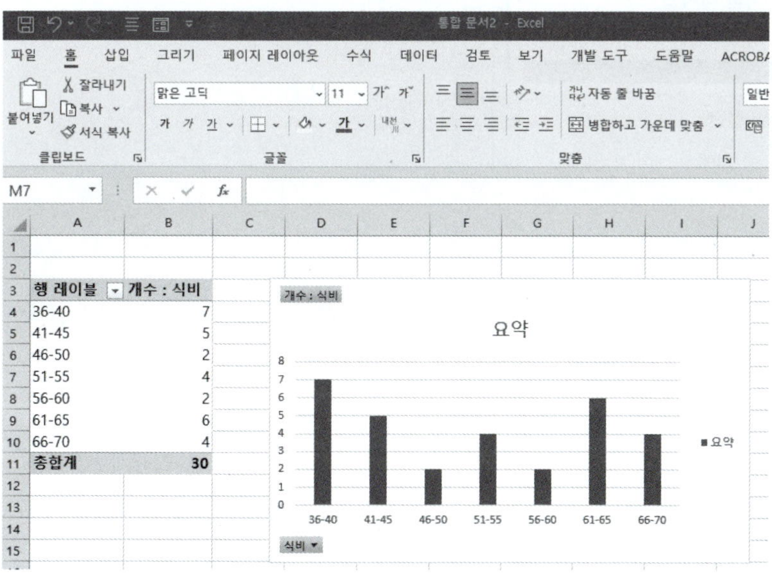

엑셀 데이터나 그래프 편집 기법은 통계학 교과범위에 해당하지 않으므로, 문서편집이나 데이터 표현 등에 관한 다른 수업에서 학습하기 바란다.
피벗테이블을 이용한 데이터 요약이 복잡하다고 생각할수 있지만, 엑셀의 고급기능인 [데이터분석]과 히스토그램 함수를 이용할 필요가 없기 때문에 오히려 사용하기가 쉽다. 그리고 분석이 까다로운 빅데이터도 유사한 절차로 쉽게 요약할 수 있으므로 가능한 한 충분히 익혀두기를 바란다.

(2) 기술통계량

엑셀에서 기술통계나 상관분석 등의 통계기법을 이용하려면 [분석도구]가 설치되어야 한다. 만약 [메뉴]에서 [데이터분석]이 보이지 않으면, 1장에서 설명한 대로 [분석도구]를 설치하기 바란다. [분석도구]의 위치는 엑셀 버전마다 조금씩 다른데, 2016이전 버전에서는 [도구]탭에, 2016 이후 버전에는 [데이터] 탭에 있다. 메뉴 위치와 상관없이 사용법은 동일하다.

절차 1

[예제 2-2]의 기술통계분석을 위해 [데이터] →[데이터분석]을 선택한 후 [분석 도구]에서 기술통계법을 선택한다.

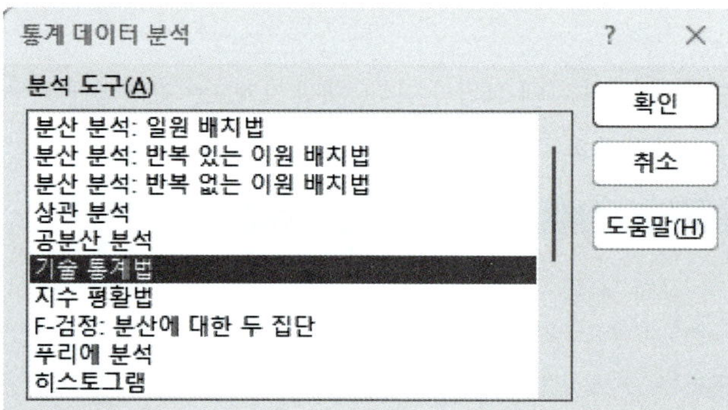

절차 2

기술통계법에서 데이터의 [입력 범위(I)] 및 [출력 범위(O)]를 입력하고 [요약 통계량(S)]을 선택한 후 [확인]을 {클릭}하면 월평균 식비에 대한 기초통계량이 나타난다.

기술통계 대화창

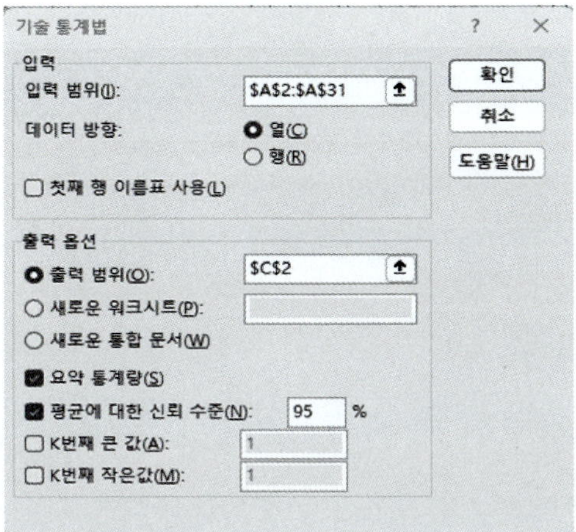

기술통계 결과값

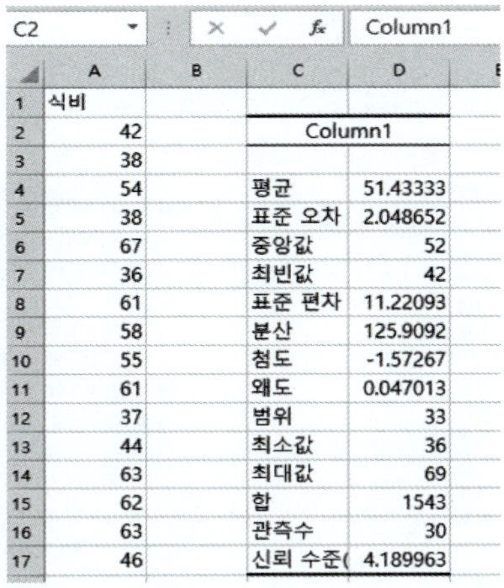

	A	B	C	D
1	식비			
2	42		Column1	
3	38			
4	54		평균	51.43333
5	38		표준 오차	2.048652
6	67		중앙값	52
7	36		최빈값	42
8	61		표준 편차	11.22093
9	58		분산	125.9092
10	55		첨도	-1.57267
11	61		왜도	0.047013
12	37		범위	33
13	44		최소값	36
14	63		최대값	69
15	62		합	1543
16	63		관측수	30
17	46		신뢰 수준(	4.189963

(3) 분할표의 작성

앞의 [예 2-6]의 데이터 중에서 아래 예제와 같은 15개의 자료를 추출하였을 때, 분할표를 작성하는 방법은 다음과 같다. 도수분포표에서와 같이 분할표도 피벗테이블을 활용하는데, 예제에서처럼 자료의 형태가 문자인 경우라도 개수를 셀수 있기만 하면 얼마든지 표로 요약할 수 있다.

절차 1

데이터를 입력 후 메뉴에서 [삽입]→[피벗테이블]을 선택하면 아래의 피벗테이블 만들기 대화상자가 나타난다. 피벗테이블 만들기 대화상자에서 분석할 데이터의 [범위(S)]와 결과물의 표시위치 새 워크시트(N) 또는 기존워크시트 (E)를 선택하고 [확인]을 [클릭]한다.

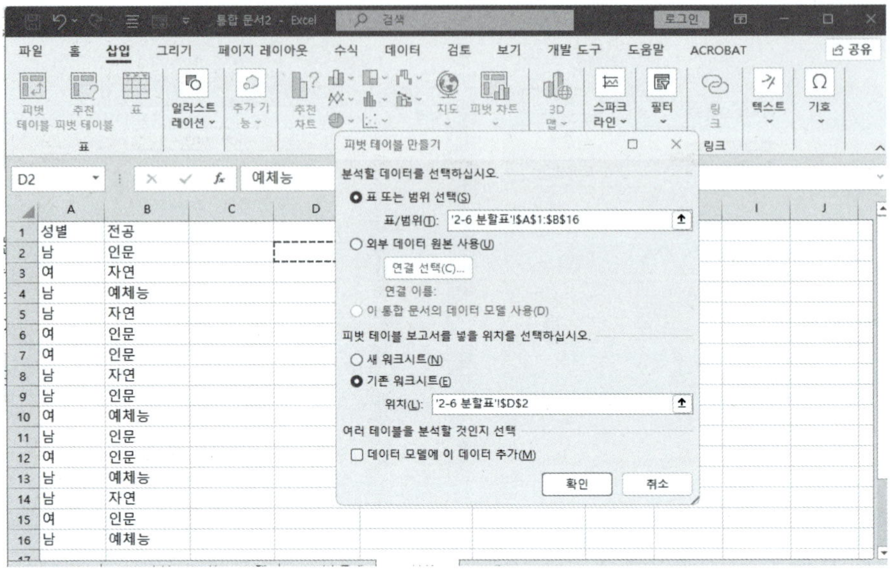

절차 2

절차 1을 실행하면 아래와 같은 화면(피벗테이블 필드)이 나타난다. 피벗테이블 필드 목록에서 ① 성별 필드를 끌어다 행 영역에 가져다 놓고 ② 전공 필드을 끌어서 열 영역에 가져다 놓는다. 그리고 다시 ③ 전공이나 성별 필드 중 하나를 끌어서 ∑ 값 영역에 가져다 놓는다. ③은 두 필드가 교차되는 개수이므로, 전공이나 성별 중 어떤 것을 사용해도 좋다. 이 과정을 거치면 성별 전공 현황을 보여주는 분할표가 완성된다.

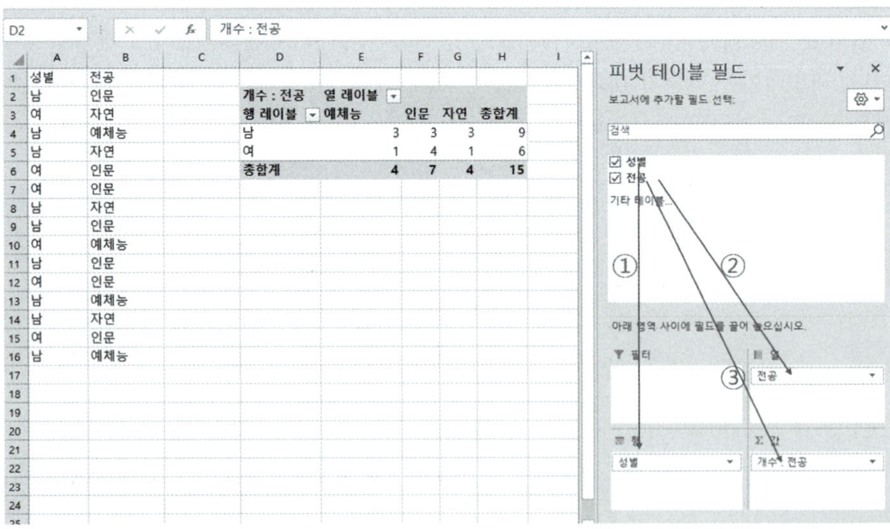

절차 3

빈도 /개수 외의 비율(%)과 같은 다른 값 표시를 보고 싶으면 Σ 값 데이터 필드의 '개수 : 전공'을 클릭 후 '값 필드 설정(N)'을 클릭하여 설정을 변경하면 된다(행 및 열 레이블 셀을 더블클릭 해서 레이블링이 가능함).

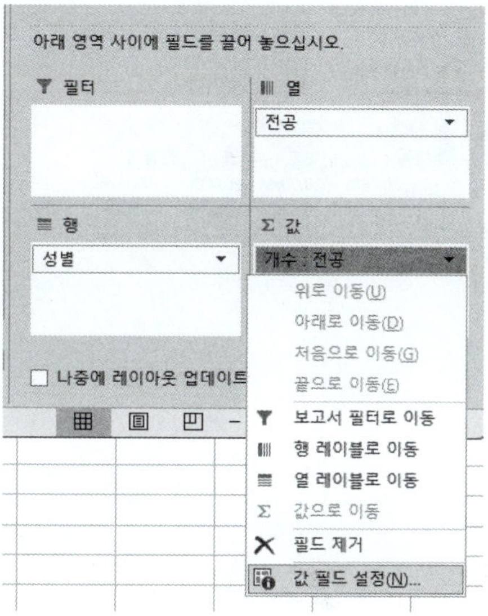

원본 데이터가 명목척도이자 문자값인 경우에는 평균이나 최대값과 같은 기초통계값을 계산할 수 없으며 오직 빈도만 측정할 수 있다. [예제 2-6]의 경우는 빈도만 측정할 수 있다. 하지만 표현 형식을 바꿀 수는 있다.

값 필드설정 대화상자가 나타나면 ①의 값 요약 기준이 아니라 ②의 표시 형식 탭을 선택한다.

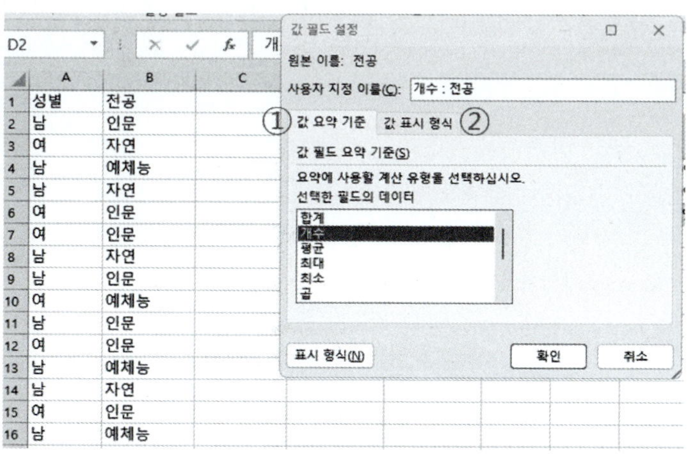

값표시 형식에서 총합계 비율, 행방향의 비율 또는 열방향의 비율 등 여러 비율값이 나오는데, 그 중에서 사용자가 원하는 값을 선택한 뒤에 [확인]을 [클릭]하면 비율로 계산된 분할표가 나타난다. 아래 예제는 총합계인 15명이 기준일 때, 각 셀의 비율 표시이다.

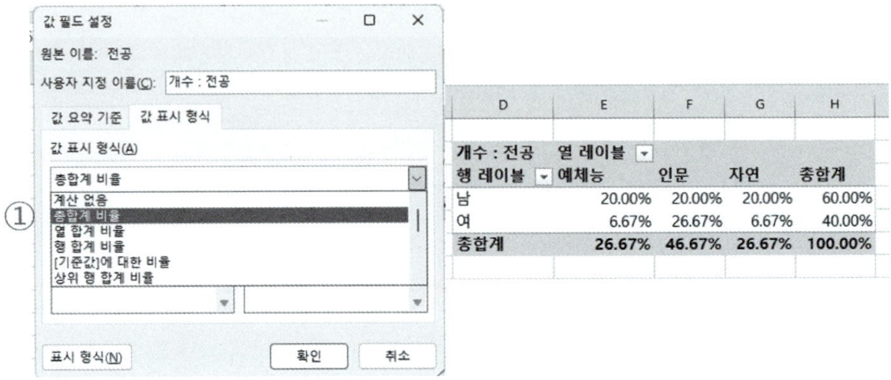

(4) 산점도의 작성

앞의 [예 2-7]을 이용해 산점도를 그려 보자.

절차 1

먼저 그림과 같이 자료를 입력한다. 이때 산점도의 *X*축에 해당하는 변수를 A열에 입력하고 *Y*축에 해당하는 변수를 B열에 입력한다.

	A	B
1	월 광고비와 매출액	
2		
3	광고비	매출액
4	5	80
5	4	80
6	6	160
7	7	190
8	5	120
9	6	140
10	6	150
11	3	90
12	7	160
13	4	130

절차 2

산점도에 사용될 데이터 범위를 드래그해서 지정한 뒤, 메뉴에서 [삽입] → [차트]를 선택한다. 산점도의 형태를 분산형으로 선택하거나 하단의 [다른 분산형 차트(M)]를 클릭하면 나타나는 차트 중에서 분산형을 선택한다. 제시된 차트의 데이터 범위나 데이터의 행과 열을 수정하고 싶으면 산점도 차트를 '오른쪽 클릭'하면 나타나는 대화창에서 바꾸면 된다.

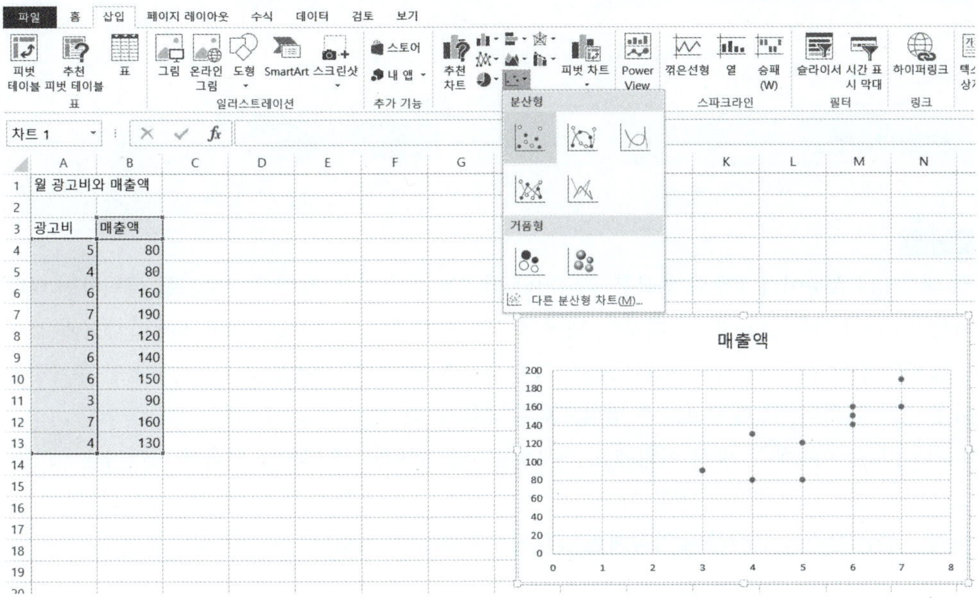

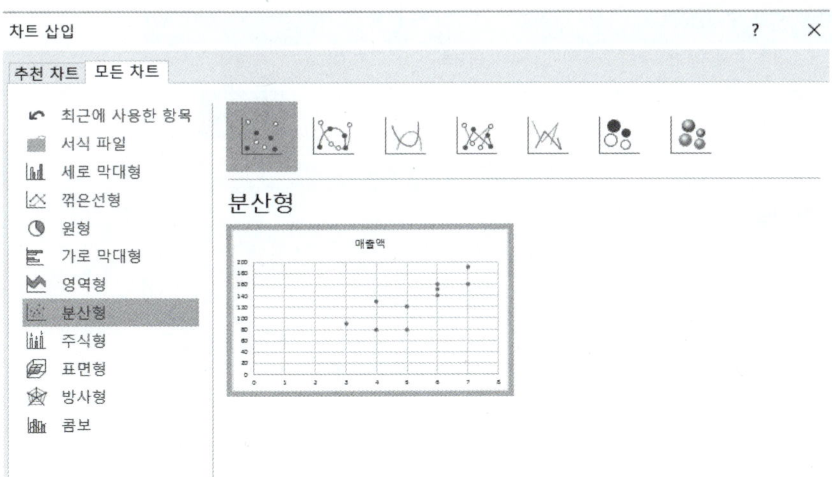

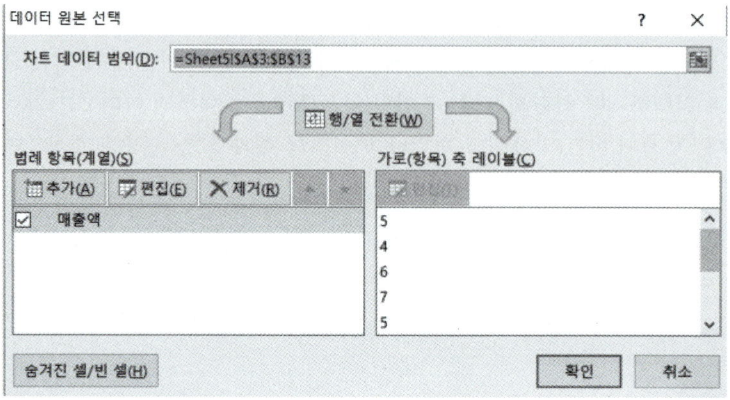

절차 3

표 제목이나 *X*축이나 *Y*축의 제목을 붙이거나 바꾸고 싶을 때는 작성된 산포도를 클릭하면 나타나는 [디자인] 탭을 활용한다. [디자인] 탭에서 [차트요소 추가]를 누르면 'pull down' 메뉴가 보이는데 [축 제목(A)] – [기본 가로(H)] 또는 [기본 세로(V)]를 클릭하여 *X* 및 *Y*축의 제목을 추가하거나 수정할 수 있다. 표 제목도 같은 방법으로 수정할 수 있다.

[디자인] 탭을 이용하는 방식 이외에도 그래프를 한번 클릭할 때 그래프 우측에 나타나는 [+]버튼을 활용하여도 되고, 더블클릭할 때 화면 오른쪽에 뜨는 서식 창을 활용해도 좋다. 자신에게 익숙하거나 편한 방법을 선택하여 익숙해질 때까지 반복해 보기 바란다.

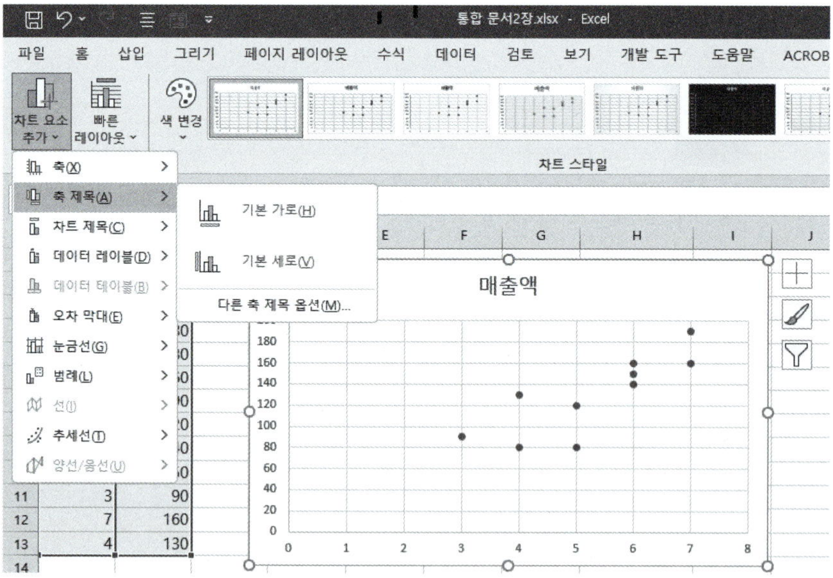

(5) 공분산의 계산

절차 1

메뉴에서 [데이터] → [데이터분석]을 선택하면 [통계 데이터 분석] 대화상자가 나타난다. 이때 [분석 도구(A)]에서 [공분산 분석]을 선택하고 확인을 클릭하면 공분산 분석 입력창이 나타난다.

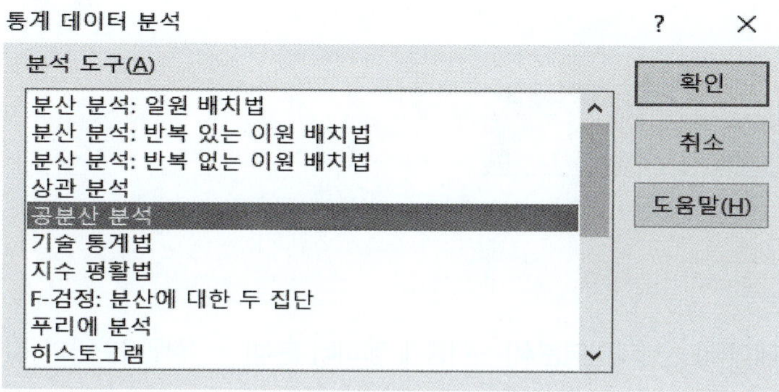

절차 2

[입력 범위(I)]에 데이터가 입력되어 있는 셀의 범위를 입력한다. 입력 범위가 산점도와 다른 점에 주의할 필요가 있다. 자료 범위의 첫 번째 열에 이름이 포함되어 있으면 [첫째 행 이름표 사용(L)]을 선택한다.

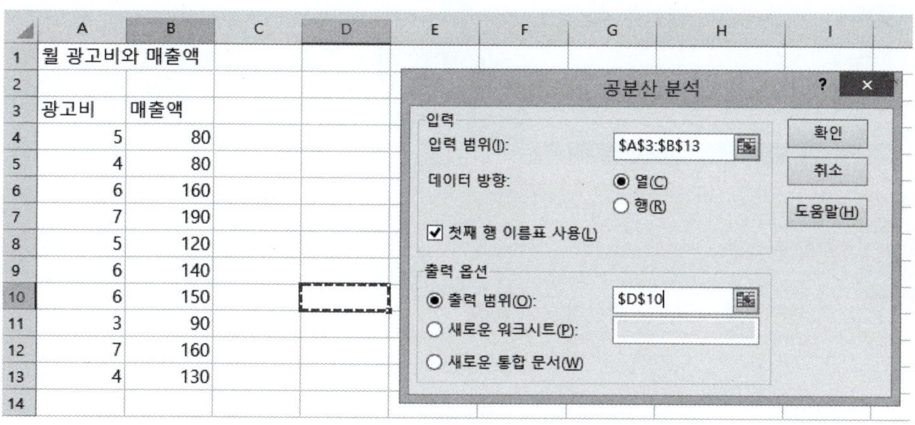

그 다음 [출력 옵션]을 지정하고 확인을 클릭하면 그림의 공분산분석 표가 구해진다. 여기서 대각선의 1.61과 1260은 각각 광고비와 매출액의 분산값이며, 광고비와 매출액이 교차하는 칸의 37이 공분산값이다. 공분산값 37은 두 변수가 양(+)의 상관관계가 있음을 보여 줄 뿐 상관관계의 강도를 의미하지는 않는다. 예를 들어서 광고비의 입력값을 5(천만 원)가 아니라 5,000(만 원)과 같이 1,000배 크게 입력하면 공분산값이 1,000배 증가한 37,000이 된다. 이와 같이 입력값의 단위만 다르게 적용하여도 공분산계수가 크게 달라진다.

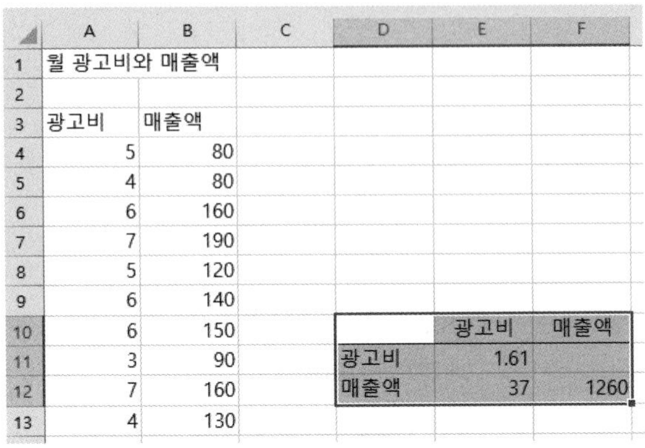

	A	B	C	D	E	F
1	월 광고비와 매출액					
2						
3	광고비	매출액				
4	5	80				
5	4	80				
6	6	160				
7	7	190				
8	5	120				
9	6	140				
10	6	150			광고비	매출액
11	3	90		광고비	1.61	
12	7	160		매출액	37	1260
13	4	130				

(6) 상관계수의 계산

두 변수의 상관계수는 [데이터] → [데이터분석] → [통계 데이터 분석] → [상관 분석]의 절차에 의해 구해진다. [상관 분석] 입력 대화상자에서 [입력 범위(I)]와 [출력 옵션]을 정한 후 [확인]을 클릭하면 아래와 같은 결과가 나타난다. 분석결과 광고비와 매출액과의 상관계수는 0.82로서, 통계학적 상관성은 높지 않다. 단, 실무에서는 '두 변수의 상관성이 높다'고 해석할 수 있다.

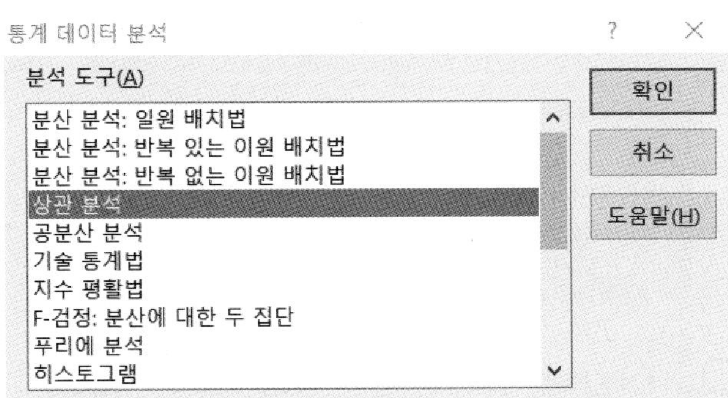

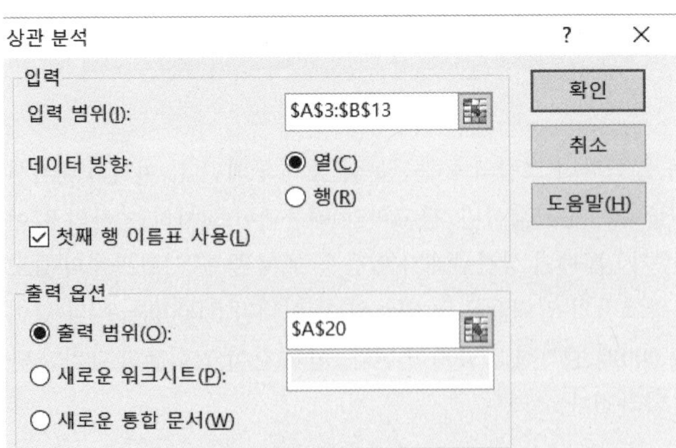

	A	B	C	D	E	F	G
1	월 광고비와 매출액						
2							
3	광고비	매출액					
4	5	80					
5	4	80					
6	6	160					
7	7	190					
8	5	120					
9	6	140					
10	6	150					
11	3	90					
12	7	160					
13	4	130					
14							
15		공분산분석			상관관계분석		
16		광고비	매출액			광고비	매출액
17	광고비	1.61			광고비	1	
18	매출액	37	1260		매출액	0.821492	1

공분산계수가 상관성의 방향만을 제시하는 반면에 상관계수는 두 변수의 상관관계의 강도를 나타낸다. 따라서 측정단위가 달라지면 계수값이 달라지는 공분산분석과 달리 상관관계분석의 결과값은 달라지지 않는다.

23	광고비	매출액					
24	5000	80					
25	4000	80					
26	6000	160					
27	7000	190					
28	5000	120					
29	6000	140					
30	6000	150					
31	3000	90					
32	7000	160					
33	4000	130					
34							
35		광고비	매출액			광고비	매출액
36	광고비	1610000			광고비	1	
37	매출액	37000	1260		매출액	0.821492	1

(7) 엑셀 함수의 활용

엑셀 함수(function)란 복잡한 수식을 간단하게 사용할 수 있도록 지정된 순서나 구조에 따라 인수라는 특정값을 사용하여 계산하는 미리 정의된 수식이다. 숫자, 문자열, 참이나 거짓과 같은 논리값, 배열, #N/A와 같은 오류값, 셀 참조 등을 인수로 지정할 수 있다. 지정한 인수는 인수에 해당하는 값을 가져야 하는데 상수 수식이나 다른 함수를 인수로 지정할 수도 있다. 함수의 구조란 함수 이름, 왼쪽 괄호, 쉼표로 구분된 함수의 인수, 오른쪽 괄호의 순서 등에 관한 약속이다. 수식이 함수로 시작하면 함수 이름 앞에 등호(=)를 입력한다.

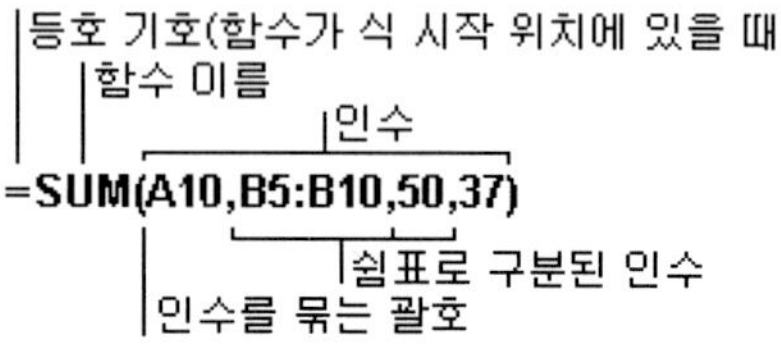

엑셀 함수를 입력하는 방법은 수식입력줄에 직접 입력하는 방법과 다음 그림에서 보는 바와 같이 수식입력줄 우측에 있는 함수 마법사를 이용하는 방법이 있다.

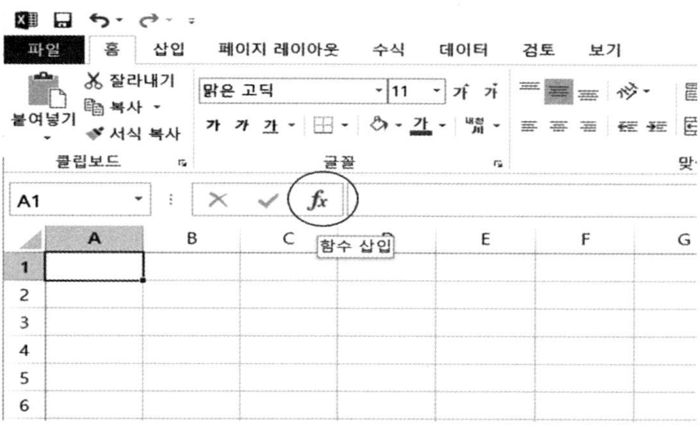

[함수 마법사]를 클릭하면 다음 그림에서 보는 바와 같은 대화상자가 나타난다. 여기에서 [범주 선택(C)]에서 함수의 범주를 선택하고 [함수 선택(N)]에서 함수명을 선택한 후 [확인]을 클릭하면 해당 함수의 인수를 입력할 수 있는 창이 나타난다.

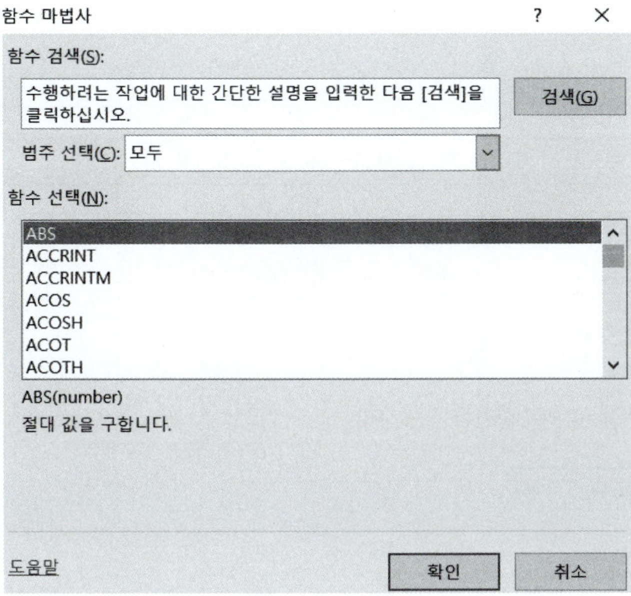

통계 관련 주요 엑셀 함수

- 조건별 도수 구하기 : 함수 마법사 → 통계 → COUNTIF 선택
- 최빈값 : 함수 마법사 → 통계 → MODE
- 중앙값 : 함수 마법사 → 통계→ MEDIAN
- 평균 : 함수 마법사 → 통계 → AVERAGE
- 절삭평균 : 함수 마법사 → 통계 → TRIMMEAN
- 백분위수 : 함수 마법사 → 통계 → PERCENTILE
- 분산 및 표준편차 : 함수 마법사 → 통계 → VAR, 함수 마법사 → 통계 → STDEV
- 왜도 : 함수 마법사 → 통계 → SKEW
- 첨도 : 함수 마법사 → 통계 → KURT
- 공분산 : 함수 마법사 → 통계 → COVAR
- 상관계수 : 함수 마법사 → 통계 → CORREL

연습문제 EXERCISES

01 다음은 P기업의 최근 2년간 월간 매출액을 나타낸 데이터이다.

65, 75, 78, 50, 60, 90, 84, 82, 64, 81, 54, 92, 72, 70, 66, 79, 80, 90, 55, 95, 85, 87, 90, 57

① 도수분포표, 히스토그램, 줄기-잎 그림을 그려 보시오.

② 중앙값과 평균을 구하라.

③ 표본분산과 표본표준편차를 구하라.

02 다음의 도수분포표에서 표본분산, 표본표준편차를 구하라.

구분	도수
36~40	7
41~45	5
46~50	2
51~55	4
56~60	2
61~65	6
66~70	4
합계	30

03 P대학 경영학과 학생들의 기말시험 결과 경영학 과목의 평균점수는 85점, 표준편차는 15점이며, 통계학 과목의 평균점수는 70점, 표준편차는 20점이라고 한다. 학생 중 K군의 경영학 점수는 90점, 통계학 점수는 76점이라고 한다. K군의 경우 경영학 점수에 비해 통계학 점수가 높다고 할 수 있는가?

04 증권시장에 상장된 A기업과 B기업 주식의 위험도(변동성)를 평가하려 한다. 지난 1년간 A기업의 일평균 주가 평균이 50,000원, 표준편차가 10,000원이었으며, 같은 기간 B기업의 주가 평균은 12,000원, 표준편차는 4,000원이었다. 투자가의 관점에서 볼 때 어느 기업의 주식이 위험도가 더 큰가?

05 다음은 P기업의 지난 10년간의 종업원 수와 매출액을 조사한 자료이다.

종업원 수(명)	35	42	53	59	64	68	71	85	92	97
매출액(억)	40	90	120	90	130	160	220	180	210	250

① 종업원 수와 매출액 사이의 산점도를 구하라.

② 종업원 수와 매출액의 공분산과 상관계수를 구하라.

연습문제 5번을 캡처하여 ChatGPT에게 풀이를 요청해보자. ChatGPT가 산점도 등의 시각적 정보는 제공해주지 않으므로, 다음에서와 같이 5–②의 공분산과 상관계수를 문제를 해결하라고 요청한다. 해당 문제를 캡처하여 저장한 다음 ChatGPT 대화창 하단 왼쪽에 있는 + 표식을 눌러 업로드하고 풀이를 요청하는데, 파일 등록은 로그인 상태에서만 가능하다.

ChatGPT 활용

종업원 수(명)	35	42	53	59	64	68	71	85	92	97
매출액(억)	40	90	120	90	130	160	220	180	210	250

종업원 수와 매출액의 공분산과 상관계수를 구하는 계산식과 결과를 알려줘.

다음은 **종업원 수(X)**와 **매출액(Y)**의 공분산과 상관계수를 직접 계산한 식과 결과입니다.

- **1. 평균값 계산**

$$\bar{X} = \frac{35 + 42 + \cdots + 97}{10} = 66.6$$

$$\bar{Y} = \frac{40 + 90 + \cdots + 250}{10} = 149.0$$

◆ 2. 공분산 계산식

$$\text{Cov}(X,Y) = \frac{1}{n}\sum_{i=1}^{n}(X_i - \bar{X})(Y_i - \bar{Y})$$

X_i	Y_i	$X_i - \bar{X}$	$Y_i - \bar{Y}$	곱
35	40	-31.6	-109.0	3444.4
42	90	-24.6	-59.0	1451.4
53	120	-13.6	-29.0	394.4
59	90	-7.6	-59.0	448.4
64	130	-2.6	-19.0	49.4
68	160	1.4	11.0	15.4
71	220	4.4	71.0	312.4
85	180	18.4	31.0	570.4
92	210	25.4	61.0	1549.4
97	250	30.4	101.0	3070.4

$$\text{공분산} = \frac{3444.4 + \cdots + 3070.4}{10} = \boxed{1130.6}$$

◆ 3. 상관계수 계산식

$$r = \frac{\text{Cov}(X,Y)}{\sigma_X \cdot \sigma_Y}$$

- σ_X = 종업원 수 표준편차 = 19.10
- σ_Y = 매출액 표준편차 = 64.57

$$r = \frac{1130.6}{19.10 \times 64.57} = \boxed{0.9181}$$

☑ 최종 결과

- **공분산**: 1130.6
- **상관계수**: 0.9181 (강한 양의 상관관계)

CHAPTER

03

확률론 기초

B U S I N E S S   S T A T I S T I C S

1. 확률의 기초개념

2. 복합사건의 확률

3. 베이즈의 정리

1. 확률의 기초개념

1.1 확률의 의의

확률(probability)은 어떤 사건이 일어날 '가능성'과 같은 의미이다. 예를 들어, '동전을 던졌을 때 앞면이 나올 확률'이나 '비가 내릴 가능성'에서 사용된 확률과 가능성은 같은 개념이다. 일상생활에서는 확률보다 가능성이라는 단어를 더 많이 사용한다.

확률은 우리가 사는 세계가 불확실하기 때문에 중요하다. 부서 야유회를 제대로 준비하려면 참석자, 날씨, 예산 등을 파악해야 한다. 그러나 날씨나 참석자 수는 미래의 일이므로 확실히 알 수 없다. 이때 담당자가 할 수 있는 최선의 방법은 기상청으로부터 월간 강수 확률 정보를 수집하고 잠재적 참여자를 대상으로 예정일에 참석 가능한지를 미리 조사한 다음에, 야유회 프로그램을 계획하는 것이다. 이와 같이 미래와 관련된 모든 의사결정은 확률에 의존한다. 확률은 0부터 1 사이의 값을 가지며, 확률이 0이면 사건이 전혀 발생하지 않음을, 확률이 1이면 사건이 반드시 발생함을 의미한다.

어떤 일이 발생할 확률을 미리 알면 의사결정의 불확실성이나 오류를 줄일 수 있다. 예를 들어, 야구에서 상대 투수에 대한 타율이 가장 높은 선수를 대타로 기용하는 것도 확률을 이용하여 의사결정 오류를 줄이려는 사례가 될 수 있다.

확률 개념의 뿌리는 현상의 랜덤성(randomness)이다. 랜덤성은 불확실성(uncertainty) 개념의 일부로서, 어떤 사건이 발생할 것을 알고 있지만 사건 발생 시점이나 상황, 사건의 크기 등이 불규칙적으로 일어나는 경향성이다. 동전을 하나 던지면 앞면이나 뒷면 중 한 면이 나오는 것은 틀림없지만, 각각의 시행에서 어떤 면이 나올지는 알 수 없다. 이를 랜덤성이라고 한다.

경영의사결정의 대부분은 랜덤 상황에서 이루어진다. 경영자가 의사결정상황의 랜덤성이나 사건 발생확률을 이해해야 하는 이유는 사건의 발생확률과 전개방향 그리고 그 상황에서의 의사결정방향에 따라 기업의 생존가능성과 수익규모가 달라지기 때문이다.

랜덤성

역사시대 이전부터 랜덤성은 사람들의 중요한 관심거리였다. 점성술이나 점괘 등은 랜덤성을 조금이라도 줄이려는 노력의 산물이었다. 랜덤성에 대한 학술적 연구는 내기나 도박(gamble)에서 승리할 가능성을 높이는 방법을 탐구하는 것으로부터 시작되었다.

17세기에 페르마(Pierre de Fermat)와 파스칼(Blaise Pascal) 등의 수학자들이 도박에 내재한 랜덤성에 대한 체계적인 연구를 시작하였는데 이후 많은 수학자들, 특히 20세기부터는 통계학자들이 관련 연구를 이어 가고 있다.

1.2 사건, 표본공간

의사결정에 필요한 각종 데이터나 정보를 조사대상으로부터 직접 획득하기 위해 의도적으로 고안된 체계적 절차를 실험(experiment)이라고 한다. 넓은 의미에서의 실험은 과학자들이 연구실에서 행하는 실험은 물론 설문을 통해 고객의 만족도를 조사하는 것, 제조업체에서 생산품의 불량률을 줄이기 위해 생산라인을 관찰하는 것, 신상품의 소비자 반응을 체크하기 위해 동영상 촬영을 하는 것들까지도 포함한다.

확률실험 : 실험을 실시하기 전에는 그 결과를 확실하게 예측할 수 없는 실험
표본공간 : 확률실험에서 발생가능한 결과들의 전체집합
사건 : 표본공간의 부분집합

실험을 실행하기 전에는 결과를 알 수 없는 불확실한 실험을 확률실험(random experiment)이라고 한다. 확률실험은 랜덤성을 전제로 하기 때문에 실험의 결과로 발생할 사건들의 모든 유형을 미리 알고 있지만 실제로 무슨 사건이 일어날 것인지는 미리 알 수 없다.

어떤 실험의 결과로 나타나는 구체적 결과를 사건 또는 사상(事象, event)[01]이라고 하고 확률실험을 통해 얻은 모든 가능한 결과들의 전체집합을 표본공간(sample space)이라고 한다. 확률실험에서 표본공간을 구성하는 사건들은 상호배타적이면서 포괄적이어

01 사상이 발생하기 위해서는 동일한 상태에서 반복적인 실험을 해야 하는데 이런 것을 시행이라고 한다.

야 한다. 상호배타성은 한 번의 실험에서 두 가지 이상의 결과가 동시에 일어날 수 없다는 것이며, 포괄성은 실험의 모든 가능한 결과가 표본공간 내에 포함되어야 한다는 것이다. 주사위를 한 번 던지는 실험에서 1과 2가 동시에 나올 수 없기 때문에 상호배타적이고, 여섯 번 이상을 던졌을 때 1부터 6까지의 숫자가 모두 나올 수 있기 때문에 포괄적 실험이다.

예 3-1 대한민국 전체 국민의 주민등록번호 중에서 한 개를 뽑아 연령을 조사하는 실험(최고령자를 100세로 가정)을 한다. 한 번의 시행에서 24세의 국민이 뽑힌 사건을 A라고 할 때 전체 표본공간(s)과 사건 A를 구하라.

풀이

뽑기로 얻을 수 있는 모든 결과들의 집합을 표본공간이라 하고 실제로 뽑기로 얻은 결과를 사건이라 하므로 다음의 답을 구할 수 있다.

- 표본공간 $s=\{1, 2, 3, 4, \cdots, 99, 100\}$
- 사건 $A=\{24\}$

어떤 실험에서 결과가 하나만으로 이루어진 사건을 단순사건이라고 하고 두 개 이상의 단순사건이 동시에 발생한 결과이면 복합사건이라고 한다.

예 3-2

① A는 주사위를 한 번 던지는 실험을 하고, B는 동전을 한 번 던지는 실험을 할 때, 실험자 A와 B가 얻을 수 있는 표본공간을 구하라.

② 두 사람이 주사위와 동전을 동시에 던지는 실험의 표본공간을 구하라.

③ 가위바위보와 동전 던지기의 두 가지 실험을 하여 얻을 수 있는 결과는 모두 몇 개인가?

풀이

①은 단순사건의 표본공간에 관한 질문이므로

- 주사위 실험의 표본공간 $s=\{1, 2, 3, 4, 5, 6\}$
- 동전 실험의 표본공간 $s=\{$앞면, 뒷면$\}$

②와 ③은 복합사건의 표본공간에 관한 질문이므로

- 주사위와 동전을 함께 던지는 실험의 표본공간

  s={(앞면, 1), (앞면, 2), (앞면, 3), (앞면, 4), (앞면, 5), (앞면, 6), (뒷면, 1), (뒷면, 2), (뒷면, 3), (뒷면, 4), (뒷면, 5), (뒷면, 6)}

- 가위바위보 게임과 동전 던지기 게임의 표본공간으로 6가지 결과가 발생가능하다.

  s={(앞면, 가위), (앞면, 바위), (앞면, 보), (뒷면, 가위), (뒷면, 바위), (뒷면, 보)}

1.3 확률개념의 종류

확률은 어떤 실험이나 관찰의 결과로 나타날 수 있는 모든 경우들이 각각 동일한 가능성을 가지고 발생할 것이라는 가정하에서 특정 사건 A가 일어날 가능성을 수학적으로 정의한 것이다. 확률은 어떤 실험의 결과로 나타날 수 있는 전체의 경우 중에서 특정 사건이 차지하는 구성비율(proportion)과 같으며, 0과 1 사이의 값을 갖는다.

어떤 사건(주사위를 던졌을 때 1이 나오는 사건)을 A라고 했을 때 사건 A가 발생할 확률을 $P(A)$로 표시한다. $P(A)$는 사건과 표본공간의 개념을 이용하여 다음과 같이 계산할 수 있다.

사건 A의 확률

$$P(A) = \frac{\text{사건 } A\text{의 총수}}{\text{표본공간에 있는 사건의 총수}}$$

1) 고전적 확률

확률실험을 할 때 실험으로 발생할 구체적 사건을 미리 확정할 수는 없지만, 그 사건이 발생할 확률은 예측할 수 있다. 예를 들어, 동전을 여러 번 던지는 실험에서 앞면과 뒷면이 나올 확률은 각각 1/2로 같고, 주사위 실험에서 1에서 6까지의 숫자 중 하나가 나올 확률은 1/6로 같다. 물론 실제로 동전을 연속적으로 던져보면 앞면이나 뒷면이 반복적으로 나올 수 있기 때문에 실제 확률이나 사건이 이론적 확률과 다를 가능성이 높지만, 각각의 면이 관측될 이론적 확률이 1/2이라는 것은 논리적 유추나 경험으로 누구나 알 수 있다.

이와 같이 어떤 사건이 발생할 확률을 논리적 추론만으로 구할 수 있는 확률 개념을 고전적 확률 또는 이론 확률이라고 한다. 그러나 고전적 확률은 ① 표본공간을 분명하게 알 수 있는 경우에만 계산할 수 있고, ② 각각의 사건이 언제나 같은 빈도나 비율로 발생한다는 비현실적인 가정에 근거하는 한계점이 있다.

고전적 확률

N개의 원소로 구성된 표본공간에서 각각의 근원사건이 발생할 가능성이 동일할 때 m개의 원소를 가진 사건 A의 확률은 $\frac{m}{N}$ 이다.

예 3–3 주사위를 던졌을 때 윗면의 숫자를 관찰하는 실험의 표본공간(s)은 {1, 2, 3, 4, 5, 6}이다. 이때 짝수가 나올 사건 A와 확률을 구하라.

풀이

사건 A를 먼저 정의한 다음에 전체표본공간의 수와 비교한다.

- $A=\{2, 3, 6\}$, $n(A)=3$, $n(\text{표본공간})=6$
- $P(A)=\frac{3}{6}=\frac{1}{2}$

그러나 고전적 확률개념은 ① 표본공간이 유한한 경우에만 사용할 수 있고, ② 각각의 사건이 언제나 같은 빈도나 비율로 발생한다는 비현실적인 가정에 근거하는 한계점이 있다.

2) 상대도수확률

동전 실험을 반복했을 때 각각의 면이 관측될 확률인 $\frac{1}{2}$은 이론적 확률 또는 고전적 확률로, 실제로 측정된 확률이 아니다. 고전확률과 달리 상대도수확률은 실험을 여러번 반복해서 얻은 결과를 토대로 계산한 특정사건의 확률이다. 동전을 10번 던졌을 때 앞면이 3번 나왔다면, 동전의 앞면이 나올 상대도수확률은 3/10이다.

상대도수확률은 '실험을 반복했을 때 전체 시행 횟수에서 그 사건이 차지하는 상대적 빈도수'로 정의되는데, 실험 횟수가 많아질수록 안정된 값 또는 고전적 확률에 가까워진다. 이를 설명하는 이론이 큰수의 법칙(대수의 법칙: law of large numbers)으로, 통계학자 베르누이의 '공정한 동전' 실험을 통해 알려졌다. 베르누이는 동전을 수없이 반복해서 던지는 실험으로 한 면이 나올 확률이 고전적 확률 값인 1/2에 근접한다는 실증적 증거를 제시하였다.

상대도수확률
n번 확률실험을 실시하여 특정 사건 A에 속하는 결과가 m번 발생한 경우, 사건 A의 상대도수는 $\frac{m}{n}$ 이다.

예 3-4 주사위 던지기를 10번 시행하여 $\{1, 3, 3, 5, 6, 3, 2, 4, 4, 5\}$의 결과를 얻었을 때, 짝수가 나올 사건의 상대도수확률을 구하라.

풀이
사건 A를 정의한 다음 상대도수확률을 구한다.

- $A = \{6, 2, 4, 4\}$, $n(A) = 4$, $n(\text{전체시행}) = 10$
- 상대도수확률 $= \frac{4}{10} = \frac{2}{5}$

3) 주관적 확률

주관적 확률은 의사결정자의 지식, 정보 및 경험을 바탕으로 한 주관적 판단에 의하여 결정되는 확률이다. 객관적인 정보나 경험이 제한된 상황하에서 어떤 사건이 발생할 가능성을 예측해야 할 경우에 주관적 확률이 사용된다. 예를 들어 친구나 동료가 지각할 확률은 확률추론자의 주관적 경험과 지식 혹은 직관에 근거한 것이다. 주관적 확률은 사람들의 주관적 인식이나 경험체계에 의존하므로 동일한 사건에 관한 것이라도 상황이나 확률추론자에 따라 다른 경우가 많다.

1.4 확률과 집합

집합이론의 용어와 부호를 사용하여 확률이론을 설명할 수 있다. 집합(set)은 개체 또는 원소(element)의 모임으로 어떤 집합을 구성하는 개체인 원소는 '{ }' 속에 넣어서 표시한다. 특정한 사건이 발생가능한 모든 원소의 집합을 전체집합(universal set)이라고 하며 모든 원소의 일부집합을 부분집합이라고 한다. 여집합(complementary sets)은 전체집합 중에서 집합 A를 뺀 나머지 부분이고 합집합은 집합 A 또는 집합 B에 속하는 원소로 구성된 집합이다. 교집합은 A와 B의 두 집단 혹은 그 이상의 집단에 공통적으로 속해 있는 원소를 포함하는 집합이다. 그러나 집합 A와 B에서 두 집합의 공통원소가 하나도 없는 특수한 경우가 있다. 원소가 하나도 없는 텅 빈 집합을 공집합(empty set)이라고 하며 ϕ으로 나타낸다. $A \cap B = \phi$인 두 집합은 상호배타적(mutually exclusive)이다.

집합기호

- 사건 A의 여집합: A^c
- 사건 A와 B의 교집합: $A \cap B$
- 사건 A와 B의 합집합: $A \cup B = A + B - (A \cap B)$
- 사건 A와 B의 공집합: $A \cap B = \phi$
- 배타적 사건 A와 B의 합집합: $A \cup B = A + B - (A \cap B)$

$$= A + B - \phi$$
$$= A + B$$

집합이론과 확률이론은 표현이 다를 뿐 실제 개념이 같거나 비슷한 경우가 많다. 확률이론에서는 실험이나 관찰에서 얻은 결과를 사상 또는 사건이라고 하는데 이는 집합이론에서의 집합(set)의 개념과 같다.

그리고 확률이론에서는 여러 개의 사건 가운데 한 개의 사건을 가리킬 때 단일사건(simple event) 또는 경우라 하는데 이는 집합이론에서의 원소(element)에 해당되는 개념이다. 확률이론에서는 실험이나 관찰에서 생길 수 있는 모든 사건의 모임을 표본공간이라고 하는데 집합이론에서는 전체집합(universal set)이라고 한다.

1.5 경우의 수와 확률법칙

이론적 확률을 계산하려면 발생 가능한 모든 경우의 수와 관심 사건별로 관측가능한 경우의 수를 모두 알아야 하지만, 이 가정은 비현실적이다. 예를 들어, 주식가격의 움직임처럼 발생 가능한 상황이 너무 많거나, 우주와 같이 표본공간이 너무 큰 상황에서 멀리 떨어진 두 혜성이 충돌할 가능성처럼 모수와 사건의 발생 수를 전혀 알 수 없는 경우도 있다.

표본공간이나 경우의 수를 알 수 없으면 확률을 계산할 수 없지만, 표본공간 전체를 열거하지 않고도 경우의 수를 파악하는 통계적 법칙이 있다.

1) 합의 법칙이 적용되는 경우의 수

어떤 사건이 일어날 경우의 수를 집합을 이용하여 구할 수 있다. 사건 A와 사건 B가 일어날 가능성이 있다고 할 때 $n(A)$와 $n(B)$를 각각 사건 A, B가 일어나는 경우의 수라고 하고, $n(A \cup B)$는 사건 A 또는 B가 일어날 경우의 수, $n(A \cap B)$는 사건 A와 B가 동시에 일어날 경우의 수라고 하자. 그러면 $n(A)$, $n(B)$, $n(A \cup B)$, $n(A \cap B)$ 사이에는 다음의 관계가 성립한다.

합의 법칙

$$n(A \cup B) = n(A) + n(B) - n(A \cap B)$$

예 3-5

① 주사위를 12번 던지는 실험에서 $s = \{1, 1, 2, 2, 3, 3, 4, 4, 5, 5, 6, 6\}$의 결과를 얻었다. 이 실험에서 4 이하의 숫자가 나올 경우를 A사건, 짝수가 나올 경우를 B사건이라고 할 때, 사건 A, B의 경우의 수, 그리고 사건 A 또는 B가 발생할 경우의 수를 구하라.

② 위 실험에서 사건 A와 B가 동시에 일어날 사건과 경우의 수를 구하라.

③ 주사위를 던져서 4 이하의 숫자가 나온 사건 $A = \{1, 1, 2, 2, 3, 3, 4, 4\}$이고, 짝수의 숫자가 나온 사건 $B = \{2, 2, 4, 4, 6, 6\}$이었다. 모두 몇 번의 주사위를 던졌을 때 얻을 수 있는 결과인가?

풀이

① 전체표본공간에서 사건 A와 B를 정의한다.

- $A=\{1, 1, 2, 2, 3, 3, 4, 4\}$, $B=\{2, 2, 4, 4, 6, 6\}$
- $n(A)=8$, $n(B)=6$
- $n(A\cup B)=n(A)+n(B)=8+6=14$

② 사건 A와 B의 교집합을 구한다.

- $A\cap B=\{2, 2, 4, 4\}$
- $n(A\cap B)=4$

③ 합의 법칙을 적용하면 경우의 수를 구할 수 있다.

- $n(A)=8$, $n(B)=6$, $n(A\cap B)=4$
- $n(A\cup B)=n(A)+n(B)-n(A\cap B)=8+6-4=10$

합의 법칙에서 사건 A와 B가 상호배타적 사건이면 $A\cap B=\phi$ 이므로 $n(A\cup B)=n(A)+n(B)$ 이다.

예 3-6 주사위를 12번 던지는 실험에서 $s=\{1, 1, 2, 2, 3, 3, 4, 4, 5, 5, 6, 6\}$의 결과를 얻었다. 4 미만의 숫자가 나올 경우를 A사건, 5 이상의 숫자가 나올 경우를 B사건이라고 할 때, 사건 A, B의 경우의 수, 그리고 A 또는 B의 사건이 일어날 경우의 수를 구하라.

풀이

사건 A와 B는 교집합이 없는 상호배타적 사건이다.

- $A=\{1, 1, 2, 2, 3, 3\}$, $B=\{5, 5, 6, 6\}$, $A\cap B=\phi$
- $n(A)=6$, $n(B)=4$
- $n(A\cup B)=n(A)+n(B)-(A\cap B)=6+4-0=10$

---

2) 곱의 법칙이 적용되는 경우의 수

경우의 수를 계산하는 또 다른 방법은 곱의 법칙이다.

곱의 법칙

n가지의 결과가 나타날 수 있는 실험과 m가지의 결과가 나타날 수 있는 실험을 결합하여 실험을 실시하면 $n \times m$가지의 결과가 나타날 수 있다.

예 3-7 어느 식당에서 3가지의 전채요리, 4가지의 본요리, 4가지의 후식이 준비되어 있을 경우, 이 식당에서 구성할 수 있는 세트메뉴의 수를 구하라.

풀이

서로 다른 종류의 요리를 조합할 때 발생되는 모든 경우의 수는 각 사건의 경우의 수를 곱하여 구할 수 있다.

$3 \times 4 \times 4 = 48$ (가지)

3) 순열에서의 경우의 수

n개의 대상에서 r개를 뽑아내는 방법은 복원추출과 비복원추출의 두 가지 방법이 있다. n개의 대상에서 r개를 복원추출(sampling with replacement)하는 방법은 전체 집합에서 하나를 뽑고 그것을 원래의 집합으로 돌려보낸 다음에 다시 하나를 뽑는 과정을 r번 반복한다. 이런 방법으로 뽑아낼 수 있는 경우의 수는 곱셈법칙을 따르는데 $n \times n \times \cdots \times n(r\text{번}) = n^r$가지이다.

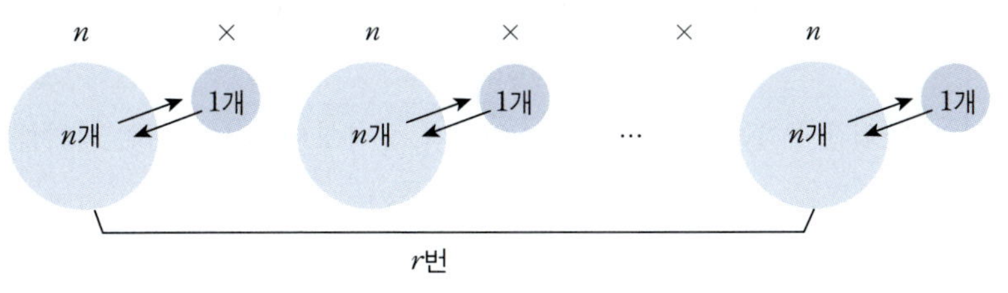

비복원추출(sampling without replacement)은 먼저 뽑은 하나의 표본이 줄어든 상태에서 또 다른 하나를 뽑는 방법이다. 비복원추출법은 다시 표본을 뽑는 순서의 고려 여

부에 따라 순서 있는 표본과 순서 없는 표본으로 나뉜다. 표본을 순서 있는 표본(ordered sample) 추출법으로 추출할 때의 경우의 수는 $n\times(n-1)\times\cdots\times(n-r+1)$가지이다.

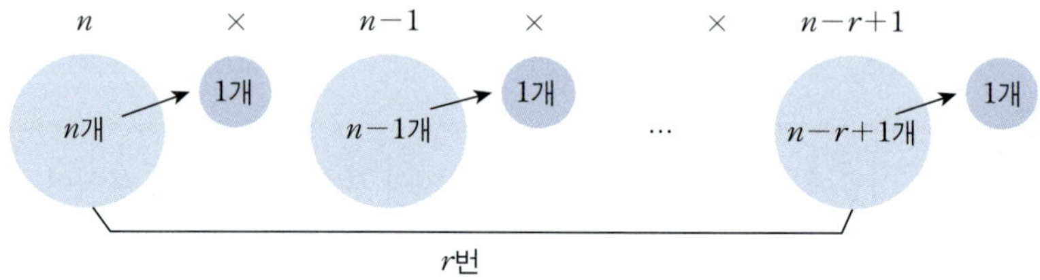

n개를 순서에 따라 열거하는 모든 경우의 수는 $n\times(n-1)\times\cdots\times1$가지가 있는데 $n!$로 쓰고 n팩토리얼(factorial)로 읽는다. n개에서 r개를 비복원추출한 다음 순서대로 나열하는 경우의 수를 팩토리얼로 표현하면 $\frac{n!}{(n-r)!}$이며 ${}_nP_r$로 표기한다.

순열(permutation)

n개로부터 r개를 비복원추출하여 순서 있게 나열하는 방법의 수는 $\frac{n!}{(n-r)!}$이며 ${}_nP_r$로 쓴다.

예 3-8

① {1, 2, 3, 4, 5, 6} 6개의 숫자카드로 표현할 수 있는 10만 단위 숫자(6자리)의 개수

② {1, 2, 3, 4, 5, 6} 6개의 숫자카드로 표현할 수 있는 천 단위 숫자(4자리)의 개수

풀이

[예 3-8]은 한 번 들어간 숫자는 다시 사용될 수 없으며, 순서에 따라 서로 다른 의미를 갖는 순열 상황이다.

① ${}_6P_6=\frac{6!}{(6-6)!}=\frac{6!}{0!}=\frac{6\times5\times4\times3\times2\times1}{1}=720$ (개)

② ${}_6P_4=\frac{6!}{(6-4)!}=\frac{6!}{2!}=\frac{6\times5\times4\times3\times2\times1}{2\times1}=6\times5\times4\times3=360$ (개)

4) 조합에서의 경우의 수

비복원추출법 중에서 n개로부터 r개를 순서 없이 추출하는 방법을 조합이라고 한다. 순열은 현관의 전자키(key)에 숫자를 입력하는 상황에서처럼 나열의 순서가 매우 중요한 경우의 수이지만, 조합은 로또의 당첨번호와 같이 순서와 상관없이 r개를 추출하는 상황에서의 경우의 수를 구할 때 사용한다. 즉, 뽑힌 것의 자리나 순서를 바꿀 수 없으면 순열이고 바꾸어도 상관없으면 조합이다.

즉, 순열은 순서가 있는 조합(A permutation is an ordered combination)이다. 이론적으로 순열에서 중복되는 경우를 제거하면 조합의 경우의 수가 되기 때문에 순열보다 조합에서의 경우의 수가 훨씬 적다. 그러므로 표본수와 뽑는 수가 같은 순열과 조합에서, 내가 원하는 숫자가 뽑힐 확률은 순열이 훨씬 낮다. 즉, 로또추첨 방식이 지금의 조합방식에서 순열방식으로 바뀌면 당첨자수는 훨씬 적어지는 대신에 당첨금액은 높아질 것이다.

조합(combination)

n개로부터 r개를 순서 없이 비복원추출하는 방법의 수는 $\frac{{}_nP_r}{r!}=\frac{n!}{(n-r)!r!}$ 이며 ${}_nC_r$로 나타낸다.

예 3-9

① 45개의 번호 중에서 6개의 번호를 선택하는 로또복권의 번호를 조합하는 방법의 수

② 추첨번호의 순서도 맞혀야 하는 로또복권의 경우의 수

풀이

①의 상황은 한 번 사용한 숫자는 다시 사용할 수 없지만, 추첨번호의 순서가 달라지더라도 결과가 같은 조합의 상황이다.

$${}_{45}C_6=\frac{45!}{(45-6)!6!}=\frac{45!}{39!6!}=8,145,060\text{ (가지)}$$

만약에 로또의 추첨방식이 ②처럼 바뀌면 당첨확률은 상당히 낮아진다. 한 번 뽑힌 숫자는 다시 나올 수 없을 뿐만 아니라 추첨순서까지도 맞혀야 하는 순열상황이다.

$${}_{45}P_6=\frac{45!}{(45-6)!}=\frac{45!}{39!}=5,864,443,200\text{ (가지)}$$

예 3-10

① 10명의 부서원 중에서 5명의 프로젝트 팀원을 뽑는 경우의 수

② 다른 부서와 5차전의 당구대결을 벌이기 위해 10명의 팀원 중에서 선수 5명을 중복 없이 뽑는 경우의 수

풀이

①의 상황은 같은 직원을 두 번 뽑을 수는 없지만, 호명순서가 달라지더라도 결과가 같은 조합의 상황이다.

$$\frac{n!}{(n-r)!r!}=\frac{10!}{(10-5)!5!}=\frac{10\times9\times\cdots\times2\times1}{(5\times4\times3\times2\times1)(5\times4\times3\times2\times1)}=252\,(\text{경우})$$

②는 대결순서까지 고려해야 하는 순열상황이다.

$$\frac{n!}{(n-r)!}=\frac{10!}{(10-5)!}=\frac{10\times9\times\cdots\times2\times1}{5\times4\times3\times2\times1}=10\times9\times8\times7\times6=30,240\,(\text{경우})$$

2. 복합사건의 확률

2.1 결합확률과 주변확률

사건 A와 사건 B가 있을 때 A와 B가 동시에 발생할 확률을 결합확률(joint probability)이라고 하며 $P(A\cap B)$로 표시한다. 제2장의 [예 2-6]을 적용해 보자. 분할표에서 전체 600명의 학생을 성별로 구분했을 때는 남자가 330명, 여자가 270명이고, 계열별로 구분했을 때는 인문계열이 270명, 자연계열이 180명, 예체능계열이 150명이다. 이 중에서 '인문계열' 열과 '남학생' 행이 만나는 칸의 숫자는 140명인데 이는 전체 학생 중 인문계열인 동시에 남학생인 학생이 140명이라는 의미이다. 이 숫자는 성별과 전공의 값을 동시에 결합했을 때의 학생 숫자이다.

구분	인문계열	자연계열	예체능계열	합계
남학생	140	100	90	330
여학생	130	80	60	270
합계	270	180	150	600

위의 각 칸에 포함된 학생의 숫자를 상대도수로 바꾸면 다음과 같다.

구분	인문계열	자연계열	예체능계열	합계
남학생	0.23	0.17	0.15	0.55
여학생	0.22	0.13	0.10	0.45
합계	0.45	0.30	0.25	1.00

확률은 상대도수라 할 수 있으므로 위의 분할표에 나타나 있는 숫자는 확률값이다. 합계 칸을 제외한 각 칸에 표시된 확률값은 두 변수의 확률이 결합된 값인 결합확률이다. '남학생' 행과 인문계열이 만나는 칸의 숫자는 0.23인데 이는 전체 학생 중 남학생이면서 동시에 인문계열에 속한 학생의 수가 23%라는 의미이다.

결합확률은 두 가지 조건을 모두 만족시키는 사건의 총수를 전체 사건의 총수로 나누는 방법으로 계산할 수 있다. 위 사례는 $\frac{\text{두 사건의 수}}{\text{전체 사건의 수}} = \frac{140}{600} = 0.23$ 이다. 한편 우측 열과 하단 '합계' 행에 표시된 확률을 주변확률(marginal probability)이라고 한다. 주변확률은 결합확률의 합으로 표시된다. 즉, 표에서와 같이 주변확률은 각 해당 열과 행을 각각 더한 확률이다.

2.2 확률의 계산

1) 확률의 덧셈

확률의 덧셈을 이해하기 위해서는 확률의 공리적 정의를 이해할 필요가 있다. 콜모고로프(Kolmogorov)는 상대도수의 기본적 성질을 기반으로 확률의 공리적 정의를 제시하였다. 어떤 사건의 상대도수확률은 0과 1 사이에 있으며 표본공간의 상대도수확률은 1이다. 그리고 동시에 일어날 수 없는 사건들인 배반사건의 상대도수확률은 개별 사건의 상대도수확률의 합과 같다.

확률의 공리적 정의

표본공간을 S라고 했을 때 S의 부분집합 사건 A가 다음의 성질을 만족하면 $P(A)$를 사건 A의 확률이라고 부른다.

① 임의의 사건 A에 대해 $0 \leq P(A) \leq 1$

② $P(S)=1$

③ 서로 배반인 사건 $A_1, A_2, \cdots$에 대하여 $P(A_1 \cup A_2 \cup \cdots)=P(A_1)+P(A_2)+\cdots$

확률의 세 가지 공리를 이용하면 여러 가지 유용한 공식을 유도할 수 있는데 그 대표적인 것이 확률의 덧셈법칙이다.

확률의 덧셈법칙

$P(A \cup B)=P(A)+P(B)-P(A \cap B)$

예 3-11 어느 회사의 직원 전체를 대상으로 조사를 하였더니 직원의 60%가 기혼이며 40%가 미혼이었다. 그리고 직원의 70%가 차량을 소유하고 있으며 30%는 차량을 가지고 있지 않았는데, 차량을 소유하고 있으면서 기혼인 직원은 45%였다. 이때 기혼이거나 차량을 가지고 있는 직원은 전체 직원의 몇 %나 될까?

풀이

확률의 덧셈법칙을 적용하면 된다.

A=기혼, B=차량 소유일 때, $P(A)=0.6$, $P(B)=0.7$, $P(A \cap B)=0.45$ 이므로

$$P(A \cup B)=P(A)+P(B)-P(A \cap B)$$
$$=0.6+0.7-0.45=0.85$$

$A \cap B=\phi$인 상호배타적인(mutually exclusive) 사건에서의 확률의 덧셈법칙은 $P(A \cup B)=P(A)+P(B)$이다.

2) 조건부확률과 확률의 곱셈

스마트폰을 구매할 때 특정 브랜드의 스마트워치를 구매할 확률을 생각해 보자. 이 확률을 계산하려면 특정 브랜드의 스마트폰을 구매하는 상황과 확률, 그리고 그 상황과 연결되지만 다른 사건인 동일한 브랜드의 스마트워치를 구매할 상황과 확률을 동시에 고려해야 한다.

이와 같이 사건 A 발생을 조건으로 사건 B가 발생할 확률을 조건부확률(conditional probability)이라고 하는데, $P(B \mid A)$라고 쓰며 다음과 같이 계산한다.

$$P(B \mid A) = \frac{P(A \cap B)}{P(A)}, \text{ 단 } P(A) > 0$$

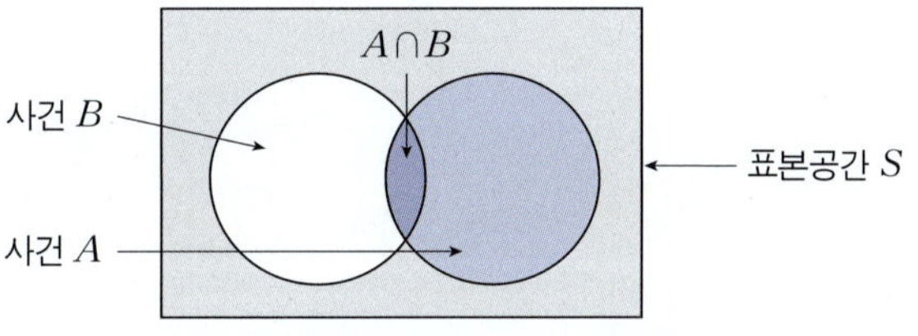

조건부확률

$$P(B \mid A) = \frac{P(A \cap B)}{P(A)}, \quad P(A \mid B) = \frac{P(B \cap A)}{P(B)}$$

단, $P(A) > 0$, $P(B) > 0$

앞의 예에서 임의의 직원을 한 사람 뽑았을 때 그 종업원이 자동차를 소유하고 있을 확률은 0.7이다. 이 확률은 다른 사건, 즉 결혼을 고려하지 않은 단순사건의 확률로서 주변확률이다. 그러나 그 종업원이 기혼이면서 자동차를 소유하고 있을 확률은 결혼이라는 조건을 가진 종업원이 자동차를 소유하고 있을 확률이므로 조건부확률이다. 조건부확률은 결합확률과 주변확률을 알고 있으면 쉽게 구할 수 있는데 결합확률을 주변확률로 나누면 된다.

위에서 기혼자 비율이 60%이고 기혼자 중 차량을 소유한 사람은 45%이다. 이를 이용하여 기혼자 중 자동차를 소유하고 있을 확률을 구하면 다음과 같다.

$$P(\text{자동차 소유} \mid \text{기혼}) = \frac{P(\text{자동차 소유} \cap \text{기혼})}{P(\text{기혼})} = \frac{0.45}{0.60} = 0.75$$

조건부확률 계산식으로 확률의 곱셈법칙을 유도할 수 있다.

확률의 곱셈법칙

$P(A \cap B) = P(A)P(B \mid A)$
$P(B \cap A) = P(B)P(A \mid B)$

3) 독립사건의 확률

어떤 두 사건의 발생확률이 다른 사건의 발생 여부와 무관하게 결정될 때 이들 두 사건은 통계적으로 독립사건이다. 조건부확률을 이용하여 독립사건을 정의하면 다음과 같다.

독립사건

$P(A \mid B) = P(A)$ 이고, $P(B \mid A) = P(B)$ 이거나, $P(A \cap B) = P(A)P(B)$ 일 때 사건 A와 사건 B는 서로 통계적 독립(statistically independent)관계이다.

예 3-12 A를 주사위를 던져 1의 숫자가 나올 사건, B를 동전을 던져 앞면이 나올 사건이라고 할 때, 사건 A와 B가 통계적으로 독립임을 검정하라.

풀이

두 사건의 발생순서나 결과가 다른 사건의 발생결과에 영향을 미치지 않음을 밝히면 된다.

- $P(A) = \frac{1}{6}$, $P(B) = \frac{1}{2}$
- $P(B \mid A) = P(B) = \frac{1}{2}$ 이고, $P(A \mid B) = P(A) = \frac{1}{6}$
- $P(A \cap B) = P(A) \times P(B) = \frac{1}{6} \times \frac{1}{2} = \frac{1}{12}$, 그러므로 사건 A, B는 통계적으로 독립

4) 종속사건의 확률

어떤 두 사건이 서로의 발생확률에 영향을 미칠 때 혹은 두 사건 A와 B에서 사건 B가 일어날 확률이 사건 A가 일어났을 경우에서와 일어나지 않았을 경우에 따라 달라질 때 B는 A의 종속사건이다.

종속사건

$P(B \mid A) \neq P(B \mid A^c)$ 일 때 사건 A와 사건 B는 서로 통계적 종속(statistically dependent) 관계이다.

예 3-13 검은 공 3개와 흰 공 2개가 들어 있는 박스에서 2개의 공을 연속적으로 꺼내어 두 번째 공이 흰 공일 때 경품을 주는 이벤트가 있다. 이벤트에 당첨될 확률을 구하고 두 사건의 독립성을 검정하라.

풀이

흰 공을 뽑는 사건을 A, 검은 공을 뽑는 사건을 B라 할 때,

- 첫 번째 공이 흰 공일 때 두 번째 공도 흰 공일 확률

  $$P(A \mid A) = \frac{\text{남은 흰 공의 수}}{\text{남은 공의 수}} = \frac{1}{4}$$

- 검은 공을 뽑은 뒤 흰 공을 뽑을 확률

  $$P(A \mid A^c) = P(A \mid B) = \frac{\text{남은 흰 공의 수}}{\text{남은 공의 수}} = \frac{2}{4} = \frac{1}{2}$$

- $P(A \mid A) \neq P(A \mid B)$ 이므로 두 사건은 종속사건이다.

[예 3-13]에서 두 번째 공이 흰 공일 확률은 첫 번째 공의 색깔에 따라 달라진다. 이와 같이 첫 번째 사건이 두 번째 사건의 발생확률에 영향을 주는 확률사건을 종속사건이라고 한다.

3. 베이즈의 정리

연구자나 의사결정자가 어떤 사건에 대해 최초로 부여하거나 얻은 확률을 사전확률(prior probability)이라고 한다. 사전확률은 실제 조사나 현실과는 다른 경우가 더 많다. 그러므로 사전확률은 실제 데이터와 비슷하게 수정하는 방법으로 데이터의 신뢰성을 높일 필요가 있다. 이와 같이 사전확률을 새로운 정보를 반영하여 재수정한 확률을 사후확률(posterior probability)이라고 한다.

베이즈의 정리(Bayes' theorem)는 새로운 증거를 통해 이미 알고 있는 확률을 업데이트하는 방법에 관한 법칙이다. 사건 A에 대한 사전확률을 미리 알고 있는 상태에서 A와 관련된 새로운 증거나 사건 B가 발생했다면, 그 증거를 반영하여 사건 A의 확률을 수정할 필요가 있다. 이때 원래 알고 있던 사건 A의 확률을 사전확률(prior probability)이라고 하고, 새로운 증거나 사건 B를 증거(evidence), 증거를 반영하여 새로 계산한 확률값을 사후확률(posterior probability)이라 한다.

베이즈의 정리

$$P(A_1 \mid B) = \frac{P(A_1)P(B \mid A_1)}{P(A_1)P(B \mid A_1) + P(A_2)P(B \mid A_2)}$$

여기서, $P(A_1)$, $P(A_2)$는 사전확률

$P(B \mid A_1)$, $P(B \mid A_2)$는 사전조건부확률

$P(A_1 \mid B)$는 사후 또는 수정확률

실용적 의미에서 베이즈의 정리는 발생한 결과에 대해, 그런 결과를 유발한 원인의 확률을 구할 때 유용하다.

베이즈의 정리는 토마스 베이즈(Thomas Bayes)의 이름을 명명하여 생긴 이론으로서 기본적으로 조건부확률을 구하는 공식이다. $P(A_1 \mid B)$의 조건부확률의 유도식은 다음과 같다.

$$P(A_1 \mid B) = \frac{P(A_1 \cap B)}{P(B)} = \frac{P(A_1)P(B \mid A_1)}{P(B)}$$

분모 $P(B)$는 다음과 같이 표현될 수 있다.

$$P(B) = P(A_1 \cap B) + P(A_2 \cap B)$$

그런데

$P(A_1 \cap B) = P(A_1)P(B \mid A_1)$ 이고,
$P(A_2 \cap B) = P(A_2)P(B \mid A_2)$ 이므로,

$P(B)$는 다음과 같이 정리된다.

$$P(B) = P(A_1)P(B \mid A_1) + P(A_2)P(B \mid A_2)$$

그러므로 조건부확률은 다음과 같다.

$$P(A_1 \mid B) = \frac{P(A_1)P(B \mid A_1)}{P(B)} = \frac{P(A_1)P(B \mid A_1)}{P(A_1)P(B \mid A_1) + P(A_2)P(B \mid A_2)}$$

베이즈는 사전확률과 사후확률, 주변확률 등이 정교하게 연결된 확률이론이다. 어떤 사건의 확률은 축적되어 있는 정보를 토대로 추정되는데, 새로운 발견과 증거가 많아지면 기존확률이 조정된다. 예를 들면, 긴장관계에 있는 중동국가 간의 전쟁가능성은 업데이트된 정보에 의해 끊임없이 수정된다.

베이즈의 정리를 활용하면 기존의 정보와 새로 습득한 정보를 조합하여 확률을 최신화할 수 있으며, 어떤 사건의 사후확률을 통해 관련된 주변사건이나 원인사건의 확률도 추론할 수 있다. 인공지능(AI: Artificial Intelligence)도 사전/사후확률을 토대로 추론하고 예측하는 것에서 출발하기 때문에, 베이즈의 정리는 특별히 잘 정리해 두어야 한다.

예 3-14 P카드사의 고객신용도 평가 결과 거래고객의 30% 정도가 낮은 신용도를 가진 것으로 조사되었다. 효율적인 고객관리를 위하여 P카드사는 새로운 신용평가모형을 개발하였는데, 시뮬레이션 결과 실제 신용이 높은 고객을 낮은 신용의 고객으로 평가할 확률은 10%였고, 신용이 낮은 고객을 높은 신용의 고객으로 잘못 평가할 확률은 20%였다.
새로 개발된 신용평가모형에 의해 신용등급이 낮을 것으로 평가된 1,000명의 고객 중에서 실제 신용이 높은 고객은 몇 명인가?

풀이

[예 3-14]를 베이즈의 정리를 이용하여 풀이하면 다음과 같다.

① 사건과 확률을 정리한다.

- A : 실제신용, A_1 : 실제신용이 낮음, A_2 : 실제신용이 높음
- B : 모형에 의해 신용이 낮게 평가됨
- C : 모형에 의해 신용이 높게 평가됨
- 사전확률 : $P(A_1)=0.3$, $P(A_2)=0.7$
- 주어진 사전조건부확률 : $P(C \mid A_1)=0.2$, $P(B \mid A_1)=0.8$
  $P(B \mid A_2)=0.1$, $P(C \mid A_2)=0.9$
- 구하려는 사후확률 : 모형에 의해 신용이 낮게 평가되었을 때 실제로 신용이 높은 확률, 즉 조건부확률 $P(A_2 \mid B)$

② 베이즈의 정리를 이용하여 조건부확률을 구한다.

$$P(A_2 \mid B)=\frac{P(A_2)P(B \mid A_2)}{P(A_1)P(B \mid A_1)+P(A_2)P(B \mid A_2)}=\frac{0.7\times0.1}{(0.3\times0.8)+(0.7\times0.1)}=0.226$$

③ 구해진 조건부확률을 이용하여 잘못 평가된 고객수를 추정한다.

$P(A_2 \mid B)\times1,000=0.226\times1,000=226$명

[예 3-14]를 통계분할표를 이용하여 풀이할 수도 있다. ①에서 정리된 내용을 이용하여 다음의 표를 만든 다음, 조건부 확률을 구하면 된다.

		B	C	
	실제 \ 모형	신용이 낮음	신용이 높음	계
A_1	신용이 낮음	0.3×0.8=0.24	0.3×0.2=0.06	0.3
A_2	신용이 높음	0.7×0.1=0.07	0.7×0.9=0.63	0.7
	계	0.31	0.69	1

$$P(A_2 \mid B)=\frac{0.07}{0.31}=0.226=22.6\%$$

ChatGPT 활용

베이즈 정리의 개념과, 코비드 자가진단 키트의 오류 가능성을 베이즈 정리를 이용하여 설명해주세요.

1. 베이즈 정리 개념

베이즈 정리는 **기존 확률(사전확률)**에 **새로운 정보(증거)**를 반영해 **사후확률**을 계산하는 방식입니다.
공식:

$$P(\text{질병있음}|\text{양성}) = \frac{P(\text{양성}|\text{질병있음}) \cdot P(\text{질병있음})}{P(\text{양성})}$$

---

2. 자가진단 키트 예시 (코로나 검사)

상황:

- 자가진단 키트로 양성 판정이 나옴
- 실제로 코로나에 걸렸을 확률은?

가정:

- **감염률(사전확률):** 1% (100명 중 1명 감염)
- **민감도:** 90% (감염자가 양성 나올 확률)
- **특이도:** 95% (비감염자가 음성 나올 확률 → 위양성률 5%)

계산:

1. **양성일 확률(P(양성))**

$$P(\text{양성}) = P(\text{양성}|\text{감염}) \cdot P(\text{감염}) + P(\text{양성}|\text{비감염}) \cdot P(\text{비감염}) = 0.9 \cdot 0.01 + 0.05 \cdot 0.99 = 0.009 + 0.0495 = 0.0585$$

2. **실제 감염자일 확률 (P(감염|양성))**

$$P(\text{감염}|\text{양성}) = \frac{0.9 \cdot 0.01}{0.0585} \approx \frac{0.009}{0.0585} \approx 0.154 (= \text{약}15.4$$

해석:

양성 판정이 나와도 실제 감염 확률은 **15.4%** 정도에 불과함.
→ **감염률이 낮을수록 위양성의 영향이 커짐**
→ 그래서 양성 판정 후 **PCR 확진 검사가 필요한 이유**

요약:
베이즈 정리는 **오진 가능성을 현실적으로 해석**하는 데 필수이며,
자가진단 키트 양성 = 확진이 아님을 수학적으로 설명해 줍니다.

엑셀을 이용한 풀이

■ 순열과 조합

[예 3-9]와 [예 3-10]을 엑셀을 이용하여 풀이해 본다.

절차 1

순열이나 조합의 ① 결과값이 표시될 셀을 선택한 다음 ② 함수마법사(fx)를 클릭하면, 함수마법사 대화상자가 나온다. 범주의 통계를 선택해서 조합함수 (combin) 또는 순열함수 (permut)를 선택하거나, ③ 함수검색창에 조합을 입력한 다음 검색키를 누르면 원하는 함수를 선택할 수 있다.

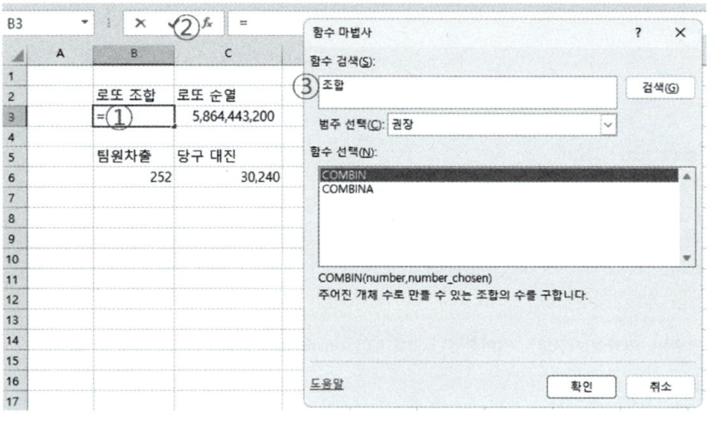

절차 2

[예 3-9]의 로또 추첨 경우의 수에 관한 엑셀풀이는 다음과 같다. 로또는 순서가 필요없으므로 조합함수를 선택하고, 인수입력창에 로또번호의 전체숫자의 갯수 45와 선택숫자의 개수 6을 입력한 다음 확인을 누른다. 원하는 값 8,145,060이 계산된다(엑셀 함수식은 "=COMBIN(45,6)").

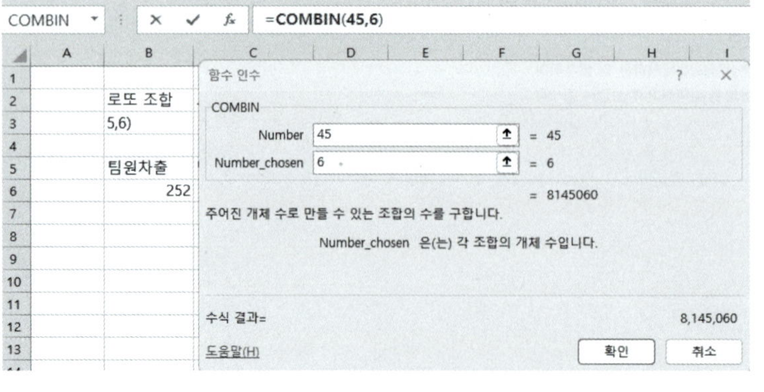

만약 추첨번호의 순서까지 맞춘다고 하면 순열함수이다. 순열함수식은 “=PERMUT(45,6)”이며 계산값은 5,864,443,200이다.

[예 3-10]의 팀원 차출 문제에 관한 엑셀 풀이는 다음과 같다.

첫 번째 문제는 순서가 필요없는 경우의 수이므로 조합이다. 엑셀 함수식은 “=COMBIN(10,5)”이다.

두 번째 문제는 순서가 필요한 경우의 수이므로 순열이다. 엑셀 함수식은 “=PERMUT(10,5)”이다.

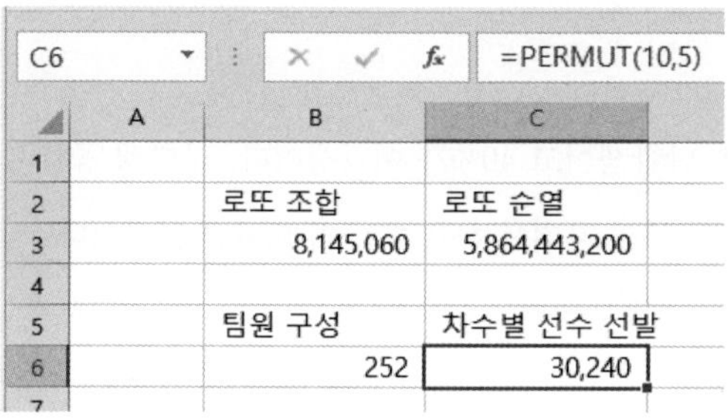

연습문제 EXERCISES

01 투자자 A씨의 포트폴리오는 대형주 5종목, 소형주 3종목으로 구성되어 있다. 포트폴리오를 재구성하기 위해 무작위로 두 종목을 추출한다고 할 때 첫 번째 종목이 대형주, 두 번째 종목이 소형주일 확률을 구하라(단, 한 번 추출한 종목은 다시 고려하지 않는다).

02 두 개의 주사위를 동시에 던졌을 때 숫자의 합이 다음의 결과가 나올 확률은 얼마인가?

① 숫자의 합이 6인 경우

② 숫자의 합이 6 이하인 경우

03 어느 대학 경영학부 100명의 학생 중 60%는 남학생이고 40%가 여학생이다. 남학생 중에서 자취를 하는 학생의 비율은 40%이고 여학생 중에서 자취를 하는 학생의 비율은 10%이다. 경영학부 학생 한 명을 무작위로 뽑을 때 다음 물음에 답하라.

① 그 학생이 자취를 하는 학생일 확률을 구하라.

② 선택된 학생이 여학생이면서 자취를 할 확률을 구하라.

③ 선택된 학생이 자취를 하는 학생이 아니면서 남학생일 확률을 구하라.

04 다음은 어느 신용평가회사에서 개발한 고객신용도 평가시스템의 신뢰도이다.

구분		평가시스템에 의한 결과		
		높음	중간	낮음
고객의 실제 신용도	높음	0.7	0.2	0.1
	중간	0.3	0.5	0.2
	낮음	0.05	0.05	0.9

위의 표에서 중앙의 0.5는 고객의 실제 신용도가 중간일 때 평가시스템도 중간으로 판정할 확률이다. 고객분석자료에서 실제 고객의 60%는 신용도가 높고 30%는 중간이며 10%는 신용도가 낮은 것으로 조사되었다.

① 1,000명의 고객에서 뽑힌 한 고객의 신용도가 평가시스템에 의해 낮은 것으로 판정되었을 때 그 고객의 신용도가 실제로도 낮을 확률은 얼마인가?

② 고객의 신용도가 높게 판정되었지만 실제 신용도가 낮을 확률은 얼마인가?

CHAPTER

04 이산확률분포

BUSINESS STATISTICS

1. 확률변수

2. 확률분포와 이산확률분포

3. 확률변수의 수학적 기대치 : 평균

4. 확률변수의 분산 및 표준편차

5. 이항분포

1. 확률변수

1.1 변수와 확률변수의 개념

변수(variable)는 여러 상황에서 관찰의 대상이 되는 속성(attribution)을 숫자나 기호로 나타낸 것이다. 한 사람을 관찰하는 상황에서 그 사람의 키, 몸무게, 통장 잔고 등의 속성은 관찰할 때마다 값이 달라지므로 변수에 해당한다.

변수와 대비되는 개념은 상수(constant)로, 변하지 않는 속성이나 값이다. 예를 들어, 어떤 사람의 혈액형이나 성별은 변하지 않는 속성이므로 상수이다. 그런데 상수는 수학이나 프로그래밍과 같이 고도로 통제된 상황에 적합한 용어이다. 수학에서 원주율 π, 함수식 $y=x+1$에서의 1, 프로그래밍에서 고정값으로 선언된 변수 등이 상수이다. 이에 비해 과학 실험이나 설문 조사, 통계학 등에서는 상수, 즉 관측값이 고정되는 경우는 거의 없다. 예를 들어, 한 사람의 성별이나 혈액형은 상수이지만, 표본 크기 100명의 설문조사에서 성별이나 혈액형은 사람마다 값이 달라지는 변수가 된다.

통계학이나 실험에서는 변수를 가변변수(variant variable)와 고정변수(fixed variable)로 구분하는 경우가 많다. 가변변수는 변하는 값을 가지는 속성값이며, 고정변수는 실험이나 관찰에서 변하지 않는 값으로 정의되는 속성이다. 고정변수는 수학적으로는 상수의 의미와 가깝다. 특정 소주 브랜드의 온도별 소비자 반응에 관한 실험에서, 소비자의 반응은 결과변수이고, 구매자의 성별, 연령, 소주 도수, 온도 등은 원인변수이다. 실험의 편의를 위해 조사자가 특정 도수로만 실험을 진행할 때, 소주의 도수는 값이 변하지 않는 고정변수이지만 나머지 변수인 성별, 연령, 온도, 시간, 소비자반응은 가변변수이다.

확률변수(random variable)는 확률론에서 사용되는 개념으로, 무작위적인 실험에서 발생하지만 각각의 값이 나올 확률이 존재하는 변수를 말한다. 확률변수는 어떤 값이 나올지는 불확실하지만, 그 값이 발생할 확률은 알 수 있는 변수이다. 주사위를 한 번 던졌을 때 관측되는 눈의 숫자는 1부터 6까지의 숫자 중에 하나인데, 어떤 값이 나올지는 불확실하지만 그 값이 나올 확률은 1/6이다. 그러므로 주사위 눈의 수는 확률변수이다.

확률변수는 실험이나 관찰에서 관측되는 사건들이 여러 개이고 각각의 사건에 대응하는 확률값을 알 수 있는 경우에 사용하는 용어이다. 확률변수라는 용어에서 알 수 있듯이 확률변수는 변수와 확률의 개념이 결합된 것으로, 두 개 이상의 값을 가지기 때문에 변수이며 그 변수의 구체적 값에 대응하는 확률이 있기 때문에 확률이라는 용어를 사용한다.

상황에 따라 값이 변하는 가변변수의 대푯값을 표현하는 전형적인 방법은 관측확률이 가장 높은 값으로 표시하는 것이다. A자동차의 연비라는 속성을 가변변수로 정의하고 여러 번 측정하면 비교적 넓은 범위에서 연비가 관측되겠지만, 측정빈도가 많아질수록 특정 연비값 근처에서 자주 관측될 확률이 높다. 예를 들어, 표준연비 15.5km/l로 발표된 A자동차의 연비는 15.5km/l 근처에서 관측될 가능성이 높지만, 4.5km/l나 27.7km/l와 같은 극단적인 연비가 관측될 가능성은 상당히 낮다. 이와 같이 어떤 실험이나 관측을 반복적으로 시행할 경우 각각의 시행에서 관측된 구체적 값들마다 발생할 확률을 찾아낼 수 있다.

어떤 사건 X가 확률변수일 때 특정의 값이 발생할 확률을 $P(X)$로 쓴다. 확률변수 $P(X)$는 고정 값이나 범위로 표현할 수도 있지만, 확률변수 본래의 의미를 살리려면 확률로 표기해야한다. A자동차의 연비가 평균 15.5km/l, 표준편차 3.2km/l인 정규분포를 이루는 것으로 조사되었을 때, 연비를 표시하는 방법은 다음과 같다. 우선, A자동차의 연비를 고정값인 "15.5km/l" 또는 "12.3km/l에서 18.7km/l의 사이"의 범위로 표시할 수도 있다. 하지만 연비는 확률변수이므로 (뒤에서 배울 정규분포의 원리에 의해) "연비가 15.5km/l일 확률이 50%" 또는 "12.3km/l에서 18.7km/l의 사이에 있을 확률이 68%"로 발표하는 것이 더 정확한 표현이다. 그리고 이때의 표기법은 $P(A$차의 연비$=15.5\text{km}/l)=50\%$, $P(12.3\text{km}/l \le A$차의 연비 $\le 18.7\text{km}/l)=68\%$ 이다.

1.2 이산확률변수와 연속확률변수

확률변수는 변수가 취할 수 있는 값의 범위에 따라 이산확률변수(discrete random variable)와 연속확률변수(continuous random variable)로 나뉜다. 이산확률변수는 변수의 값이 0, 1, 2, 3 등의 정수 형태인 확률변수인데 관측되는 변수값의 개수는 유한하다. 5개의 부품을 표본으로 추출하였을 때 불량품이 포함되어 있는 경우의 수를 확률변수 X라고 하면 X가 취할 수 있는 값은 0, 1, 2, 3, 4, 5의 6개뿐이다. 연속확률변수는 취할 수 있는 값이 3.14, 3.1415, 3.14155926, …과 같이 정수가 아닌 연속된 실숫값을 갖는 확률변수이다. 위에서 관측대상을 불량품의 개수가 아니라 수명시간으로 정의하면 확률변수 X는 소수점 이하의 무수한 값을 가질 수 있다.

이산확률변수와 연속확률변수

• 이산확률변수

실험	확률변수(X)	확률변수가 취할 수 있는 값
5명의 고객과 접촉	주문하는 고객의 수	0, 1, 2, 3, 4, 5
50개 제품의 검사	불량품의 수	0, 1, 2, ⋯, 49, 50
하루 동안의 식당 운영	고객의 수	0, 1, 2, 3, ⋯
자동차 판매	구매자의 성별	0 : 남자, 1 : 여자

• 연속확률변수

실험	확률변수(X)	확률변수가 취할 수 있는 값
콜센터의 운영	연속된 두 전화 통화 간의 시간 간격	$0 \leqq X$
음료수의 빈 병을 채움 (최대 350cc)	투입되는 음료수의 양	$0 \leqq X \leqq 350$
도서관 신축	6개월 후 공정 달성도(%)	$0 \leqq X \leqq 100$
새로운 화학공정의 실험	요구되는 반응이 일어나는 데 소요되는 온도 (최하 50℃, 최고 80℃)	$50 \leqq X \leqq 80$

ChatGPT 활용

이산확률변수와 연속확률변수가 실제 생활에서 어떻게 활용되는지를 설명해주세요.

이산확률변수와 연속확률변수는 **실제 데이터의 성격에 따라 다르게 활용**됩니다. 아래에 개념과 실생활 예시를 간단히 정리합니다.

1. 이산확률변수 (Discrete Random Variable)

개념: 셀 수 있는 값만 가짐 (정수 형태)

실생활 활용 예시:

활용 분야	설명
콜센터	하루에 걸려오는 전화 건수 (0건, 1건, 2건...)
시험 문제	맞힌 문제 수 (총 20문항 중 0~20개 정수값)
고객 수 분석	특정 시간대 매장 방문 고객 수 예측

2. 연속확률변수 (Continuous Random Variable)

개념: 특정 구간 안의 모든 실수 값 가능 (측정값)

실생활 활용 예시:

활용 분야	설명
기상 예보	하루 최고기온(23.5℃, 26.1℃ 등)
제조 품질 관리	부품 길이, 무게 등 연속 측정값 (±오차 관리)
운전 속도 측정	자동차의 시속 (예: 58.3 km/h)

요약:

구분	이산확률변수	연속확률변수
값의 형태	정수형 (개수)	실수형 (측정값)
예시	고객 수, 맞힌 문제 수	온도, 키, 무게, 시간
활용 분야	재고관리, 고객 분석 등	품질관리, 자연현상 분석 등

이처럼, 데이터의 성격에 따라 이산 또는 연속 변수를 선택해 분석합니다.

2. 확률분포와 이산확률분포

확률분포(probability distribution)는 실험에서 발생 가능한 모든 값과 그 각각의 값에 대응하는 확률을 표시한 표나 그래프 등을 의미한다. 확률분포를 알면 그 변수의 특징이나 성격을 짐작할 수 있는데, 이산확률분포와 연속확률분포로 나눌 수 있다. 관측되는 모든 확률값의 합은 항상 1이기 때문에 이산확률변수와 연속확률변수의 확률값의 합도 각각 1이다. 본 장에서는 이산확률분포를 설명하고 연속확률분포는 다음 장에서 설명한다.

이산확률분포는 이산확률변수가 취할 수 있는 모든 값과 그 값들의 확률을 표시해 놓은 분포로, 다음의 특징이 있다.

이산확률분포의 특징

- 임의의 X값에 대해서 $0 \leq P(X) \leq 1$ 이다.
- X의 값들은 포괄적이다. 즉, 확률분포는 가능한 모든 X에 대해서 확률값을 정해 준다.
- X의 값들은 상호배타적이다. 즉, 한 번의 실험 시행에서 X는 하나의 값만 가진다.
- 각각의 확률의 합은 1이다. 즉, $\sum P(X_i) = 1$

냉장고를 창원과 수원의 두 공장에서 각각 50%씩 생산하고 있는 P전자의 경우를 가정해 보자. 백화점에서 판매 중인 P전자의 냉장고 1대가 창원 공장에서 생산된 것일 경우의 수를 확률변수 X라고 할 때 확률변수 X가 취할 수 있는 값은 얼마일까?

확률변수 X의 값은 0(수원에서 생산한 냉장고)과 1(창원에서 생산한 냉장고)이며 각 값이 나올 확률은 모두 1/2이다. 이것을 확률분포표로 나타내면 〈표 4-1〉과 같고 그래프로 나타내면 [그림 4-1]과 같다.

표 4-1 냉장고 1대를 선택했을 때의 확률분포

창원 제품의 수(X)	확률[$P(X)$]
0	1/2
1	1/2
합계	1

그림 4-1 냉장고 1대를 선택했을 때의 확률분포도

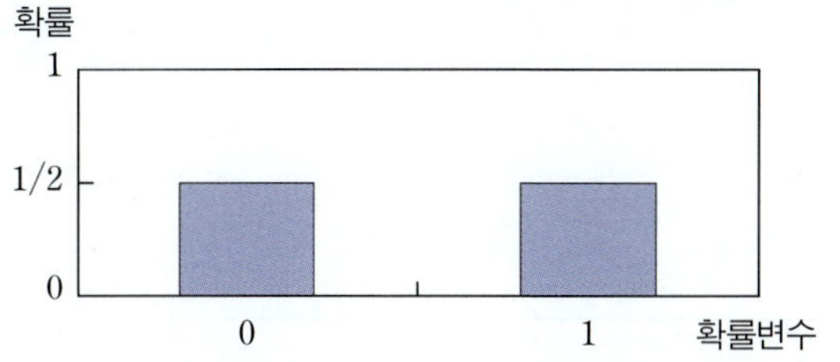

확률변수 X가 무엇인지, 실험이나 관찰의 빈도에 따라서 분포의 모양이 달라지지만 이산확률분포에서 관측가능한 변수값은 언제나 정수이다. 따라서 이산확률분포표나 그래프에서 각각의 관측치와 대응하는 확률값은 서로 떨어져 있다.

예 4-1 앞의 예에서 생산한 냉장고 중 2대를 선택하여 창원에서 생산한 냉장고 수를 확률변수 X라고 할 때 X의 확률분포를 작성하시오.

풀이

냉장고 두 대를 선택했을 때 가능한 결과는 {창원, 창원}, {창원, 수원}, {수원, 창원}, {수원, 수원}의 4가지이며 각 사건이 나올 확률은 모두 1/4이다.

표 4-2 냉장고 두 대를 선택할 때의 가능한 결과와 확률

가능한 결과	1회	2회	창원 제품의 수	확률
1	창원	창원	2	1/4
2	창원	수원	1	1/4
3	수원	창원	1	1/4
4	수원	수원	0	1/4

확률변수 X를 창원 제품의 수라고 할 때 확률변수 X가 가지는 값은 0, 1, 2이며 이에 대응하는 확률을 표시하면 〈표 4-3〉, [그림 4-3]의 확률분포가 된다. 이미 언급한 바와 같이 확률들의 총합은 1이며 임의의 X값에 대한 $P(X)$는 0에서 1 사이의 값을 가진다.

표 4-3 냉장고 두 대를 선택했을 때의 확률분포

확률변수(X)	$P(X)$
0	1/4
1	1/2
2	1/4
합계	1

그림 4-2 냉장고 두 대를 선택했을 때의 확률분포도

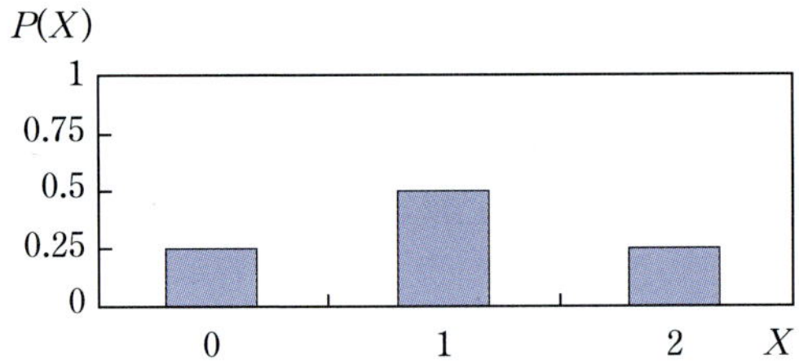

이산확률분포와 달리 A자동차 연비 확률변수 X의 연비값을 반복 측정하면 정숫값이 아니라 소수점 이하의 연속적인 값으로 측정될 것인데 이런 변수를 연속확률변수라고 한다. 자동차 연비 X에서 각각의 값이 관측될 확률은 [그림 4-2]와 같이 평균연비 15.5km/l를 중심으로 좌우로 퍼져 있는 연속적인 선의 형태가 되는데, 이런 형태의 확률분포를 연속확률분포라고 한다.

그림 4-3 자동차 연비 X의 확률분포

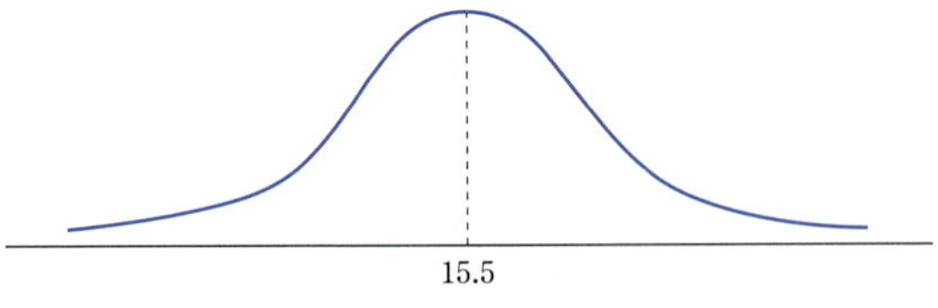

3. 확률변수의 수학적 기대치 : 평균

3.1 확률변수의 기대치

'100원을 주고 동전을 던져서 앞면이 나오면 200원을 받고 뒷면이 나오면 0원을 받는 게임'은 유리한 게임인가? 이 게임을 계속하였을 때 따거나 잃을 금액은 얼마인가?

한 번의 동전 던지기에서 앞면과 뒷면이 나오는 것은 우연에 의해 결정되지만 이 게임을 수없이 반복하면 앞면과 뒷면이 나올 확률은 각각 $\frac{1}{2}$에 근접한다.[01] 그러므로 동전 게임에 여러 번 참여하였을 때 얻을 수 있는 확률적 수익은 $200\times\frac{1}{2}+0\times\frac{1}{2}=100$이다. 100원을 지불하지만 평균적으로 100원을 획득하는 게임이므로 나에게 유리하지도 불리하지도 않다. 이와 같이 특정 사상이 발생하였을 때 얻을 수 있는 이득과 확률을 곱한 다음 모두 합한 값을 기댓값(또는 기대치)이라고 하는데, 어떤 확률적 사건에 대한 평균적 이득이라고 할 수 있다.

확률변수 X의 기대치는 $E(X)$로 표현하며 다음과 같이 계산한다.

확률변수의 기대치

$E(X)=\sum XP(X)$

동전 던지기에서의 기대금액을 공식으로 계산하면 다음과 같다.

$$E(X)=\left(200\times\frac{1}{2}\right)+\left(0\times\frac{1}{2}\right)=100(\text{원})$$

이때 기댓값 100원은 한 번의 동전 던지기에서 얻을 수 있는 금액이 아니라 동전을 수없이 반복해서 던졌을 때 얻을 수 있는 이득들의 평균값이다. 그러므로 기대치는 여러 번의 실험을 행한다는 가정하에 얻을 수 있는 확률 데이터의 중심화 경향치이다. 참고로 단 한 번의 동전 던지기 게임에서의 기댓값은 200원이거나 0원이다.

01 제3장의 상대도수확률 개념 참조

예 4-2 P백화점은 고객을 대상으로 다음 표의 경품 프로모션을 진행하고 있다. 프로모션 기간 중 고객의 수가 100,000명이라고 할 때 고객 한 사람이 경품행사에서 얻을 수 있는 경품기대가치는 얼마인가?

P백화점의 경품내용과 경품의 현금가치

경품	개수	현금가치(원)
승용차	1	20,000,000
컴퓨터	5	2,000,000
냉장고	10	1,000,000
식기세트	100	100,000
비누세트	1,000	10,000

풀이

당첨될 경품의 기대치는 다음과 같다.

$$E(X)=\left(20,000,000\times\frac{1}{100,000}\right)+\left(2,000,000\times\frac{5}{100,000}\right)$$
$$+\left(1,000,000\times\frac{10}{100,000}\right)+\left(100,000\times\frac{100}{100,000}\right)$$
$$+\left(10,000\times\frac{1,000}{100,000}\right)=600(\text{원})$$

3.2 기대치의 성격

확률변수의 기대치 $E(X)$는 다음의 중요한 성질이 있다.

① 상수의 기대치는 상수값 그 자체이다.

$E(a)=a$ 이다.

왜냐하면 $\sum_{i=1}^{n}P(X_i)=1$ 이므로

$E(a)=\sum_{i=1}^{n}aP(X_i)=a\sum_{i=1}^{n}P(X_i)=a$ 이다.

② 확률변수 X에 상수를 곱한 값의 기대치는 확률변수 X의 기대치에 상수를 곱한 값이다.

$$\begin{aligned} E(aX) &= \sum aX_i P(X_i) \\ &= a\sum X_i P(X_i) \\ &= aE(X) \end{aligned}$$

③ 확률변수 X에 상수를 더한 확률변수의 기대치는 확률변수 X의 기대치에 상수를 더한 값이다.

$$\begin{aligned} E(X+a) &= \sum (X_i + a) P(X_i) \\ &= \sum X_i P(X_i) + \sum aP(X_i) \\ &= \sum X_i P(X_i) + a\sum P(X_i) \\ &= E(X) + a \end{aligned}$$

그러므로 $aX+b$의 기대치는 다음과 같다.

$$E(aX+b) = E(aX) + E(b) = aE(X) + b$$

④ 두 확률변수를 더하거나 빼서 얻어진 새로운 확률변수의 기대치는 각 확률변수의 기대치를 더하거나 뺀 것과 같다.

기대치의 성질

$E(a) = a$

$E(aX+b) = aE(X) + b$

$E(X-Y) = E(X) - E(Y)$ 또는

$E(X+Y) = E(X) + E(Y)$

여기서, a는 상수, X, Y는 확률변수

예 4-3 [예 4-2]의 P백화점 예에서 경품의 현재가치를 모두 2배로 올렸을 때 기대치는 얼마인가?

풀이

이때의 기대치를 Y로 하면 $Y=2X$이다. [예 4-2]에서 $E(X)=600$ 이므로 Y의 기대치는

$E(Y)=E(2X)=2E(X)=2\times600=1,200$(원)

예 4-4 [예 4-2]의 경품행사에 부부가 같이 응모했다면 부부의 기대치 합계 Y는 얼마인가?

풀이

남편의 기대치를 X_1, 아내의 기대치를 X_2 라고 하면 부부의 기대치 Y는 X_1+X_2 이므로

$E(Y)=E(X_1+X_2)=E(X_1)+E(X_2)=600+600=1,200$(원)

4. 확률변수의 분산 및 표준편차

P백화점이 기댓값이 600원인 경품행사가 아니라 프로모션 기간에 방문하는 100,000명의 고객 모두에게 600원 상당의 화장지를 제공하는 경품 프로모션을 실행한다고 가정해 보자. 화장지 프로모션과 경품행사의 기댓값은 600원으로 동일하지만 두 프로모션의 확률분포의 형태는 전혀 다르다.

경품 프로모션에서 경품을 획득한 1,116명의 당첨자를 제외한 98,884명의 기대수익은 0이고 0의 사상에 대응하는 확률값은 $\frac{98,884}{100,000}\times100=98.884\%$, 5등인 비누세트의 금액 10,000원의 사상에 대응하는 확률값은 $\frac{1,000}{100,000}\times100=1\%$, …, 1등인 2,000만 원의 사상에 대응하는 확률값은 $\frac{1}{100,000}\times100=0.001\%$ 이다. 이것을 그래프로 나타내면 좌측으로 극단적으로 치우친 형태의 확률분포가 된다.

경품	개수	현금가치(원)	확률
승용차	1	20,000,000	0.001%
컴퓨터	5	2,000,000	0.005%
냉장고	10	1,000,000	0.01%
식기세트	100	100,000	0.1%
비누세트	1,000	10,000	1.0%
낙첨	98,884	0	98.884%
합계	100,000	–	100%

화장지 프로모션의 발생가능한 모든 사상의 기대수익은 600원으로 같다. 관측되는 사상이 하나밖에 없고 대응확률이 100%이므로 확률변수의 산포도 특성치인 표준편차와 분산은 모두 0이다. 이와 같이 확률변수의 기대치가 같더라도 확률분포는 다를 수 있다. 그러므로 특정 확률변수의 특징은 기대치뿐만 아니라 구체적 확률변수에 대응하는 확률값이 기대치로부터 떨어져 있는 정도의 특성치인 분산이나 표준편차를 모두 확인해야만 알 수 있다. 확률변수의 분산은 $V(X)$로 표현하며 다음과 같이 계산된다.

확률변수의 분산

$$V(X)=\sum[X-E(X)]^2 P(X)$$

확률변수의 분산은 확률변수의 각 값에서 기대치를 뺀 값을 제곱한 다음 각 확률변수 값에 대응하는 확률을 곱해서 합계를 구한 값으로, 다음의 형태로 계산할 수도 있다.

$$V(X)=E(X^2)-[E(X)]^2$$

예 4-5 A기업은 지난 한 해 동안 그들이 생산한 부품 중 하루에 발생한 불량품의 개수를 조사한 결과 다음의 확률분포표를 구할 수 있었다. 이를 토대로 하루에 발생할 수 있는 불량품수의 기대치와 분산을 구하라.

하루에 발생한 불량품의 수	0	1	2	3	4	5
발생확률	0.55	0.2	0.1	0.05	0.05	0.05

풀이

$E(X)=0\times0.55+1\times0.2+2\times0.1+3\times0.05+4\times0.05+5\times0.05=1$

$E(X^2)-0^2\times0.55+1^2\times0.2+2^2\times0.1+3^2\times0.05+4^2\times0.05+5^2\times0.05=3.1$

$V(X)=E(X^2)-[E(X)]^2=3.1-1=2.1$

확률변수의 표준편차는 모집단의 표준편차와 마찬가지로 확률변수의 분산에 제곱근을 취한 값으로 다음과 같다.

확률변수의 표준편차

$$\sqrt{V(X)}=\sqrt{\sum[X-E(X)]^2P(X)}=\sqrt{E(X^2)-[E(X)]^2}$$

예 4-6 다음은 P기업에서 전략 A안과 B안의 예상수익과 그 확률을 조사한 것이다. A안과 B안이 상호배타적이라면 어느 것을 선택하겠는가? 기대치와 표준편차를 이용하여 설명하시오.

A안		B안	
수익(억 원)	확률	수익(억 원)	확률
−2	0.5	−4	0.2
10	0.5	6	0.8

풀이

• A안의 기대치와 표준편차

$E(X)=\sum XP(X)=(-2\times0.5)+(10\times0.5)=4$

$V(X)=\sum[X-E(X)]^2P(X)=(-2-4)^2\times0.5+(10-4)^2\times0.5=36$

$\sqrt{V(X)}=6$

• B안의 기대치와 표준편차

$E(X)=\sum XP(X)=(-4\times0.2)+(6\times0.8)=4$

$V(X)=\sum[X-E(X)]^2P(X)=(-4-4)^2\times0.2+(6-4)^2\times0.8=16$

$\sqrt{V(X)}=4$

A안과 B안의 평균, 즉 두 안의 기대수익 $E(X)$는 4이므로 어떤 전략을 선택하든지 4의 수익을 기대할 수 있다. 그런데 A안의 표준편차가 B안의 표준편차보다 더 크다. 표준편차는 확률변수값의 변동량이나 산포도를 의미하는데 기대성과의 변동량이 크다는 것은 극단적 수익이나 손실이 발생할 가능성이 높다는 의미이다. 그러므로 보수적 성향이 큰 기업이라면 B안을, 공격적인 성향이 크다면 A안을 채택할 가능성이 높다.

확률변수의 분산은 다음의 성질을 갖고 있다.

확률변수 분산의 성질

$V(a)=0$

$V(aX+b)=a^2V(X)$

$V(X\pm Y)=V(X)+V(Y)\pm2Cov(X,Y)$

여기서, a는 상수, X, Y는 확률변수

5. 이항분포

5.1 베르누이분포

어떤 시행의 결과가 단 두 가지인 경우가 있다. 동전을 던졌을 때의 앞면과 뒷면, 대학 입시에서의 합격과 불합격, 선거에서의 당선과 낙선, 품질검사에서의 합격과 불합격, 신제품에 대한 구입의사가 있느냐 없느냐 등은 모두 두 가지의 결과만을 가진다. 이와 같이 어떤 실험이나 실행이 상호배타적인 두 가지의 결과만을 갖는 경우를 베르누이시행(Bernoulli trial)이라 한다. 베르누이시행에서 확률변수 X는 0과 1의 값만을 가지며, 이는 실패(0)와 성공(1)으로도 표현된다.

세 가지 이상의 결과를 갖는 시행이라도 베르누이시행으로 단순화할 수 있다.소비자가 여러 브랜드 중에서 하나의 브랜드를 구매하는 쇼핑을 3번 시행하였을 때 자사 브랜드가 선택되는 경우의 수는 {0,1,2,3}이므로 베르누이시행이 아니지만, 시행결과를 자사 브랜드의 구입 여부만으로 단순화하면 베르누이시행이 된다.

베르누이시행에서 각각의 시행은 상호독립적이고 베르누이 확률변수가 특정한 값을 취할 확률은 시행횟수에 관계없이 항상 일정하다. 예를 들어서 소비자들 중 자사 제품을 구입하는 소비자의 비율이 10%이면 소비자 집단에서 1명을 추출했을 때 그 사람이 자사 제품의 소비자일 확률은 시행횟수에 관계없이 0.1로 일정하다.

베르누이 확률분포는 〈표 4-4〉와 같다.

표 4-4 베르누이 확률분포

X	$P(X)$
0(실패)	$1-p$
1(성공)	p

실험의 성공확률을 P라고 할 때, 실패확률은 $1-P$이다. 그리고 베르누이분포의 평균과 분산은 다음과 같다.

$$E(X)=0\times(1-p)+1\times p=p$$
$$V(X)=E(X^2)-[E(X)]^2=p-p^2=p(1-p)$$

5.2 이항분포의 정의

베르누이시행은 단 한 번의 실험으로 성공 또는 실패의 확률을 구하는 것이다. 그런데 단 한 번의 실험으로 어떤 사건의 확률을 측정하는 경우는 많지 않다. 시행의 결과가 성공과 실패만 있는 베르누이시행을 반복하여 얻은 변수를 이항확률변수(binomial random variable)라 하고 이항확률변수가 이루는 확률분포를 이항확률분포(binomial probability distribution) 또는 이항분포라 한다. 이항분포는 $B(n, p)$로 표현한다.

이항실험의 특성

- 실험은 n번의 동일한 시행으로 이루어져 있다.
- 각각의 시행에서는 성공 또는 실패, 두 가지의 결과만 나타난다.
- 성공확률 p는 매 시행마다 일정하다. 즉, 실패확률 $1-p$도 일정하다.
- 각각의 시행은 통계적으로 독립이다. 즉, 어떤 시행의 결과는 그전에 있었던 시행의 결과로부터 영향을 받지 않고, 또 나중의 시행의 결과에도 영향을 주지 않는다.

앞의 냉장고를 생산하던 P 전자의 예에서 그들이 생산한 냉장고 중 3개를 선택했을 때 모두 창원에서 생산된 것일 확률을 구해 보자. 이것의 확률은 선택된 냉장고가 창원공장 산인지 아닌지에 관한 베르누이시행을 여덟 번 반복한 경우와 값이 같다. 이때 가능한 결과는 〈표 4-5〉와 같이 모두 여덟가지이고 각각의 결과가 나올 확률은 1/8이다.

표 4-5 냉장고 3대를 선택했을 때의 가능한 결과와 확률

가능한 결과	1회	2회	3회	창원 제품의 수(X)	$P(X)$
1	창원	창원	창원	3	1/8
2	창원	창원	수원	2	1/8
3	창원	수원	창원	2	1/8
4	수원	창원	창원	2	1/8
5	창원	수원	수원	1	1/8
6	수원	창원	수원	1	1/8
7	수원	수원	창원	1	1/8
8	수원	수원	수원	0	1/8

여기서 창원 제품의 수를 확률변수 X라고 할 때 X가 취할 수 있는 값은 0, 1, 2, 3의 4가지이며 각 값에 대응하는 확률 $P(X)$를 계산하여 이항분포를 만들면 〈표 4-6〉과 같다.

표 4-6 냉장고 3대를 선택했을 때의 이항확률분포

X	$P(X)$
0	1/8
1	3/8
2	3/8
3	1/8
합계	1

그림 4-4 확률분포도

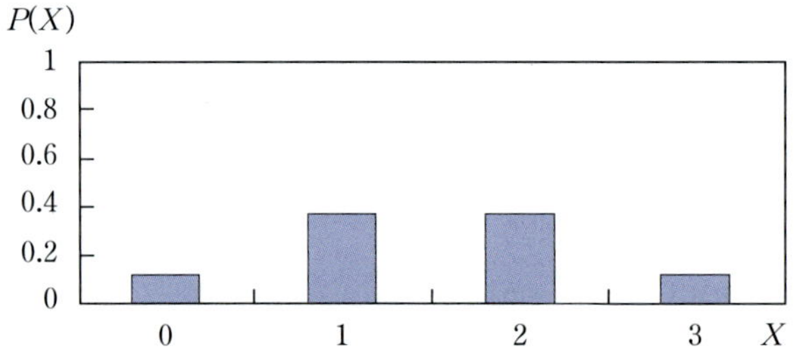

5.3 이항분포의 확률

베르누이 시행은 n개의 대상에서 성공한 x개를 비복원 형태로 뽑아내는 조합(combination)과 같다. 그러므로 전체 횟수 n과 성공확률 p를 알고 있으면 성공의 횟수(x)에 대응하는 확률을 쉽게 구할 수 있다.

이항분포에서의 확률계산

$$P(X=x)={}_nC_xP^x(1-p)^{n-x}$$

여기서, x : 성공횟수

n : 시행횟수

p : 베르누이시행 시 성공확률

$1-p$: 베르누이시행 시 실패확률

$${}_nC_x=\frac{n!}{x!(n-x)!}$$

이 식을 냉장고를 3대 선택했을 때의 경우에 적용시켜 보자. 여기서 창원 제품이 나올 확률과 수원 제품이 나올 확률을 고려하여 식을 다시 쓰면 다음과 같다.

$$P(X=x)={}_3C_x(\text{창원 제품일 확률})^x(\text{수원 제품일 확률})^{(3-x)}$$

이 식을 이용하여 창원 제품이 나올 확률을 각각 구해 보면, 다음과 같다.

$$P(X=0)={}_3C_0\left(\frac{1}{2}\right)^0\left(\frac{1}{2}\right)^3=\frac{1}{8}$$
$$P(X=1)={}_3C_1\left(\frac{1}{2}\right)^1\left(\frac{1}{2}\right)^2=\frac{3}{8}$$
$$P(X=2)={}_3C_2\left(\frac{1}{2}\right)^2\left(\frac{1}{2}\right)^1=\frac{3}{8}$$
$$P(X=3)={}_3C_3\left(\frac{1}{2}\right)^3\left(\frac{1}{2}\right)^0=\frac{1}{8}$$

예 4-7 A전구의 시장점유율은 10%이다. 소비자 중 임의로 10명을 뽑았을 때 이 중 2명이 A전구 소비자일 확률은 얼마인가?

풀이

$n=10,\ p=0.1$ 이므로
$P(X=2)={}_{10}C_2(0.1)^2(0.9)^8=0.194$

예 4-8 [예 4-7]에서 2명 이하가 A전구를 사용하는 소비자일 확률은 얼마인가?

풀이

$$P(X\le 2)=P(X=0)+P(X=1)+P(X=2)$$
$$={}_{10}C_0(0.1)^0(0.9)^{10}+{}_{10}C_1(0.1)^1(0.9)^9+{}_{10}C_2(0.1)^2(0.9)^8=0.93$$

예 4-9 [예 4-7]에서 3명 이상이 A전구를 사용하는 소비자일 확률은 얼마인가?

풀이

$P(X \geq 3) = 1 - P(X \leq 2) = 1 - 0.93 = 0.07$

컴퓨터나 계산기의 지원을 받기 어려웠던 과거에는 이항분포값을 계산하기가 쉽지 않았기 때문에, 대부분의 통계학 책에는 시행횟수(n)과 성공횟수(x)를 고려한 $P(X \leq x)$의 확률을 미리 정리해 둔 이항분포표가 있다. 이 책에서도 부록 2.이항분포표에 시행횟수 n이 25이하인 이항확률변수가 취할 수 있는 모든 값과 이에 대응하는 확률을 첨부하였으므로 참고바란다.

누적 이항분포표에서 p는 성공확률, n은 시행횟수, c는 성공횟수이다. 그리고 표 안의 값은 이항확률변수가 특정 값보다 작거나 같을 확률, 즉 누적확률인 $P(X \leq x)$이다. 누적확률을 표시한 이유는 실용적 의미에서 불량품의 갯수가 정확히 다섯 개일 확률보다는, 불량품이 다섯 개 이하일 확률, 즉 불량품이 0개부터 5개까지일 각각의 확률을 누적한 확률값이 더 유용하기 때문이다.

〈표 4-7〉은 부록에 나와 있는 누적 이항분포표의 일부를 발췌한 것이다. 만약에 시행횟수 n이 25회 이상이면 엑셀의 BINOMDIST 함수를 사용하여 이항분포 확률을 구하면 된다.

표 4-7 누적 이항분포표

$$P(X \leq c) = \sum_{x=0}^{c} {}_nC_x p^x (1-p)^{n-x}$$

n	c	p												
		.01	.05	.10	.20	.30	.40	.50	.60	.70	.80	.90	.95	.99
5	0	.951	.774	.590	.328	.168	.078	.031	.010	.002	.000	.000	.000	.000
	1	.999	.977	.919	.737	.528	.337	.188	.087	.031	.007	.000	.000	.000
	2	1.000	.999	.991	.942	.837	.683	.500	.317	.063	.058	.009	.001	.000
	3	1.000	1.000	1.000	.993	.969	.913	.812	.663	.472	.263	.081	.023	.001
	4	1.000	1.000	1.000	1.000	.998	.990	.969	.992	.832	.672	.410	.226	.049

예 4-10 어느 컴퓨터 부품공장에서 생산하는 특정 부품의 불량률이 5%이다. 검사원이 임의로 25개를 선택했을 때 누적 이항분포표를 이용하여 다음의 확률을 구하라.

① 2개 이하가 불량일 확률
② 2개가 불량일 확률
③ 2개 이상이 불량일 확률
④ 2개 이상 4개 이하가 불량일 확률

풀이

① $n=25,\ p=0.05,\ c=2$ 이므로 $P(X\leq 2)=0.873$
② $P(X=2)=P(X\leq 2)-P(X\leq 1)=0.873-0.642=0.231$
③ $P(X\geq 2)=1-P(X\leq 1)=1-0.642=0.358$
④ $P(2\leq X\leq 4)=P(X\leq 4)-P(X\leq 1)=0.993-0.642=0.351$

5.4 이항분포의 기대치와 분산

이항분포의 기대치와 분산은 앞에서 설명한 확률분포의 기대치와 분산을 구하는 공식을 이용할 수도 있지만 다음의 공식으로 계산할 수도 있다.

이항분포의 기대치, 분산, 표준편차

- 기대치 : $E(X)=np$
- 분산 : $V(X)=np(1-p)$
- 표준편차 : $\sqrt{V(X)}=\sqrt{np(1-p)}$

예 4-11 A전구회사는 자사 전구의 수명이 적어도 1년 이상이라고 주장한다. 그런데 실제 조사를 해보니 전구의 92%만이 수명이 1년 이상인 것으로 밝혀졌다. 시판 중인 1,000개의 전구를 임의로 추출하였을 때 수명이 1년 이상인 전구는 몇 개이며 분산, 표준편차는 얼마인가?

풀이

$n=1,000,\ \ p=0.92$

$E(X)=np=1,000\times0.92=920$

$V(X)=np(1-p)=1,000\times0.92\times0.08=73.6$

$\sqrt{V(X)}=8.58$

5.5 모수의 변화에 따른 이항분포의 형태

이항분포의 확률을 구하는 공식을 다시 한 번 살펴보면 다음과 같다.

$$P(X=x)={}_nC_xp^x(1-p)^{n-x}$$

위의 공식에서 확률은 시행횟수 n과 특정 사건이 일어나는 확률 p에 의해 구해지므로 그 확률분포의 형태는 n과 p에 의해서 결정된다. 다음의 〈표 4-8〉은 이항분포표의 일부를 발췌하여 누적확률을 개별확률로 환산하여 나타낸 것이다.

표 4-8 이항분포표의 일부

$P(X=c)={}_nC_xp^x(1-p)^{n-x}$								
n	c	p						
		~	0.2	~	0.5	~	0.8	~
10	0		0.1074		0.0010		0.0000	
	1		0.2684		0.0098		0.0000	
	2		0.3020		0.0439		0.0001	
	3		0.2013		0.1172		0.0008	
	4		0.0881		0.2051		0.0055	
	5		0.0264		0.2461		0.0264	
	6		0.0055		0.2051		0.0881	
	7		0.0008		0.1172		0.2013	
	8		0.0001		0.0439		0.3020	
	9		0.0000		0.0098		0.2684	
	10		0.0000		0.0010		0.1074	

〈표 4-8〉에서처럼 $p=\frac{1}{2}$ 일 때의 이항분포는 n의 크기에 관계없이 기대치를 중심으로 좌우대칭을 이룬다. $p<\frac{1}{2}$ 이면 오른쪽으로 긴 꼬리를 가지는 모양이 되고 $p>\frac{1}{2}$ 이면 왼쪽으로 긴 꼬리를 가지는 모양이 된다. 그리고 p가 $\frac{1}{2}$ 에 가까울수록 대칭에 가까워지고 멀어질수록 비대칭의 정도가 커진다. 〈표 4-8〉을 막대그래프로 나타내면 다음과 같다.

① $p=0.5$인 경우

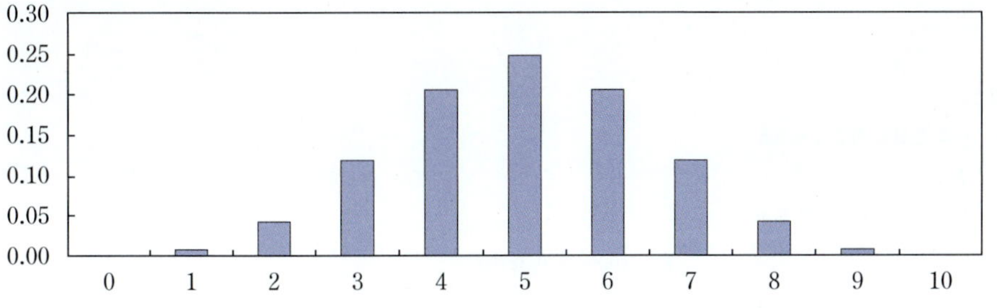

② $p=0.2(p<0.5)$인 경우

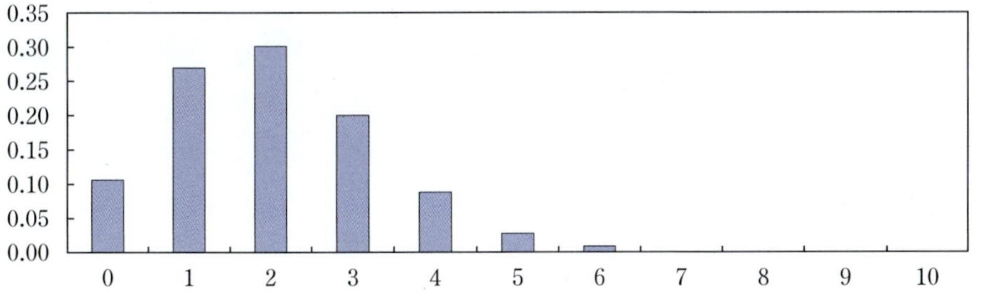

③ $p=0.8(p>0.5)$인 경우

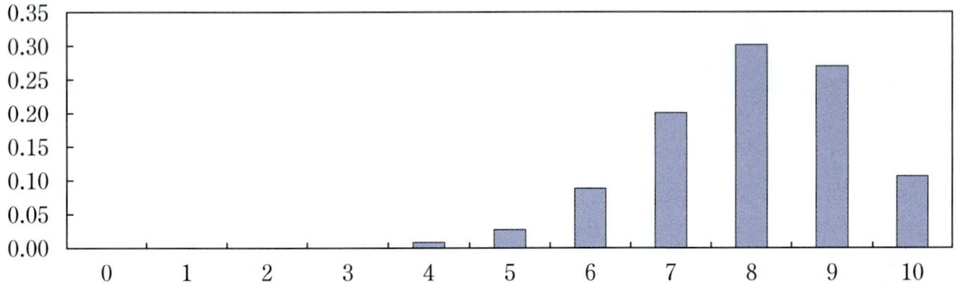

이항분포의 시행횟수 n이 25보다 커지면 이항분포표에 값이 표시되지 않기 때문에 복잡한 계산식을 이용하여 확률을 구해야 한다. 만약에 이항분포의 n이 상당히 크다면 정

규분포를 활용하여 이항확률을 계산할 수 있는데 n이 커짐에 따라 이항분포의 형태가 기대치를 중심으로 좌우대칭인 정규분포에 가까워지기 때문이다. 이를 이항분포에 대한 정규근사(normal approximation)라고 하며 제5장에서 자세하게 논의한다.

ChatGPT 활용

고객이 콜센터에 상담전화를 걸었을 때 바로 연결될 확률이 80%로 조사되었다. 5번을 시도해서 5번 모두 바로 연결될 확률은?

조건:

- 바로 연결될 확률 $p = 0.8$
- 총 5번 시도
- 5번 모두 바로 연결될 확률:

$$P = (0.8)^5 = 0.32768$$

☑ **결론:**
5번 모두 바로 연결될 확률은 약 32.8%입니다.

엑셀을 이용한 풀이

1) 기댓값의 계산(I)

이번 달 S마트에 내점한 고객 중 100,000원 이상을 구매한 고객은 4,000명이다. S마트는 이들 고객에게 상금이 적혀 있는 쿠폰을 하나씩 나누어 주었는데 상금내역은 다음과 같다. 상금의 액수를 확률변수 X라고 할 때 X의 확률분포를 구하고 기댓값을 구하라.

상금(원)	시상자 수
4,000,000	1
1,000,000	3
100,000	100
5,000	500
0	3,396
합계	4,000

절차 1

먼저 위의 예제 내용과 확률, 기댓값을 구하기 위해 〈범위 B2:E8〉과 같이 상금과 시상자 수를 입력한다. 셀 포인터를 〈셀 D3〉에 위치시키고 확률을 구하기 위해 수식 〈=C3/$C$8〉을 입력한다.

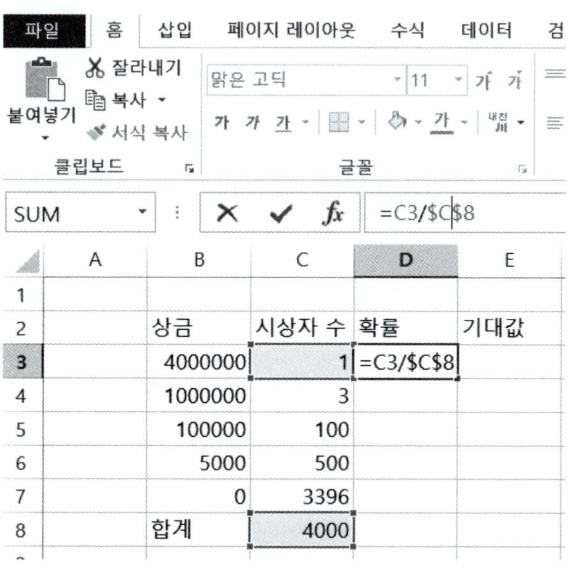

절차 2

'채우기 핸들'을 이용하여 〈셀 D3〉의 내용을 〈셀 D7〉까지 '채우기'하고 〈셀 D8〉에서 자동합계 도구버튼 'Σ'를 이용하여 〈셀 D3〉에서 〈셀 D7〉까지의 합계를 구한다. 다음으로 셀 포인터를 〈셀 E3〉에 위치하고 기댓값을 구하기 위해 수식 〈=B3*D3〉을 입력한다.

	A	B	C	D	E
1					
2		상금	시상자 수	확률	기대값
3		4000000	1	0.00025	=B3*D3
4		1000000	3	0.00075	
5		100000	100	0.025	
6		5000	500	0.125	
7		0	3396	0.849	
8		합계	4000	1	

절차 3

〈셀 E3〉의 내용을 〈셀 E7〉까지 '채우기'하고 자동합계 도구버튼 'Σ'를 이용하여 합계를 구하면 아래와 같이 기대값을 구할 수 있다.

	A	B	C	D	E
1					
2		상금	시상자 수	확률	기대값
3		4000000	1	0.00025	1000
4		1000000	3	0.00075	750
5		100000	100	0.025	2500
6		5000	500	0.125	625
7		0	3396	0.849	0
8		합계	4000	1	

2) 기댓값의 계산(II) – 함수 SUMPRODUCT 사용

절차 1

예제의 내용과 확률을 계산하여 〈범위 B11:D17〉의 데이터를 작성한다. 확률을 구하는 방법은 앞과 동일하다. 셀 포인터를 기댓값을 구하여 입력시킬 〈셀 C19〉에 위치시킨다.

절차 2

[함수 마법사]를 실행하고 [범주 선택(C)]에서 '수학/삼각'을 선택한 후 [함수 선택(N)]에서 'SUMPRODUCT'를 선택한다.

11		상금	시상자 수	확률	
12		4000000	1	0.00025	
13		1000000	3	0.00075	
14		100000	100	0.025	
15		5000	500	0.125	
16		0	3396	0.849	
17		합계	4000	1	
18					
19		기대값			

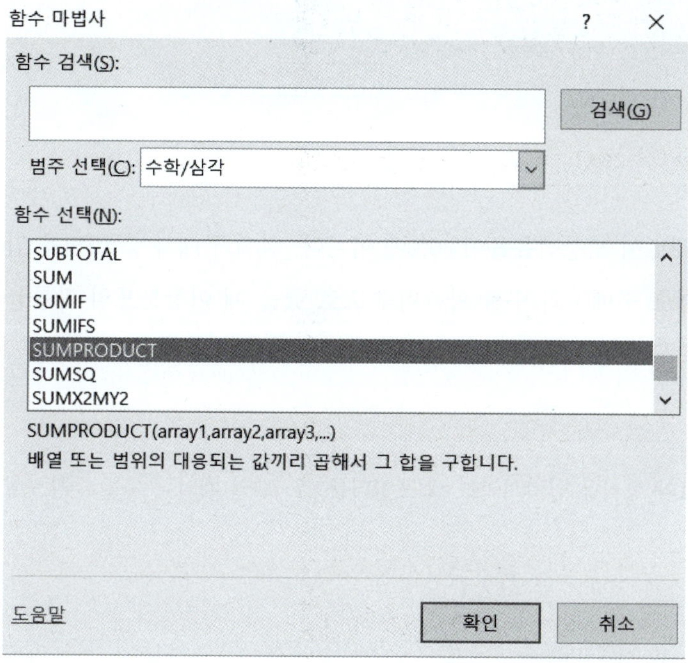

절차 3

[Array1]에 〈범위 B12:B16〉, [Array2]에 〈범위 D12:D16〉을 입력하고 확인을 클릭하면 기댓값이 구해진다.

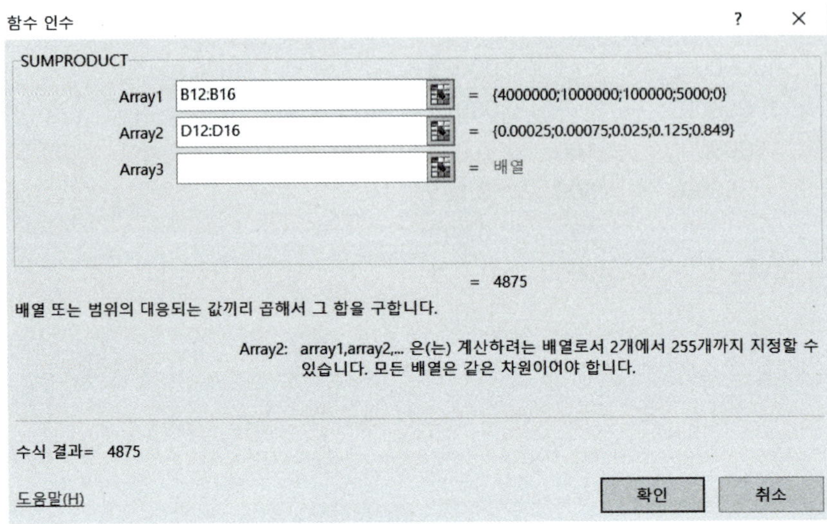

3) 이항분포의 확률계산

J기업은 오디오 생산업체로서 시장점유율이 30%에 이른다. 전체 구매자 중 10명을 임의로 뽑아 그중 J기업 오디오 구매자의 수를 확률변수 X로 했을 때 이항분포의 확률을 계산하고 분포에 대한 차트를 작성하시오.

절차 1

워크시트에 다음과 같은 정보와 형식을 입력시키고 셀 포인터를 $X=0$일 때의 확률을 구할 〈셀 C7〉에 위치시킨다.

	A	B	C	D	E
1					
2		n=	10	(시행횟수)	
3		p=	0.3	(성공확률)	
4		X:	10명 중 J기업 오디오 구매자 수		
5					
6		X	P(X=x)	P(X<=x)	
7		0			
8		1			
9		2			
10		3			
11		4			
12		5			
13		6			
14		7			
15		8			
16		9			
17		10			

절차 2

[함수 마법사]를 실행하고 [범주 선택(C)]에서 '통계'를 선택한 후 [함수 선택(N)]에서 'BINOM.DIST'를 선택하고 확인을 클릭한다.

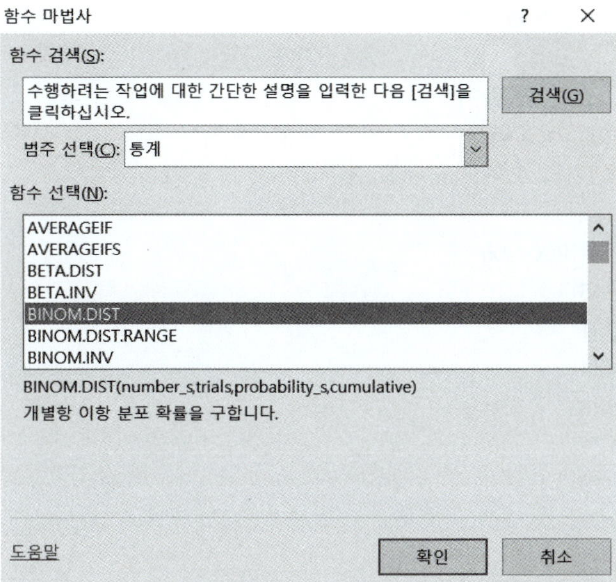

절차 3

BINOMDIST 인수 입력 대화상자에서 [Number_s]에 왼쪽에 입력한 성공횟수 '0'이 있는 〈셀 B8〉을 입력하고 [Trial]에 시행횟수가 있는 〈셀 C2〉를 입력한다. 그리고 [Probability_s]에 성공확률이 입력되어 있는 〈셀 C3〉을 입력하고 마지막으로 누적확률의 여부를 묻는 [Cumulative]에 '0'을 입력한 후 확인을 누른다. 이때 주의할 것은 〈셀 C2〉와 〈셀 C3〉은 '채우기'할 때 고정되어 있도록 F4키를 이용하여 절대주소로 만들어 주어야 한다는 점이다.

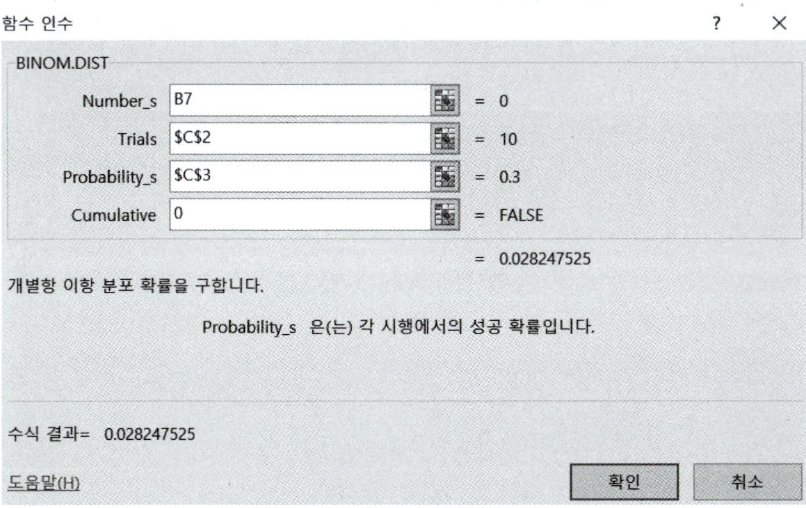

절차 4

〈셀 C8〉의 내용을 〈셀 C18〉까지 '채우기'한다. 다음은 누적확률을 구하기 위해 셀 포인터를 〈셀 D8〉에 위치한다.

	A	B	C	D	E
1					
2		n=	10	(시행횟수)	
3		p=	0.3	(성공확률)	
4		X:	10명 중 J기업 오디오 구매자 수		
5					
6		X	P(X=x)	P(X<=x)	
7		0	0.028248		
8		1	0.121061		
9		2	0.233474		
10		3	0.266828		
11		4	0.200121		
12		5	0.102919		
13		6	0.036757		
14		7	0.009002		
15		8	0.001447		
16		9	0.000138		
17		10	5.9E-06		

절차 5

〈셀 D7〉에서 [함수 마법사]를 실행하여 BINOMDIST함수를 선택하고 대화상자에서 [Number_s]에 왼쪽에 입력한 성공횟수 '0'이 있는 〈셀 B7〉을 입력하고 [Trial]에 시행횟수가 있는 〈셀 $C$2〉를 입력한다. 그리고 [Probability_s]에 성공확률이 입력되어 있는 〈셀 $C$3〉을 입력하고 (여기까지는 앞의 과정과 동일) 마지막 [Cumulative]에 누적확률을 구하기 위해 '1'을 입력한다.

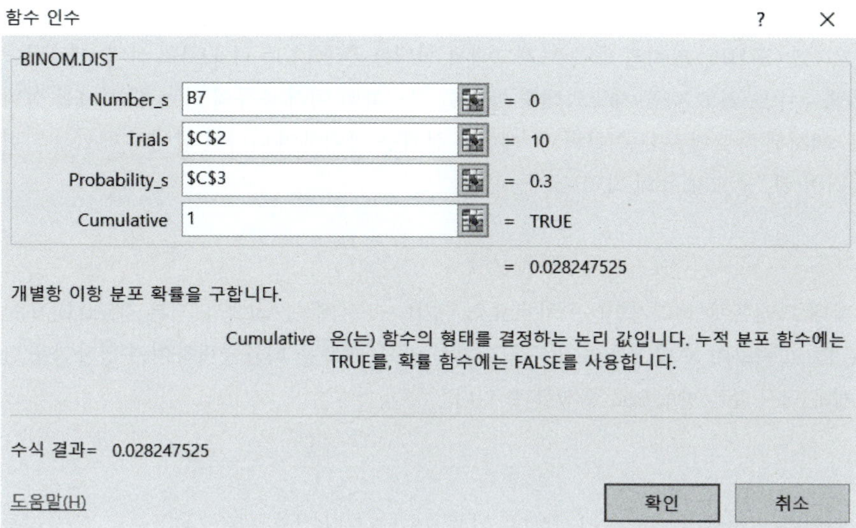

절차 6

〈셀 D7〉의 내용을 〈셀 D17〉에 '채우기'하여 확률분포표를 완성한다.

	A	B	C	D
1				
2		n=	10	(시행횟수)
3		p=	0.3	(성공확률)
4		X:	10명 중 J기업 오디오	
5				
6		X	P(X=x)	P(X<=x)
7		0	0.028248	0.028248
8		1	0.121061	0.149308
9		2	0.233474	0.382783
10		3	0.266828	0.649611
11		4	0.200121	0.849732
12		5	0.102919	0.952651
13		6	0.036757	0.989408
14		7	0.009002	0.99841
15		8	0.001447	0.999856
16		9	0.000138	0.999994
17		10	5.9E-06	1

절차 7

〈셀 B7:B17〉, 〈셀 C7:B17〉까지의 셀을 드래그해서 선택한 후 [삽입] → [차트]를 선택, 세로막대형을 바로 선택할 수도 있고 '다른 세로막대형 차트'를 클릭하여 여러 종류의 차트 중 하나를 선택할 수도 있다. 제시된 차트에 오른쪽 클릭 후 '데이터 선택'을 클릭하여 나타난 창에서 데이터 범위 수정 및 데이터의 행, 열 교체 등의 작업도 가능하다.

절차 8

작성된 세로막대 그래프에서 [디자인] → [차트요소 추가] → [축 제목(A)]에서 [기본 가로(H)] 또는 [기본 세로(V)]를 클릭하여 X 및 Y축의 제목을 추가하고 '축 제목'을 더블클릭하여 수정작업을 할 수 있다. 표 제목 역시 같은 방법으로 수정할 수 있다.

절차 9

글자크기 및 모양을 조정하여 차트를 완성한다. 이때 p가 1/2보다 작으므로 오른쪽으로 긴 꼬리를 가지는 모양이 된다.

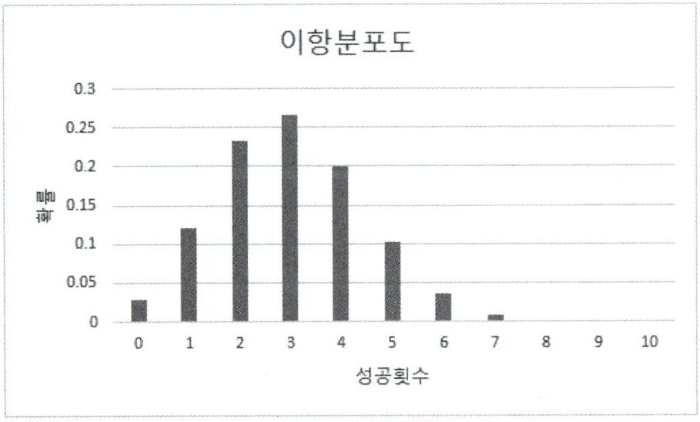

연습문제 EXERCISES

01 다음의 확률변수 X에 대한 확률분포를 보고 물음에 답하시오.

X	$P(X)$	누적확률
10	0.05	0.05
20	(　　)	(　　)
30	0.35	0.65
40	0.20	0.85
50	(　　)	0.95
60	0.05	1

① (　　)를 채우시오.

② $P(20 \leq X \leq 40)$를 구하라.

③ $E(X)$를 구하라.

④ $V(X)$를 구하라.

02 P자동차 영업사원인 김 씨는 자동차 판매 프로모션을 제공하고 있다. 김 씨가 접촉한 잠재 고객들 가운데 소형 자동차를 계약할 확률은 5%, 중형은 3%, 대형은 1%이다. 그리고 나머지는 계약을 하지 않는다. 김 씨가 계약을 체결한 대가로 회사로부터 소형은 100,000원, 중형은 300,000원, 대형은 1,000,000원의 수수료를 받는다. 김 씨가 받는 수수료의 기대치를 구하라.

03 [부록]의 누적 이항분포표를 이용하여 다음 확률을 구하라.

① $P(X \leq 5 | n=20,\ p=0.3)$

② $P(X \leq 2 | n=10,\ p=0.2)$

③ $P(X \geq 16 | n=25,\ p=0.8)$

④ $P(3 \leq X \leq 6 | n=20,\ p=0.4)$

04 H기업에서 생산하고 있는 부품의 불량률은 10%라고 한다. 지금 무작위로 10개의 표본을 뽑았을 때 그 가운데 2개 이하의 불량품이 포함될 확률은 얼마인가?

ChatGPT 활용

H기업에서 생산하고 있는 부품의 불량률은 10%라고 한다. 지금 무작위로 10개의 표본을 뽑았을 때 그 가운데 2개 이하의 불량품이 포함될 확률은 얼마인가?

이 문제는 **이항분포(Binomial distribution)**를 이용하여 풀 수 있습니다.

문제 요약

- **불량률 (성공 확률)**: $p = 0.10$
- **표본 수**: $n = 10$
- **관심 확률**: 불량품이 **2개 이하**일 확률 → $P(X \leq 2)$

이항분포 공식

이항분포 확률 질량 함수(PMF)는 다음과 같습니다:

$$P(X = k) = \binom{n}{k} p^k (1 - p)^{n-k}$$

여기서:

- $n = 10$
- $p = 0.10$
- $q = 1 - p = 0.90$
- $k = 0, 1, 2$

확률 계산

1. $P(X = 0) = \binom{10}{0}(0.10)^0(0.90)^{10} = 1 \cdot 1 \cdot 0.3487 = 0.3487$
2. $P(X = 1) = \binom{10}{1}(0.10)^1(0.90)^9 = 10 \cdot 0.1 \cdot 0.3874 = 0.3874$
3. $P(X = 2) = \binom{10}{2}(0.10)^2(0.90)^8 = 45 \cdot 0.01 \cdot 0.4305 = 0.1937$

최종 답

$$P(X \leq 2) = P(X = 0) + P(X = 1) + P(X = 2) = 0.3487 + 0.3874 + 0.1937 = \boxed{0.9298}$$

즉, **불량품이 2개 이하일 확률은 약 92.98%**입니다.

05 D기업의 영업사원인 김 모 씨는 고객 5명을 만나면 그중 1명꼴로 영업을 성사시킨다고 한다. 20명의 고객을 접촉했을 때 3명에게 영업을 성사시킬 확률은?

06 서로 독립적으로 작동되는 엔진이 4개 부착되어 있는 수송기가 있다. 비행 중에 이들 엔진이 고장 날 확률은 각각 25%이다. 다음 확률을 구하라.

① 어느 엔진도 고장 나지 않을 확률

② 4개 모두 고장 날 확률

07 어느 공장의 제품 중 90%가 정상이고 나머지는 불량품이라고 한다. 검사원이 임의로 100개를 선택하였을 때 몇 개가 정상인가? 그리고 분산은 얼마인가?

08 A기업의 라면시장 점유율은 30%로 알려져 있다. 라면을 구매하는 고객 20명을 무작위로 선택했을 때, 다음을 구하라.

① 20명 중 5명이 A기업의 라면을 구매할 확률은 얼마인가?

② 기대치와 분산을 구하라.

CHAPTER

05 연속확률분포

BUSINESS STATISTICS

1. 연속확률분포의 개념과 특징
2. 정규분포의 의의 및 특징
3. 모수의 변화에 따른 정규분포의 모양 변화
4. 정규분포의 표준화
5. 표준정규분포표의 활용
6. 표준정규분포를 이용한 정규분포의 확률계산
7. 정규분포를 이용한 이항확률의 계산

주사위 눈의 수, 동전의 앞뒷면 등과 같이 취할 수 있는 값이 0과 1, 2, 3 등의 정수로 표시되는 확률변수를 이산확률변수라고 하고, 이산확률변수 X가 특정한 값을 취할 확률을 이산확률분포라고 한다. 그러나 주변을 살펴보면 관측된 값이 정수인 이산확률변수보다 길이, 무게, 넓이 등과 같이 정수와 소수점 이하의 값을 함께 갖는 연속형 변수인 경우가 더 많다. 예를 들어서 자신의 키가 165cm라고 주장하는 영희의 실제 키는 정확히 165cm인 경우보다 164.5cm에서 164.5cm 사이의 어떤 값이 될 가능성이 크다.

이와 같이 상한과 하한 사이의 연속된 실숫값을 가지는 확률변수를 연속확률변수라 하고, 연속확률변수가 이루는 분포를 연속확률분포라 한다. 이 장에서는 연속확률분포와 가장 대표적인 연속확률분포인 정규분포에 대해 알아본다.

1. 연속확률분포의 개념과 특징

연속확률변수는 시간, 무게, 속도 등과 같이 일정한 범위 내에서 취할 수 있는 값이 무한한 확률변수이다. 연속확률변수는 이산적 분포가 아니기 때문에 특정의 사상과 확률값을 1 : 1로 대응할 수 없다. 위 사례에서 연속확률변수인 영희의 키가 165cm일 확률은 85% 혹은 30%와 같은 구체적인 값을 갖지 못하는데 이론적으로 영희의 키는 165라는 하나의 단위숫자가 아니라 계측의 정밀도에 따라 165.0001, 165.0999와 같은 무한히 연속적인 다수의 값을 가질 수 있기 때문이다.[01]

그러므로 연속확률변수의 확률값은 특정 관측값의 확률이 아니라 그 값이 포함되어 있는 단위구간의 확률로 표시해야 하는데, 통계적으로는 $P(X=a)$가 아닌 $(a \leq X \leq b)$의 단위구간에 대응하는 확률값 $P(a \leq X \leq b)$로 표시해야 한다. 따라서 영희의 키는 164.5cm에서 165.4cm 사이에 있을 확률이 95%라고 하는 것이 통계적으로 더 정확하고 이를 확률로 표현하면 $P(164.5 \leq X \leq 165.4) = 0.95$이다.

다음의 사례로 연속확률변수를 좀 더 자세히 학습해 보자. 건전지를 생산하는 D기업

01 연속확률변수 X가 특정한 값 a를 가질 확률 $P(X=a)$는 언제나 0이다.

그림 5-1 A건전지 수명의 분포

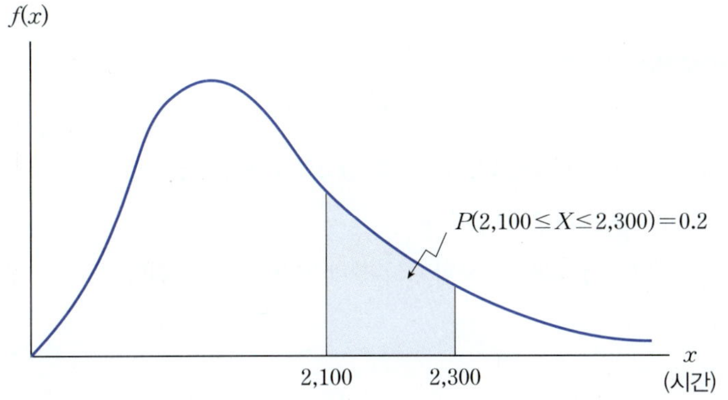

은 여러 번의 실험을 거쳐서 자사 건전지의 평균 수명에 관한 [그림 5-1]의 수명분포도를 작성하였다.[02] 연속확률분포를 나타내는 [그림 5-1]에서 확률변수 X의 특정값$(x=2,100)$의 높이를 확률밀도라고 하고 각각의 확률변수값과 확률밀도 사이의 관계를 표현한 전체 곡선을 확률밀도함수(probability density function)곡선이라 한다. 확률밀도함수곡선과 x축 사이의 면적은 연속확률변수의 확률값이며 곡선의 전체 면적 크기는 항상 1이다.

[그림 5-1]에서 확률변수 X의 특정값(2,100) 높이인 확률밀도는 이산확률변수에서의 빈도확률과 비슷한 의미로 보인다. 그러나 학습한 바와 같이 연속확률변수는 특정의 사상과 확률값을 1 : 1로 대응할 수 없다. 연속확률변수의 값들은 확률밀도함수에서의 실수구간값으로 표현되어야 하며 이때의 확률은 확률밀도함수와 x축 사이의 면적이다. [그림 5-1]에서 건전지 수명이 2,100에서 2,300시간 사이일 확률 $P(2,100 \le X \le 2,300)$는 0.2이다.

이산확률분포와 연속확률분포의 차이를 수식으로 표현하면 다음과 같다.

이산확률변수의 빈도확률

$$P(a \le X \le b) = \sum_{x=a}^{b} f(x)$$

연속확률변수의 밀도확률

$$P(a \le X \le b) = \int_a^b f(x)dx$$

02 건전지 하나의 수명은 이산형 데이터이지만 실험을 반복하면 연속형 데이터에 가까워진다.

연속확률변수에 대한 확률밀도함수는 다음과 같은 특징을 갖는다.

확률밀도함수의 특징

- $P(X=a)=0$: 특정한 값 a가 발생할 확률은 0이다.
- $P(a \leqq X \leqq b)=\int_a^b f(x)dx$: 특정한 값 a와 b 사이에 일어날 확률은 a와 b 사이의 면적이다.
- $f(x) \geqq 0$: 모든 값은 양수이다.
- $\int_{-\infty}^{\infty} f(x)dx=1$: 확률밀도함수의 전체 면적은 항상 1이다.

2. 정규분포의 의의 및 특징

확률분포 중에서 가장 중요한 분포가 정규분포이다. 경영의사결정의 대상이 되는 제품의 길이, 무게, 수명, 매출액, 종업원 근속기간, 퇴사율 등의 요인들은 확률변수이며, 이들의 분포는 평균을 중심으로 정규분포를 따르거나 따른다고 가정된다. 심지어 본장의 7에서도 다루겠지만, 베르누이시행의 분포(이항분포)조차 시행값이 커지면 정규분포에 가까워진다. 이와 같이 정규분포는 확률분포나 그것을 활용한 추정의 기본 가정이 되므로, 그 개념과 특징을 정확히 이해할 필요가 있다.

평균이 μ이고 표준편차가 σ인 정규분포의 확률밀도함수

$$f(x)=\frac{1}{\sqrt{2\pi\sigma^2}}e^{-\frac{1}{2}\left(\frac{x-\mu}{\sigma}\right)^2}, \quad -\infty<x<\infty$$

여기서, μ : 평균

σ : 표준편차

π : 3.14159…(원주율)

e : 2.71828…(자연대수의 밑수)

그림 5-2 정규분포곡선

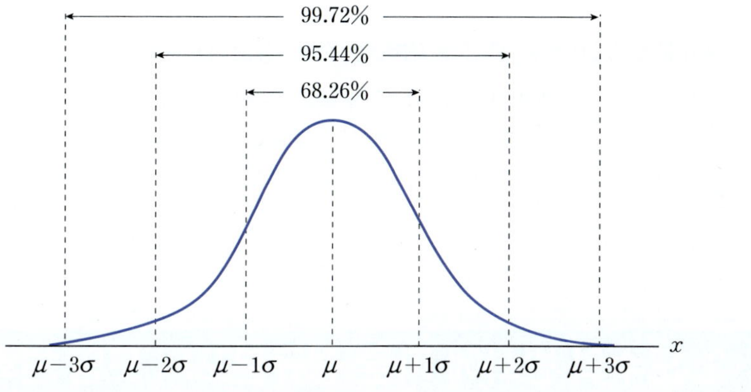

정규분포의 확률밀도함수의 계산식은 매우 복잡해 보이지만 평균 μ와 표준편차 σ를 제외한 나머지 모든 값들은 미리 알려져 있다. 그러므로 특정 분포의 평균과 표준편차만 알면 정규분포의 모양과 정규분포확률을 구할 수 있다. 정규분포는 평균 μ와 표준편차 σ에 의해 결정되는 종 모양의 확률밀도함수를 가진다. 어떤 확률변수 X의 분포가 평균이 μ이고 표준편차가 σ인 정규분포를 따르면 $X \sim N(\mu, \sigma)$로 간단히 표현한다.

정규분포의 특징은 다음과 같다.

정규분포의 특징

- 정규분포는 평균 μ를 중심으로 종 모양의 좌우대칭인 분포이다.
- 정규분포의 모양은 평균 μ와 표준편차 σ에 의해 결정된다.
- 정규분포곡선에서는 평균과 최빈값, 중앙값이 같은 값을 나타낸다.
- 정규분포곡선은 x축에 무한대로 접근하므로 확률변수 X가 취할 수 있는 값의 범위는 $-\infty < x < \infty$이다.
- 정규분포곡선 아래와 x축 사이의 전체면적은 항상 1이다.

정규분포는 평균을 중심으로 좌우 1개의 표준편차$(\mu \pm \sigma)$ 안에 측정된 관측치, 즉 확률변수값들의 68.26%가 포함되어 있고 좌우 2개의 표준편차$(\mu \pm 2\sigma)$ 안에는 95.44%의 확률변수값들이 있으며, 좌우 3개의 표준편차($\mu \pm 3\sigma$) 안에는 99.72%에 이르는 값들이 있다.

정규분포곡선이 종 모양을 취하는 것은 평균치로부터 멀리 떨어져 있는 사건이 가까이 있는 사건보다 발생할 확률이 훨씬 낮음을 의미한다.

3. 모수의 변화에 따른 정규분포의 모양 변화

그림 5-3 모수의 변화에 따른 정규분포의 모양 변화

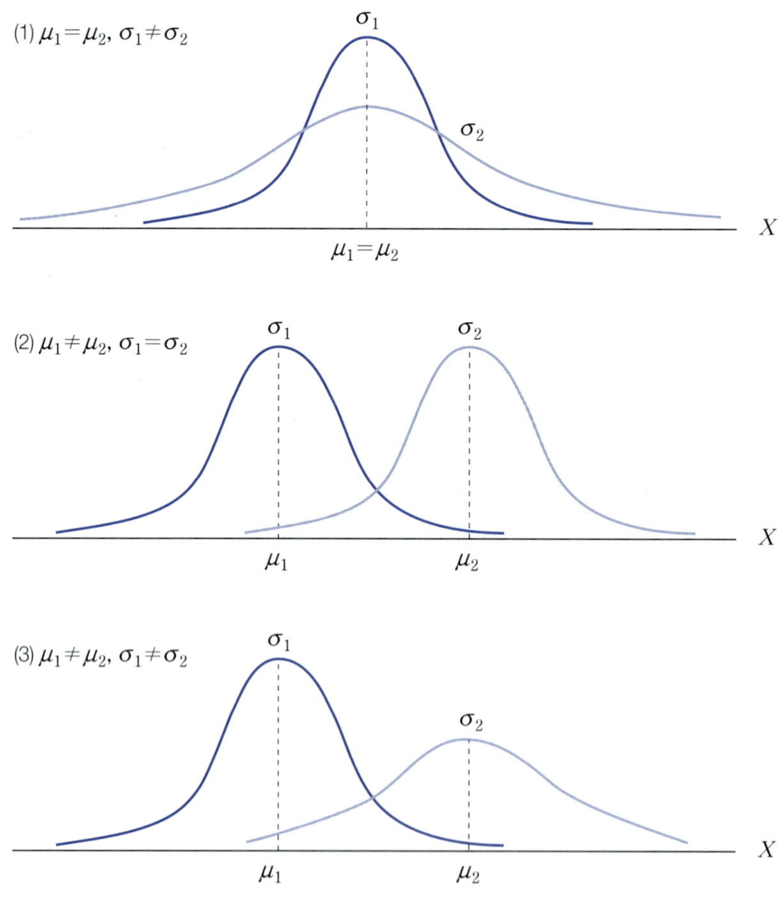

[그림 5-3]은 모수 평균 μ와 표준편차 σ의 변화에 따른 정규분포 모양의 변화를 보여준다. 평균값의 변화는 분포의 중심위치만 바뀌고 곡선의 형태는 바뀌지 않지만 표준편차의 변화는 그래프의 평평함이나 뾰족함과 같은 분포의 형태에 영향을 준다.

[그림 5-3]의 (1)의 평균이 같고 표준편차가 다른 두 정규분포곡선은 같은 중심점을 갖지만 퍼짐의 형태가 다른 분포를 이룬다. (2)의 표준편차가 같고 평균이 다른 두 정규분포는 모양은 같지만 중심점이 다른 분포를 이룬다. (3)의 평균과 표준편차가 모두 다르면 모양과 중심점의 위치가 모두 다른 분포를 이룬다.

ChatGPT 활용

정규분포가 중요한 이유를, 3가지 이상의 사례를 들어 설명해주세요.

정규분포는 통계학과 데이터 분석에서 **가장 핵심적인 개념 중 하나**입니다. 그 이유는 자연현상부터 사회현상까지 다양한 분야에서 정규분포가 매우 자주 등장하고, 강력한 수학적 성질을 갖고 있기 때문입니다. 아래에 정규분포가 중요한 이유를 **3가지 이상의 실제 사례**로 설명드립니다:

1. 자연현상 및 생물학적 측정에서의 활용

- 예: 사람의 키, 체중, 혈압, 시험 점수 등
- **설명**: 이러한 측정값들은 대개 평균을 중심으로 좌우 대칭을 이루며 분포하며, 정규분포를 따르는 경향이 있습니다. 이를 통해 개개인의 수치가 평균에서 얼마나 벗어나는지를 판단하고, 이상치를 식별할 수 있습니다.

2. 중심극한정리(Central Limit Theorem)에 의한 통계적 근사

- 예: 설문조사 결과, 샘플 평균, 주식 수익률의 평균
- **설명**: 어떤 분포를 따르더라도, 충분히 큰 표본의 평균은 정규분포에 가까워진다는 **중심극한정리** 덕분에, 많은 통계 분석 기법이 정규분포를 기반으로 작동합니다. 예를 들어, 선거 예측, 여론조사 분석, 실험 결과의 신뢰구간 계산 등이 모두 이에 해당합니다.

3. 검정과 추론의 기반

- 예: t-검정, z-검정, 회귀분석
- **설명**: 대부분의 통계적 가설검정은 데이터가 정규분포를 따른다고 가정합니다. 예를 들어, 두 집단 평균의 차이를 비교하는 t-검정은 데이터가 정규분포를 따를 때 가장 정확하게 작동합니다. 이 때문에 데이터를 정규화하거나 로그변환 등을 통해 정규분포에 맞추는 전처리를 하기도 합니다.

☑ 4. 기계학습 및 이상탐지에서의 활용

- 예: Gaussian Naive Bayes, 이상치 탐지(Anomaly Detection)
- **설명:** 기계학습 알고리즘 중 일부는 정규분포를 직접 모델링하거나 전제조건으로 사용합니다. 또한, 정규분포의 확률 밀도함수를 활용하여 "정상 범위"를 정의하고, 이를 벗어난 데이터를 이상치로 판단합니다.

4. 정규분포의 표준화

정규분포의 확률은 정규분포곡선과 횡축 사이의 면적값이다. 그런데 두 확률변수가 정규분포를 이룬다 하더라도 평균과 표준편차가 다르면 확률밀도함수의 값이나 분포가 달라진다. 이 경우 두 분포의 확률을 계산하거나 분포형태를 비교하기 힘들어진다.

평균과 표준편차의 차이 때문에 발생하는 문제는 모든 정규분포를 하나의 표준화된 분포 형태로 바꾸는 방법으로 해결할 수 있다. 정규분포의 표준화(standardization)는 분산과 평균이 다른 다양한 형태의 정규분포를 평균이 $0(\mu=0)$이고 표준편차가 $1(\sigma=1)$로 표준화된 형태의 정규분포로 바꾸는 것이다. 표준화를 거친 정규분포를 표준정규분포(standard normal distribution)라 하고 Z로 읽는다. 표준정규분포에서 Z값(Z-score)은 어떤 확률변수의 값이 평균으로부터 표준편차의 몇 배만큼 떨어져 있는가를 나타낸 값이다.

정규분포의 표준화

$$Z=\frac{X-\mu}{\sigma}$$

여기서, 확률변수 Z는 평균 $\mu=0$, 표준편차 $\sigma=1$인 정규분포

그림 5-4 정규분포의 표준화

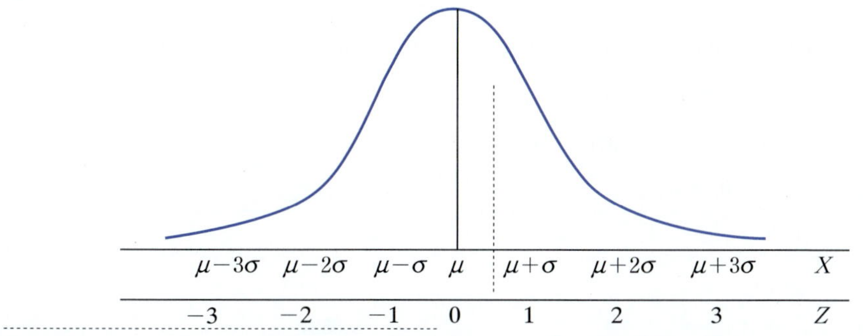

예 5-1 A전구회사가 생산하는 전구의 수명은 정규분포를 이루며 평균 2,000시간, 표준편차가 50시간이다. 3개의 전구를 표본으로 선택하여 그 수명을 조사해 보니 각각 1,950, 2,000, 2,050시간으로 나타났다. 이에 대하여 각각 Z값(Z-score)을 계산하라.

풀이

$X_1=1,950$ 인 경우 $Z_1=\dfrac{1,950-2,000}{50}=-1$

$X_2=2,000$ 인 경우 $Z_2=\dfrac{2,000-2000}{50}=0$

$X_3=2,050$ 인 경우 $Z_3=\dfrac{2,050-2,000}{50}=1$

5. 표준정규분포표의 활용

표준정규분포에서 특정 구간의 면적 계산은 표준정규분포표를 이용하면 된다. 표준정규분포표 또는 Z분포표는 표준정규분포를 이루는 분포에서 특정한 Z값에 해당하는 넓이, 즉 확률을 미리 계산해 놓은 표이다.

표 5-1 표준정규분포표

Z	Z의 두 번째 소수점									
	0.00	0.01	0.02	0.03	0.04	**0.05**	0.06	0.07	0.08	0.09
0.0	0.0000	0.0040	0.0080	0.0120						
0.1	0.0389	0.0438	0.0478							
0.2	0.0793	0.0832								
0.3	0.1179									
⋮										
1.0						**0.3531**				
⋮										

〈표 5-1〉의 표준정규분포표에서 $P(0 \leq Z \leq 1.05)$를 구하는 경우를 살펴보자. 1.05를 1.0과 0.05로 나누어 1.0은 세로에서, 0.05는 가로에서 각각 찾아 서로 만나는 점인 0.3531을 읽으면 $P(0 \leq Z \leq 1.05)$의 값이 된다. 또한 표준정규분포는 0을 중심으로 좌우 대칭이므로 $P(-1.05 \leq Z \leq 0)$의 값도 역시 0.3531이 된다. 전체 표준정규분포표는 [부록]에서 확인할 수 있다.

예 5-2 표준정규분포표를 이용하여 다음의 확률을 구하라.

① $P(0 \leq Z \leq 1)$

② $P(-1 \leq Z \leq 0)$

③ $P(-1 \leq Z \leq 1)$

④ $P(1 \leq Z \leq 2)$

풀이

①의 확률은 가로에서 1.0, 세로에서 0.00을 찾아 만나는 점의 확률이므로 $P(0 \leq Z \leq 1) = 0.3413$이다.

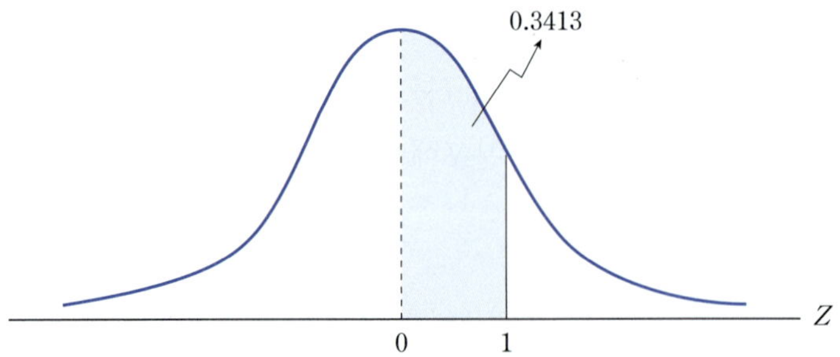

②의 확률은 0을 중심으로 좌우 대칭인 정규분포 확률밀도함수의 좌측 확률이다.

즉, $P(-1 \le Z \le 0) = P(0 \le Z \le 1) = 0.3413$ 이다.

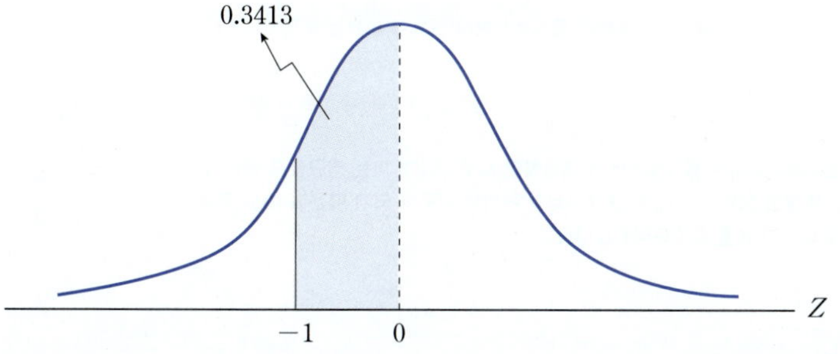

③의 확률은 0을 중심으로 좌우 대칭인 정규분포의 확률밀도함수의 좌우측 확률값이므로, 다음의 두 가지 방법을 이용할 수 있다.

- 좌측 밀도함수값과 우측 밀도함수값을 구하여 더한다.
  $P(-1 \le Z \le 1) = P(-1 \le Z \le 0) + P(0 \le Z \le 1) = 0.6826$
- 표준정규분포가 좌우 대칭이므로 한쪽 함수값을 구하여 2를 곱한다.
  $P(-1 \le Z \le 1) = 2 \times P(0 \le Z \le 1) = 0.6826$

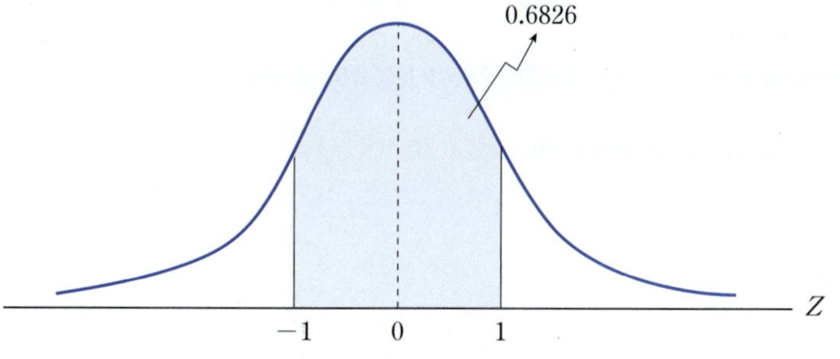

④ $P(1 \le Z \le 2)$ 의 확률은 $P(0 \le Z \le 2)$ 와 $P(0 \le Z \le 1)$ 을 구한 다음에 $P(0 \le Z \le 2)$ 에서 $P(0 \le Z \le 1)$을 빼주면 된다.

즉, $P(1 \le Z \le 2) = P(0 \le Z \le 2) - P(0 \le Z \le 1) = 0.4772 - 0.3413 = 0.1359$

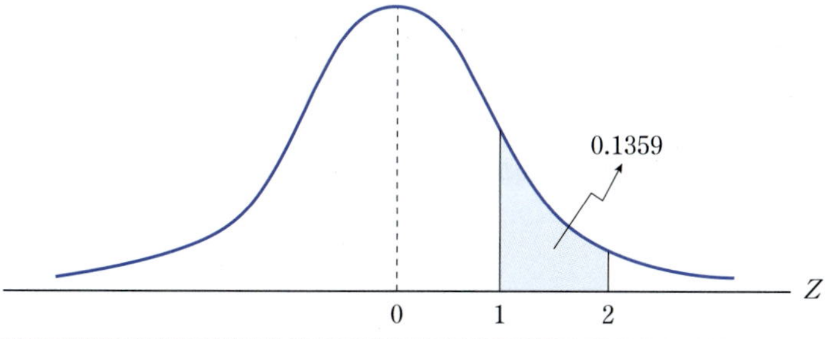

ChatGPT 활용

표준정규분포가 통계분석에서 중요한 이유는 무엇입니까?

표준정규분포(Standard Normal Distribution)는 통계분석에서 **핵심적인 도구**입니다. 이는 정규분포 중에서도 **평균이 0이고, 표준편차가 1인 특별한 형태**로, 다양한 통계기법과 해석의 기준이 되기 때문에 매우 중요합니다. 아래에 표준정규분포가 중요한 이유를 설명드리겠습니다.

☑ 표준정규분포가 중요한 이유

1. 📏 비교와 해석을 단순화

- 정규분포는 평균과 표준편차가 다양하기 때문에 서로 비교하기 어렵습니다.
- **표준화(Z-점수 변환)**를 통해 어떤 정규분포든 표준정규분포로 바꿀 수 있어, 서로 다른 데이터 간의 **직관적인 비교와 해석**이 가능해집니다.

> 예: 키가 175cm인 사람이 전체 인구에서 얼마나 높은 위치에 있는지를 판단할 때, Z-점수로 계산하여 어느 백분위수에 해당하는지 쉽게 확인할 수 있습니다.

---

2. 📊 통계 검정과 신뢰구간 계산의 기반

- 대부분의 통계적 검정(t-검정, z-검정 등)과 신뢰구간 계산은 표준정규분포의 **누적 확률**(Z-테이블)에 의존합니다.
- 예: $P(Z > 1.96) \approx 0.025$ → 95% 신뢰수준에서 유의한 기준

---

3. 🔁 모든 정규분포를 일반화해서 분석 가능

- 어떤 평균과 표준편차를 가진 정규분포든, 공식:

$$Z = \frac{X - \mu}{\sigma}$$

  를 이용해 표준정규분포로 변환할 수 있습니다.
- 따라서 다양한 문제들을 **하나의 표준화된 축** 위에서 해결할 수 있습니다.

---

4. 💻 컴퓨터 연산 및 소프트웨어 활용의 기본

- R, Python, Excel 등 거의 모든 통계 소프트웨어는 정규분포 계산에서 표준정규분포를 내부적으로 사용합니다.
- 복잡한 통계 분석도 결국 표준정규분포 기반의 확률 계산으로 환원됩니다.

6. 표준정규분포를 이용한 정규분포의 확률계산

표준화되지 않은 일반 정규분포도 표준정규분포로 바꾸면 쉽게 그 확률을 구할 수 있는데 모든 정규분포는 다음과 같은 과정을 거쳐 확률을 구한다.

정규분포의 확률계산순서

① 확률변수 X의 값을 Z값으로 변환한다.
② 표준정규분포곡선을 그린 다음 구하려는 면적을 표시한다.
③ 표준정규분포표에서 확률을 찾는다.

예 5-3 P기업의 신입사원 직무능력 평가결과는 평균이 60점이고 표준편차가 10점인 정규분포를 이룬다. 신입사원 한 명을 뽑았을 때 그 사람의 점수가 60점 이상 70점 이하일 확률은 얼마인가?

풀이

신입사원의 시험결과를 확률변수 X로 놓았을 때 확률변수 X의 분포와 구하려는 확률을 표시하면 다음과 같다.

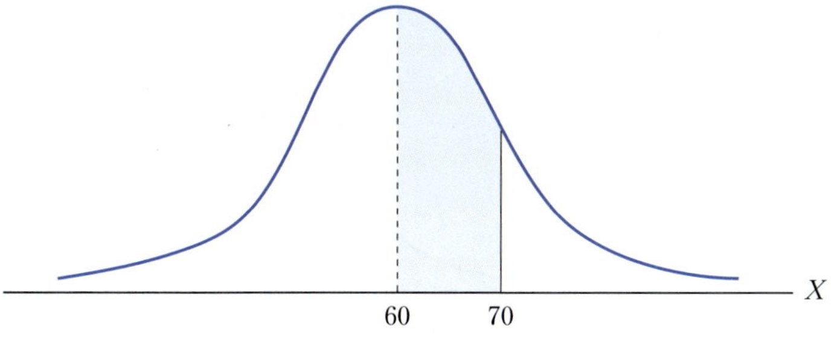

이 확률을 구하기 위해서는 확률변수값을 먼저 Z값으로 바꾸어야 한다.

$X_1 = 60$ 인 경우 $\dfrac{60-60}{10} = 0$

$X_2 = 70$ 인 경우 $\dfrac{70-60}{10} = 1$

이를 그림으로 표시하면 다음과 같다.

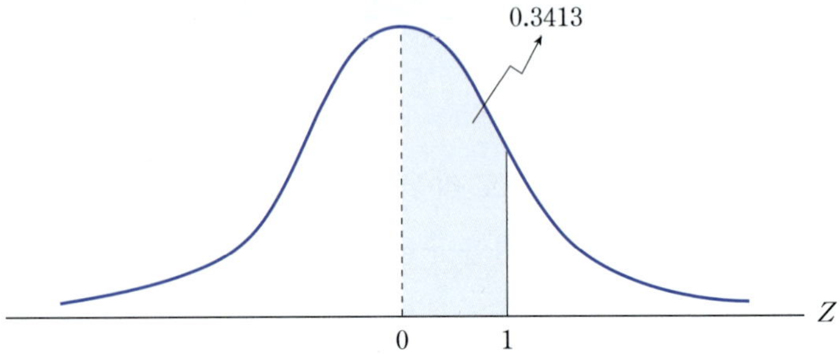

구하려는 확률은 다음과 같다.

$P(60 \leq X \leq 70) = P(0 \leq Z \leq 1) = 0.3413$

예 5-4 [예 5-3]에서 다음의 확률을 구하라.

① 70점 이상

② 55점에서 70점 사이

③ 70점에서 80점 사이

④ 50점 이하

풀이

① 먼저 70점을 Z값으로 바꾸면 다음과 같다.

$$\frac{70-60}{10} = 1$$

따라서 구하려는 확률을 그림으로 표시하면,

곡선 아래의 면적의 합은 언제나 1이고 표준정규분포곡선은 좌우대칭이므로

$P(X \geq 70) = 0.5 - P(0 \leq Z \leq 1) = 0.5 - 0.3413 = 0.1587$

② 55점과 70점을 Z값으로 바꾸고 구하려는 확률을 그림으로 표시하면, 다음과 같다.

$\frac{55-60}{10}=-0.5,\ \frac{70-60}{10}=1$

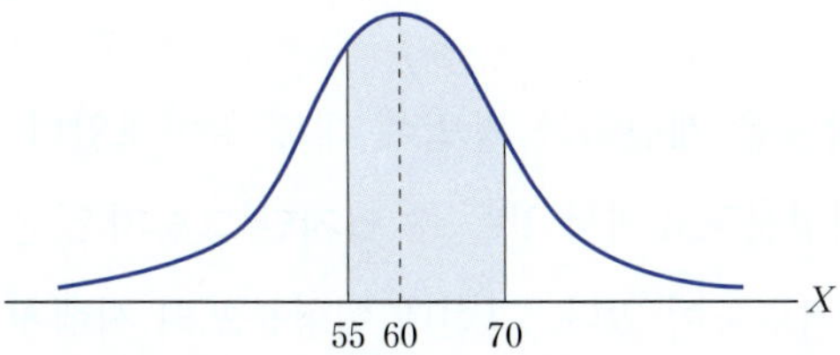

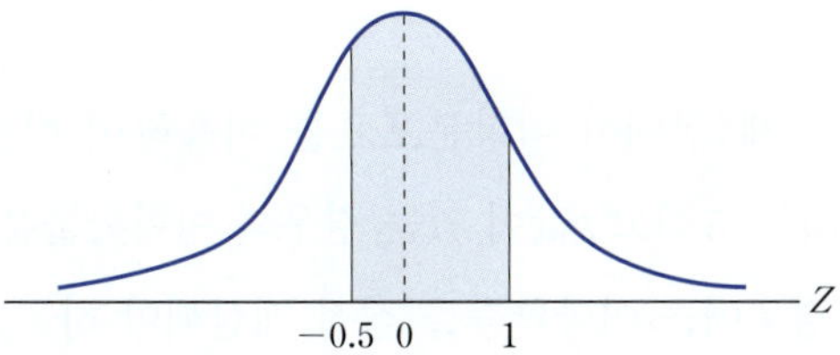

$P(55\le X\le 70)=P(-0.5\le Z\le 1)=0.1915+0.3413=0.5328$

③ 70점과 80점을 Z값으로 바꾸고 구하려는 확률을 그림으로 표시하면, 다음과 같다.

$\frac{70-60}{10}=1,\ \frac{80-60}{10}=2$

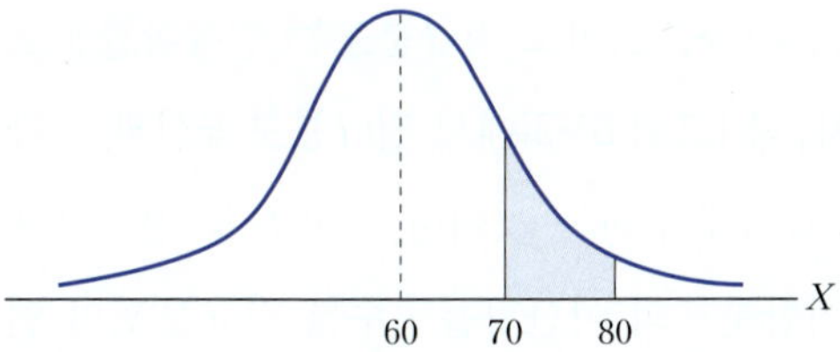

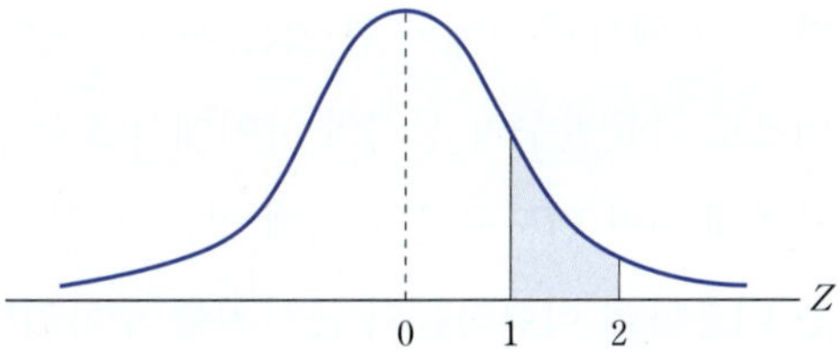

$P(70\le X\le 80)=P(1\le Z\le 2)=P(0\le Z\le 2)-P(0\le Z\le 1)=0.4772-0.3413=0.1359$

④ 50점을 Z값으로 바꾸고 구하려는 확률을 그림으로 표시하면, 다음과 같다.

$\frac{50-60}{10}=-1$

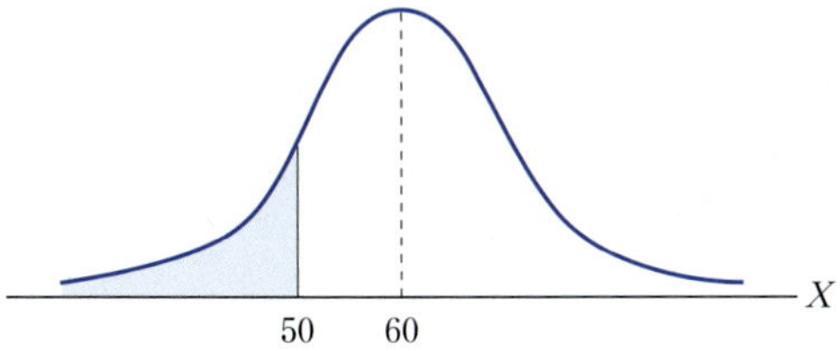

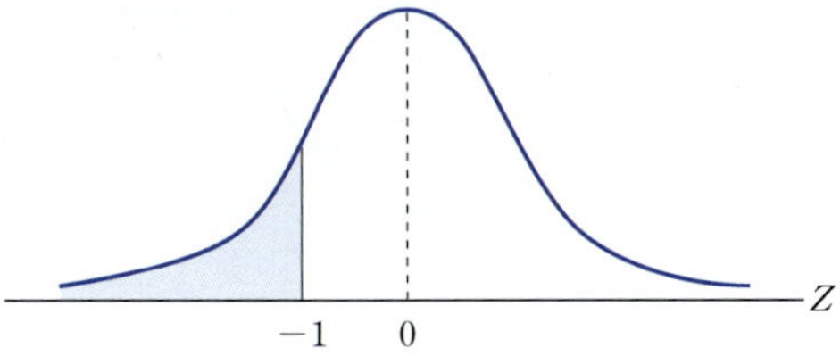

$P(X\le 50)=P(Z\le -1)=P(Z\ge 1)=0.5-0.3413=0.1587$

7. 정규분포를 이용한 이항확률의 계산

제4장에서 이항분포표를 이용하여 이항확률을 계산하는 방법에 대해 알아보았다. $n \leq 25$ 이고 p값이 있는 경우의 이항확률은 이항분포표에서 찾을 수 있지만 그렇지 않은 경우에는 이항확률을 직접 계산해야 하는 번거로움이 있다. 그런데 이항분포의 시행횟수가 많아지면 정규분포를 활용하여 확률을 계산할 수 있다. n이 커짐에 따라 이항분포의 형태가 기대치를 중심으로 좌우 대칭인 정규분포에 가까워지기 때문이다. 이를 이항분포에 대한 정규근사(normal approximation)라고 한다.

시행횟수가 n이고 성공확률이 p인 이항분포가 $np \geq 5$ 또는 $n(1-p) \geq 5$의 조건을 만족시키면 정규분포표를 이용한 근사확률값과 이항확률값이 거의 비슷하다고 알려져 있다. 여기에서 주의해야 할 점은 이항분포는 이산확률분포이고 정규분포는 연속확률분포이므로 확률변수의 성격의 차이에서 오는 오차, 즉 [그림 5-5]에서 정규분포곡선과 이항분포에 의한 빈도확률 사이에 있는 빈 간격을 고려해야 하는 것이다. 그러므로 정규분포를 이용하여 이항확률의 근사치를 구하려면 이항분포의 이산확률변수를 정규분포의 연속확률변수로 조정하는 과정, 즉 연속성을 위한 조정이 필요하다.

그림 5-5 이항분포와 정규분포

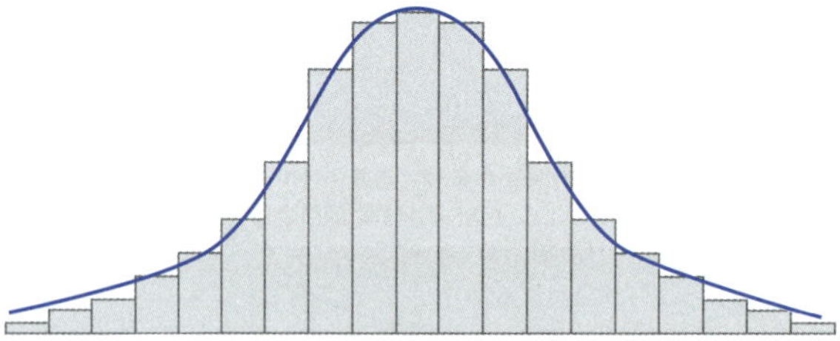

이항분포의 연속성을 조정하는 방법은 이산확률변수인 각각의 X를 좌우 방향으로 0.5씩 확장시키는 것이다. 이미 학습한 바와 같이 연속확률분포에서 정확히 어떤 값을 가질 확률은 항상 0이므로 이산확률변수는 구간확률로 표현한다.

연속성을 위한 조정

• 이항분포	• 정규분포
$P(X=a)$	$P(a-0.5\leqq X\leqq a+0.5)$
$P(X\leq a)$	$P(X\leq a+0.5)$
$P(X\geq a)$	$P(X\geq a-0.5)$
$P(a\leq X\leq b)$	$P(a-0.5\leq X\leq b+0.5)$

연속성 조정의 예 ($n=50$)

이항확률	성공에 포함되는 사건	정규분포에서의 확률
$P(X=30)$	30	$P(29.5\leqq X\leqq 30.5)$
$P(25<X\leqq 30)$	26, 27, 28, 29, 30	$P(25.5\leqq X\leqq 30.5)$
$P(X\leqq 27)$	0, 1, 2, ⋯, 26, 27	$P(X\leqq 27.5)$
$P(30<X)$	31, 32, 33, ⋯, 50	$P(30.5\leqq X)$
$P(27<X<31)$	28, 29, 30	$P(27.5\leqq X\leqq 30.5)$

정규분포를 이용하여 이항확률의 근사치를 구하기 위해서는 먼저 이항분포의 평균 np와 표준편차 $\sqrt{np(1-p)}$를 구한다. 그리고 이들을 μ와 σ로 보고 Z값을 구한 다음 이에 해당되는 확률을 표준정규분포표에서 찾으면 된다.

예 5-5 액자를 생산하는 P기업의 시장점유율은 40%이다. 액자를 구입한 소비자 100명을 대상으로 조사했을 때 50명 이하가 P기업의 액자를 구입했을 확률은 얼마인가? 정규분포를 이용하여 구하라.

풀이

시행횟수 $n=100$이고 성공확률 $p=0.4$이므로, P기업 액자를 구입한 소비자 수 X의 평균과 표준편차를 구하면 다음과 같다.

$$np=100\times 0.4=40, \quad \sqrt{np(1-p)}=\sqrt{100\times 0.4(1-0.4)}=4.9$$

이항확률 $P(X \leq 50)$의 정규근사확률을 구하기 위해 연속성을 위한 조정을 하면 $P(X \leq 50.5)$가 된다. $X=50.5$일 때의 Z값을 구하면 다음과 같다.

$$Z = \frac{50.5-40}{4.9} = 2.14$$

따라서 $P(X \leq 50.5) = P(Z \leq 2.14) = P(0 \geq Z) + P(0 \leq Z \leq 2.14) = 0.5 + 0.4838 = 0.9838$이다.

ChatGPT 활용

표준정규분포에서 꼬리 부분의 확률을 계산하는 방법을 알려주세요

표준정규분포에서 꼬리 부분의 확률을 계산하는 것은 **Z-점수를 기준으로 특정 값보다 크거나 작은 확률을 구하는 과정**입니다. 아래에 개념과 방법을 단계적으로 설명드릴게요.

☑ 1. 표준정규분포란?

- **평균(μ) = 0, 표준편차(σ) = 1**인 정규분포
- 확률밀도함수는 종 모양이고 좌우 대칭
- Z-점수를 기준으로 확률을 찾습니다

☑ 2. 꼬리 부분의 확률이란?

꼬리 부분은 정규분포 곡선의 **양쪽 끝 부분**, 즉 극단적인 값에 해당하는 부분입니다.

예를 들면:

- $P(Z > z)$: **오른쪽 꼬리**
- $P(Z < -z)$: **왼쪽 꼬리**
- $P(|Z| > z) = P(Z < -z) + P(Z > z)$: **양쪽 꼬리**

☑ 3. 계산 방법

◆ **방법 1: Z-테이블 사용 (누적 확률)**

Z-테이블은 $P(Z < z)$ 값을 제공합니다. 나머지는 다음과 같이 구합니다:

원하는 확률	공식
$P(Z > z)$	$1 - P(Z < z)$
$P(Z < -z)$	(1 - P(Z <
(P(	Z

◆ **예시:**

1. $P(Z > 1.96)$
   → Z-테이블에서 $P(Z < 1.96) = 0.975$
   → 따라서 $P(Z > 1.96) = 1 - 0.975 = 0.025$
2. $P(|Z| > 2.58)$
   → Z-테이블에서 $P(Z > 2.58) = 1 - 0.995 = 0.005$
   → 양쪽 꼬리이므로: $2 \times 0.005 = 0.01$

4. 시각적 요약

```less
←— 왼쪽 꼬리 —|—— 평균 ——|— 오른쪽 꼬리 →
      P(Z < -z)            P(Z > z)
```

요약

목적	계산 방법
오른쪽 꼬리 $P(Z > z)$	$1 - P(Z < z)$
왼쪽 꼬리 $P(Z < -z)$	$P(Z < -z) = 1 - P(Z < z)$
양쪽 꼬리 (P(	Z

필요하시면 특정 Z값에 대한 꼬리 확률도 계산해 드릴 수 있어요!

엑셀을 이용한 풀이

한 할인점에서 고객들의 쇼핑시간을 조사하였더니 평균이 30분, 표준편차가 10분인 정규분포를 이루었다. 임의로 고객 한 명을 추출했을 때 쇼핑시간이 다음과 같을 확률을 구하라.

1) 40분 이상
2) 20분에서 40분 사이
3) 20분 이하

1) 40분 이상

절차 1

확률을 구하기 위한 기초자료를 다음과 같이 입력하고 첫 번째 물음인 40분 이상일 확률을 구하기 위해 셀 포인터를 〈셀 C5〉에 위치한다.

	A	B	C
1			
2		평균	30
3		표준편차	10
4			
5		(1) P(X>=40)	
6		(2) P(20<=X<=40)	
7		(3) P(X<=20)	

절차 2

[함수 마법사]를 실행하고 [범주 선택(C)]에서 '통계'를 선택하고 [함수 선택(N)]에서 'NORMDIST'를 선택한 후 [확인]을 클릭한다.

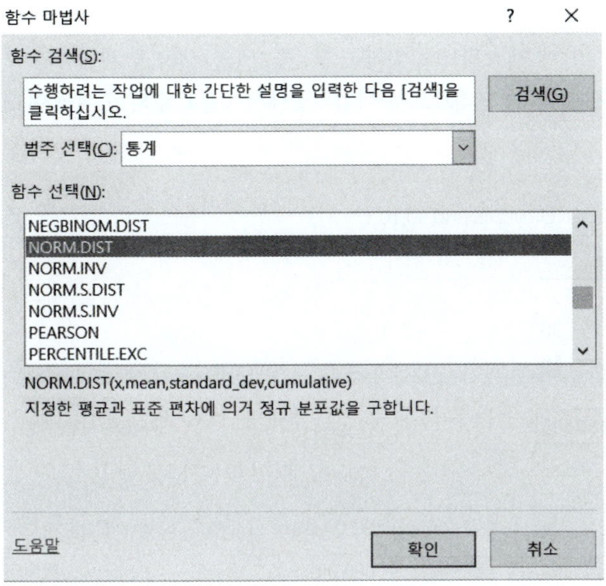

절차 3

NORMDIST함수의 인수 입력 대화상자가 나타나면 다음 사항을 고려하여 필요한 인수를 입력하여 준 후 [확인]을 클릭한다.

주요 인수	의미
X	구하려는 특정값
Mean	확률분포의 평균
Standard_dev	확률분포의 표준편차
Cumulative	TRUE(1) : 누적확률값, FALSE(0) : 특정한 값의 확률

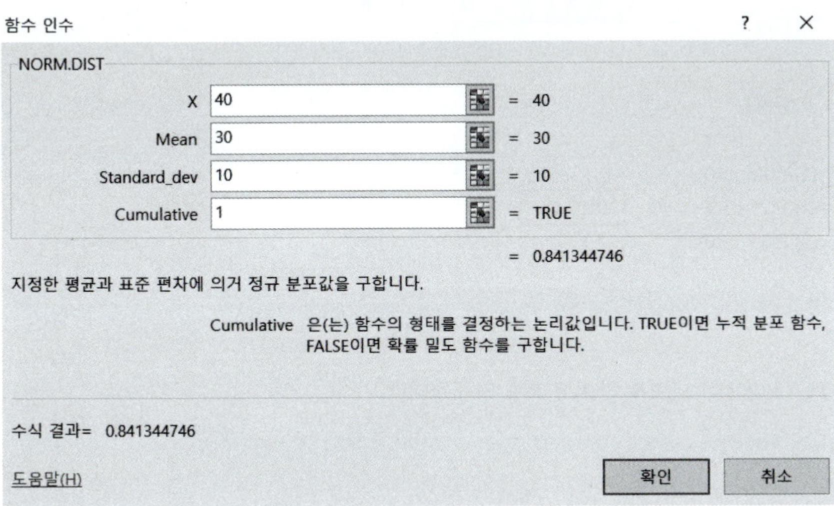

절차 4

〈셀 C5〉에 계산된 결과값은 $P(X \leq 40)$에 해당되므로 원하는 값, 즉 $P(X \geq 40)$을 계산하기 위해서는 $1-P(X \leq 40)$의 수식이 되어야 한다. 그러므로 수식입력줄에서 〈셀 C5〉의 수식을 아래 그림과 같이 수정하여야 한다.

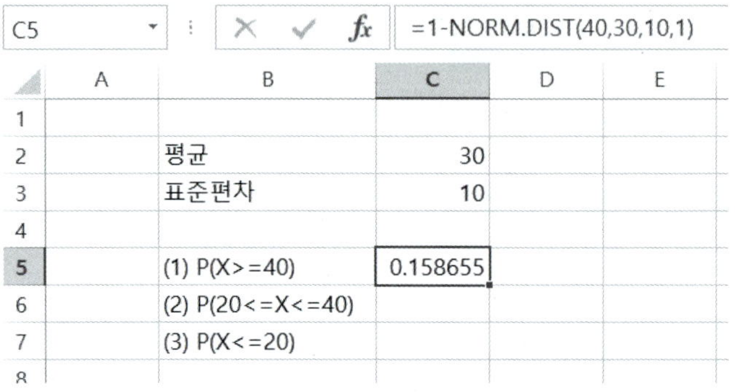

2) 20분에서 40분 사이

절차 1

셀 포인터를 〈셀 C6〉에 위치하고 먼저 NORMDIST함수를 사용하여 $P(X \leq 40)$의 확률을 구한다(앞 문제와 동일).

절차 2

구해진 $P(X \leq 40)$에서 $P(X \leq 20)$을 빼기 위해 수식입력줄에서 [함수 마법사]를 이용하여 NORMDIST함수를 다시 입력한다.

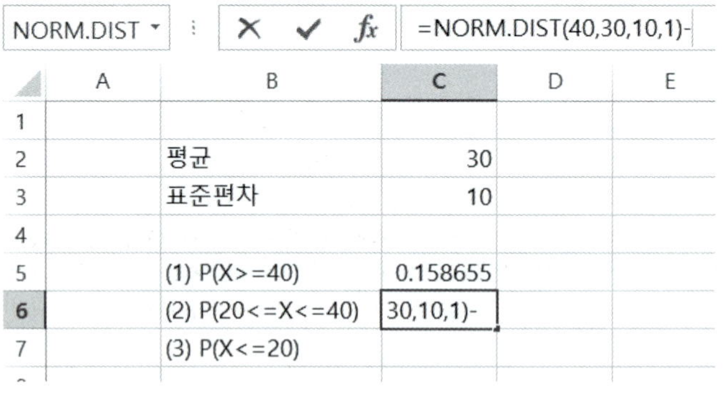

절차 3

$P(X \leq 40)-P(X \leq 20)$이 되도록 하여 결과값을 구한다.

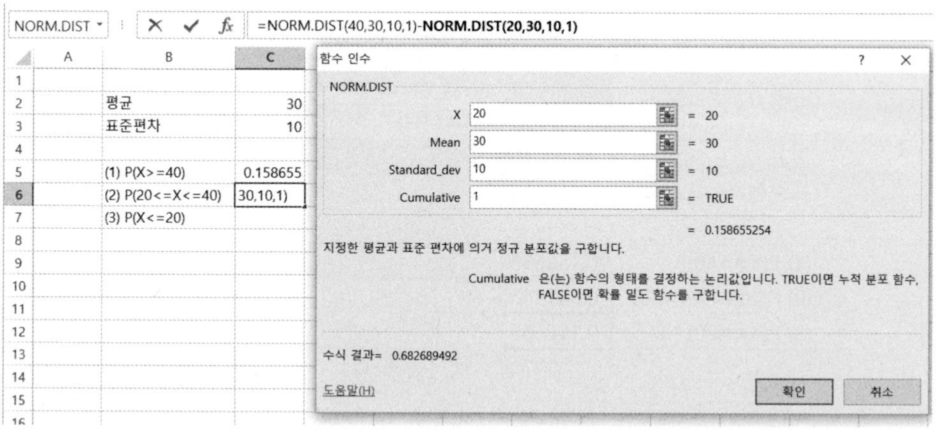

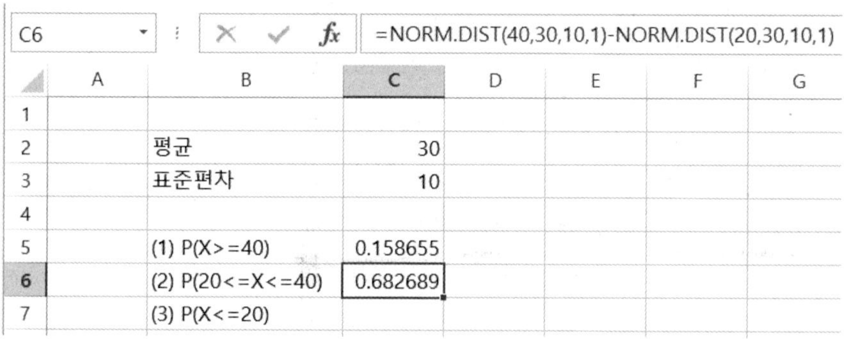

3) 20분 이하

앞의 40분 이하를 구하는 방법과 같이 하면 된다.

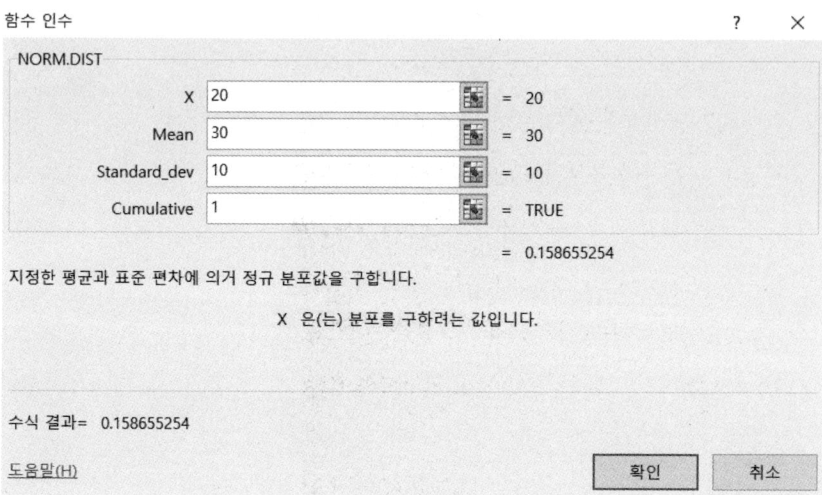

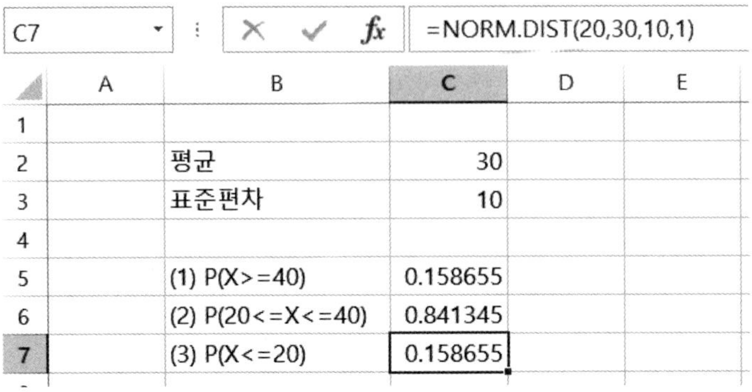
C7
=NORM.DIST(20,30,10,1)
A
B
C
D
E
평균
30
표준편차
10
(1) P(X>=40)
0.158655
(2) P(20<=X<=40)
0.841345
(3) P(X<=20)
0.158655

연습문제 EXERCISES

01 표준정규분포표를 이용하여 다음을 구하라.

① $P(-1 \leq Z \leq 0)$　② $P(Z \leq -1)$

③ $P(Z \leq 0.8)$　④ $P(-0.3 \leq Z \leq 0.55)$

⑤ $P(-1.96 \leq Z \leq -1.5)$

02 평균 $\mu = 10$ 이고 분산 $\sigma^2 = 25$ 인 정규분포에 따르는 확률변수 X에 대하여 다음 확률을 구하라.

① $P(X \leq 15)$　② $P(X \leq 8)$

③ $P(5 \leq X \leq 13)$　④ $P(14 \leq X \leq 35)$

03 A대리점에서 하루에 판매되는 냉장고의 수는 평균이 30대이고 표준편차가 10대인 정규분포를 이룬다. 하루에 판매되는 냉장고의 수가 다음과 같을 확률을 구하라.

① 적어도 15대 이상일 확률　② 35대 이상일 확률

③ 25대에서 35대일 확률

ChatGPT 활용

A대리점에서 하루에 판매되는 냉장고의 수는 평균이 30대이고 표준편차가 10대인 정규분포를 이룬다. 하루에 판매되는 냉장고의 수가 다음과 같을 확률을 구하라.
① 적어도 15대 이상일 확률　② 35대 이상일 확률
③ 25대에서 35대일 확률

이 문제는 **정규분포**에 대한 확률 문제입니다. 주어진 정보를 기준으로 **Z-점수(Z-score)**로 변환한 후, **표준정규분포**를 이용해 확률을 구합니다.

문제 요약

- **X ~ N(30, 10²)**
  즉, 하루 냉장고 판매 수는 평균 30대, 표준편차 10대인 **정규분포**를 따릅니다.

☑ 표준화(Z값 구하기)

정규분포 확률 문제는 **Z-점수(Z-score)**로 바꿔서 해결해요.

> Z = (X - μ) / σ
> 여기서 μ는 평균, σ는 표준편차

① 적어도 15대 이상일 확률 P(X ≥ 15)

- Z = (15 - 30) / 10 = -1.5
- 구하고 싶은 건: **P(X ≥ 15) = P(Z ≥ -1.5)**

> 정규분포표 또는 계산기 사용:
> P(Z ≥ -1.5) = 1 - P(Z < -1.5) = 1 - 0.0668 = **0.9332**

📌 **정답: 0.9332 → 약 93.3%**

② 35대 이상일 확률 P(X ≥ 35)

- Z = (35 - 30) / 10 = 0.5
- 구하고 싶은 건: **P(Z ≥ 0.5)**

> P(Z ≥ 0.5) = 1 - P(Z < 0.5) = 1 - 0.6915 = **0.3085**

📌 **정답: 0.3085 → 약 30.9%**

③ 25대 이상 35대 이하일 확률 P(25 ≤ X ≤ 35)

- Z(25) = (25 - 30) / 10 = -0.5
- Z(35) = (35 - 30) / 10 = 0.5

> P(-0.5 ≤ Z ≤ 0.5) = P(Z ≤ 0.5) - P(Z < -0.5)
> = 0.6915 - 0.3085 = **0.3830**

📌 **정답: 0.3830 → 약 38.3%**

04 한 백화점에서 고객들의 쇼핑시간을 조사해 보았더니 평균이 40분, 표준편차가 10분인 정규분포를 이루었다. 쇼핑시간이 다음과 같을 확률을 구하라.

① 30~40분일 확률　② 35~45분일 확률

③ 25~35분일 확률　④ 47.5~55분일 확률

05 경영학원론 성적분포는 평균점수가 72점, 표준편차가 9점인 정규분포를 이룬다. 학생의 상위 5%만 A학점을 받는다고 할 때 A학점을 받기 위한 최저점수는 얼마인가?

06 특정 부품을 생산하는 회사가 있다. 이 회사의 규정에 의하면 부품의 무게가 기준치 $5 \pm d$ 범위 안에 있지 않으면 그 부품은 불량품으로 간주하여 폐기한다. 이 회사에서 생산하는 부품의 무게는 평균이 5, 분산이 0.04인 정규분포를 이룬다. 폐기처분되는 부품이 5% 정도라면 d의 값은 얼마인가?

07 어느 할인점 고객들의 연간 구매액은 평균이 150만 원, 표준편차가 25만 원이다. 할인점에서 구매액의 상위 15%를 우수회원으로 특별 관리한다고 할 때, 연간 구매액이 얼마 이상이어야 우수회원이 될 수 있는가?

CHAPTER

06

표본분포와 모수의 추정

B U S I N E S S   S T A T I S T I C S

1. 통계량과 확률분포
2. 표본분포
3. 모수의 추정
4. 표본의 크기

1. 통계량과 확률분포

1.1 모수와 표본통계량

경영통계학은 경영의사결정의 타당성을 뒷받침할 수 있는 정확한 자료(data)나 사실(fact)들을 수집하고 정리한 정보(information)를 의사결정자에게 제공함으로써 의사결정에 따른 위험은 줄이고 성과는 최대화하려는 경영지원시스템의 일부이다.

제1장에서 학습한 바와 같이 의사결정자가 원하는 핵심자료는 의사결정 대상집단의 본질적인 특성, 즉 모집단의 특성에 관한 것들이다. 모집단(population or universe)은 정보를 얻고자 하는 관심대상의 전체집합인데 모집단에 대한 자료는 모집단 전체를 대상으로 하는 전수조사(census)를 통해 얻을 수 있다. 그러나 시간과 비용 등을 이유로 전수조사를 할 수 없는 경우가 대부분이기 때문에 통계학에서는 주로 모집단의 일부에서 얻은 데이터를 통해 모집단 전체를 추론하는 방법을 이용한다.

모수추정을 위한 데이터를 얻기 위해 모집단에서 선택된 대상들의 집합을 표본(sample)이라고 하고, 표본집단(예 : $X_1=\{x_1, x_2, x_3 \cdots, x_n\}$)의 평균, 표준편차, 분산($\overline{X_1}, s_1, s_1^2$)과 같이 표본의 특성을 수치로 나타낸 것 혹은 함수값을 표본통계량(statistic)이라고 한다. 모집단의 특성치인 모수는 변하지 않는 고유의 값을 갖지만 표본통계량은 표본의 성격과 표본집단($\overline{X_1}, \overline{X_2}, \cdots \overline{X_n}$)에 따라 달라진다.

모수(parameter) : 모집단의 특성치이다. 그 값을 모르는 경우가 대부분이지만 상수 형태의 확정치로 존재한다. 모집단의 평균(μ) 및 표준편차(σ) 등이다.
표본통계량(statistic) : 표본집단의 특성을 알 수 있는 함수나 대푯값. 표본의 평균($\overline{X}$), 표준편차(s) 등이 대표적이다.
표본통계치(sample statistic) : 특정 표본에서 계산된 값, 표본마다 그 값이 다르다. 통계치와 통계량은 거의 비슷한 의미로 사용되며 통계치보다 통계량이라는 용어가 더 자주 사용된다.

그림 6-1 모집단과 표본, 모수와 통계량

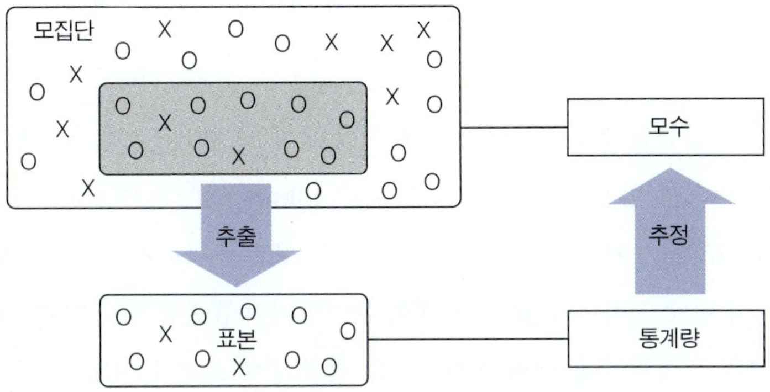

1.2 표본통계량의 통계적 의의

표본으로부터 얻은 통계량을 이용하여 모집단의 특성을 추측하거나 예측하는 것을 추론통계학이라고 한다. 모수를 추정하려면 먼저 표본통계량을 구해야 한다. 구해진 표본통계량은 모집단 모수의 추정량(estimator)으로 간주되며, 표본 데이터로부터 계산된 표본 통계치는 모수의 추정치(estimate)가 된다.

A자동차의 평균 연비를 예제를 통해 통계량과 모수의 관계를 알아보자. 사용자나 생산자가 실제로 알고 싶은 연비 값은 생산된 모든 A자동차의 운행 연비를 측정하고 그 값을 평균한 값이다. 이와 같이 모집단 전체의 실제값을 모수라고 하며, 모집단의 평균을 모평균(μ)이라고 한다. 그러나 실제로 모든 A 자동차를 테스트하는 것은 불가능하므로, 대부분의 경우 생산된 자동차의 일부를 표본으로 추출하여 연비를 측정($X_1, X_2, X_3 \cdots X_n$)한 다음, 측정값의 평균($\overline{X}$)을 모수인 평균 연비(μ)로 대체하는 방법을 쓴다.

자동차의 연비를 추정하기 위해 10대의 자동차($x_1, x_2, x_3, \cdots, x_{10}$)로 네 차례 실험($X_1, X_2, X_3, X_4$)을 반복하여 다음의 결과를 얻었다.

시기	x_1	x_2	x_3	x_4	x_5	x_6	x_7	x_8	x_9	x_{10}	평균($\overline{X_i}$)
1차(X_1)	13.10	13.50	13.20	13.20	13.10	13.20	13.90	13.60	13.90	13.60	13.43
2차(X_2)	13.40	13.60	13.30	13.80	13.30	13.40	13.60	13.50	13.50	13.10	13.45

3차(X_3)	13.60	13.60	12.90	13.50	13.30	13.40	13.60	13.80	13.60	13.40	13.47
4차(X_4)	13.40	13.90	13.30	13.90	13.20	13.10	13.80	13.20	13.50	13.20	13.45

각각의 실험집단(test set)을 통해 측정된 평균 연비는 $\overline{X_1}$, $\overline{X_2}$, $\overline{X_3}$, $\overline{X_4}$ 라는 통계량으로 표현된다. 실험을 통해 측정된 $\overline{X_1}$=13.43km/l , $\overline{X_2}$=13.45km/l , $\overline{X_3}$=13.47km/l , $\overline{X_4}$=13.45km/l 와 같은 표본집단별 숫자는 표본통계치이다. 이때 $\overline{X_1}$, $\overline{X_2}$, $\overline{X_3}$, $\overline{X_4}$ 는 A자동차의 평균 연비(모수 μ)의 통계적 추정량이며 표본통계치 13.43, 13.45, 13.47, 13.45는 모수의 추정치이다. 이때 A자동차의 평균 연비(μ)는 13.43, 13.45, 13.47, 13.45 값 중의 하나이거나 그 값들의 평균이 된다.

2. 표본분포

2.1 표본분포의 개념

표본분포(sampling distribution)는 모집단에서 일정한 크기의 표본을 여러 번 추출할 때, 추출되는 표본집단에서 특정의 통계량이 발생될 확률들의 분포이다. A자동차의 평균 연비를 측정하기 위한 실험을 생각해 보자.

A자동차의 연비 μ를 측정하기 위해 네 번의 실험을 반복하여 얻은 표본(i=1, 2, 3, 4)의 평균($\overline{X_1}$, $\overline{X_2}$, $\overline{X_3}$, $\overline{X_4}$)과 발생확률[$P(\overline{X_i})$]을 이용하여 다음의 확률분포표를 만들 수 있다. 이와 같이 표본조사를 시행하였을 때 특정의 표본통계량이 나타날 확률의 분포를 표본분포라고 한다.

표본평균($\overline{X}$)	확률변수	$P(\overline{X})$
13.43	X_1	$\frac{1}{4}$
13.45	X_2	$\frac{1}{2}=\frac{1}{4}+\frac{1}{4}$
	X_4	
13.47	X_3	$\frac{1}{4}$
합계		1

그림 6-2 표본분포와 모평균

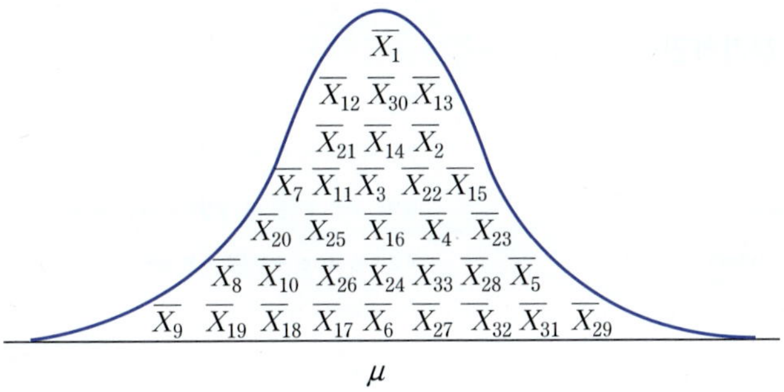

어떤 실험을 여러 번 반복하면 표본평균의 관측값과 그 분포를 얻을 수 있다. 예를 들면, 표본평균과 표본분산 값 그리고 그것의 확률분포 등이 있는데, 각각 모평균과 모분산의 추정량이 된다. 이 장에서는 표본평균의 분포에 대해 알아본다.

ChatGPT 활용

표본분포의 개념을 쉽게 설명해주세요

물론입니다! **표본분포(sampling distribution)**는 초보자에게는 조금 생소할 수 있지만, 통계의 핵심 개념 중 하나예요. 아래에 **쉽고 직관적인 설명**을 드릴게요.

☑ 표본분포란? (쉽게 설명)

🎯 핵심 아이디어:

> 표본을 여러 번 뽑았을 때, 각 표본에서 계산한 통계량(예: 평균)의 분포

📦 비유로 이해해보기: 사탕통 실험

1. 큰 사탕통(모집단)에 다양한 색깔의 사탕이 10,000개 들어 있습니다.
2. 우리는 한 번에 100개씩 사탕을 **무작위로 뽑아서 평균 무게**를 측정합니다.
3. 이 과정을 1,000번 반복하면, 평균 무게가 1,000개 생깁니다.

📊 이때 "평균 무게 1,000개"의 분포가 바로 **표본평균의 분포 = 표본분포**입니다!

🔍 정리하면:

용어	의미
모집단(Population)	전체 데이터 (예: 전 국민의 키)
표본(Sample)	일부만 뽑은 데이터 (예: 무작위로 뽑은 100명)
통계량(Statistic)	표본에서 계산한 수치 (예: 표본 평균)
표본분포	여러 표본의 통계량이 이루는 분포

📐 예시: 표본평균의 표본분포

- 전체 학생의 수학 점수 평균이 70점일 때,
- 30명씩 무작위로 뽑아 평균을 계산하는 실험을 1,000번 하면,
- 이 1,000개의 평균 점수가 퍼져 있는 모습 = **표본평균의 분포**

> 이 분포는 모집단이 어떤 모양이든, **표본이 충분히 크면 정규분포에 가까워집니다.** (→ 중심극한정리!)

☑ 왜 중요한가요?

- **표본 하나만 보고 전체를 추론**하려면, 그 표본이 얼마나 신뢰할 수 있는지를 알아야 하죠.
- 그 판단을 **표본분포**를 통해 할 수 있습니다.
- 예: 평균 키가 170cm일 때, "±2cm 오차로 95% 신뢰" 같은 말을 할 수 있는 근거!

2.2 표본평균의 확률분포

임의의 모집단에서 동일한 크기로 추출된 여러 표본집단의 평균을 표본평균이라고 하고 표본평균의 분포를 표본평균의 확률분포라고 한다.

1) 표본평균의 평균과 분산

모평균 μ, 모분산 σ^2 인 모집단으로부터 얻은 확률표본을 $X_1, X_2, \cdots, X_n$ 이라고 할 때 각 확률표본의 평균인 $\overline{X_1}, \overline{X_2}, \overline{X_3}, \cdots, \overline{X_n}$ 은 독립적인 확률분포를 하는 확률변수이며 서로 다른 통계량을 갖는다. 이때 표본평균 $\overline{X_1}, \overline{X_2}, \overline{X_3}, \cdots, \overline{X_n}$ 의 평균은 $\mu_{\overline{X}}$ 로 표기하며 모집단의 평균과 같다고 추정한다. 표본평균의 평균과 분산의 계산식은 다음과 같다.

표본평균의 평균과 분산/표준오차의 계산

$$\mu_{\overline{X}} = E(\overline{X}) = \frac{1}{n}E(X_1 + X_2 + \cdots + X_n)$$

$$= \frac{1}{n}[E(X_1) + E(X_2) + \cdots + E(X_n)] = \frac{1}{n}n\mu = \mu$$

$$\sigma^2_{\overline{X}} = V(\overline{X}) = \frac{1}{n^2}V(X_1 + X_2 + \cdots + X_n)$$

$$= \frac{1}{n^2}[V(X_1) + V(X_2) + \cdots + V(X_n)] = \frac{1}{n^2}n\sigma^2 = \frac{\sigma^2}{n}$$

$$\sigma_{\overline{X}} = \frac{\sigma}{\sqrt{n}}$$

여기서 표본평균의 표준편차($\sigma_{\overline{X}}$)는 모집단의 표준편차(Standard Deviation)와 다른 개념이므로, 표준오차(Standard Error)라고 표현한다.

그런데 표본의 크기 n이 무한대로 커지면 공식에서의 분모도 무한히 커지므로 표본평균의 분산이 0에 가까워진다. 이것은 표본의 크기가 커질수록 표본평균의 평균($\overline{X}$)는 모집단의 평균(μ) 근처에 밀집하여 분포하게 됨을 의미한다.

ChatGPT 활용

표준편차와 표준오차의 차이는 무엇입니까? 시험점수를 이용하여 설명해주세요

좋은 질문입니다! **표준편차(Standard Deviation)**와 **표준오차(Standard Error)**는 이름이 비슷해서 헷갈리기 쉽지만, **완전히 다른 개념**이에요. 차이를 **시험 점수 예시**를 통해 쉽게 설명드릴게요.

✅ 요약 정의

용어	의미	무엇의 "흩어짐"?
표준편차 (SD)	데이터 자체의 흩어짐 정도	**개별 점수**
표준오차 (SE)	표본평균의 흩어짐 정도	**여러 표본의 평균**

🎓 시험 점수 예시로 설명

상황:

- 어떤 학교에서 학생 1,000명의 수학 시험 점수가 있다고 가정합시다.
- 이 시험 점수의 평균은 70점입니다.

◆ 1. 표준편차(SD):

> **한 표본 안에서 학생 개개인의 점수들이 평균(70점)에서 얼마나 떨어져 있는가?**

- 예: 어떤 학생은 85점, 어떤 학생은 55점처럼 점수들이 퍼져 있음
- **표준편차가 클수록** 학생들의 성적 차이가 크고,
- **작을수록** 대부분 평균 근처에 있음

➡ **"한 시험 집단 내 학생들의 점수 분산"**입니다.

◆ 2. 표준오차(SE):

> **여러 표본을 뽑아 평균을 계산했을 때, 그 평균들 사이의 차이(흩어짐)**

- 예: 1,000명 중에서 30명씩 무작위로 뽑아 평균 점수를 계산한다고 해봅시다. 이걸 100번 반복!
  - 표본1 평균: 68점
  - 표본2 평균: 72점
  - ...
- 이렇게 얻은 **여러 개의 표본 평균들의 흩어짐 정도**가 표준오차입니다.

➡ **"표본평균의 신뢰도"를 나타냅니다. 작을수록 신뢰도 ↑**

2) 표본평균의 분포

(1) 모집단이 정규분포인 경우

모집단의 분포가 정규분포 $N(\mu, \sigma^2)$인 경우 표본평균 $\overline{X}$의 분포도 정규분포를 따르는 것으로 정의한다. 이때 평균과 분산은 각각 μ, $\frac{\sigma^2}{n}$이므로 표본평균 $\overline{X}$의 분포는 $N\left(\mu, \frac{\sigma^2}{n}\right)$인 정규분포이다.

표본평균의 분포

정규분포 $N(\mu, \sigma^2)$으로부터의 표본평균 $\overline{X}$는 정규분포 $\overline{X} \sim N\left(\mu, \frac{\sigma^2}{n}\right)$을 따른다.

(2) 모집단이 정규분포가 아닌 경우

모집단의 분포가 정규분포이면 표본평균의 분포도 정규분포를 따른다. 그러나 표본의 크기 n이 충분히 크다면($n>30$) 모집단의 정규분포 여부와 상관없이 표본평균의 분포도 정규분포에 근사한다. 이것의 원리는 중심극한정리(central limit theorem : CLT)이며 다음과 같이 설명된다.

중심극한정리

평균이 μ이고 분산이 σ^2인 임의의 모집단으로부터의 크기 n인 확률표본에서의 표본평균 $\overline{X}$는 n이 크면 정규분포 $N\left(\mu, \frac{\sigma^2}{n}\right)$을 따른다. 즉, 표본의 크기 n이 충분히 클 때 $Z = \left(\frac{\overline{X}-\mu}{\sigma/\sqrt{n}}\right) \fallingdotseq N(0,1)$이 성립한다.

중심극한정리에 의하여 표본의 크기가 충분히 커지면 모집단의 분포와 무관하게 표본평균 $\overline{X}$가 정규분포에 근사함을 알 수 있다.

3. 모수의 추정

3.1 추정의 의의

'4년제 대졸 신입사원의 평균 연봉은 얼마나 될까?', '선거에 출마한 A후보의 지지율은 몇 %일까?', '우리나라 자가용 승용차 평균 보유연한은 4.5년', '우리나라 청소년의 평균 신장이 10년 전보다 3cm 더 커짐' 등과 같이 우리는 일상생활에서 다양한 형태의 통계량을 접하게 된다. 그런데 위에서 예로 든 바와 같이 일상생활에서 언급되는 대부분의 통계량은 전수조사에 의한 모수(모평균, 모비율)가 아니라 표본조사에서 얻은 표본평균이나 표본비율을 이용하여 추정된 수치들이다.

이와 같이 표본으로부터 얻어진 정보를 과학적으로 분석하여 모집단에 대한 추측이나 예측을 하는 과정을 통계적 추론(statistical inference)이라고 한다. 통계적 추론은 여러 형태가 있으나 가장 기본적인 것이 추정과 가설검정이다. 제6장에서는 추정에 관하여 살펴보고 제7장에서는 가설검정에 관하여 학습한다.

추정(estimation)은 표본의 특성값인 통계량을 바탕으로 모집단의 특성값인 모수를 추측하려는 것으로서 여기에는 점추정과 구간추정이 있다. 점추정(point estimation)은 표본에서 얻어지는 정보를 이용하여 참값으로 생각되는 단 하나의 값을 모수로 선택하는 것이며, 구간추정(interval estimation)은 하나의 값이 아니라 모수의 참값이 속할 것으로 기대되는 범위를 선택하는 것이다. 점추정은 구체적 값이므로 의사결정자가 이해하기 쉬운 장점이 있지만, 추정에 의한 오차를 반영하지 못하기 때문에 통계적으로는 구간추정을 주로 사용한다.

추정을 위해 표본으로부터 얻어진 표본통계량의 분포가 추정하려는 모집단의 모수와 동일한 평균을 중심으로 분포되는 경우, 즉 표본집단의 평균들이 모집단의 평균과 거의 비슷한 경우에 그 통계량은 모수의 불편추정량(unbiased estimator)이 된다. 여기서 불편성(unbiased)이란 어떤 값이 한쪽 방향으로 치우치거나 기울지 않고 공평하다는 뜻이다.

표본분포의 평균이나 분산이 모수와 일치하지 않을 때, 이를 편의추정량(biased estimator)이라고 한다. 통계적으로 편의추정량은 모수를 추정하는 데 적합하지 않다. 그런데 현실적으로 거의 대부분의 조사상황에서는, 모수(모평균, 모분산 등)를 정확히 알 수 없기 때문에 표본평균에서 얻어진 통계량이 불편추정량인지 편의추정량인지 판단할 수 없다. 이런 현실적 이유 때문에 대부분의 표본평균 추정량은 불편추정량(unbiased es-timator)으로 간주된다.

3.2 점추정

1) 모집단평균의 점추정

모집단평균 μ의 추정에는 표본평균, 표본의 중앙값, 표본의 최댓값과 최솟값의 평균 등 여러 가지 통계량이 활용되지만 가장 일반적인 통계량은 표본평균이다. 앞에서 학습한 바와 같이 모평균이 μ이고 모분산이 σ^2인 임의의 집단으로부터 추출된 표본크기 n의 확률표본집단을 각각 $X_1, X_2, \cdots, X_n$이라 할 때, 표본평균 $\overline{X}$는 다음과 같은 성질을 갖는다.

$$\mu_{\overline{X}} = \mu$$

$$\sigma_{\overline{X}} = \frac{\sigma}{\sqrt{n}}$$

그러나 모집단 표준편차 σ는 알려져 있지 않은 경우가 대부분이므로 표준오차(표본분포의 표준편차)의 공식 $\frac{\sigma}{\sqrt{n}}$는 거의 의미가 없다. 그러므로 대부분의 표준오차 추정량은 모집단 표준편차 σ의 추정값인 표본집단의 표준편차 s를 이용하며 $\frac{s}{\sqrt{n}}$로 계산된다.

모평균 μ의 점추정

- 점추정량 : 표본평균 $\overline{X}$
- 표준오차 : 표본평균의 표준편차 $\frac{\sigma}{\sqrt{n}}$
- 표준오차의 추정량 : $\frac{s}{\sqrt{n}}$

2) 모집단비율의 점추정

찬성률, 구매비율, 실업률과 같은 모집단의 비율을 알려고 하는 경우에는 모비율 p를 모수로 하는 베르누이분포를 사용한다. 이때 크기가 n인 확률표본에서 찬성자의 수 혹은 실업자의 수와 같은 특정 속성의 빈도를 X라고 하면 p의 추정량인 표본비율은 $\hat{p} = \frac{X}{n}$ 가 된다.

한편 제4장에서 설명한 바와 같이 베르누이분포를 하는 확률변수 X는 이항분포 $B(n, p)$를 따르므로 $E(X) = np$, $V(X) = np(1-p)$이다.

그런데 표본비율 $\hat{p} = \frac{X}{n}$는 모비율의 불편추정량이므로 p와 같다고 간주되며 표본비율의 표준오차 $\sigma_{\hat{p}}^2$의 계산식은 다음과 같다.

$$E(\hat{p}) = p$$

$$\sigma_{\hat{p}}^2 = V(\hat{p}) = \frac{p(1-p)}{n}$$

$$\sigma_{\hat{p}} = \sqrt{\frac{p(1-p)}{n}}$$

그러므로 표본비율 $\hat{p} = \frac{X}{n}$를 이용한 모비율 p의 점추정은 다음의 공식에 따른다.

모비율 p의 점추정

- 점추정량 : 표본비율 $\hat{p} = \frac{X}{n}$
- 표준오차 : 표본비율의 표준편차 $\sqrt{\frac{\hat{p}(1-\hat{p})}{n}}$

3) 모집단분산의 점추정

모집단의 분산은 모집단의 개별 관측치가 모평균을 기준으로 흩어져 있는 정도이다. 확률표본 $X_1, X_2, \cdots, X_n$으로부터 모분산 σ^2을 추정하는 여러 가지 방법 중에서 $\sum_{i=1}^{n}\frac{(X_i-\overline{X})^2}{n-1}$의 표본분산을 이용하는 것이 가장 일반적이다.

모분산 σ^2 의 점추정

- 점추정량 : 표본분산 $\widehat{\sigma^2} = s^2 = \dfrac{\sum(X_i - \overline{X})^2}{(n-1)}$

ChatGPT 활용

점추정이 사용되는 주변사례를 알려주세요

좋은 질문입니다! **점추정(point estimation)**은 우리가 실제로 어떤 수치를 "**하나의 값**"으로 **추정**할 때 사용하는 통계적 기법입니다. 일상생활, 비즈니스, 사회과학, 공공정책 등 여러 분야에서 널리 쓰이고 있습니다.

아래에 **점추정이 실제로 사용되는 주변 사례**들을 소개할게요.

✅ 점추정이 사용되는 주변 사례

---

1. 🎓 학교 성적 분석

- **사례**: 한 반에서 시험을 본 후, 선생님이 "이 반의 평균 점수는 78점입니다"라고 말할 때
- 👉 이는 전체 학생(모집단)의 평균 점수를 **한 번의 시험 결과(표본)**로 **추정한 값** = **점추정**

---

2. 💼 기업의 고객 만족도 조사

- **사례**: 한 회사가 고객 500명을 대상으로 설문을 한 뒤, "만족도는 평균 4.2점(5점 만점)"이라고 발표
- 👉 전 고객을 조사하지 않고 일부만 조사해 전체 고객의 만족도 평균을 **점추정**

---

3. 🗳 여론조사와 지지율 발표

- **사례**: "후보 A의 지지율은 42%입니다"라는 뉴스 기사
- 👉 실제 유권자 전원이 아니라, 일부(예: 1,000명)의 응답을 바탕으로 전체 유권자 지지율을 **점추정**

✅ 정리

분야	점추정 대상	예
교육	평균 시험 점수	한 반의 평균 = 전체 학생의 평균 점수 추정
마케팅	클릭률, 전환율	일부 메일 오픈율로 전체 효과 추정
정치	지지율	1,000명 조사로 전체 국민 지지율 추정
공장	제품 평균 길이	샘플로 전체 제품의 특성 추정
의료	평균 진료 시간	일부 환자로 전체 평균 대기 시간 추정

3.3 모집단평균의 구간추정

구간추정은 표본에서 얻은 정보를 이용하여 미지의 모수인 참값이 속할 것으로 기대되는 범위를 일정한 기준에 따라 선택해 가는 과정이다. 미지의 모수 θ(theta)를 가지는 모집단으로부터의 확률표본을 $X_1, X_2, \cdots, X_n$ 이라고 할 때 구간을 추정하는 과정은 다음과 같다.

① 확률표본 $X_1, X_2, \cdots, X_n$ 을 추출하여 통계량을 계산하고, ② 통계적 유의확률(α) 또는 신뢰수준($1-\alpha$)을 설정한다. ③ ①과 ②에서 구해진 표본통계량과 신뢰수준을 기준으로 θ의 참값이 속할 것으로 추정되는 L(신뢰하한)과 U(신뢰상한)를 계산한 다음에 신뢰구간 $[L \leq \theta \leq U]$를 설정한다.

[그림 6-3]에서 수직선은 모평균의 값이며 파란색 수평선의 길이는 20개 표본집단의 추정 신뢰구간의 폭이다. 표본집단은 랜덤하게 추출되므로 단위 표본집단의 표본평균이나 신뢰구간이 조금씩 다르다. 그림 (a)에서 파란색으로 표현된 19개의 표본집단의 신뢰구간은 모평균의 값을 포함하지만, 회색 표본의 신뢰구간은 모수값(θ)인 모평균(μ)을 벗어나 있다. 만약에 조사자가 그림 (a)의 폭으로 신뢰구간을 설정하면 잘못된 추정결과를 제시할 확률이 $\frac{1}{20} = 0.05$ 이고 이것은 조사를 100번 시행하면 5번 정도는 잘못된

그림 6-3 신뢰구간과 유의확률

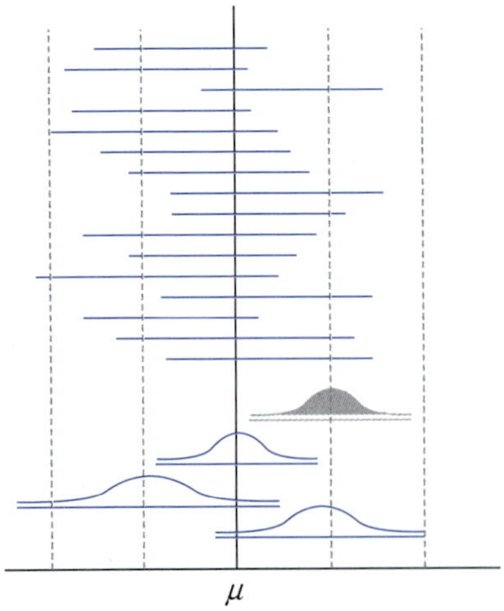

(a) 신뢰구간이 좁은 구간추정

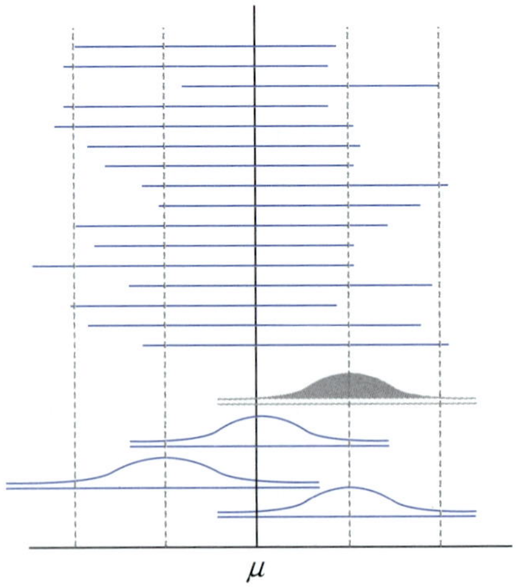

(b) 신뢰구간이 넓은 구간추정

추정을 하게 된다는 의미이다. 이 정도의 오류가 있는 조사는 $\frac{10}{100}$ 정도의 조사오류를 허용하는 관대한 조사자라면 수용할 만한 수준이지만 $\frac{1}{100}$ 정도만 허용하는 엄격한 조사자는 거부할 만한 수준이다. $\frac{1}{100}$, $\frac{10}{100}$과 같이 '조사자가 허용할 수 있는 통계적 추정오류의 최대수준'을 유의수준(α)이라고 한다.

신뢰구간 폭의 크기는 유의수준에 의해 영향을 받는다. [그림 6-3]의 (b)에서는 확률표본의 신뢰구간 폭이 (a)보다 넓게 정의되어 모평균추정오류가 발생하지 않는다. 그러므로 엄격한 정도의 유의수준이 필요하면 신뢰구간의 폭을 넓게 정의하면 된다. 이것이 모평균추정에서 신뢰구간보다 유의수준(α)을 먼저 결정해야 하는 이유이다.

모평균추정에서 발생할 수 있는 모든 종류의 사건에서 유의수준을 제외한 나머지 범위$(1-\alpha)$를 백분율로 표기한 $100(1-\alpha)\%$를 신뢰수준이라고 하고 이 값은 추정된 구간 $[L \leq \theta \leq U]$가 모수의 참값을 포함할 확률 $P[L \leq \theta \leq U]$와 같다. 어떤 조사의 신뢰수준이 95%이면 조사에 의한 모수추정량이 진실(참값) 구간에 포함될 가능성이 95%라는 의미이다.

$$P[L \leq \theta \leq U] = 100(1-\alpha)\%$$

여기서, L : 신뢰하한(Lower Confidence Limit : LCL)
U : 신뢰상한(Upper Confidence Limit : UCL)
$100(1-\alpha)\%$: 신뢰수준

1) 모집단의 분산을 알고 있을 때

모집단의 분산을 알고 있는 경우 모평균 μ에 대한 구간추정은 표준정규분포를 이용한다. 모분산을 알고 있으면서 표본의 크기가 n인 확률표본의 평균 $\overline{X}$는 $\overline{X} \sim N\left(\mu, \frac{\sigma^2}{n}\right)$의 확률밀도함수를 가지며 이때 Z값은 다음과 같이 계산한다.

$$Z = \frac{\overline{X}-\mu}{\sigma_{\overline{X}}} = \frac{\overline{X}-\mu}{\sigma/\sqrt{n}}$$

특정의 Z값이 신뢰구간 $100(1-\alpha)\%$에 포함될 확률은 $P\left(-Z_{\alpha/2} \leq \frac{\overline{X}-\mu}{\sigma/\sqrt{n}} \leq Z_{\alpha/2}\right)$이다. 위 식을 이용하여 모평균 μ가 신뢰구간 $100(1-\alpha)\%$에 포함될 확률을 유도하면 $P\left(\overline{X}-Z_{\alpha/2}\frac{\sigma}{\sqrt{n}} \leq \mu \leq \overline{X}+Z_{\alpha/2}\frac{\sigma}{\sqrt{n}}\right)$이다.

그림 6-4 정규분포에서의 구간추정

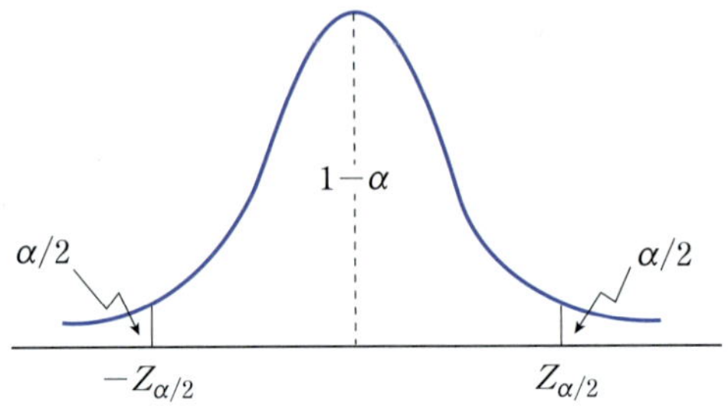

모평균 μ에 대한 $100(1-\alpha)\%$ 신뢰구간 : 모분산을 알고 있을 때

$$\overline{X}-Z_{\alpha/2}\frac{\sigma}{\sqrt{n}}\le\mu\le\overline{X}+Z_{\alpha/2}\frac{\sigma}{\sqrt{n}}$$

신뢰수준에 따른 Z값은 표준정규분포표에서 확인할 수 있다. 일반적으로 많이 활용되는 3개 신뢰수준(99%, 95%, 90%)에 따른 Z값을 아래의 표에 제시하였다. [그림 6-3]에서 확인하였듯이 신뢰수준이 높아지면 신뢰구간의 폭이 넓어진다.

신뢰수준	유의수준(α)	Z	$\alpha/2$	$Z_{\alpha/2}$
99%	0.01	2.33	0.005	2.57
95%	0.05	1.64	0.025	1.96
90%	0.1	1.28	0.05	1.64

예 6-1 T식품이 판매 중인 감귤의 평균 무게를 추정한다. 과거의 자료에 의해 모집단은 정규분포를 이루고 있으며 표준편차는 10.0g인 것으로 알려져 있다. 무작위로 50개의 감귤을 추출하여 무게를 조사한 결과 평균 100.8g, 표준편차 6.7g이었다. 95% 신뢰수준에서 T식품 감귤의 평균 무게를 추정하라.

풀이

① 모집단표준편차가 10.0g이므로 표준정규분포를 이용하여 모집단평균에 대한 신뢰구간추정을 한다.

② 95% 신뢰수준에 해당하는 Z값을 표준정규분포표에서 찾으면 $Z_{\alpha/2}=Z_{0.025}=1.96$ 이다.
③ $\overline{X}=100.8, \sigma=10.0, n=50$ 이므로 95% 신뢰구간은 다음과 같다.

$$100.8-1.96\frac{10.0}{\sqrt{50}} \le \mu \le 100.8+1.96\frac{10.0}{\sqrt{50}}$$

$$98.0 \le \mu \le 103.6$$

T식품의 감귤 평균 무게는 98.0g에서 103.6g 사이일 확률이 95%이다.

2) 모집단의 분산을 모르는 소표본일 때

(1) t분포

통계이론에 따라 모집단분산이 알려져 있지 않고 표본크기가 작은 경우($n<30$)의 모평균추정은 t분포를 이용한다. t분포는 정규분포로부터 다음과 같이 유도된다.

$X_1, X_2, \cdots, X_n$ 이 표준정규분포 $N(\mu, \sigma^2)$을 따르는 확률분포일 때 표본평균 $\overline{X}$는 $\overline{X} \sim N\left(\mu, \frac{\sigma^2}{n}\right)$, 즉 $\frac{\overline{X}-\mu}{\sigma/\sqrt{n}} \sim N(0, 1)$의 분포를 나타낸다. 그런데 모집단의 σ가 알려져 있지 않으므로 σ 대신 표본표준편차(s)를 사용한다. 이렇게 조정된 확률변수 $\frac{\overline{X}-\mu}{s/\sqrt{n}}$는 자유도($df$)[01] $n-1$인 t분포를 따르며 기호로는 $t(n-1)$로 표현한다.

$\frac{\overline{X}-\mu}{s/\sqrt{n}}$ 의 분포 혹은 t분포

표준정규분포 $N(\mu, \sigma^2)$으로부터의 확률표본 $X_1, X_2, \cdots, X_n$ 에 대하여

$$\frac{\overline{X}-\mu}{s/\sqrt{n}}=\frac{(\overline{X}-\mu)/\left(\frac{\sigma}{\sqrt{n}}\right)}{\sqrt{\frac{(n-1)s^2}{\sigma^2}/(n-1)}} \sim t(n-1) \text{ 을 따른다.}$$

---

01 자유도 df(degree of freedom)는 추정된 통계량의 반동성을 반영하는 척도이다.
통계량의 계산에 필요한 자료 중에서 자유로이 값을 취할 수 있는 관찰의 갯수이며, 통계량을 추정할 때 활용할 수 있는 데이터의 정보량이다. 자기표현에서도 제약조건이 많으면 자기를 제대로 표현할 수 없듯이, 통계적 자유도가 낮은 통계량은 참값인 모수와 거리가 멀어질 수밖에 없다. 반대로 통계량의 자유도가 높으면 모수추정력이나 통계적 검정력(statistical power, $1-\beta$)이 커지는 효과가 있다.
자유도는 표본과 통계적 제약조건의 수에 의해 결정되며, 계산식은 $df=N$(사례수)$-k$(통계적 제약조건의 수)이다. 계산식에 의해 표본크기를 늘리면 자유도가 높아진다. 그러므로 통계적 검정력을 높이려면 표본크기를 늘리면 된다.

t분포의 특성은 다음과 같다.

t분포의 특성

- 정규분포와 마찬가지로 연속확률분포이며 종 모양의 대칭분포를 이룬다.
- 자유도가 변함에 따라 다양한 t분포가 존재한다.
- t분포는 Z분포에 비해 중심이 낮고 꼬리가 두텁다.

[그림 6-5]는 t분포표의 일부이다.

t_α 값들은 자유도 1부터 29까지에 대하여 나열되어 있으며 여기서 α는 t_α의 오른쪽으로 꼬리 부분의 면적이다. 표본크기 n이 커질수록 s는 σ에 더 가까워지며 자유도가 29일 때는 Z값과 t값의 차이가 거의 없다.

자유도가 3이면서 오른쪽으로 0.025의 면적을 가진 t값을 찾으려면 3에 해당하는 행과 $t_{.025}$의 열이 교차하는 값 3.182를 구하면 된다. 전체 t분포표는 [부록]에서 확인할 수 있다.

그림 6-5 t분포표

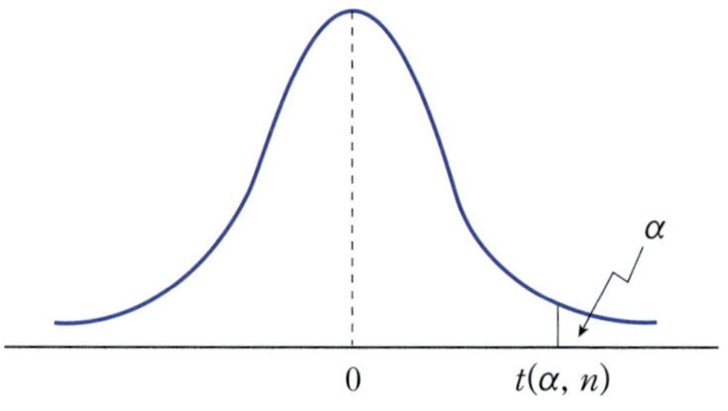

자유도	$t_{.100}$	$t_{.050}$	$t_{.025}$	$t_{.010}$	$t_{.005}$
1	3.078	6.314	12.706	31.821	63.657
2	1.886	2.920	4.303	6.965	9.925
3	1.638	2.353	3.182	4.541	5.841
⋮	⋮	⋮	⋮	⋮	⋮
29	1.311	1.699	2.045	2.462	2.756
∞	1.282	1.645	1.960	2.362	2.576

그림 6-6 t분포에서의 구간추정

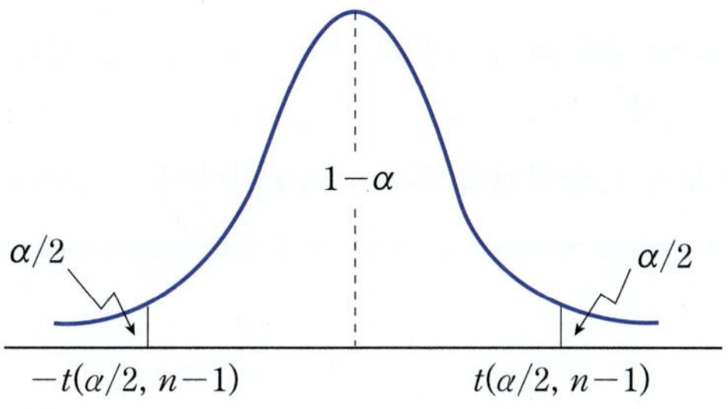

t 분포는 기네스(Guinness) 양조장의 과학자인 고셋(W.S. Gosset)에 의하여 발견되었다. 고셋은 그의 발견을 1908년에 스튜던트(Student)라는 필명으로 발표하였는데 그 이후 t통계량을 이용한 가설검정을 스튜던트 t검정(student $t-$test)이라고 한다. 그의 주요 업적은 정규분포 모집단으로부터 추출된 표본의 t통계량은 Z통계량과 아주 흡사한 표본분포를 갖는다는 것을 밝혀낸 것이다. 이때의 분포는 평균 0을 중심으로 좌우가 대칭인 형태이며 작은 종 모양을 이룬다.

(2) t분포를 이용한 구간추정

모집단분산을 모르고 표본크기가 작은 경우 모집단평균에 대한 신뢰구간추정은 t분포를 이용한다. 표본크기가 30개 미만인 확률표본에서 표본평균이 $\overline{X}$, 표본분산이 s^2일 때 모평균 및 신뢰구간을 추정하는 방법은 다음과 같다.

$$P\left(-t_{\alpha/2,\,n-1} \leq \frac{\overline{X}-\mu}{s/\sqrt{n}} \leq t_{\alpha/2,\,n-1}\right)=1-\alpha$$

$$P\left(\overline{X}-t_{\alpha/2,\,n-1}\frac{s}{\sqrt{n}} \leq \mu \leq \overline{X}+t_{\alpha/2,\,n-1}\frac{s}{\sqrt{n}}\right)=1-\alpha$$

모평균 μ에 대한 $100(1-\alpha)\%$ **신뢰구간** : 모분산 σ^2을 모르고 소표본일 경우

$$\overline{X}-t_{\alpha/2,\,n-1}\frac{s}{\sqrt{n}} \leq \mu \leq \overline{X}+t_{\alpha/2,\,n-1}\frac{s}{\sqrt{n}}$$

예 6-2 D투자증권회사는 25명의 시민을 표본으로 추출하여 가구당 평균 보유 금융자산을 추정하기로 하였다. 조사결과에 따르면 한 가구당 평균 현금자산은 3,200만 원, 표준편차는 1,000만 원이었으며 모집단은 정규분포를 이루지만 모집단분산은 알지 못한다. 이때 가구당 평균 보유 금융자산을 95% 신뢰구간에서 추정하라.

풀이

① 모집단분산이 알려져 있지 않고 표본크기가 작으므로 t분포를 이용하여 모집단평균에 대한 신뢰구간추정을 한다.

② 95% 신뢰수준에 해당하는 t값을 t분포표에서 찾으면 $t_{\alpha/2,\, n-1} = t_{0.025,\, 24} = 2.064$ 이다.

③ $\overline{X} = 1,500,\ s = 1,000,\ n = 25$ 이므로 95% 신뢰구간은 다음과 같다.

$$3,200 - 2.064\frac{1,000}{\sqrt{25}} \le \mu \le 3,200 + 2.064\frac{1,000}{\sqrt{25}}$$

$$2,787.2 \le \mu \le 3,612.8$$

가구당 평균 보유 금융자산은 2,787.2만 원에서 3,612.8만 원 사이일 확률이 95%이다.

3) 모집단의 분산은 모르지만 표본의 크기가 큰 경우

표본의 크기 n이 큰 경우에는($n \ge 30$) 모집단의 분산을 모른다 하더라도 중심극한의 정리에 의하여 모평균 μ의 구간추정에 표준정규분포를 이용할 수 있다. 다만 모분산 σ^2을 모르기 때문에 표본분산 s^2을 이용한다.

모평균 μ에 대한 $100(1-\alpha)\%$ 신뢰구간 : 모분산 σ^2을 모르고 대표본일 경우

$$\overline{X} - Z_{\alpha/2}\frac{s}{\sqrt{n}} \le \mu \le \overline{X} + Z_{\alpha/2}\frac{s}{\sqrt{n}}$$

예 6-3 유기농 된장을 판매하고 있는 W식품은 이번에 유기농 청국장을 출시하였다. 출고담당자가 무작위로 40개의 시제품을 추출하여 제품의 평균 무게를 측정하였더니 평균 2.5kg, 표준편차 0.3kg이었다. W식품에서 판매되는 유기농 청국장의 평균 무게를 95% 신뢰구간에서 추정하라.

풀이

① 모집단분산이 알려져 있지 않으나 표본크기가 $n=40$ 으로 충분히 크므로 표준정규분포를 이용하여 모집단평균에 대한 신뢰구간추정을 한다.

② 95% 신뢰수준에 해당하는 Z값을 표준정규분포표에서 찾으면 $Z_{\alpha/2}=Z_{0.025}=1.96$ 이다.

③ $\overline{X}=2.5,\ s=0.3,\ n=40$ 이므로 95% 신뢰구간은 다음과 같다.

$$2.5-1.96\frac{0.3}{\sqrt{40}}\le\mu\le 2.5+1.96\frac{0.3}{\sqrt{40}}$$

$$2.407\le\mu\le 2.593$$

W식품의 유기농 청국장의 평균 무게는 2.407kg에서 2.593kg 사이일 확률이 95%이다.

3.4 모집단비율의 신뢰구간추정

분석의 대상이 어떤 의견에 대한 찬성률이나 특정 선거후보자에 대한 지지율, 실업률 등과 같이 비율인 경우의 구간추정은 다음과 같다.

모비율 p를 모수로 하는 모집단으로부터 크기 n인 확률표본 $X_1, X_2, \cdots, X_n$을 추출하였을 때 성공의 횟수를 X라 하면 X는 이항분포 $B(n,\ p)$를 따르고 p의 점추정량은 $\hat{p}=\frac{X}{n}$이다.

그런데 이항분포와 마찬가지로 표본의 크기 n이 커지면 표본비율 $\hat{p}=\frac{X}{n}$의 분포도 정규분포를 따르므로 표본비율의 구간을 추정하는 과정도 모평균을 추정할 때와 같다.

표본비율 $\hat{p}$의 평균과 분산 및 표준편차는 다음과 같다.

$$E(\hat{p})=p$$

$$\sigma_{\hat{p}}^2=V(\hat{p})=\frac{p(1-p)}{n}$$

$$\sigma_{\hat{p}}=\sqrt{\frac{p(1-p)}{n}}$$

그런데 실제로 모집단비율 p를 알 수 없는 경우가 많기 때문에 실제 계산에서는 모집단비율의 불편추정량인 $\hat{p}$와 표본비율의 표준오차 $s_{\hat{p}}$를 이용한다. $s_{\hat{p}}$의 계산식은 다음과 같다.

$$s_{\hat{p}} = \sqrt{\frac{\hat{p}(1-\hat{p})}{n}}$$

모집단비율의 신뢰구간은 다음과 같이 추정한다.

모집단비율 p의 신뢰구간

$$\hat{p} - Z_{\alpha/2}\sqrt{\frac{\hat{p}(1-\hat{p})}{n}} \le p \le \hat{p} + Z_{\alpha/2}\sqrt{\frac{\hat{p}(1-\hat{p})}{n}}$$

예 6-4 사내 복지시스템 개선안에 대한 임직원들의 의견(찬성, 반대)을 확인하고 싶은 K 대표는 해당 사안에 대한 임직원들의 찬성률을 조사하였다. 전체 임직원 중 1,000명을 무작위로 추출하여 조사한 결과 그 중 550명이 개선안에 찬성하는 것으로 나타났다. 개선안 찬성률에 관한 95% 신뢰구간을 구하라.

풀이

① 표본크기가 $n=1{,}000$으로 충분히 크므로 표준정규분포를 이용하여 모집단비율에 대한 신뢰구간추정을 한다.

② 95% 신뢰수준에 해당하는 Z값을 표준정규분포표에서 찾으면 $Z_{\alpha/2}=Z_{0.025}=1.96$이다.

③ $\hat{p}=0.55$, $n=1{,}000$이므로 95% 신뢰구간은 다음과 같다.

$$0.55-1.96\sqrt{\frac{0.55(1-0.55)}{1{,}000}} \le p \le 0.55+1.96\sqrt{\frac{0.55(1-0.55)}{1{,}000}}$$

$$0.519 \le p \le 0.581$$

따라서 개선안 찬성률이 51.9%에서 58.1% 사이일 확률이 95%이다.

ChatGPT 활용

구간추정이 활용되는 실제 상황을 알려주세요

좋은 질문입니다! **구간추정(Interval Estimation)**은 점 하나가 아니라 **범위(구간)**를 제시하여, 그 안에 모수가 있을 **신뢰 수준(confidence level)**을 함께 알려주는 방법이에요. 즉, "이 정도 범위 안에 있을 가능성이 XX%다"라는 식으로 **더 신중하고 신뢰성 있게 추정**합니다.

아래에 **구간추정이 실제로 활용되는 다양한 사례**를 소개할게요.

✅ 구간추정 활용 사례 (실제 상황)

1. 🗳 여론조사 결과 발표

- **사례**: "후보 A의 지지율은 42%, 오차범위는 ±3% (신뢰수준 95%)"
- 👉 이는 후보 지지율이 **95% 확률로 39%~45% 사이에 있다는 의미**
- **점추정보다 구간추정을 써서 더 신중하게 해석**

2. 🏥 의료 연구 및 백신 효과 측정

- **사례**: "백신 효과는 89% (95% 신뢰구간: 85% ~ 92%)"
- 👉 백신의 진짜 효과는 **95% 확률로 85~92% 사이에 있을 것이라는 추정**
- 임상시험에서 효과의 정확성을 설명할 때 구간추정은 필수입니다.

3. 📊 기업 고객 만족도 분석

- **사례**: "고객 만족도 평균은 4.2점 (신뢰구간: 4.0 ~ 4.4점, 95%)"
- 👉 전체 고객의 만족도가 이 구간에 있을 가능성이 95%라는 의미
- 신제품 출시 후 만족도 조사 시 자주 사용

4. 🛒 시장 조사 및 소비자 행동 분석

- **사례**: "신제품 구매 의향 비율: 60% ± 4% (95% 신뢰수준)"
- 👉 표본으로 추정된 구매율을 전체 시장에 일반화할 때 구간으로 제시

5. 📈 공장 품질 관리

- **사례**: "제품 길이 평균은 50.1mm (95% 신뢰구간: 49.9 ~ 50.3mm)"
- 👉 측정된 샘플을 바탕으로 전체 생산품의 평균 길이 추정
- **생산 안정성 판단에 활용**

6. 🧪 과학 실험 및 논문 발표

- **사례**: 실험 결과를 보고할 때, "효과 차이: 3.5 (95% CI: 1.2 ~ 5.8)"
- 👉 구간추정을 통해 효과의 신뢰성과 통계적 유의성 함께 제시

4. 표본의 크기

표본조사의 설계단계에서 결정해야 할 중요한 사항 중의 하나는 표본의 크기이다. 표본의 크기는 조사목적과 비용 그리고 추론결과에 대한 정밀도, 즉 모집단의 분산(추정치)이나 신뢰수준 그리고 허용오차에 따라 달라진다. 표본의 크기가 모집단에 가까울 정도로 크면 조사의 정밀도는 커지지만 시간과 비용이 많이 든다. 그러므로 일반적으로 조사자가 경험적 규칙에 따라 표본의 크기를 정하는 방법을 쓰는데, 사회과학조사에서는 대략 300~500명[02] 정도의 표본크기를 쓴다.

통계이론을 이용하여 표본의 크기를 결정하기도 하는데, 추정의 대상이나 목적에 따라 다음의 방법을 따른다.

4.1 모평균추정을 위한 표본크기 결정

모분산 σ^2 이 알려져 있는 경우 모평균 $\overline{X}$ 에 대하여 $100(1-\alpha)\%$ 의 신뢰수준에서 오차한계를 d 이하로 하려면 표본크기는 다음을 만족하여야 한다.

$$Z_{\alpha/2}\frac{\sigma}{\sqrt{n}} \le d \Rightarrow n \ge \left(Z_{\alpha/2}\frac{\sigma}{d}\right)^2$$

여기서 신뢰수준은 보통 90%, 95%, 99% 중 하나가 선택되며 위의 공식은 ① Z의 신뢰수준(Z_α)이 클수록, ② σ^2 이 클수록, ③ d(허용오차)가 작을수록 표본크기 n이 커야 함을 보여 준다. 표본의 크기를 정하는 원칙을 개략적으로 설명하면 다음과 같다.

---

02 큰수의 법칙(대수의 법칙: Law of Large Numbers)에 따르면, 표본의 크기가 충분히 크면 표본평균은 모평균에 가까워진다. 또한 중심극한정리(Central Limit Theorem)에 따르면, 표본의 크기가 커지면 표본평균의 분포가 정규분포를 따른다.
통계적으로는 표본 크기가 300개 이상일 때 큰수의 법칙과 중심극한정리가 무난히 적용된다고 알려져 있다. 그러나 표본 크기가 500개를 넘으면 자유도(degrees of freedom)가 너무 커져서 통계적 검정력(power of the test, $1-\beta$)이 과도하게 높아질 위험이 생긴다. 따라서 대략 300~500개 사이에서 표본의 크기가 결정된다. 참고로 검정력에 대한 설명은 7장의 1.2에서 다룬다.

- 추정하고자 하는 모수의 분산이 클수록 필요한 표본의 크기가 커진다.
- 추정치에 대해서 높은 신뢰수준을 원할수록 필요한 표본의 크기가 커진다.
- 허용되는 오차의 수준이 낮을수록 필요한 표본의 크기가 커진다.

위 공식은 모집단의 분포가 정규분포인 경우에만 해당된다. 그러나 표본의 크기가 충분히 크면 모집단의 정규성과 상관없이 근사적으로 적용시킬 수 있고 모분산(σ^2)을 모르는 경우에는 모분산의 불편추정량인 표본분산 s^2을 이용하면 된다.

모평균의 추정에서 표본크기의 결정

모분산 σ^2이 알려져 있는 경우 오차한계를 d 이하로 하고자 할 경우의 표본크기

$n \geq \left(Z_{\alpha/2}\frac{\sigma}{d}\right)^2$

예 6-5 서울시에 있는 편의점의 하루 평균 매출액을 조사하였다. 예비조사결과 평균 매출액은 700,000원, 표준편차는 230,000원으로 나타났다. 95% 신뢰수준에서 허용오차를 ±30,000원으로 결정하였을 때 필요한 표본의 크기를 구하라.

풀이

① 95% 신뢰수준에 해당하는 Z값을 표준정규분포표에서 찾으면 $Z_{\alpha/2}=Z_{0.025}=1.96$이고, $s=230,000,\ d=30,000$이다.

② $n \geq \left(Z_{\alpha/2}\frac{s}{d}\right)^2=\left(\frac{1.96\times 230,000}{30,000}\right)^2=225.84$

적어도 226개 이상의 편의점을 표본으로 추출하여야 한다.

4.2 모비율추정을 위한 표본크기 결정

모비율 p의 추정에 있어서 $100(1-\alpha)\%$의 신뢰수준에서 오차한계를 d 이하로 하기 위한 표본크기는 다음의 조건을 만족해야 한다.

$$Z_{\alpha/2}\sqrt{\frac{p(1-p)}{n}} \le d \Rightarrow n \ge Z_{\alpha/2}^2 \frac{p(1-p)}{d^2}$$

모비율 p를 모르는 경우에는 표본비율 $\hat{p}$를 이용하는데 만약 $\hat{p}$도 모를 경우에는 $\hat{p}=0.5$를 이용하여 표본수를 결정한다. 왜냐하면 $\hat{p}$가 0.5일 때 $\hat{p}(1-\hat{p})$의 값이 가장 커지기 때문이다.

모비율의 추정에서 표본크기의 결정

$$n \ge Z_{\alpha/2}^2 \frac{\hat{p}(1-\hat{p})}{d^2}$$

예 6-6 K어학원에서는 대학교 신입생 중 어학강좌를 수강하는 학생의 비율 p를 추정하고자 한다. 이를 추정하기 위하여 임의의 한 대학에서 신입생 100명을 추출하여 예비조사한 결과 조사대상자의 55%가 어학강좌를 수강하고 있었다. 95%의 신뢰수준에서 허용오차가 ±2%인 본조사에 필요한 표본의 크기를 구하라.

풀이

① 95% 신뢰수준에 해당하는 Z값을 표준정규분포표에서 찾으면 $Z_{\alpha/2} = Z_{0.025} = 1.96$이고 $\hat{p}=0.55$, $d=0.02$이다.

② $n \ge Z_{\alpha/2}^2 \frac{\hat{p}(1-\hat{p})}{d^2} = 1.96^2 \frac{0.55(1-0.55)}{0.02^2} = 2,376.99$

그러므로 2,377명 이상의 응답자를 표본으로 추출하여야 한다.

ChatGPT 활용

예 6–6 문제를 캡처하여 ChatGPT에게 풀이를 요청해보자. 해당 문제를 캡처하여 저장한 다음, ChatGPT 대화창에 업로드하고 풀이를 요청하면 된다.

첨부 파일의 문제를 풀어주세요

문제 요약:

어학강좌 수강 비율 p 을 추정하려고 한다. 예비조사 결과, 100명 중 55%가 어학강좌를 수강했다. 이 예비조사를 바탕으로 본조사에서 신뢰수준 95%, 허용오차 ±2%로 필요한 표본 크기를 구하는 문제입니다.

풀이

표본 크기 n 계산 공식 (비율 추정의 경우):

$$n = \left(\frac{Z_{\alpha/2}^2 \cdot \hat{p}(1-\hat{p})}{E^2} \right)$$

- $Z_{\alpha/2} = 1.96$ (신뢰수준 95%)
- $\hat{p} = 0.55$
- $E = 0.02$ (허용오차 ±2%)

계산:

$$n = \frac{(1.96)^2 \cdot 0.55 \cdot (1-0.55)}{0.02^2} = \frac{3.8416 \cdot 0.55 \cdot 0.45}{0.0004} = \frac{0.95022}{0.0004} = 2375.55$$

최종 답:

$\boxed{2376}$ 명(반올림)

엑셀을 이용한 풀이

[예 6-1]의 T식품 사례는 생산되는 감귤의 무게(g)가 $\overline{X} = 100.8$, $\sigma = 10.0$, $n = 50$일 때, 95% 신뢰수준의 모평균 신뢰구간을 추정하는 문제이다.

절차 1

우선 아래와 같이 데이터를 입력한다. 그리고 〈셀 A14〉에 '평균', 〈셀 A15〉에 '표준편차', 〈셀 A16〉에 '95%오차값'이라고 입력한다.

	A	B	C	D	E
1	감귤무게				
2					
3	105	104	87	100	100
4	99	103	110	108	110
5	102	99	110	96	97
6	103	97	106	98	106
7	105	100	98	104	100
8	97	110	110	115	105
9	85	100	89	89	107
10	106	103	107	100	98
11	100	98	108	99	93
12	89	98	90	96	103
13					
14	평균				
15	표준편차				
16	95% 오차값				

절차 2

먼저 평균을 계산하기 위하여 셀 포인터를 〈셀 B14〉에 놓고 [함수 마법사]를 실행한다. [범주 선택(C)]에서 '통계'를 선택하고 [함수 선택(N)]에서 'AVERAGE'를 선택한다.

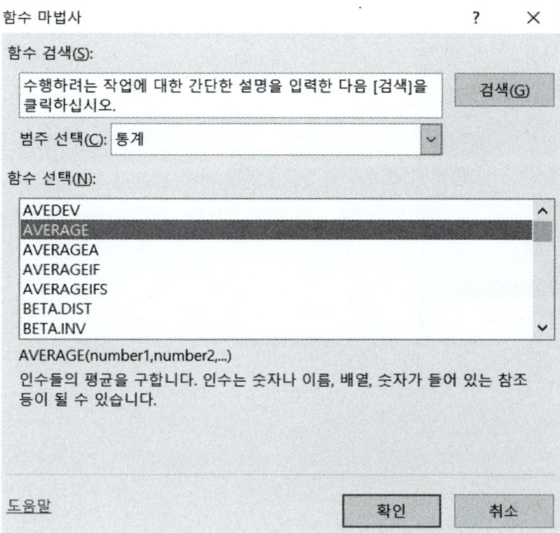

절차 3

다음과 같이 함수 인수 입력 대화상자가 나타나면 [Number1]에 데이터가 입력되어 있는 〈범위 A3:E12〉를 선택한 후 확인을 클릭한다.

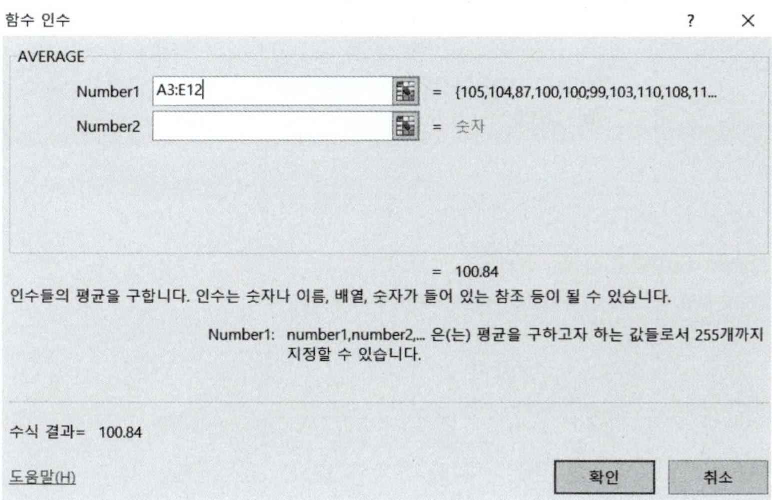

절차 4

다음으로 표준편차를 구하기 위해 셀 포인터를 〈셀 B15〉에 위치시키고 다시 [함수 마법사]를 실행하고 [범주 선택(C)]에서 '통계'를 선택하고 [함수 선택(N)]에서 'STDEV.S'를 선택(표본집단인 경우. 모집단인 경우에는 'STDEV.P'를 선택)한 후 확인을 클릭한다.

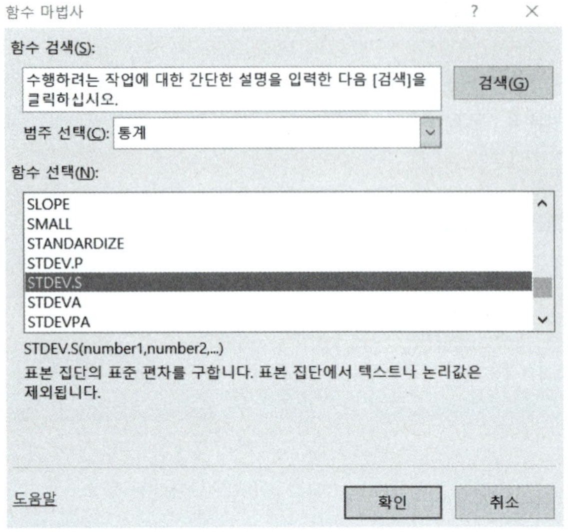

절차 5

다음과 같이 함수 인수 입력 대화상자가 나타나면 평균의 경우와 마찬가지로 [Number1]에 데이터가 입력되어 있는 〈범위 A3:E12〉를 선택한 후 [확인]을 클릭한다.

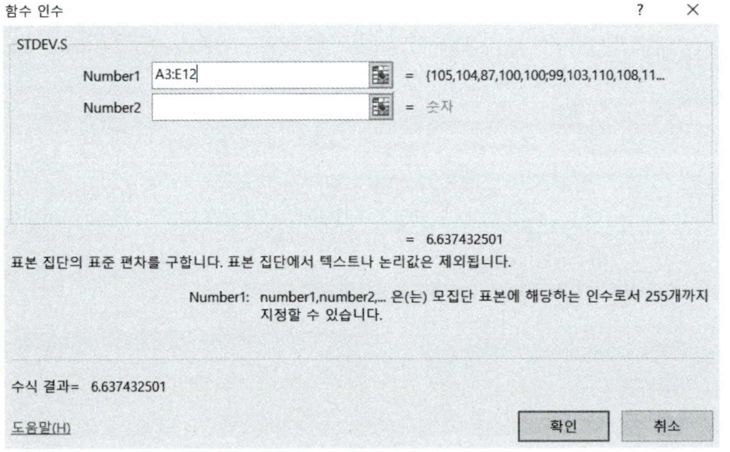

절차 6

앞서 계산한 평균과 표준편차값을 이용하여 이 모집단평균의 95% 신뢰구간을 계산해 본다. 셀 포인터를 〈셀 B16〉에 위치시키고 [함수 마법사]를 실행한다. 그리고 [범주 선택(C)]에서는 '통계'를, [함수 선택(N)]에서는 'CONFIDENCE.NORM'를 선택한 후 [확인]을 클릭한다(t분포를 사용해야 하는 경우에는 'CONFIDENCE.T'를 선택).

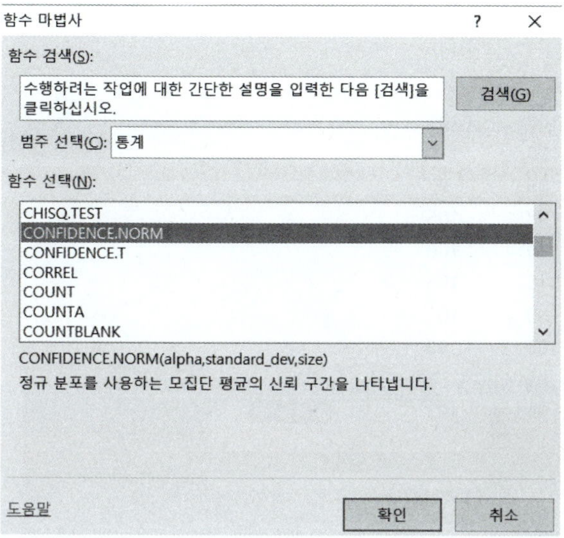

절차 7

다음과 같은 함수 인수 입력창에서 [Alpha]에는 유의수준 0.05를 입력한다. 95% 신뢰수준이면 α(유의수준)=0.05이다. [Standard_dev]에는 모표준편차값으로 10.0을 입력한다. [Size]에는 표본의 크기 50을 입력한다. 모든 입력이 끝난 후 [확인]을 클릭하면 〈셀 B16〉에 95% 신뢰구간일 때의 오차값이 계산된다.

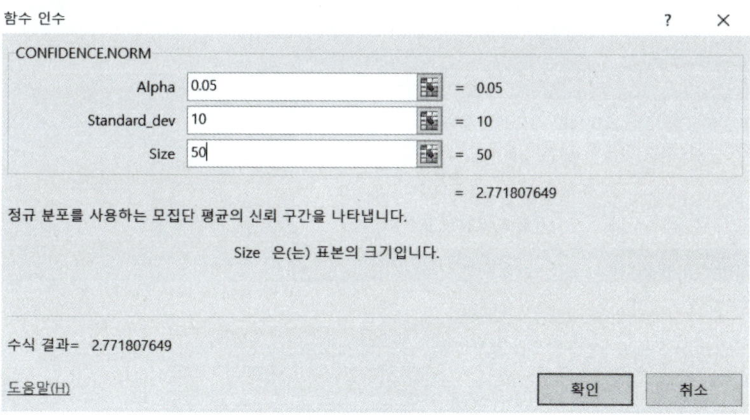

오차값이 2.77이라는 뜻은 95%의 신뢰도를 가지고 모집단을 추정할 때 모집단의 평균이 $100.8-2.77 \le \mu \le 100.8+2.77$ 이라는 뜻이다. 즉, T식품회사에서 판매하는 감귤의 평균 무게는 95%의 신뢰수준에서 모집단의 평균이 98.0g~103.6g 사이에 있다는 뜻이다.

	A	B	C	D	E
1	감귤무게				
2					
3	105	104	87	100	100
4	99	103	110	108	110
5	102	99	110	96	97
6	103	97	106	98	106
7	105	100	98	104	100
8	97	110	110	115	105
9	85	100	89	89	107
10	106	103	107	100	98
11	100	98	108	99	93
12	89	98	90	96	103
13					
14	평균	100.84			
15	표준편차	6.637433			
16	95% 오차값	2.771808			

연습문제 EXERCISES

01 중심극한정리에 대해서 설명하라.

02 임의의 모집단으로부터 추출된 표본평균의 확률분포는 평균이 1,000, 분산이 9인 정규분포를 따른다. 표본의 수가 50일 때 모집단의 평균과 분산을 구하라.

03 H백화점 고객만족센터에 접수되는 고객 불만족 건수는 하루 평균 25건, 표준편차는 3건이다. 작년 1년 중 무작위로 선택된 36일의 평균 고객 불만족 건수와 표준오차를 구하라.

04 가구당 냉장고 평균 사용기간을 추정하고자 한다. 무작위로 100가구를 추출하여 냉장고 평균 사용기간을 조사한 결과 평균 9.8년이고 표준편차는 3.2년이었다. 우리나라 가구의 평균 냉장고 사용기간에 대해 95% 신뢰구간을 구하라. 단, 모집단의 표준편차가 3.4년으로 알려져 있다.

05 서울시에 거주하는 성인 1인당 신용카드 보유 개수를 추정하기 위하여 성인 25명을 무작위로 추출하여 조사한 결과 1인당 평균 7.3개, 표준편차는 2.6개였다. 서울시민 1인당 평균 신용카드 보유 개수의 99% 신뢰구간을 구하라.

06 A대학교 재학생의 연평균 영화 관람 횟수를 추정하고자 한다. 무작위로 50명을 선발하여 조사한 결과 연평균 8.9회, 표준편차가 2.7회로 조사되었다. A대학교 재학생의 1년 평균 영화 관람 횟수에 대한 99% 신뢰구간을 구하라.

07 B조사회사는 대한민국 20대의 몇 %가 P사의 SNS를 이용하고 있는지를 확인하고자 한다. 이를 위해 전국에서 20대 2,000명을 무작위로 추출하여 조사한 결과 그중 840명이 P사의 SNS를 이용하고 있는 것으로 나타났다. 이용률에 관한 90% 신뢰구간을 구하라.

08 C사는 자사의 탄산음료에 대한 인지도를 추정하려고 한다. 추정오차가 0.03 이하일 확률이 95%가 되도록 표본을 추출하고자 할 경우 적정한 표본크기를 구하라. 인지도에 대한 사전정보는 없으며, 대략 25%의 소비자들이 알고 있을 것으로 추정된다.

CHAPTER

07 단일집단 모평균의 검정

BUSINESS STATISTICS

1. 통계적 가설검정

2. 단일 모집단의 평균에 대한 가설검정

3. 모집단의 특성과 검정통계량 t분포와 Z분포의 관계

1. 통계적 가설검정

1.1 통계적 가설검정의 의의

우리는 유튜브, TV, 인터넷 등의 다양한 매체에서 매 순간 쏟아지는 통계 홍수의 시대에 살고 있다. 통계가 갖는 함정 중의 하나는 통계가 정확하고 객관적인 자료일 것이라는 가정이다. 하지만 미디어가 뱉어내는 통계들은 항상 정확하지는 않으며, 분석가나 활용 주체의 목적에 따라 교묘하게 왜곡되기도 한다. 그러므로 통계에 대한 명확한 관점을 갖추지 않으면 가짜 정보나 가짜 뉴스에 쉽게 속아 넘어갈 가능성이 높다. 그러므로 어떤 통계수치를 접하면 원래의 통계량이 정확히 표현되었는지 그 해석이 적절한지를 확인할 필요가 있는데, 이를 위한 방법 중 하나가 통계적 가설검정이다.

통계적 가설검정(statistical hypothesis testing)은 어떤 통계적 주장이 옳거나 그름을 알아보기 위한 통계적 절차로서, 표본으로부터 얻은 정보(통계치)를 이용하여 모수에 대한 예상이나 주장이 옳고 그름을 판정하는 과정이다. 통계적 가설검정은 가설 설정과 자료 분석의 두 단계를 거친다.

가설(statistical hypothesis)[01]은 조사자가 관심을 갖는 두 개 이상의 변수나 현상들의 관계를 검정 가능한 형태로 서술한 문장 혹은 선언문이다. 가설은 과학적 방법으로 반드시 검증되어 사실 혹은 거짓 중의 하나로 판명될 수 있어야 하므로, 관념이나 미신 등에 관한 가설은 성립하지 않는다. 가설은 대립가설(H_1 , alternative hypothesis)과 귀무가설(H_0 , null hypothesis)로 나뉜다. 대립가설은 조사자나 연구자가 알고 싶은 것에 대한 선언문이며, 통계적 증거를 통해서 자신의 주장이 옳음을 입증해야 하는 가설이다. 반대로 귀무가설은 현상 유지에 관한 선언으로, 연구자가 주장하는 가설이 기각되면 그대로 유지될 기존 지식이나 상황에 관한 것이다.

연구자나 조사자의 입장에서는 대립가설이, 통계학적으로는 귀무가설의 채택여부가 중요하다. 이는 오랜 통계적 경험에서 정립된 원칙으로, 법정에서 피의자를 변호하는 변

01 가설은 조사자가 관심을 갖는 두 개 이상의 변수나 현상들의 관계를 검정 가능한 형태로 서술한 문장이다. 과학적 방법으로 반드시 검증할 수 있어야 하며, 사실 혹은 거짓 중의 하나로 판명될 수 있어야 한다.

호사의 입장과 비슷하다. 법정에서 변호사는 자신의 의뢰인이 죄가 없으므로 선량한 일반인의 자격, 즉 무죄추정의 원칙을 유지해야 함을 주장하는 반면, 검사는 피의자의 범죄 증거를 제시하여 선량한 일반인 가설이 잘못되었음을 재판장에게 호소한다. 이때 변호인의 주장인 귀무가설은 "피의자가 선량한 일반인과 다르지 않다 혹은 피의자의 행위는 죄가 아니다"이고 검사의 대립가설은 "피의자가 선량한 일반인과는 다른 범죄자이다 혹은 피의자의 행위는 범죄에 해당한다"이다. 판사는 재판 중에 검사가 제시한 증거나 증언이 명백한 범죄의 증거로 성립되지 않는 한, 귀무가설인 선량한 일반인 가설을 채택하여 무죄를 선고한다.

식품의약품안전처가 신약을 심사하는 과정도 비슷하다. 식품의약품안전처는 약품의 효과와 안전성을 고려하여 보수적으로 귀무가설을 설정할 것이다. 이때의 귀무가설(H_0)는 "신약은 기존약품과 효과 차이가 없다"와 같은 선언문이 되며, 신약 개발자 입장인 대립가설(H_1)은 "신약은 기존약품보다 더 효과적이다"가 될 것이다. 식품의약품안전처는 약품 실험을 통해 두 집단에서의 효과가 같거나 비슷하면 귀무가설이 채택하고, 그 반대의 경우는 귀무가설을 기각한다. 신약 개발자의 입장에서는 귀무가설이 기각될 때에만 자신의 주장인 대립가설이 채택되는 것이다.

가설 검정에는 다양한 통계치가 활용되는데, 모집단의 대표 특성치인 평균과 비율 그리고 분산 등이 있다. 단일 모집단의 평균에 관한 가설검정은 본 장에서 다루며, 두 집단 평균차이에 관한 가설검정은 8장에서 배운다. 9장에서는 단일 모집단과 두 집단의 비율 및 분산차이에 관한 가설검정을 다루며, 분산비를 이용한 세 집단 이상의 평균차이검정은 11장에서 다룬다. 본장에서 학습할 단일 모집단평균에 관한 가설검정은 이후 학습할 내용의 토대가 된다는 점에서 매우 중요하다.

ChatGPT 활용

가설검정을 활용하는 재미있는 사례를 알려주세요

아래는 가설검정을 활용한 **재미있고 실생활에 가까운 사례**입니다:

동전의 공정성 검정

상황:

친구가 "이 동전은 완전 공정해!"라고 주장합니다. 당신은 의심스럽습니다. 정말 앞면과 뒷면이 나올 확률이 같을까요?

가설 설정:

- **귀무가설(H_0)**: 동전은 공정하다 (앞면 확률 = 0.5)
- **대립가설(H_1)**: 동전은 공정하지 않다 (앞면 확률 ≠ 0.5)

실험:

동전을 100번 던졌더니 앞면이 **65번** 나왔습니다.

검정:

- 기대값: 100 × 0.5 = 50
- 관측값: 65
- 유의수준: 0.05
- 이항분포 또는 정규근사를 사용해 p-value 계산

해석:

p-value가 0.05보다 작다면, 귀무가설을 기각하고 "이 동전, 공정하지 않을 수도 있겠다"고 결론 내릴 수 있습니다.

1.2 통계적 가설검정의 2가지 오류

가설검정은 확률에 의한 통계적 절차이므로 언제나 잘못된 판단을 할 가능성이 있다. 가설검정에서 발생하는 통계적 오류(error)는 제1종 오류와 제2종 오류의 두 가지가 있다. 제1종 오류는 옳은 귀무가설 (H_0)을 잘못 기각할 확률(α)이고, 제2종 오류는 옳지 않은 귀무가설을 잘못 수용할 확률(β: beta)이다. 이를 도식화하면 〈표 7-1〉과 같다.

표 7-1 가설검정 결과와 오류

	H_0를 사실로 판정	H_0를 거짓으로 판정
귀무가설 H_0가 사실	옳은 결정, 신뢰수준$(1-\alpha)$	잘못된 기각(제1종 오류, α)
귀무가설 H_0가 거짓	잘못된 채택(제2종 오류, β)	옳은 결정, 검정력$(1-\beta)$

제1종 오류 α(alpha)는 유의수준(significance level)이라고도 하며, 귀무가설이 참일 때 검정통계량이 모수에 포함되지 않을 확률, 즉 잘못된 기각의 오류를 범할 확률이다. 전체 확률 1에서 유의수준(α)을 뺀 확률구간($1-\alpha$)은 검정통계량이 모수에 제대로 포함될 확률구간을 의미하며, 신뢰수준(confidence level)이라고 한다. 유의수준을 엄격히 설정하면 신뢰수준이 높아지므로 잘못된 기각오류의 확률을 줄일 수 있다.[02] 전체확률 1에서 제2종 오류를 뺀 확률구간($1-\beta$)을 검정력(statistical power)라고 한다. 이는 잘못된 귀무가설을 통계적 검증으로 제대로 기각하고 대립가설을 채택할 확률을 의미한다. 검정력이 커지면 조사나 연구의 타당성이 높아지므로, 제2종 오류도 적어진다. 검정력을 높이는 방법은 표본크기를 크게 하거나, 제1종 오류의 허용치인 유의수준을 낮추는 방법 등이 있다.

오류는 적을수록 좋다. 그런데 두 오류는 서로 상충관계에 있기 때문에 동시에 축소할 수 없다. 즉, 제1종 오류를 줄이면 제2종 오류가 증가하고, 제2종 오류를 줄이면 제1종 오류가 커지는 관계를 갖는다.

옳은 귀무가설을 잘못 기각할 확률인 제1종 오류를 줄이려면 효과 판정 기준을 엄격하게 높이면 된다. 하지만 판정기준을 너무 높게 설정하면 효과차이가 있음에도 탈락하는 경우, 즉 제2종 오류가 커질 수밖에 없다. 회사에서 우수사원을 선정할 때 우수성의 기준을 너무 엄격하게 설정하면, 아무나 우수사원이 되는 사례는 막을 수 있지만 우수사원을 아예 뽑지 못할 위험이 커지는 것과 같은 이치이다.

그러므로 통계학자나 연구자는 제1종 오류(α)와 제2종 오류(β) 중 하나를 먼저 엄격하게 설정한 다음에, 다른 오류를 축소하는 방향으로 총오류를 관리한다. 제1종 오류와 제2종 오류의 엄격성 설정은 상황에 따라 다르지만, 과학분야에서는 제1종 오류를 좀 더 강하게 통제하는 경향이 있다. 무죄인 사람에게 유죄를 선고하는 상황이나 약효가 없는데 약효가 있다고 잘못 판단하는 것은, 그 반대의 경우보다 더 심각한 결과를 초래할 수 있기 때문이다. 따라서 일반적인 가설검정 과정에서는 제1종 오류 확률인 α값을 0.05, 0.01 등으로 먼저 고정하고, 그 다음에 제2종의 오류 확률(β)을 줄이려는 쪽으로 방향을 잡는다. 제2종 오류의 회피정도($1-\beta$)를 검정력(statistical power)이라고 하는데, 검정통계량의 자유도가 높아지면 제2종 오류가 줄어들면서 검정력도 높아지는 효과가 있다.

---

02 정확한 표현으로는, 유의수준이 엄격해서 제1종 오류확률을 낮추는 것이 아니라, 제1종 오류를 줄이기 위해 유의수준을 엄격하게 설정하는 것이다.

예를 들어, 표본의 크기를 늘려서 검정통계량의 자유도를 높이면, 제2종 오류가 줄어들기 때문에 검정력이 높아진다.

물론 코로나19와 같이 새로운 신약의 빠른 도입이 중요한 상황에서는, 제1종 오류를 느슨하게 설정하는 방식으로 제2종 오류를 줄이는 경우도 있다.

1.3 통계적 가설검정의 유형

통계적 가설검정은 양측검정(단순가설)과 단측검정(복합가설)의 두 가지 형태가 있다. 단순가설은 대립가설에 투입되는 변수의 형태가 "차이가 있다, 다르다, 변화가 있다" 등의 "부정등호($\neq$)" 관계를 갖는 선언문이고(예 7-1 참조), 복합가설은 대립가설의 변수들이 "크다, 높다, 커진다"와 같은 의미의 "부등호($>, \geq, <, \leq$)"의 관계를 갖는 선언문이다(예 7-2 참조).

1) 양측검정

귀무가설이 등호로 표시되는 양측검정(two-tailed test)은 귀무가설의 기각영역이 확률분포의 좌 · 우 양쪽 극단에 위치하며 [그림 7-1]과 같이 표현된다. 유의수준이 α인 귀무가설이 양측검정일 경우 오른쪽 임계치는 α의 $\frac{1}{2}$인 $Z_{\alpha/2}$이고 왼쪽 임계치는 $-Z_{\alpha/2}$이다.

그림 7-1 Z분포에서의 임계치 : 양측검정

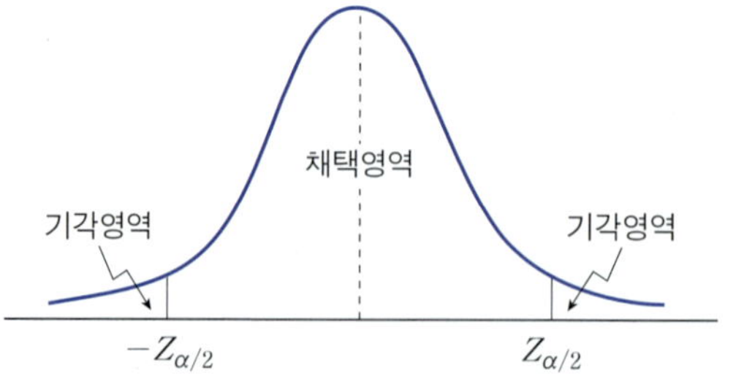

그림 7-2 Z분포에서의 임계치

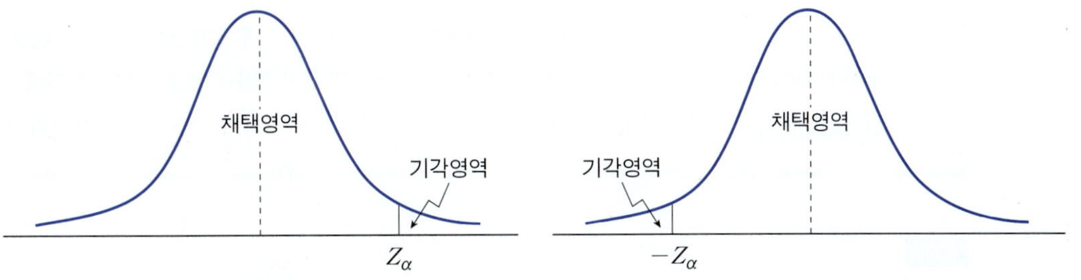

(a) 우단측검정
$H_0 : \mu \le \overline{X},\ H_1 : \mu > \overline{X}$

(b) 좌단측검정
$H_0 : \mu \ge \overline{X},\ H_1 : \mu < \overline{X}$

- 귀무가설(H_0) : $\mu = \overline{X}$
- 대립가설(H_1) : $\mu \neq \overline{X}$

2) 단측검정

단측검정(one-tailed test)은 확률분포의 한쪽에만 귀무가설의 기각영역이 생기는 가설검정이다. 단측검정은 [그림 7-2]와 같이 기각영역이 분포의 오른쪽에만 나타나는 우단측검정과 왼쪽에만 나타나는 좌단측검정이 있다. 대립가설이 $\mu > \overline{X}$ 이면 우단측검정이고, $\mu < \overline{X}$ 이면 좌단측검정이다.

1.4 통계적 가설검정(유의성 검정)의 단계

통계적 가설검정(유의성 검정) 과정은 ① 귀무가설(H_0)과 대립가설(H_1)을 설정하는 단계, ② 유의수준 α 의 결정, ③ 유의수준에 해당하는 임계치의 결정, ④ 검정통계량의 계산, 마지막으로 ⑤ 결과해석, 즉 임계치와 검정통계량을 비교하여 귀무가설을 기각하거나 채택을 결정하는 다섯 단계로 나뉜다.

예 7-1 S백화점은 최근에 집행한 모바일 광고에 따른 매출액 변화를 알아보고 싶어 한다. 광고를 하기 전 하루 평균 매출액은 1,000만 원이었는데, 광고 후 9일 동안의 평균 매출액은 1,005만 원이었다. 모집단이 정규분포를 이루고 표준편차가 7만 원으로 알려져 있을 때, 모바일 광고에 의해 S백화점의 하루 매출액이 변화되었는지를 유의수준 5%에서 검정하라.

풀이

① 귀무가설 H_0 와 대립가설 H_1 설정

귀무가설은 검정되어 기각되어야 할 가설로서 지금까지 받아들여진 주장이나 이론을 토대로 설정하지만, 대립가설은 연구자가 주장하거나 밝히고 싶은 사실을 중심으로 설정한다. 귀무가설을 설정할 때에는 단측검정이 필요한 복합가설로 설정하거나 양측검정이 필요한 단순가설의 형태로 설정할 수 있다. 가설의 형태에 따라 결과해석이나 귀무가설의 채택 여부가 달라진다.

[예 7-1]은 일평균 매출액이 달라졌는지를 검정하는 단순가설(양측검정)이므로 귀무가설과 대립가설은 다음과 같다.

- $H_0 : \mu = 1,000$ 만 원(일평균 매출액은 1,000만 원일 것이다.)
- $H_1 : \mu \neq 1,000$ 만 원(일평균 매출액은 1,000만 원이 아닐 것이다.)

② 유의수준 α 의 결정

유의수준(significance level)은 귀무가설이 참인데도 기각해 버릴 확률로서 제1종 오류의 최대허용수준이다. α 로 표시하며 보통 0.01, 0.05, 0.1의 수준에서 결정된다. 유의수준은 연구의 목적, 연구자의 주관적 판단 그리고 의사결정의 오류로 인해 발생하게 될 손실의 크기 등을 고려하여 설정한다. 엄격한 판단이 필요하거나 잘못된 결론이 초래할 위험이 크다면 제1종 오류의 허용치(유의수준)를 엄격하게 적용하는 것이 좋다. 위 예에서는 $\alpha = 0.05$를 가정한다.

- $\alpha = 0.05$

③ 임계치의 결정

임계치(critical value)는 귀무가설의 기각과 채택 여부를 판단하는 기준값이다. 아래 그림에서 모수의 추정량인 표본통계량이 귀무가설의 기각영역(rejection region)에 포함되면 귀무가설이 기각되어 대립가설을 채택하고, 채택영역에 들어가면 귀무가설이 채택되므로 대립가설을 기각한다. 임계치는 $\overline{X}$ 나 그에 대응하는 Z값 중의 하나로 표현할 수 있지만 Z값으로 표현하는 것이 더 편리하다.

[예 7-1]은 유의수준 $\alpha = 0.05$ 에서의 양측검정이므로, $-Z_{0.025}$ 는 -1.96, $Z_{0.025}$ 는 1.96이다. 이를 고려한 채택영역은 $-1.96 \leq Z \leq 1.96$이다.

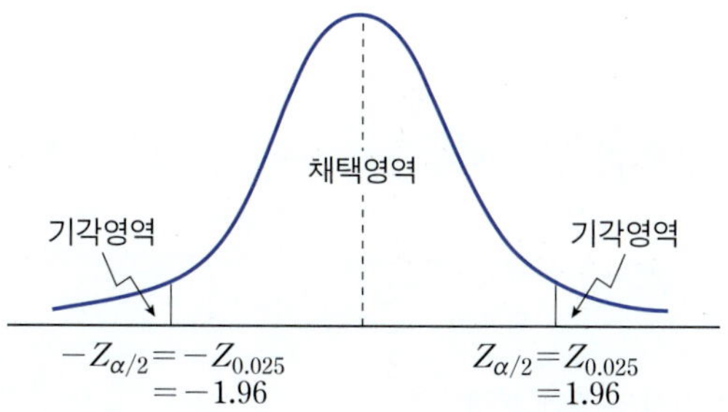

④ **검정통계량의 계산**

임계치가 결정되면 표본에서 계산된 통계량이 귀무가설의 기각영역에 속하는지 채택영역에 속하는지를 계산하여야 한다. 검정통계량(test statistic)은 가설검정의 유형에 따라 Z분포, t분포, F분포, χ^2분포 등의 다양한 분포값이 사용된다. 임계치와 마찬가지로 검정통계량도 X나 Z값으로 표현할 수 있다. 임계치를 Z값으로 설정하였으면 검정통계량도 Z값으로 계산하는 것이 좋다.

모집단의 분산을 알고 있을 때의 양측 검정통계량

$$Z=\left(\frac{\overline{X}-\mu}{\sigma/\sqrt{n}}\right)$$

$H_0:\mu=\overline{X},\ H_1:\mu\neq\overline{X}$ 일 때 $Z>Z_{\alpha/2}$ 또는 $Z<-Z_{\alpha/2}$ 이면 H_0를 기각한다.

모분산을 알고 있는 모평균에 대한 가설검정이므로 Z통계량을 사용한다. $\overline{X}=1,005$, $\mu=1,000$, $\sigma^2=49$, $n=9$의 검정통계량은 다음과 같다.

$$Z=\frac{1,005-1,000}{7/\sqrt{9}}=2.1$$

⑤ **결과해석**

표본통계량의 Z값이 귀무가설의 기각영역에 있으면 H_0를 기각하고, 채택영역에 있으면 H_0를 채택한다. [예 7-1]에서 $\alpha=0.05$인 양측검정의 귀무가설(H_0, $\mu=1,000$만 원)의 채택영역은 $-1.96\leq Z\leq 1.96$이고, $Z=2.1$이므로 귀무가설은 기각되고 대립가설(H_1, $\mu\neq 1,000$만 원)이 채택되었다. 즉, 광고 후 S백화점의 일평균 매출액은 1,000만 원이라 할 수 없다.

전문 통계 프로그램에서는 기각영역이나 임계치를 따로 계산할 필요없이 p값(유의확률)으로 결과를 해석하면 된다. p값은 H_0에 배치되는 사건이 H_0의 가정 안에서 발생할 확률로서, p값이 주어진 α보다 작은 경우 귀무가설을 기각한다.

이상의 가설검정 단계를 요약하면 다음과 같다.

가설검정의 단계

① 귀무가설 (H_0) 과 대립가설 (H_1) 의 설정
② 유의수준 (α) 의 결정
③ 임계치의 계산 : 귀무가설의 채택영역과 기각영역의 결정
④ 검정통계량의 계산
⑤ 결과해석

예 7-2 모바일 광고에 의해 S백화점의 9일간 일평균 매출액이 1,000만 원보다 증가하였음을 유의수준 5%에서 검정하라. 이때 모집단은 정규분포를 이루며 표준편차는 7만 원이다.

풀이

모바일 광고 이후 일평균 매출액이 1,000만 원보다 늘어났음을 검정하려는 우단측검정이다.

① 귀무가설과 대립가설 설정

- $H_0 : \mu < 1,000$ 만 원(일평균 매출액은 1,000만 원 이하일 것이다.)
- $H_1 : \mu > 1,000$ 만 원(일평균 매출액은 1,000만 원을 초과할 것이다.)

② 유의수준 결정

양측검정에서와 마찬가지로 $\alpha = 0.05$를 가정한다.

③ 임계치의 계산 : 귀무가설의 채택영역과 기각영역의 결정

유의수준 0.05인 우단측검정의 임계치 $Z_{0.05}$ 는 1.64이므로 귀무가설의 채택영역은 $Z \leq 1.64$ 이다. 이를 그림으로 나타내면 다음과 같다.

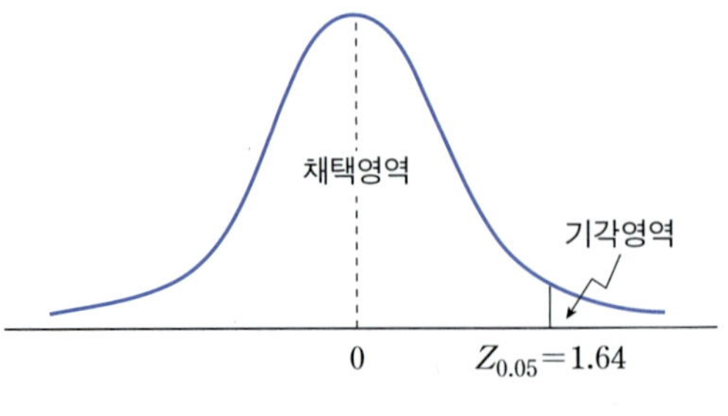

④ 검정통계량의 계산

모집단의 분산을 알고 있을 때 단측 검정통계량

$$Z=\left(\frac{\overline{X}-\mu}{\sigma/\sqrt{n}}\right)$$

$H_0: \mu \leq \overline{X}$, $H_1: \mu > \overline{X}$ 일 때 $Z > Z_\alpha$ 이면 H_0 를 기각한다.

$\overline{X}=1,005$, $\mu=1,000$, $\sigma^2=49$, $n=9$일 때의 검정통계량은 다음과 같다.

$$Z=\frac{1,005-1,000}{7/\sqrt{9}}=2.1$$

⑤ 결과해석

$\alpha=0.05$ 인 우단측검정($H_0 \leq 1,000$만 원)일 때의 귀무가설의 채택영역은 $Z \leq 1.64$인데, 검정통계량은 2.1이므로 귀무가설을 기각한다. 모바일 광고 후 S백화점의 하루 평균 매출액은 1,000만 원 이하라고 할 수 없으며 1,000만 원보다 증가했다.

2. 단일 모집단의 평균에 대한 가설검정

모집단평균에 대한 가설검정에는 다음의 세 가지 상황이 있다. 첫째, 모집단의 분산을 알고 있는 경우, 둘째, 모집단의 분산을 알지 못하면서 소표본일 경우, 셋째, 모집단의 분산은 모르지만 표본의 크기가 큰 경우이다.

2.1 모집단의 분산을 알고 있을 때

모집단의 분산을 알 수 있으면 표준정규분포를 이용하여 집단 간 평균차이 등에 관한 가설을 검정할 수 있다. 그런데 분산은 평균으로부터 계산되기 때문에, 모평균을 모르면 모집단의 분산을 계산할 수 없다. 즉 모분산을 안다는 것은 모평균과 모분산을 이미 알고 있는 상황을 의미한다. 그러므로 가설을 검증할 때 굳이 표본통계량을 계산할 필요 없이 모수를 직접 비교하면 된다. 표본조사 상황에서 이런 가정은 현실적이지 않다.

예 7-3 우리나라 자가용 승용차의 평균 보유연한은 8.7년이고, 표준편차는 2.8년이라는 보고서가 나왔다. 8.7년 만에 차를 바꾼다는 주장의 진위를 검증하기 위해 자동차를 보유한 9명을 표본조사한 결과 평균 7.0년 만에 차를 바꾼다는 결과를 얻었다. 이 경우 우리나라 자가용 보유자의 평균 보유연한이 8.7년이라는 주장을 검증하라.

풀이

위의 예는 분산을 알고 있을 때의 모집단평균에 관한 가설검정의 기본형태이다.

① 귀무가설과 대립가설의 설정

단순가설 형태의 귀무가설과 대립가설은 다음과 같다.

- $H_0 : \mu = 8.7$
- $H_1 : \mu \neq 8.7$

복합가설에서의 귀무가설과 대립가설은 다음과 같다.

- $H_0 : \mu \geq 8.7$
- $H_1 : \mu < 8.7$

② 유의수준의 결정

여기서는 0.05의 유의수준을 가정한다.

- $\alpha = 0.05$

③ 임계치의 계산 : 귀무가설의 채택영역과 기각영역의 결정

- 양측검정에서의 임계치 : 유의수준 0.05일 때 $-Z_{0.025} = -1.96$, $Z_{0.025} = 1.96$ 이므로 이를 고려한 귀무가설의 채택영역은 $-1.96 \leq Z \leq 1.96$ 이다.

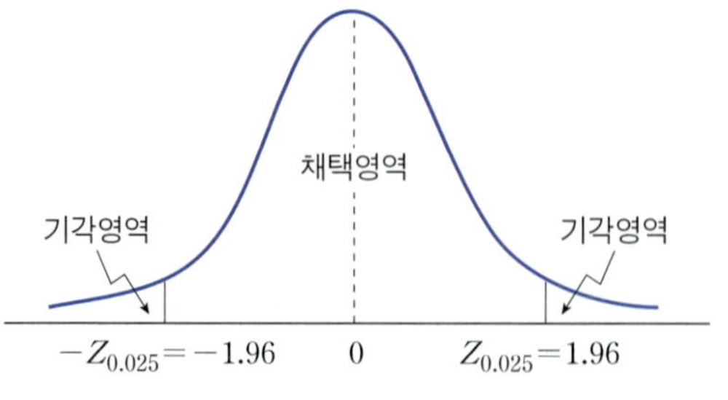

- 단측검정에서의 임계치 : $\alpha=0.05$ 인 좌단측검정의 임계치는 1.64이므로 귀무가설의 채택영역은 $Z \geq -1.64$이고, 기각영역은 $Z < -1.64$이다. 이를 그림으로 나타내면 다음과 같다.

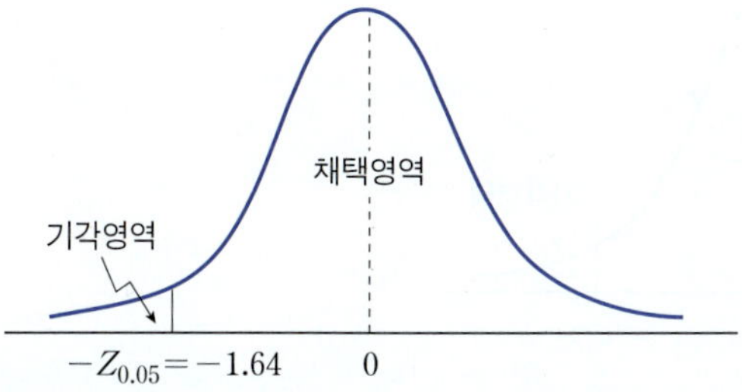

④ **검정통계량의 계산**

$$Z=\frac{7.0-8.7}{2.8/\sqrt{9}}=-1.82$$

⑤ **결과해석**

- $\alpha=0.05$ 인 양측검정($H_0 : \mu=8.7$)일 때의 귀무가설의 채택영역은 $-1.96 \leq Z \leq 1.96$이므로 이 귀무가설은 채택되었다. 즉, 우리나라 자가용 승용차의 평균 보유연한은 8.7년이라고 해도 무방하다.
- $\alpha=0.05$ 인 단측검정($H_0 : \mu \geq 8.7$)의 귀무가설의 채택영역은 $Z \geq -1.64$이므로 이 귀무가설은 기각된다. 그러므로 우리나라 자가용 승용차의 평균 보유연한은 8.7년보다 더 짧다.

2.2 모집단의 분산을 모르는 소표본일 때

2.1에서 언급한 바와 같이 모집단 분산을 안다는 가정은 현실적이지 않다. 오히려 모집단의 분산을 모르는 상태에서 소규모 표본만을 가지고 모집단의 평균을 추정하는 경우가 더 많다. 모평균과 모분산 모두를 모르는 상태이므로, 모집단의 분산(σ^2) 또는 표준편차(σ) 대신에 표본분산(s^2) 또는 표본표준편차(s)를 이용하여 검정통계량을 구한다.

이미 배운 바와 같이 표본의 수가 30개 미만인 표본분포는 자유도 $n-1$의 t분포를 이룬다. 그러므로 검정통계량의 계산도 Z값 대신 t값을 이용한다. t분포를 이용하여 가설을 검정하더라도 가설검정의 기본논리나 절차는 변함이 없으며, 임계치와 표본통계량을 계산할 때 Z값 대신 t값을 이용하는 점이 다를 뿐이다. [그림 7-3]은 t분포의 양측검정 임계치를 표시한 것이다.

그림 7-3 t분포에서의 임계치 : 양측검정

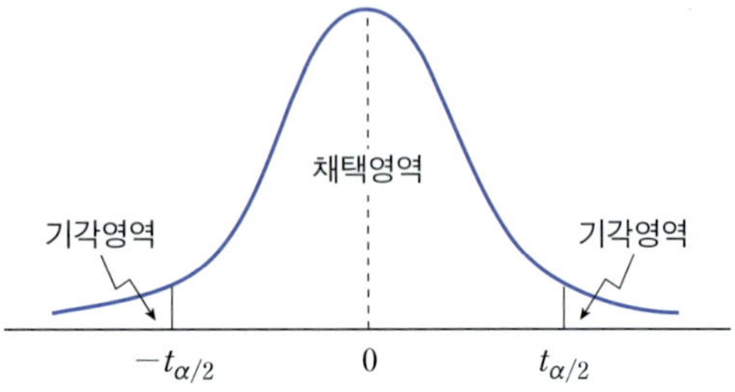

[그림 7-4]는 t분포를 이용한 모집단평균에 대한 좌 · 우측 단측검정의 임계치이다.

그림 7-4 t의 임계치 : 단측검정

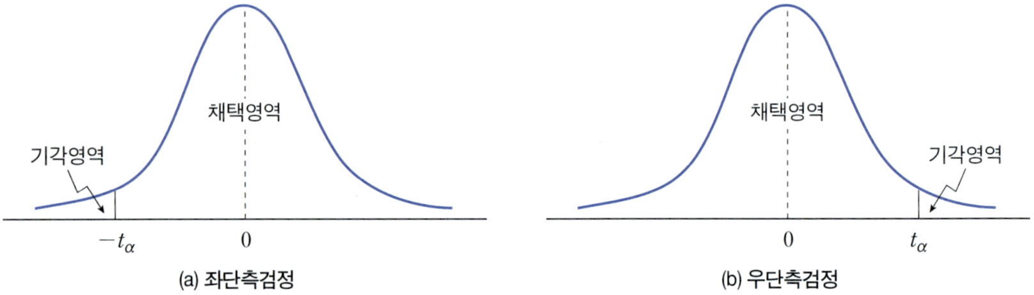

예 7-4 A라면의 평균 중량은 350g이다. 당일 생산된 라면 16개를 뽑아 중량을 조사하였더니 평균 347g이고 표본의 표준편차는 6.52g이었다. 유의수준을 5%로 하였을 때 다음의 문제를 해결하라.

1) 라면의 평균 중량은 350g보다 적은가?

2) 라면의 평균 중량을 350g이라 할 수 있는가?

풀이

모집단의 표준편차(σ)를 알지 못하므로 σ의 불편추정량인 s를 사용하여 가설을 검정한다. 표본의 수가 적으므로 표본평균의 분포는 $\mu=350$, $s_X=s/\sqrt{n}=1.63$, 자유도 $n-1=15$인 t분포를 이룬다.

1) t분포의 단측검정

[예 7-4]의 1)은 분산을 모르는 소표본에서의 단측검정 사례이다.

① 귀무가설과 대립가설의 설정

귀무가설은 라면의 중량이 350g보다 적지 않다는 회의적인 태도를 반영하여야 하므로 귀무가설과 대립가설은 다음과 같다.

- $H_0 : \mu \geq 350$
- $H_1 : \mu < 350$

② 유의수준의 결정

- $\alpha = 0.05$ 인 좌단측검정

③ 임계치의 계산 : 귀무가설의 채택영역과 기각영역의 결정

결정된 유의수준을 충족시키는 임계치는 $\overline{X}$ 로 표현하거나, t값으로 표현할 수 있지만 검정통계량이 t통계량이므로 t값으로 표현하는 것이 더 편리하다. t분포표를 보면 $\alpha = 0.05$ 이고 자유도가 15인 t값은 1.753이다. 좌단측검정이므로 귀무가설의 채택영역은 $t \geq -1.753$, 기각영역은 $t < -1.753$이다.

④ 검정통계량의 계산

임계치가 결정되면 표본에서 계산된 통계량이 귀무가설의 기각영역과 채택영역의 어느 부분에 속하는지를 판별해야 한다. 임계치와 마찬가지로 검정통계량 역시 $\overline{X}$ 로 표현할 수도 있고 t로 표현할 수도 있지만, 일반적으로 t값을 이용한다.

모집단의 분산을 모르는 소표본일 때의 검정통계량

$$t = \left(\frac{\overline{X} - \mu}{s / \sqrt{n}} \right)$$

$\overline{X} = 347$, $\mu = 350$, $s = 6.52$, $n = 16$ 인 t검정통계량은 다음과 같이 계산된다.

$$t = \frac{\overline{X} - \mu}{s / \sqrt{n}} = \frac{347 - 350}{6.52 / \sqrt{16}} = -1.840$$

⑤ 결과해석

아래의 그림과 같이 검정통계량 $t = -1.840$은 $\alpha = 0.05$에서의 단측검정의 귀무가설 채택영역을 벗어나 있다.

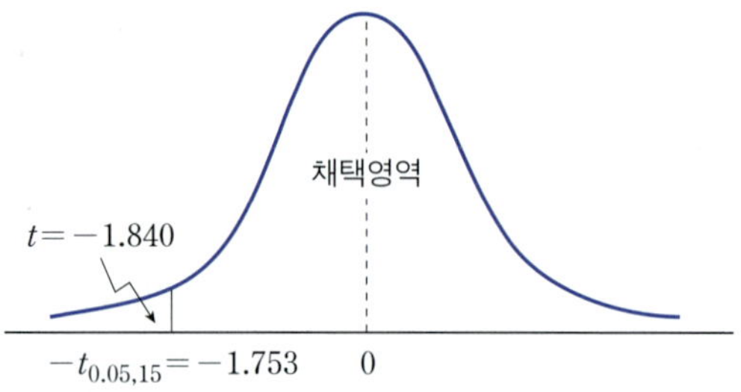

라면의 평균중량이 350g 이상이라는 귀무가설은 기각된다. 즉, 라면의 평균중량은 350g 미만이다.

2) t분포의 양측검정

[예 7-4]의 2)는 분산을 모르는 상황에서의 양측검정의 예이다. 가설검정의 순서에 따라 문제를 풀이해 보자.

① 귀무가설과 대립가설의 설정

이 경우 귀무가설은 등호가 포함되는 단순가설이므로 귀무가설과 대립가설은 다음과 같이 설정된다.

- $H_0 : \mu=350$
- $H_1 : \mu\neq350$

② 유의수준의 결정

- $\alpha=0.05$ 인 양측검정

③ 임계치의 계산 : 귀무가설의 채택영역과 기각영역의 결정

유의수준(α)이 0.05이므로 $\alpha/2=0.025$이고 자유도 15인 t분포표를 보면 2.131의 값이 나온다. 기각영역은 표본평균분포의 양쪽 꼬리 부분에 설정되므로, 귀무가설의 채택영역은 $-2.131 \leq t \leq 2.131$, 기각영역은 $t<-2.131$, $t>2.131$이다.

④ 검정통계량의 계산

$\overline{X}=347$, $\mu=350$, $s=6.52$, $n=16$인 경우의 t통계량은 -1.840이다.

⑤ 결과해석

검정통계량이 귀무가설의 채택영역 안에 있으므로 귀무가설은 채택된다.

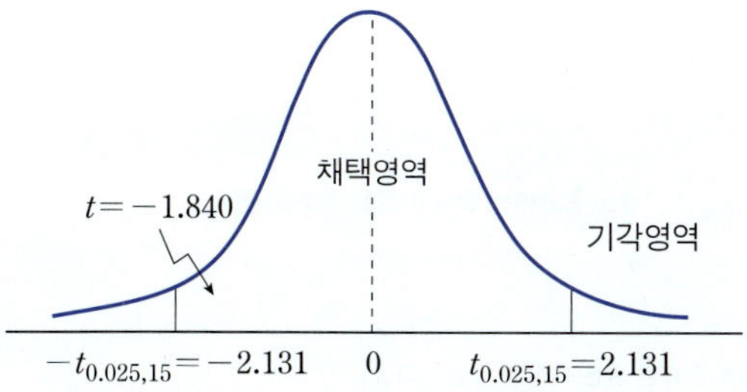

그러므로 A라면의 평균 중량은 350g이라고 할 수 있다.

2.3 모집단의 분산은 모르지만 표본의 크기가 큰 경우

모집단의 분산을 모르는 경우에는 t분포를 이용하여 가설을 검정해야 하지만, 표본의 크기가 커지면 정규분포를 이용하기도 한다. 표본의 크기가 커지면 t분포의 모양이 정규분포와 비슷해지기 때문이다. 그러므로 표본의 크기가 30개 이상인 대표본의 가설검정은 t분포를 이용해도 되고, 표준정규분포를 이용하여도 된다. 표본의 크기가 30개 이상인 경우에는 Z값을 이용하여 가설을 검정하며, 검정통계량의 계산식은 다음과 같다.

모집단의 분산은 모르지만 표본이 큰 경우의 검정통계량

$$Z=\left(\frac{\overline{X}-\mu}{s/\sqrt{n}}\right)$$

가설검정방법은 앞에서 설명한 바와 동일하므로 생략한다.

ChatGPT 활용

단일집단 모평균 검증에서 중요한 점은 무엇입니까?

단일집단 모평균 검정(One-sample t-test 또는 z-test)에서 중요한 점은 다음과 같습니다:

✅ 1. 가설 설정

- **귀무가설(H_0)**: 모평균 = 특정 값 (예: $\mu = \mu_0$)
- **대립가설(H_1)**: 모평균 ≠, >, < 특정 값 (검정 방향에 따라 다름)

✅ 2. 정규성 가정

- 모집단이 정규분포를 따라야 함
- 표본이 작을 경우(보통 $n < 30$)는 특히 중요
- 큰 표본($n \geq 30$)에서는 중심극한정리에 의해 완화 가능

✅ 3. 모분산(또는 표준편차) 정보

- **모분산을 알고 있으면 → z-검정**
- **모분산을 모르면 → t-검정 사용 (보통의 경우)**

✅ 4. 유의수준(α) 설정

- 일반적으로 0.05 사용
- 검정 결과의 신뢰도를 결정하는 기준

✅ 5. 검정통계량 계산

$$t = \frac{\bar{x} - \mu_0}{s/\sqrt{n}} \quad \text{또는} \quad z = \frac{\bar{x} - \mu_0}{\sigma/\sqrt{n}}$$

✅ 6. p-value 또는 임계값 비교

- p-value < α → 귀무가설 기각
- 통계량이 임계값을 벗어나면 → 귀무가설 기각

✅ 7. 해석

- 단순한 기각/채택이 아닌, **실질적인 의미**를 고려해 해석

3. 모집단의 특성과 검정통계량 t분포와 Z분포의 관계

가설검정에 사용될 통계량을 결정할 때에는 모집단의 분포형태와 모분산을 알고 있는지, 그리고 표본집단이 얼마나 큰지를 고려하여야 한다. 모집단 분포가 정규분포이고 모분산을 알고 있는 경우에는 표본의 크기와 상관없이 Z분포를 이용한다. 정규분포 모집단이지만 분산을 모르면 표본의 수를 고려하여야 한다. 표본의 수가 30개 미만이면 t분포를 이용하고, 표본의 수가 30개 이상이면 Z분포를 이용한다. 모집단이 정규분포를 이루지 않는 경우라도 표본의 수가 크면 중심극한정리에 의해 Z분포를 이용한다. 그러나 표본의 수가 적으면 모분산의 인지 여부와는 상관없이 비모수통계를 이용하여야 한다. 비모수 통계는 본서의 범위를 벗어나므로 설명하지 않는다. 이를 요약하면 〈표 7-2〉와 같다.

표 7-2 모집단의 특성과 검정통계량의 관계

집단분포 / 모분산 / 표본의 수	정규분포 모집단		비정규분포 모집단	
	알고 있음	모름	알고 있음	모름
대표본	Z분포	Z분포	Z분포	Z분포
소표본	Z분포	t분포	–	–

엑셀을 이용한 풀이

1) 모집단분산을 알고 있는 양측검정

■ [예 7-1]의 풀이

$\overline{X}=1,005,\ \mu=1,000,\ \sigma^2=49,\ n=9$

- $H_0: \mu=1,000$만 원
- $H_1: \mu\neq 1,000$만 원을 유의수준 0.05에서 통계적으로 가설검정한다.

절차 1

다음과 같이 주어진 데이터를 입력한다. 모표준편차와 표본평균의 표준편차, 검정통계량과 임계치는 주어진 데이터로부터 얻을 수 없으므로 비워 둔다.

	A	B	C
1	모평균	1000	
2	모분산	49	
3	모표준편차		
4	표본평균	1005	
5	표본수	9	
6	유의수준	0.05	
7	표본평균 표준편차		
8	검정통계량		
9	임계치		

절차 2

다음과 같이 수식을 입력하여 필요한 값들을 계산한다. 표본평균의 표준편차는 '모표준편차/표본수의 제곱근'이므로 〈셀 B3〉에 수식 '=SQRT(B2)'를 입력한다. 표본평균의 표준편차는 $\sigma_{\overline{X}}=\sigma/\sqrt{n}$ 이므로 〈셀 B6〉에 수식 '=B3/ SQRT(B5)'를 입력한다. 여기서 SQRT는 제곱근을 구하는 엑셀함수이다.

검정통계량은 $Z=\left(\dfrac{\overline{X}-\mu}{\sigma/\sqrt{n}}\right)$ 이므로 〈셀 B8〉에 수식 '=(B4−B1)/B7'를 입력한다. 참고로 데이터의 형태가 엑셀 기본형태인 표본으로부터 수집된 구체적 값들일 때의 표본 표준편차는 'STDEV'함수로 구할 수 있다.

	A	B	C
1	모평균	1000	
2	모분산	49	
3	모표준편차	=SQRT(B2)	
4	표본평균	1005	
5	표본수	9	
6	유의수준	0.05	
7	표본평균 표준편차	=B3/SQRT(B5)	
8	검정통계량	=(B4-B1)/B7	
9	임계치		

절차 3

검정통계량과 비교할 표준정규분포의 임계치를 계산하기 위해 'NORM.S.INV'함수를 사용한다. 〈셀 B9〉에서 [함수 마법사]를 실행시킨 후 [범주 선택(C)]에서는 '통계'를, [함수 선택(N)]에서는 'NORM.S.INV'를 선택한 후 [확인]을 클릭한다.

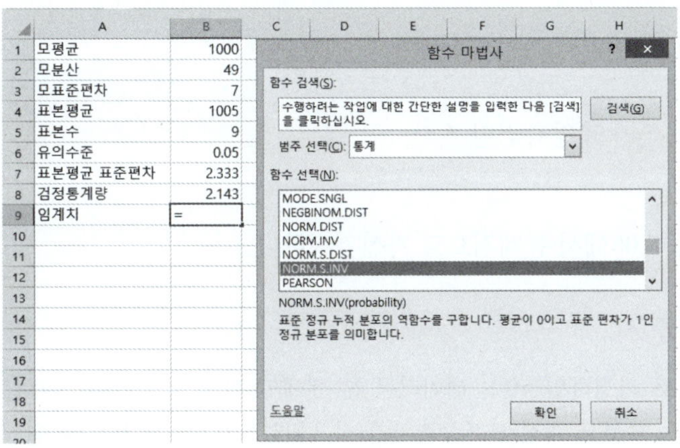

절차 4

다음과 같이 인수 입력 창이 나타나면 양측검정의 유의수준이므로 그림과 같이 [Probability]에 'B6/2'를 입력하고 [확인]을 누른다. 그러면 〈셀 B9〉에 표준정규분포의 양측 임계치가 계산된다.

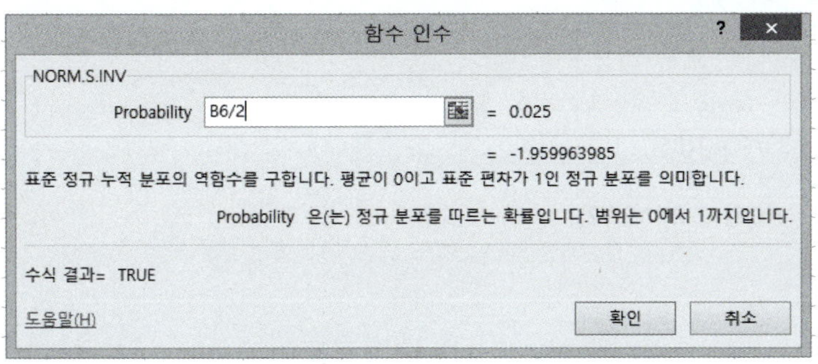

이상의 절차를 수행하면 다음과 같은 화면이 나타난다.

	A	B	C
1	모평균	1000	
2	모분산	49	
3	모표준편차	7	
4	표본평균	1005	
5	표본수	9	
6	유의수준	0.05	
7	표본평균 표준편차	2.333	
8	검정통계량	2.143	
9	임계치	-1.960	

본 예는 양측검정이므로 검정통계량값과 임계치의 절댓값(|1.96|)을 비교하여, 검정통계량이 크면 귀무가설을 기각하고 작으면 귀무가설을 기각할 수 없다. 본 예에서는 검정통계량의 절댓값이 임계치보다 크므로 귀무가설을 기각한다.

■ [예 7−3]의 풀이

$\overline{X}=7.0,\ \mu=8.7,\ \sigma=2.8,\ n=9$ 의 양측검정

- $H_0 : \mu=8.7$
- $H_1 : \mu\neq8.7$ 를 유의수준 0.05에서 통계적으로 가설검정한다.

절차 1

본 예는 [예 7−1]과 같은 방법으로 해결하면 된다. 데이터를 본 예에 맞게 입력하고 다음과 같이 수식을 입력한다. 본 예에서는 모분산 대신 모표준편차가 사용되었으므로 〈셀 B7〉에 수식 '=B3/SQRT(B5)'를 입력한다.

	A	B	C	D
1	모평균	8.7		
2	모분산			
3	모표준편차	2.8		
4	표본평균	7		
5	표본수	9		
6	유의수준	0.05		
7	표본평균 표준편차	=B3/SQRT(B5)		
8	검정통계량	=(B4-B1)/B7		
9	임계치	=-NORM.S.INV(B6/2)		

절차 2

그러면 다음과 같은 화면이 나타난다. 본 예에서는 검정통계량의 절댓값이 임계치보다 작으므로 귀무가설을 기각할 수 없다.

	A	B	C
1	모평균	8.7	
2	모분산		
3	모표준편차	2.8	
4	표본평균	7	
5	표본수	9	
6	유의수준	0.05	
7	표본평균 표준편차	0.933	
8	검정통계량	-1.821	
9	임계치	1.960	

2) 모집단분산을 알고 있는 단측검정

■ [예 7−2]의 풀이

$\overline{X}=1,005,\ \mu=1,000,\ \sigma^2=49,\ n=9$

- $H_0 : \mu \leq 1,000$ 만 원
- $H_1 : \mu > 1,000$ 만 원을 유의수준 0.05에서 통계적으로 가설검정한다.

[예 7−1]의 절차 1, 절차 2, 절차 3 과 같은 순서로 자료를 입력한다.

절차 4

〈셀 B9〉에 표준정규분포의 역함수 '=NORM.S.INV'를 선택한 뒤 [Probability]의 입력창에 유의수준을 입력한다. 단측검정이므로 α값을 $\frac{1}{2}$로 나눌 필요없이 되어 있는 〈셀 B6〉를 지정한 다음 [확인]을 누르면 〈셀 B9〉에 표준정규분포의 좌단측 임계치가 계산된다. 본 예는 우단측검정이므로 〈셀 B9〉에서 [F2]를 누른 다음, 수식 '=NORM.S.INV(B6)'에 '−1'의 값을 곱한 수식 '=−NORM.SI.NV(B6)'로 수정한다.

	A	B	C	D
1	모평균	1000		
2	모분산	49		
3	모표준편차	7		
4	표본평균	1005		
5	표본수	9		
6	유의수준	0.05		
7	표본평균 표준편차	2.333		
8	검정통계량	2.143		
9	임계치	=-NORM.S.INV(B6)		

이상의 절차를 수행하면 다음과 같은 화면이 나타난다.

	A	B	C
1	모평균	1000	
2	모분산	49	
3	모표준편차	7	
4	표본평균	1005	
5	표본수	9	
6	유의수준	0.05	
7	표본평균 표준편차	2.333	
8	검정통계량	2.143	
9	임계치	1.645	

본 예는 우단측검정이므로 검정통계량을 임계치와 비교하여 크면 귀무가설을 기각하고 작으면 귀무가설을 기각할 수 없다. 본 예에서는 검정통계량이 임계치보다 크므로 귀무가설을 기각한다.

3) 모표준편차를 알 수 없는 소표본의 단측검정

■ [예 7−4]의 1)에 대한 풀이

$\mu=350$, $\overline{X}=347$, $n=16$, $s=6.52$

- $H_0 : \mu \geq 350$
- $H_1 : \mu < 350$ 를 유의수준 0.05에서 통계적으로 가설검정한다.

절차 1

다음과 같이 주어진 데이터를 입력한다.

	A	B	C
1	모평균	350	
2	표본평균	347	
3	표본표준편차	6.52	
4	표본수	16	
5	유의수준	0.05	
6	표본평균의 표준편차		
7	검정통계량		
8	임계치		

절차 2

다음과 같이 수식을 입력하여 필요한 값들을 계산한다.

표본평균의 표준편차에 대한 불편추정량이 '표본표준편차/표본수의 제곱근'이므로 〈셀 B6〉에 수식 '=B3/SQRT(B4)'를 입력한다. 검정통계량은 '(표본평균−모평균)/표본평균의 표준편차'이므로 〈셀 B7〉에 수식 '=(B2−B1)/B6'를 입력한다.

	A	B	C
1	모평균	350	
2	표본평균	347	
3	표본표준편차	6.52	
4	표본수	16	
5	유의수준	0.05	
6	표본평균의 표준편차	=B3/SQRT(B4)	
7	검정통계량	=(B2-B1)/B6	
8	임계치		

절차 3

검정통계량과 비교할 t분포의 임계치를 계산하기 위해 TINV함수를 사용한다. 〈셀 B8〉에서 [함수 마법사]를 실행시킨 후 [범주 선택(C)]에서는 '통계'를, [함수 선택(N)]에서는 'T.INV'를 선택한 후 확인을 클릭한다.

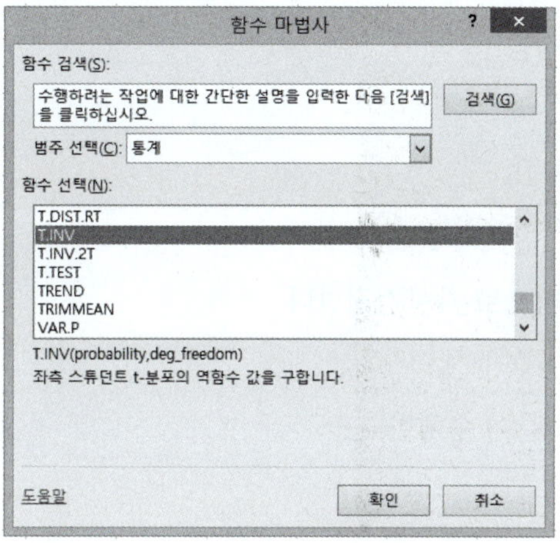

절차 4

다음과 같이 인수 입력 창이 나타나면 단측검정의 임계치를 구하기 위해 [Probability]에 유의수준의 2배를 지정하기 위해 'B5*2'를 입력하고 [Deg_freedom]에는 자유도가 '표본수−1'이므로 'B4−1'을 입력한 후 확인을 누른다. 그러면 〈셀 B5〉에 t분포의 단측 임계치가 계산된다.

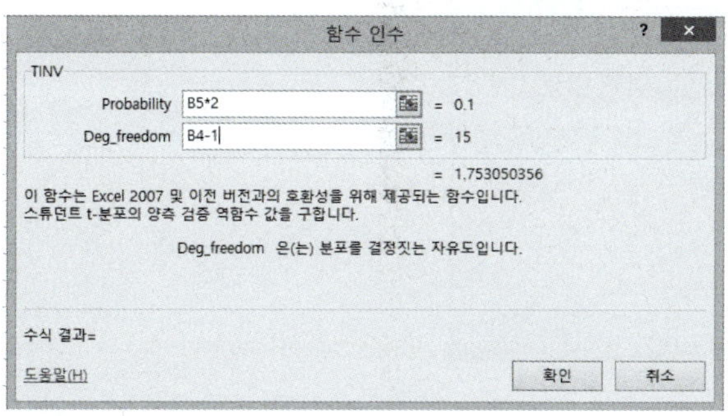

이상의 절차를 수행하면 다음과 같은 화면이 나타난다.

	A	B	C
1	모평균	350	
2	표본평균	347	
3	표본표준편차	6.52	
4	표본수	16	
5	유의수준	0.05	
6	표본평균의 표준편차	1.63	
7	검정통계량	- 1.84	
8	임계치	1.75	

여기에서 검정통계량의 절댓값을 임계치와 비교하여 크면 귀무가설을 기각하고 작으면 귀무가설을 기각할 수 없다. 본 예에서는 검정통계량의 절댓값이 임계치보다 크므로 귀무가설을 기각한다.

4) 모표준편차가 미지이고 소표본인 경우의 양측검정

■ [예 7–4]의 2)에 대한 풀이

$\mu=350$, $s_X = s/\sqrt{n} = 1.63$, 자유도 $n-1=15$

- $H_0 : \mu = 350$
- $H_1 : \mu \neq 350$ 를 유의수준 0.05에서 통계적으로 가설검정한다.

앞의 [예 7–3]과 절차 1, 절차 2, 절차 3 을 똑같이 수행한다.

절차 4

다음과 같이 인수 입력 창이 나타나면 본 예가 양측검정이므로 다음 그림과 같이 [Probability]에 유의수준이 입력되어 있는 <셀 B5>를 지정하고 [Deg_freedom]에는 자유도 'B4–1'을 입력한 후 확인을 클릭한다. 그러면 <셀 B5> 에 t분포의 양측 임계치가 계산된다.

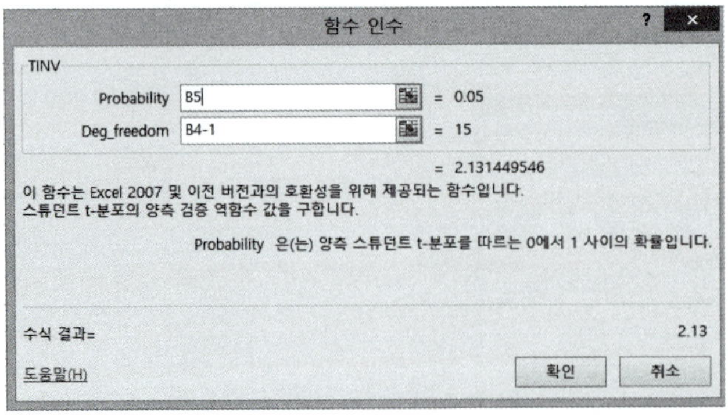

이상의 절차를 수행하면 다음과 같은 화면이 나타난다.

	A	B	C
1	모평균	350	
2	표본평균	347	
3	표본표준편차	6.52	
4	표본수	16	
5	유의수준	0.05	
6	표본평균의 표준편차	1.63	
7	검정통계량	- 1.84	
8	임계치	2.13	

본 예는 양측검정이므로 검정통계량의 절댓값을 임계치와 비교하여 크면 귀무가설을 기각하고 작으면 귀무가설을 기각할 수 없다. 본 예에서는 검정통계량의 절댓값이 임계치보다 작으므로 귀무가설을 기각할 수 없다.

연습문제 EXERCISES

01 귀무가설 H_0 가 옳은데도 불구하고 H_0 를 기각하는 오류를 (   )라고 하고, 귀무가설 H_0 가 옳지 않은데도 H_0 를 채택하는 오류를 (   )라 한다.

02 귀무가설 H_0 가 옳은데도 불구하고 H_0 를 기각할 확률을 (   )라고 한다.

03 K전구회사는 새로 개발한 전구의 평균수명이 50,000시간을 넘는다고 발표하였다. 품질 테스트를 위해 400개의 시제품을 표본으로 추출하여 수명 테스트를 실시한 결과 표본평균이 50,280시간이었다. K전구회사의 주장이 옳다고 할 수 있는지를 $\alpha=0.01$ 의 수준에서 검정하라. 단, 전구수명은 정규분포를 이루며 표준편차가 500시간이다.

04 D대학교 경영학과 학생들의 평균 IQ는 105이고 표준편차는 24이다. 100명의 학생들을 뽑아서 IQ 테스트를 하였더니 평균이 110이었다. 학생들의 평균 IQ가 105라는 주장을 $\alpha=0.05$ 의 수준에서 검정하라.

05 P아파트 주민들은 월평균 120만 원 정도를 식품구입에 지출한다고 한다. 임의로 선정된 35가구를 대상으로 조사해 본 결과 월평균 110만 원 정도를 식품구입에 쓰고, 이때 표준편차는 25만 원이었다. 월평균 식료품 지출이 120만 원 이하라는 대립가설을 $\alpha=0.01$ 의 수준에서 검정하라.

06 A식품은 물가 인상분을 반영하기 위해 무게 220g짜리 스낵을 200g으로 조정하였다고 발표하였다. 소비자단체에서는 A식품의 주장대로 스낵의 무게가 200g이 맞는지를 검정하기 위해 표본조사를 실시하였다. 100개의 제품을 수거하여 조사한 결과 스낵의 평균무게는 195g, 표준편차가 30g일 때, 이 스낵 제품의 평균 무게가 200g이라고 할 수 있는가? $\alpha=0.05$ 의 수준에서 검정하라.

07 S자동차는 새로운 중형 세단형 자동차를 개발하였다. 연구개발팀의 주장에 의하면 이 승용차의 평균 연비는 l당 15km이고 정규분포를 이룬다. 25번의 주행 테스트를 실시한 결과 신차의 평균 연비는 l당 13.8km, 표준편차가 3.0km였다. 신제품 개발팀의 주장이 맞는지를 $\alpha=0.05$ 의 수준에서 검정하라.

08 A제빵에서 생산하는 크림빵의 평균 무게는 100g으로 정규분포를 이룬다. 갓 구워진 25개의 크림빵 무게를 재어 보았더니 평균이 103g, 표준편차가 5.5g이었다. 크림빵의 무게가 100g 이상인지를 $\alpha=0.01$ 에서 검정하라.

09 K의류회사는 1인당 하루 평균 49.5벌의 옷을 생산하고 있다. 새로 기계를 도입한 뒤에 24명의 사원들을 표본으로 하여 조사해 본 결과 1인당 52벌 정도를 생산하고 있는 것으로 나타났다. 과거의 경험에 의해 하루 생산량의 표준편차는 7벌이라고 할 때, K사의 평균 생산량이 49.5벌 이상인지를 $\alpha=0.01$ 의 수준에서 검정하라(모집단은 정규분포를 이룬다).

10 A대학 신입생의 영어 성적은 평균 75점에 표준편차가 15점이다. 90명의 신입생을 표본으로 뽑아 영어 모의고사를 치렀더니 평균 71점이었다. A대학 신입생의 영어 성적이 75점이라고 할 수 있는가를 $\alpha=0.01$ 의 수준에서 검정하라.

CHAPTER

08

두 모집단의 평균차이에 관한 가설검정

BUSINESS STATISTICS

1. 두 모집단의 분산을 알고 있을 경우

2. 두 모집단의 분산을 모르는 경우

3. 하나의 표본에서 쌍을 이룬 평균차이에 관한 가설검정

어떤 두 집단의 성격이 같거나 다름을 판별하는 가장 기본적인 단서는 평균의 차이이다. "우리 회사와 A사의 평균 임금은 비슷하다", "남자와 여자의 스마트폰 평균 이용시간은 다르다", "A반의 평균 성적이 B반보다 높다"와 같은 주장의 통계적 진위판별은 모두 모집단 평균차이검정과 관련되어 있다.

두 모집단의 평균차이검정도 제7장 단일 모집단의 평균에 대한 검정과 동일한 논리와 과정, 즉 가설설정, 유의수준의 결정, 임계치 및 검정통계량의 계산과 해석과정을 거친다. 그러나 모집단의 평균이나 분산을 미리 알고 있는 경우는 매우 드물기 때문에 평균차이의 검정에 활용되는 대부분의 통계량은 두 독립표본(independent sample)으로부터 얻은 표본통계량이다. 그리고 가설검정에 활용되는 확률분포 역시 모집단분산 σ_1^2과 σ_2^2의 인지 여부나 표본의 크기에 따라 달라진다.

ChatGPT 활용

두 모집단 평균 차이 검정이 활용된 실제 상황을 소개해주세요

다음은 **두 모집단 평균 차이 검정**(Two-sample t-test)이 활용된 실제 사례입니다.

사례: 온라인 수업 vs 오프라인 수업의 시험 성적 비교

상황:

대학교에서 **온라인 수업**과 **오프라인 수업** 중 어떤 방식이 더 효과적인지 알아보기 위해, 각각의 수업을 들은 학생들의 시험 평균 점수를 비교합니다.

연구 질문:

> "온라인 수업을 들은 학생들의 평균 성적이 오프라인 수업을 들은 학생들과 차이가 있는가?"

가설 설정:

- **귀무가설(H_0)**: 두 수업 방식의 평균 성적에 차이가 없다 ($\mu_1 = \mu_2$)
- **대립가설(H_1)**: 평균 성적에 차이가 있다 ($\mu_1 \neq \mu_2$)

자료:

- 온라인 수업 수강생: 50명, 평균 78점, 표준편차 10
- 오프라인 수업 수강생: 45명, 평균 83점, 표준편차 12

검정 방법:

- 등분산 여부 확인 후, 두 집단 평균 차이에 대한 **독립표본 t검정** 실시

해석:

- 유의확률(p-value)이 0.05보다 작다면 → 귀무가설 기각
- → 수업 방식에 따른 평균 성적 차이가 **통계적으로 유의미**

📌 **실제 활용 분야:**

- 의료: 신약 투여군 vs 위약군의 평균 혈압 비교
- 교육: 전통 학습법 vs 새로운 학습법의 시험 성적
- 마케팅: A 광고 vs B 광고 후 구매 금액 평균 비교

1. 두 모집단의 분산을 알고 있을 경우

1.1 대표본의 경우

표본의 크기가 큰(일반적으로 $n \geq 30$) 표본의 분포는 모집단의 분포형태와 상관없이 정규분포를 따른다. 이 원칙은 두 모집단의 평균차이검정에도 적용되는데, 표본의 크기가 30보다 큰 경우의 가설검정은 Z분포를 이용한다. 두 모집단의 평균차이를 검정하기 위한 Z통계량은 두 표본집단에서 뽑은 $\overline{X}_1$과 $\overline{X}_2$로 다음과 같이 계산한다.

두 모집단의 분산을 알고 있을 때의 평균차이검정을 위한 Z통계량

- $Z = \dfrac{(\overline{X}_1 - \overline{X}_2) - (\mu_1 - \mu_2)}{\sigma_{\overline{X}_1 - \overline{X}_2}}$
- $\sigma_{\overline{X}_1 - \overline{X}_2} = \sqrt{\dfrac{\sigma_1^2}{n_1} + \dfrac{\sigma_2^2}{n_2}}$

예 8-1 H대학교 경영학과 A, B반의 IQ를 비교하였다. A반에서 50명, B반에서 40명의 표본을 추출하여 IQ 테스트를 실시한 결과 A반의 평균 IQ는 115, B반의 평균 IQ는 112로 나타났다. 그런데 학기초에 경영학과 학생 전체를 대상으로 시행한 IQ 테스트에서 A반의 IQ 분산은 25, B반의 분산은 36이었다.
두 반의 IQ가 차이가 나는지를 $\alpha=0.05$ 의 수준에서 검정해 보자. 단, 두 모집단의 IQ는 정규분포를 이룬다.

풀이

두 모집단의 평균이 같거나 다른지를 묻는 단순가설이므로, 양측검정 문제이다.

① 가설의 설정

- $H_0 : \mu_1=\mu_2$: 두 반의 IQ는 차이가 없다.
- $H_1 : \mu_1\neq\mu_2$: 두 반의 IQ는 차이가 있다.

② 유의수준의 결정

- $\alpha=0.05$

③ 임계치의 계산 : 채택영역과 기각영역의 결정

양측검정이므로 $Z_{0.025}=1.96$

- 채택영역 : $-1.96\leq Z\leq 1.96$
- 기각영역 : $Z>1.96$ 또는 $Z<-1.96$

④ 검정통계량의 계산

- $\sigma_{\overline{X}_1-\overline{X}_2}=\sqrt{\frac{\sigma_1^2}{n_1}+\frac{\sigma_2^2}{n_2}}=\sqrt{\frac{25}{50}+\frac{36}{40}}=1.18$ 이므로
- $Z=\frac{(\overline{X}_1-\overline{X}_2)-(\mu_1-\mu_2)}{\sigma_{\overline{X}_1-\overline{X}_2}}=\frac{(115-112)-0}{1.18}=2.54$

⑤ 결과해석

계산된 Z의 값이 기각영역에 포함되므로 귀무가설을 기각한다. 따라서 A, B 두 반의 평균 IQ는 다르다고 할 수 있다.

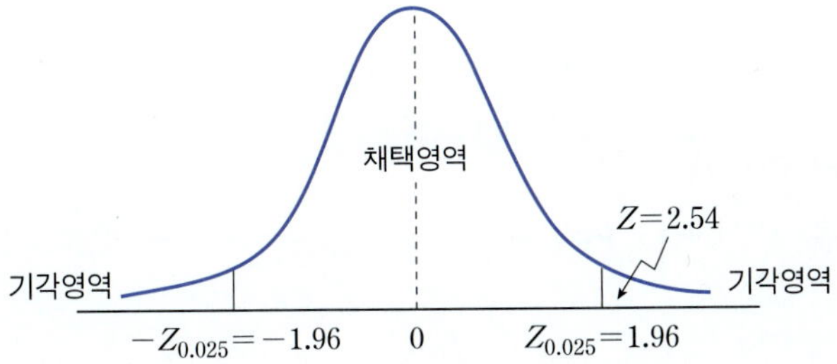

ChatGPT 활용

항목	값
A반 평균	115
B반 평균	112
A반 분산	24.56
B반 분산	35.15
A반 관측수	50
B반 관측수	40
가설 평균차	0
z 통계량	2.563119746
P(Z<=z) 단측	0.00518681318
z 기각치 단측	1.644853627
P(Z<=z) 양측	0.0103736264
z 기각치 양측	1.959963985

H대학교 경영학과 A, B반의 IQ를 비교표가 첨부와 같을 때, 두 반의 IQ가 차이가 나는지를 검정해 보자

☑ 주어진 정보 요약

- A반 평균: 115
- B반 평균: 112
- A반 분산: 24.56
- B반 분산: 35.15
- A반 관측수: 50
- B반 관측수: 40
- 가설 평균차: 0
- z 통계량: **2.5631**
- p값 (양측): **0.01037**
- z 기각치 (양측): **±1.95996**

☑ 가설 설정

- **귀무가설 H_0**: 두 반의 평균 IQ는 같다 ($\mu_A = \mu_B$)
- **대립가설 H_1**: 두 반의 평균 IQ는 다르다 ($\mu_A \neq \mu_B$)

☑ 검정 결과 해석

- z 통계량: 2.5631
- 기각치 (양측): ±1.95996
- ⇒ **|2.5631| > 1.95996 → 귀무가설 기각**
- p값: 0.01037 < 0.05 → **유의수준 5%에서 유의**

☑ 결론

A반과 B반의 평균 IQ는 통계적으로 유의미한 차이가 있다.
즉, **두 반의 IQ는 다르다고 판단**할 수 있습니다 (α = 0.05 기준).

1.2 소표본의 경우

모집단이 정규분포를 이루면 표본분포는 표본의 크기와 상관없이 정규분포를 이룬다. 그러므로 표본이 작더라도 정규분포 모집단의 분산을 알고 있다면 Z통계량을 이용하여 가설을 검정한다.

예 8-2 앞의 예에서 A반에서 10명, B반에서 10명의 표본을 추출하여 IQ 검사를 해보았더니 A반의 평균 IQ는 116.3, B반의 평균은 111.4였다. 모집단의 분산이 A반 25, B반이 36이라고 할 때 A반의 IQ가 B반의 IQ보다 더 높은지를 $\alpha = 0.05$ 의 수준에서 검정해 보자. 단, 두 모집단의 IQ는 모두 정규분포를 이루고 있다.

풀이

위 문제는 복합가설이므로 단측검정이다. 가설검정의 순서에 맞추어 IQ 차이를 검정해 보자.

① **가설의 설정**

- $H_0 : \mu_A \le \mu_B \Rightarrow \mu_A - \mu_B \le 0$: A반의 IQ는 B반의 IQ보다 높지 않다.
- $H_1 : \mu_A > \mu_B \Rightarrow \mu_A - \mu_B > 0$: A반의 IQ가 B반의 IQ보다 높다.

② **유의수준의 결정**

- $\alpha = 0.05$ 인 단측검정

③ **임계치의 계산 : 채택영역과 기각영역의 결정**

단측검정이므로 $Z_{0.05} = 1.64$

- 채택영역 : $Z \le 1.64$
- 기각영역 : $Z > 1.64$

④ **검정통계량의 계산**

- $\sigma_{\overline{X_1} - \overline{X_2}} = \sqrt{\frac{\sigma_1^2}{n_1} + \frac{\sigma_2^2}{n_2}} = \sqrt{\frac{25}{10} + \frac{36}{10}} = 2.47$ 이므로
- $Z = \frac{(\overline{X_1} - \overline{X_2}) - (\mu_1 - \mu_2)}{\sigma_{X_1 - X_2}} = \frac{(116.3 - 111.4) - 0}{2.47} = 1.98$

⑤ **결과해석**

계산한 Z값이 기각영역에 포함되므로 귀무가설을 기각한다. 따라서 A반의 IQ가 B반의 IQ보다 더 높다고 할 수 있다.

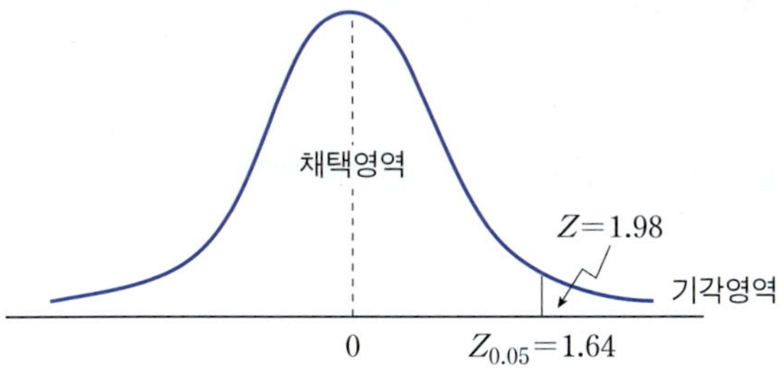

2. 두 모집단의 분산을 모르는 경우

모분산을 모를 때에는 모분산(σ^2) 대신에, 모분산의 불편추정량인 표본분산(s^2)을 이용하여 가설을 검증한다.[01]

이때 가설검정에 이용되는 검정통계량은 모집단의 분포형태나 표본의 수에 따라 다르다. 만약 모집단이 정규분포를 이루고 표본의 크기가 충분히 크면 중심극한정리에 의해 두 집단의 평균차이($\overline{X_1}-\overline{X_2}$)도 정규분포를 이루기 때문에 Z분포를 이용하면 된다. 모집단이 정규분포를 이루지만 소표본이면, Z분포가 아니라 t분포를 이용하여 가설을 검정한다.[02]

2.1 대표본의 경우

두 표본의 크기가 충분히 크면 모집단의 분포형태나 모분산의 인지 여부와 상관없이 표본의 분포는 정규분포를 이룬다. 그러므로 표본의 크기가 큰 두 모집단의 평균차이를 검정할 때에는 Z통계량을 이용한다. 그러나 모집단의 분산을 모르는 경우에는 모분산의 추정값으로 표본분산을 이용한다.

분산을 모르는 대표본의 두 모집단 평균차이검정을 위한 Z통계량은 표본집단의 평균 $\overline{X_1}$과 $\overline{X_2}$, 표본분산 s_1^2과 s_2^2을 기초로 다음과 같이 계산한다.

두 모집단의 분산을 모르지만 대표본일 때의 평균차이검정을 위한 Z통계량

- $Z=\dfrac{(\overline{X_1}-\overline{X_2})-(\mu_1-\mu_2)}{s_{\overline{X_1}-\overline{X_2}}}$
- $s_{\overline{X_1}-\overline{X_2}}=\sqrt{\dfrac{s_1^2}{n_1}+\dfrac{s_2^2}{n_2}}$

01 7장에서 언급한 바와 같이 모집단의 분산을 아는 경우는 극히 드물다.

02 비정규분포 모집단의 소표본은 분산의 인지여부와 상관없이 비모수검정법을 써야 한다. 즉, Z검정이나 t검정을 적용할 수 없다.

예 8-3 남녀 대학생 각각 100명을 표본으로 추출하여 개강 후 한 달간 주당 운동 횟수를 측정해 보았다. 조사 결과 남학생은 주당 3.4회, 표준편차는 1.1회, 여학생은 주당 3.8회, 표준편차는 1.2회 정도로 운동을 하고 있는 것으로 나타났다. 성별에 따라 운동 횟수의 차이가 있는지를 $\alpha=0.01$과 $\alpha=0.05$의 수준에서 검정해 보자.

풀이

위 문제는 두 집단 평균의 단순 차이를 묻는 것이므로 양측검정이다.

① 가설의 설정

- $H_0 : \mu_1=\mu_2$: 성별에 따른 주당 평균 운동 횟수는 차이가 없다.
- $H_1 : \mu_1 \neq \mu_2$: 성별에 따른 주당 평균 운동 횟수는 차이가 있다.

② 유의수준의 결정

- $\alpha=0.01$, $\alpha=0.05$인 양측검정

③ 임계치의 계산 : 채택영역과 기각영역의 결정

- $\alpha=0.01$일 때의 양측검정의 임계치는 $Z_{0.005}=2.57$이므로
  채택영역 : $-2.57 \leq Z \leq 2.57$
  기각영역 : $Z>2.57$ 또는 $Z<-2.57$
- $\alpha=0.05$일 때의 양측검정의 임계치는 $Z_{0.025}=1.96$이므로
  채택영역 : $-1.96 \leq Z \leq 1.96$
  기각영역 : $Z>1.96$ 또는 $Z<-1.96$

④ 검정통계량의 계산

- $s_{\overline{X}_1-\overline{X}_2}=\sqrt{\dfrac{s_1^2}{n_1}+\dfrac{s_2^2}{n_2}}=\sqrt{\dfrac{1.1^2}{100}+\dfrac{1.2^2}{100}}=0.16$ 이므로
- $Z=\dfrac{(\overline{X}_1-\overline{X}_2)-(\mu_1-\mu_2)}{s_{\overline{X}_1-\overline{X}_2}}=\dfrac{(3.4-3.8)-0}{0.16}=-2.50$

⑤ 결과해석

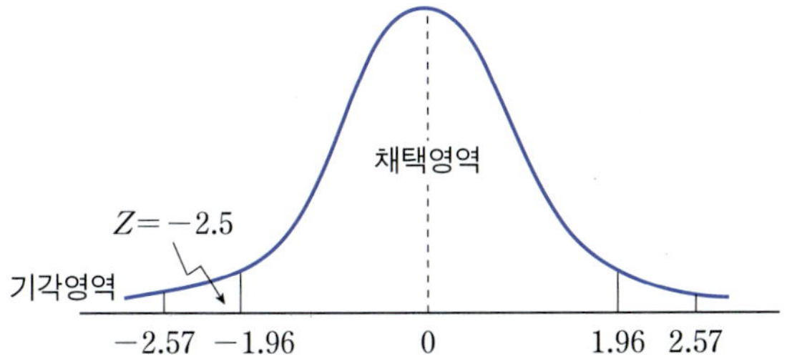

그림에서 볼 수 있듯이 계산된 Z의 값은 $\alpha=0.01$의 수준에서는 채택영역에, $\alpha=0.05$의 수준에서는 기각영역에 있다. 그러므로 다음과 같이 결론지을 수 있다.

- $\alpha=0.01$의 수준에서 귀무가설은 채택된다. 즉 성별에 따른 주당 운동 정도는 차이가 없다고 할 수 있다.
- $\alpha=0.05$의 수준에서 귀무가설은 기각된다. 즉 성별에 따른 주당 운동 정도는 차이가 있다고 할 수 있다.

2.2 소표본의 경우

정규분포 모집단의 분산을 모르는 상황에서 표본의 크기가 작을 때의 가설검정은 모집단분산의 불편추정량인 표본집단의 분산으로부터 얻은 t통계량을 이용한다. 단, 두 모집단의 분산은 같다($\sigma_1^2=\sigma_2^2$)는 가정이 전제되어야만 한다.

1) 합동표준편차의 도출

두 정규분포 모집단의 분산을 모르는 상태에서 두 모집단의 평균차이를 검정하려면 먼저 합동표준편차를 구해야 한다. 합동표준편차가 필요한 이유는 두 모집단의 분산이 같다는 가정 때문이다.

검정하려는 귀무가설이 두 모평균이 같다($H_0 : \mu_1=\mu_2$)인데 기본가정에 의해서 모분산까지 같으면($\sigma_1^2=\sigma_2^2$), 두 표본의 모집단이 같은 성격이라는 의미이다. 그런데 가설검정에 투입되는 두 표본집단의 분산은 서로 다른 값(s_1^2, s_2^2)을 가지므로 분산이 같다는 기본가정을 위반하게 된다. 따라서 두 모집단 평균차이검정의 기본가정을 충족하기 위해 모집단의 분산과 가까운 표본분산을 추정하여 사용하는데, 이 값을 합동분산 혹은 분산의 합동추정치(pooled estimate of variance)라고 한다.

합동분산(s_p^2)은 두 모집단에서 추출된 소표본의 자유도($n-1$)를 고려하여 s_1^2과 s_2^2을 가중평균한 값이다. 합동표준편차(s_p)는 합동분산에 제곱근($\sqrt{s_p^2}$)을 취한 값으로 계산식은 다음과 같다.

합동분산 및 합동표준편차의 계산

$$s_1^2 = \frac{\sum(X_1 - \overline{X_1})^2}{n_1 - 1} \text{ 이고, } s_2^2 = \frac{\sum(X_2 - \overline{X_2})^2}{n_2 - 1} \text{ 일 때}$$

$$s_p^2 = \frac{(n_1-1)s_1^2 + (n_2-1)s_2^2}{(n_1-1)+(n_2-1)} = \frac{(n_1-1)s_1^2+(n_2-1)s_2^2}{(n_1+n_2-2)}, \text{혹은}$$

$$= \frac{(n_1-1)\frac{\sum(X_1-\overline{X_1})^2}{n_1-1} + (n_2-1)\frac{\sum(X_2-\overline{X_2})^2}{n_2-1}}{(n_1-1)+(n_2-1)}$$

$$= \frac{\sum(X_1-\overline{X_1})^2 + \sum(X_2-\overline{X_2})^2}{n_1+n_2-2}$$

$$s_p = \sqrt{\frac{\sum(X_1-\overline{X_1})^2 + \sum(X_2-\overline{X_2})^2}{n_1+n_2-2}}, \text{혹은 } \sqrt{\frac{(n_1-1)s_1^2+(n_2-1)s_2^2}{n_1+n_2-2}}$$

2) 평균차이 가설검정

모집단의 분산을 모르는 소표본의 검정 임계치는 자유도 $n-1$의 t분포에 따른다. 그러므로 표본의 크기가 n_1, n_2 인 두 소표본의 평균차이의 표본분포는 각각의 자유도를 더한 $(n_1-1)+(n_2-1)=n_1+n_2-2$ 의 자유도를 가지는 t분포를 이룬다. 이때 가설검정을 위한 임계치는 t_{α, n_1+n_2-2} 이다. 표본의 크기가 n_1, n_2 인 두 소표본집단 평균차이의 검정 통계량은 다음의 계산식을 따른다.

두 모집단 평균차이의 검정통계량 : 모집단의 분산을 모르고 소표본인 경우

$$t = \frac{(\overline{X_1} - \overline{X_2}) - (\mu_1 - \mu_2)}{s_p\sqrt{\frac{1}{n_1} + \frac{1}{n_2}}}$$

예 8-4 H대학교에서는 1학년과 2학년의 토익 학습시간에 차이가 있는지를 알아보기 위해 1학년 17명과 2학년 15명을 조사하였다. 조사결과 1학년의 공부시간은 주당 평균 16.5시간, 분산은 49시간으로, 2학년은 평균 19시간, 분산은 36시간으로 나타났다.
두 모집단은 정규분포를 이루고, 모분산이 같다고 할 때 1학년과 2학년의 토익 주당 학습시간이 동일한지를 $\alpha=0.05$ 의 수준에서 검정해 보자.

풀이

가설검정의 과정에 맞추어 위 예제를 풀이하면 다음과 같다.

① 가설의 설정

- $H_0 : \mu_1 = \mu_2$: 1학년과 2학년의 주당 토익 학습시간에는 차이는 없다.
- $H_1 : \mu_1 \neq \mu_2$: 1학년과 2학년의 주당 토익 학습시간에는 차이가 있다.

② 유의수준의 결정

- $\alpha = 0.05$ 인 양측검정

③ 임계치의 계산 : 채택영역과 기각영역의 결정

t분포표에 의하면 유의수준 0.05에서 자유도 $n_1 + n_2 - 2 = 17 + 15 - 2 = 30$ 인 t분포의 양측검정 임계치와 기각영역은 다음과 같다.

- 임계치 $t_{0.025,\,30} = 2.042$
- 채택영역 : $-2.042 \leq t \leq 2.042$, 기각영역 : $t > 2.042$ 또는 $t < -2.042$

④ 검정통계량의 계산

$n_1 = 17$, $\overline{X_1} = 16.5$, $s_1^2 = 49$ 이고, $n_2 = 15$, $\overline{X_2} = 19.0$, $s_2^2 = 36$ 인 두 소표본집단의 합동표준편차를 계산한 뒤 t검정통계량을 계산한다.

$$s_p = \sqrt{\frac{(n_1 - 1)s_1^2 + (n_2 - 1)s_2^2}{n_1 + n_2 - 2}} = \sqrt{\frac{16 \times 49 + 14 \times 36}{30}} = 6.55$$ 일 때 t검정통계량은

$$t = \frac{(\overline{X_1} - \overline{X_2}) - (\mu_1 - \mu_2)}{s_p \sqrt{\frac{1}{n_1} + \frac{1}{n_2}}}$$

$$= \frac{(16.5 - 19.0) - 0}{6.55 \times \sqrt{\frac{1}{17} + \frac{1}{15}}} = \frac{-2.5}{6.55 \times 0.35} = -1.09$$

⑤ 결과해석

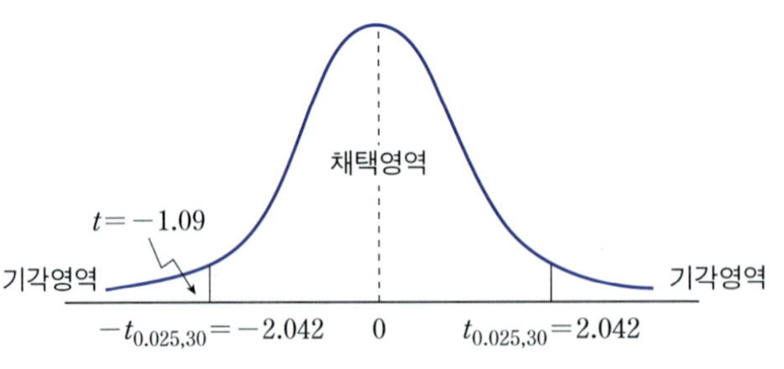

위 그림과 같이 계산된 t검정통계량이 채택영역에 포함되어 있으므로 귀무가설을 채택한다. 즉 1학년과 2학년의 주당 토익 학습시간에 차이는 없다고 할 수 있다.

단일 모집단의 평균차이검정과 마찬가지로 두 모집단의 평균차이에 대한 가설검정에 사용될 통계량을 결정할 때에도 모집단의 분포형태와 인지 여부, 그리고 표본집단의 크기를 고려하여야 한다. 상황별 평균차이 검정방법은 〈표 8–1〉과 같이 정리할 수 있다.

표 8–1 모집단의 특성과 검정통계량의 관계

표본의 수 \ 모분산 \ 집단분포	정규분포 모집단		비정규분포 모집단	
	알고 있음	모름	알고 있음	모름
대표본	Z분포	Z분포	Z분포	Z분포
소표본	Z분포	t분포	비모수통계	비모수통계

3. 하나의 표본에서 쌍을 이룬 평균차이에 관한 가설검정

앞에서 살펴본 모집단 평균차이에 관한 가설검정은 서로 다른 두 개의 모집단에서 뽑은 두 표본집단의 평균의 차이에 관한 것이었다. 그런데 하나의 표본에서 짝을 이룬 값이 관측되는 경우가 있는데, 이를 대응표본(matched paired sample)이라고 한다.

새로 개발된 간염치료제 효과 측정을 위해 다음의 두 가지 실험설계를 이용하는 경우를 가정해 보자. 첫 번째 방법은 두 개의 서로 다른 환자집단, 즉 두 개의 독립표본집단을 구성한 뒤 한 집단에는 신약을 투약하고 다른 집단에는 신약을 투약하지 않은 채 병세를 비교하는 것이다. 두 번째는 하나의 표본집단을 선택하여 신약 투약 전과 투약 후의 병세를 측정하고 비교하는 방법인데, 이를 쌍체비교(또는 쌍대비교)라고 부른다. 동일한 집단을 대상으로 실험 전과 후의 평균차이를 검정하는 방법이다. 첫 번째 방법은 지금까지 설명해 온 두 집단(독립표본) 평균차이에 관한 가설검정방법이고, 두 번째 방법이 지금부터 설명하려고 하는 쌍을 이룬 평균차이(대응표본)에 관한 가설검정방법이다.

쌍체비교는 실험 전과 실험 후의 관측치의 차이 $(D_i = X_1 - X_2)$ 의 분포를 통해 가설을 검정하는 것으로 실험 전과 후의 관측치들의 분포가 정규분포이면 그 차이값의 분포도 정규분포를 이룬다는 가정을 전제로 한다. 쌍을 이룬 표본의 평균차이분포의 평균은 $\mu_1 - \mu_2$ 이지만 표준편차는 추정을 하여야 한다. 실험 전과 실험 후의 관측치 차이가 $D_i = X_1 - X_2$ 이고 그 값의 평균이 $\overline{D}$ 인 표본분포의 평균과 표준오차는 다음과 같다.

쌍을 이룬 표본차이의 표본분포의 평균과 표준오차

$D_i = X_1 - X_2$, 실험 전후의 차이일 때

$$\mu_D = \mu_1 - \mu_2$$

$$\overline{D} = \frac{D_i}{n} = \frac{\sum(X_1 - X_2)}{n}$$

$$s_D = \sqrt{\frac{\sum(D_i - \overline{D})^2}{n-1}}$$

쌍을 이룬 표본의 평균차이에 대한 가설검정은 자유도 $n-1$ 의 t분포를 사용한다. 두 개의 관측치임에도 불구하고 자유도가 $(n_1 - 1) + (n_2 - 1) = n_1 + n_2 - 2$ 가 아닌 이유는 크기가 n인 하나의 표본을 이용한 단일 모집단 가설검정이기 때문이다.

쌍을 이룬 표본차이의 검정통계량

$$t = \frac{\overline{D} - (\mu_1 - \mu_2)}{s_D / \sqrt{n}}$$

예 8-5 새로운 성장촉진제를 개발한 Y약품은 성장이 멈춘 10명의 성인을 대상으로 임상실험을 하였다. 성장촉진제를 투약하기 전과 후의 신장 측정결과가 다음과 같을 때, 이 약품이 효과적인지를 $\alpha=0.05$의 수준에서 검정하라.

성장촉진제의 투약 전과 후의 신장 데이터

실험대상자	투약 후 신장(cm)	투약 전 신장(cm)
1	172	172
2	164	159
3	164	162
4	168	168
5	184	183
6	165	165
7	171	170
8	159	157
9	175	174
10	179	179

풀이

가설의 검정을 위해서는 D_i, $D_i-\overline{D}$, $(D_i-\overline{D})^2$을 구하여야 하는데, 그 결과는 다음과 같다.

쌍체비교를 위한 계산과정

실험대상자	투약 후 신장	투약 전 신장	D_i	$D_i-\overline{D}$	$(D_i-\overline{D})^2$
1	172	172	0	−1.2	1.44
2	164	159	5	3.8	14.44
3	164	162	2	0.8	0.64
4	168	168	0	−1.2	1.44
5	184	183	1	−0.2	0.04
6	165	165	0	−1.2	1.44
7	171	170	1	−0.2	0.04
8	159	157	2	0.8	0.64
9	175	174	1	−0.2	0.04
10	179	179	0	−1.2	1.44
합계($\sum$)			12	0	21.6

$n=10,\ \sum D_i=12,\ \overline{D}=\dfrac{\sum D_i}{n}=\dfrac{12}{10}=1.2$ 이므로 $\sum(D_i-\overline{D})^2=21.6$

이때 쌍체비교의 가설검정 절차는 다음과 같다.

① **가설의 설정**

- $H_0 : \mu_1=\mu_2$: 투약 전과 투약 후의 신장은 동일하다.
- $H_1 : \mu_1 \neq \mu_2$: 투약 전과 투약 후의 신장은 동일하지 않다.

② **유의수준의 결정**

- $\alpha=0.05$ 의 양측검정

③ **임계치의 계산 : 채택영역과 기각영역의 결정**

자유도 $n-1=9$, $\alpha=0.05$ 인 양측 t검정의 임계치는 $t_{0.025,\,9}=2.262$ 이므로

- 채택영역 : $-2.262 \le t \le 2.262$, 기각영역 : $t < -2.262$ 또는 $t > 2.262$

④ **검정통계량의 계산**

- $\overline{D}=1.2$ 이고, $s_D=\sqrt{\dfrac{\sum(D_i-\overline{D})^2}{n-1}}=\sqrt{\dfrac{21.6}{9}}=1.55$
- $t=\dfrac{\overline{D}-(\mu_1-\mu_2)}{s_D/\sqrt{n}}=\dfrac{1.2-0}{1.55/\sqrt{10}}=2.45$

⑤ **결과해석**

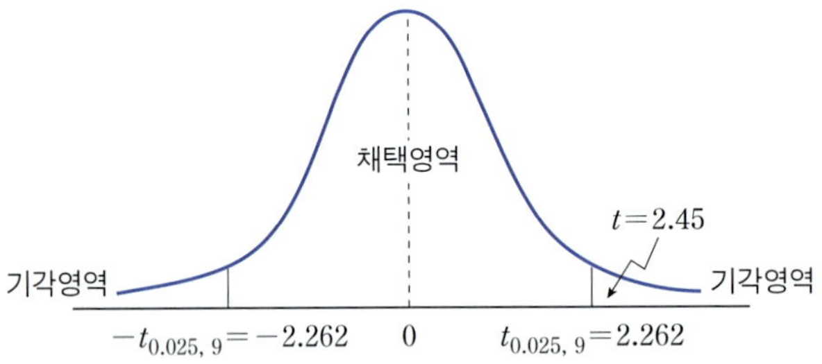

그림에서처럼 계산된 t값이 기각영역에 포함되어 있으므로 귀무가설을 기각한다. 그러므로 새로 개발한 성장촉진제의 효과가 있다고 할 수 있다.

엑셀을 이용한 풀이

1) 두 모집단의 분산을 알고 있을 때의 모집단 평균차이의 대표본검정

■ [예 8–1]의 풀이

IQ 데이터가 다음과 같고, $\sigma_1^2=25$, $\sigma_2^2=36$, $n_1=50$, $n_2=40$, $\alpha=0.05$ 일 때 $H_0: \mu_1=\mu_2$, $H_1: \mu_2 \neq \mu_2$ 의 가설검정 문제이다.

H대학교 경영학과 1학년의 IQ 데이터 집합

A반 : 111, 115, 120, 115, 110, 111, 123, 121, 108, 107, 109, 115, 117, 106, 113, 122, 111, 109, 102, 115, 118, 109, 120, 107, 115, 120, 116, 120, 121, 117, 117, 115, 114, 121, 114, 121, 111, 107, 118, 119, 115, 121, 112, 115, 120, 118, 120, 114, 120, 115

B반 : 106, 114, 111, 112, 115, 120, 121, 114, 121, 111, 107, 118, 119, 111, 115, 114, 102, 110, 111, 99, 121, 108, 107, 109, 115, 117, 106, 113, 121, 97, 109, 116, 107, 111, 108, 118, 108, 120, 112, 106

모분산을 알며 독립인 두 정규모집단의 모평균차이에 대한 검정은 [데이터] → [데이터 분석]의 Z검정을 이용한다.

Z검정 : 평균에 대한 두 집단

- 분산을 알고 있을 때 두 표본의 평균에 대한 검정
- 두 모집단의 평균차에 대한 가설검정

절차 1

위 데이터를 다음과 같이 입력한다.

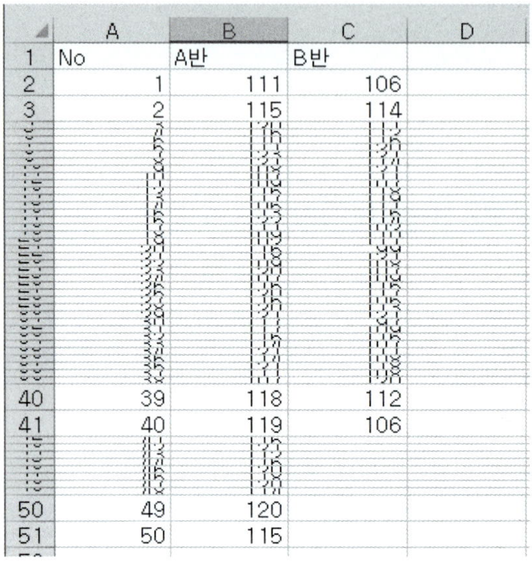

	A	B	C	D
1	No	A반	B반	
2	1	111	106	
3	2	115	114	
…	[illegible]	[illegible]	[illegible]	
40	39	118	112	
41	40	119	106	
…	[illegible]	[illegible]		
50	49	120		
51	50	115		

절차 2

다음의 그림과 같이 메뉴에서 [데이터] → [데이터분석]을 선택하면 분석 창이 나타난다. 통계 데이터 분석 창에서 [Z-검정 : 평균에 대한 두 집단]을 선택하여 확인을 클릭하면 [Z-검정 : 평균에 대한 두 집단]의 대화상자가 나온다.

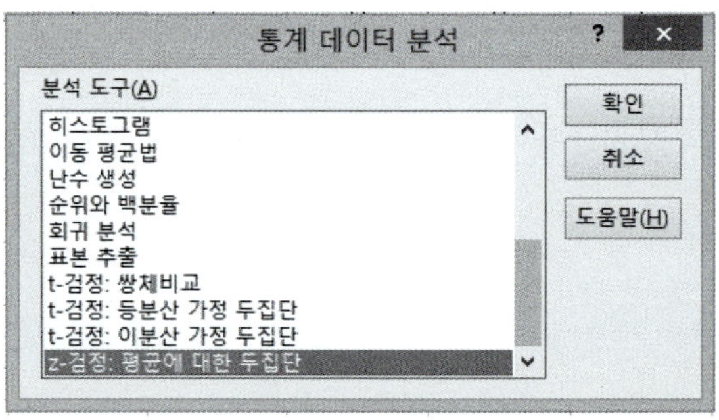

절차 3

[변수 1 입력 범위(1)]에 A반 학생들의 데이터 범위를 변수명을 포함하여 선택한다. 마찬가지로 [변수 2 입력 범위(2)]에 B반 학생들의 데이터 범위를 선택한다. [가설 평균차(P)]에 0의 값을 입력하고 [변수 1의 분산-기지값(V)]에 25의 값과 [변수 2의 분산-기지값(A)]에 36의 값을 입력한다. 데이터에 이름표가 포함되어 있으므로 [이름표(L)]를 선택하고 [유의 수준(A)]에는 0.05를 입력한다. 그리고 원하는 곳에 [출력 범위(O)]를 지정한 다음 확인을 클릭한다.

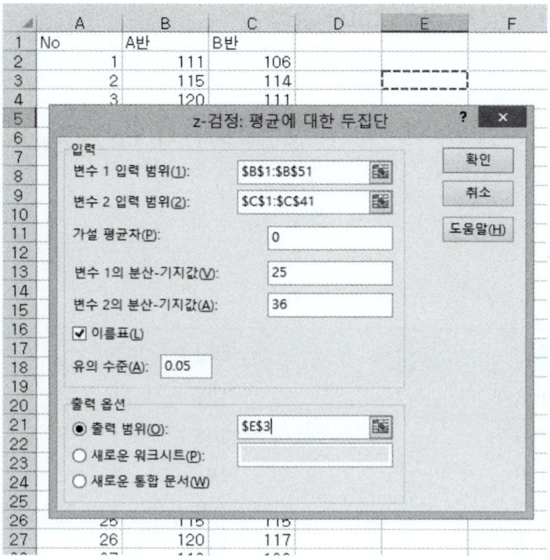

절차 4

이 모든 과정을 마치면 다음의 그림과 같이 유의수준($\alpha=.05$)에서의 Z통계량과 양측, 단측검정 임계치 그리고 유의확률 p값 등이 출력된다. Z통계량이 기각치(임계치)보다 크면 귀무가설을 기각하고 기각치보다 적으면 귀무가설을 채택한다.

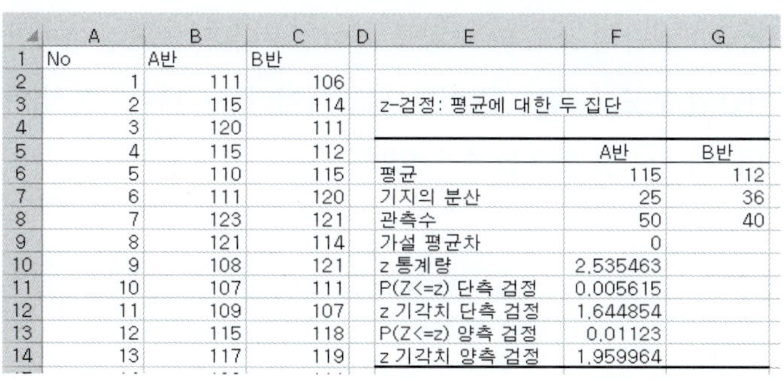

	A	B	C	D	E	F	G
1	No	A반	B반				
2	1	111	106				
3	2	115	114		z-검정: 평균에 대한 두 집단		
4	3	120	111				
5	4	115	112			A반	B반
6	5	110	115		평균	115	112
7	6	111	120		기지의 분산	25	36
8	7	123	121		관측수	50	40
9	8	121	114		가설 평균차	0	
10	9	108	121		z 통계량	2.535463	
11	10	107	111		P(Z<=z) 단측 검정	0.005615	
12	11	109	107		z 기각치 단측 검정	1.644854	
13	12	115	118		P(Z<=z) 양측 검정	0.01123	
14	13	117	119		z 기각치 양측 검정	1.959964	

출력된 Z통계량은 2.535이고 $\alpha=0.05$일 때의 Z분포의 양측검정 임계치 1.96을 초과하였다. 그러므로 귀무가설을 기각한다. p값을 통해서도 가설검정이 가능하다. 유의수준($\alpha=.05$)보다 p값이 작으면 귀무가설을 기각하고 p값이 유의수준보다 크면 귀무가설을 채택한다. 출력된 결과치의 양측검정 p값(.01123)이 $\alpha=.05$보다 작기 때문에 귀무가설을 기각한다. 이는 Z통계량을 통한 가설검정과 동일하다. 가설검정결과는 "이 두 집단의 IQ는 같지 않다"와 같이 보수적으로 해석하거나 "두 집단의 IQ가 서로 다르다"와 같이 적극적으로 해석한다.

2) 두 모집단의 분산을 알고 있을 때의 모집단 평균차이의 소표본검정

■ [예 8-2]의 풀이

$\sigma_1^2=25$, $\sigma_2^2=36$, $n_1=10$, $n_2=10$ 이고 $\alpha=0.05$ 일 때 $H_0: \mu_A \le \mu_B$, $H_1: \mu_A > \mu_B$ 의 가설검정 예이다.

표본집단의 IQ 데이터 집합

ID	A반	B반
1	118	121
2	109	108
3	120	107
4	107	109
5	115	115
6	120	117
7	116	106
8	120	113
9	121	121
10	117	97

모분산을 아는 독립된 두 정규모집단의 소표본 모평균 차이검정이다. 소표본이지만 모집단이 정규분포이면 표본집단의 분포도 Z분포를 이루므로 [데이터] → [데이터분석]의 Z검정을 이용한다. 참고로 TTEST함수를 활용할 수도 있다.

절차 1

위의 데이터를 입력한다.

	A	B	C	D
1	ID	A반	B반	
2	1	118	121	
3	2	109	108	
4	3	120	107	
5	4	107	109	
6	5	115	115	
7	6	120	117	
8	7	116	106	
9	8	120	113	
10	9	121	121	
11	10	117	97	

절차 2

메뉴에서 [데이터] → [데이터분석]을 실행한다. [데이터 분석] 대화상자에서 [Z-검정 : 평균에 대한 두 집단]을 선택하고 확인을 클릭한다.

절차 3

다음의 그림과 같이 Z검정의 대화상자에 입력내용을 차례로 완성한 뒤 확인을 클릭한다.

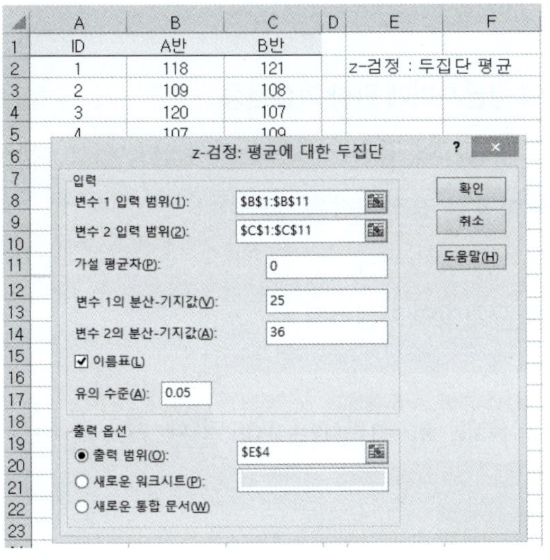

절차 4

Z검정 대화창의 확인을 클릭하면 다음 그림의 Z검정통계량이 출력된다. 사례의 Z검정통계량인 1.983952의 값과 Z의 단측 임계치의 값(1.644853)과 비교한다. Z검정통계량이 임계치를 벗어나 있으므로 귀무가설을 기각한다. "A반의 IQ는 B반의 IQ보다 낮지 않다" 혹은 "B반보다 A반의 IQ가 더 높다"와 같이 해석할 수 있다.

	A	B	C	D	E	F	G
1	ID	A반	B반				
2	1	118	121		z-검정 : 두집단 평균		
3	2	109	108				
4	3	120	107		z-검정: 평균에 대한 두 집단		
5	4	107	109				
6	5	115	115			A반	B반
7	6	120	117		평균	116.3	111.4
8	7	116	106		기지의 분산	25	36
9	8	120	113		관측수	10	10
10	9	121	121		가설 평균차	0	
11	10	117	97		z 통계량	1.98395201	
12					P(Z<=z) 단측 검정	0.0236306	
13					z 기각치 단측 검정	1.64485363	
14					P(Z<=z) 양측 검정	0.04726119	
15					z 기각치 양측 검정	1.95996398	

p값을 통해서도 가설을 검정할 수 있다. 유의수준(α)보다 p값이 작으면 귀무가설이 기각되는데, 출력된 결과치의 단측검정 p값(0.023631)이 $\alpha = 0.05$보다 작으므로 귀무가설을 기각한다. 이는 Z통계량을 통한 가설검정결과와 동일하다.

3) 정규분포 모집단의 분산을 모르는 대표본의 평균차이에 관한 가설검정

표본이 크면 Z분포를 이용할 수 있다. 그러므로 이 경우는 모집단의 분산을 아는 경우 [예 8-1, 2]와 검정과정이 동일하다. 엑셀을 이용한 검정과정은 생략한다.

4) 정규분포 모집단의 분산을 모르는 소표본 평균차이의 가설검정

■ [예 8-4]의 풀이

$\overline{X_1} = 16.5$, $s_1^2 = 49$, $\overline{X_2} = 19$, $s_2^2 = 36$, $n_1 = 15$, $n_2 = 15$, $\alpha = 0.05$일 때 $H_0 : \mu_1 = \mu_2$, $H_1 : \mu_1 \neq \mu_2$의 가설검정 예이다.

학습시간의 조사 데이터 집합

id	1학년	2학년
1	15.5	20.5
2	21	19.5
3	16.5	22.5
4	12.5	15.5
5	9.5	9
6	2.5	37
7	20	18.5
8	19	12.5
9	35	18
10	14.5	17.5
11	19.5	19.5

12	11.5	18.5
13	9.5	19
14	15.5	20.5
15	18.5	17
16	16.5	
17	23.5	

모집단의 분산을 모르고 소표본인 두 집단 평균차이에 관한 가설검정은 [데이터] → [데이터분석]의 [t-검정 : 등분산 가정]을 이용할 수 있다. 참고로 TTEST함수를 활용할 수도 있다.

> TTEST
> - 소표본 t검정과 관련된 확률값
> - 두 모집단의 평균이 같은지 판단

절차 1

위의 자료를 이용하여 그림과 같이 제목과 변수들의 값을 입력한다.

	A	B	C	D
1	id	1학년	2학년	
2	1	15.5	20.5	
3	2	21	19.5	
4	3	16.5	22.5	
5	4	12.5	15.5	
6	5	9.5	9	
7	6	2.5	37	
8	7	20	18.5	
9	8	19	12.5	
10	9	35	18	
11	10	14.5	17.5	
12	11	19.5	19.5	
13	12	11.5	18.5	
14	13	9.5	19	
15	14	15.5	20.5	
16	15	18.5	17	
17	16	16.5		
18	17	23.5		

절차 2

메뉴에서 [데이터] → [데이터분석]을 선택한다. [데이터분석]의 대화상자에서 [t-검정 : 등분산 가정 두 집단]을 선택하고 [확인]을 클릭한다.

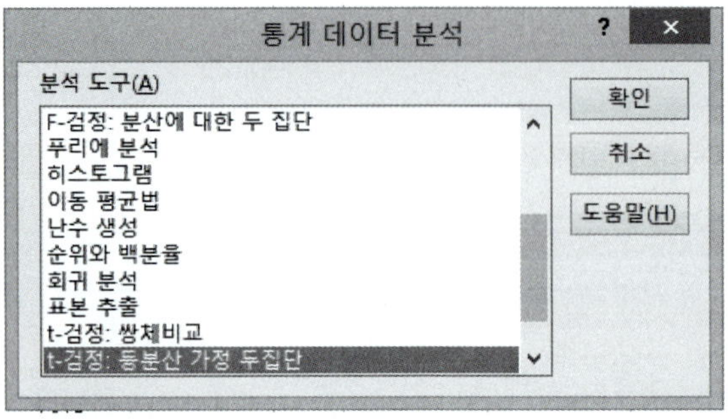

절차 3

TTEST의 대화상자에서 [변수 1 입력범위]는 첫 번째 집단의 데이터가 있는 셀구간을 지정하면 되고 [변수 2 입력범위]는 두 번째 집단 데이터의 셀구간을 입력한다. 귀무가설에서 평균차이가 없으므로 '0'의 값을 입력하고 [이름표] 체크박스를 선택한다. 결과값이 출력될 범위 [$E$2]를 선택한 다음 [확인]을 클릭한다.

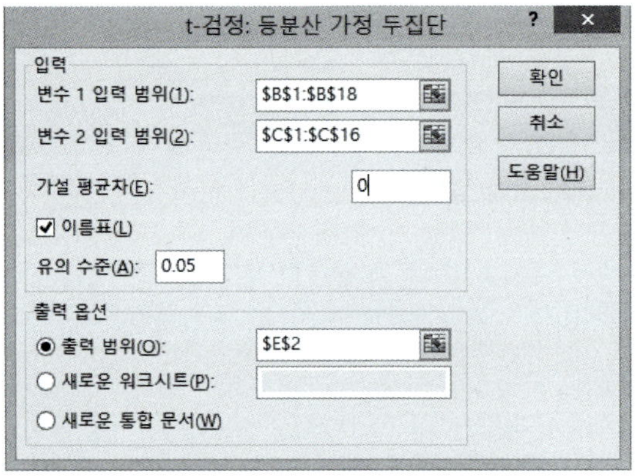

절차 4

분석결과표에서 t검정통계량은 -1.07726이다. 양측검정이므로 t검정통계량의 절댓값 $(|-1.07726|)$과 t의 양측 임계치 2.04227과 비교하여 귀무가설의 채택과 기각 여부를 결정한다. t통계량이 신뢰구간 내에 있으므로 귀무가설은 채택된다. p값으로도 가설을 검정할 수 있다. 양측검정의 p값(0.289949)이 유의수준($\alpha=.05$)보다 크므로 귀무가설이 채택된다. 그러므로 두 학년의 학습시간 차이는 없다.

E	F	G
t-검정: 등분산 가정 두 집단		
	1학년	2학년
평균	16.5	19
분산	49	35.96429
관측수	17	15
공동(Pooled) 분산	42.91667	
가설 평균차	0	
자유도	30	
t 통계량	-1.07726	
P(T<=t) 단측 검정	0.144975	
t 기각치 단측 검정	1.697261	
P(T<=t) 양측 검정	0.289949	
t 기각치 양측 검정	2.042272	

5) 하나의 표본에서 쌍을 이룬 평균차이에 관한 가설검정

■ [예 8-5]의 풀이

$H_0 : \mu_1 = \mu_2,\ H_1 : \mu_1 \neq \mu_2$ 에서의 $\alpha = 0.05$ 의 양측검정 문제이다.

성장촉진제 투약 전후의 신장 데이터 집합

대상자	투약 후 신장	투약 전 신장
1	172	172
2	164	159
3	164	162
4	168	168
5	184	183
6	165	165
7	171	170
8	159	157
9	175	174
10	179	179

위의 예와 같이 쌍을 이룬 평균차이검정은 [데이터] → [데이터분석]의 t검정을 이용한다. 참고로 TTEST함수를 이용할 수도 있다.

절차 1

다음 그림과 같이 제목과 변수들의 값을 입력한다.

	A	B	C	D
1	대상자	투약 후	투약 전	
2	1	172	172	
3	2	164	159	
4	3	164	162	
5	4	168	168	
6	5	184	183	
7	6	165	165	
8	7	171	170	
9	8	159	157	
10	9	175	174	
11	10	179	179	

절차 2

메뉴의 [데이터] → [데이터분석]을 실행하고 [분석 도구(A)]에서 [t−검정: 쌍체비교]를 선택한 후 확인을 클릭한다.

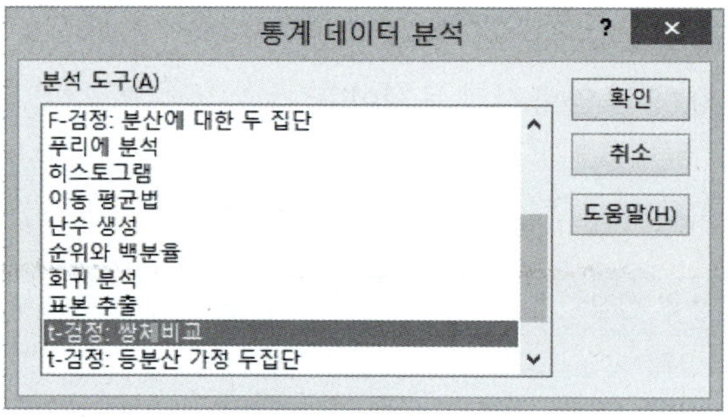

절차 3

다음의 그림이 [t−검정: 쌍체비교]의 입력 대화상자이다. 각각의 항목에 정해진 값을 입력하고 출력옵션에서 출력범위(예에서는 〈셀 $E$2〉)를 지정한 뒤 확인을 클릭하면 결과물이 출력된다.

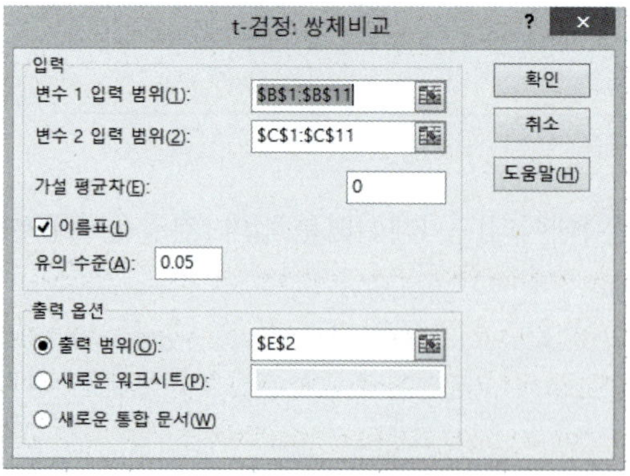

절차 4

이전의 과정을 오류 없이 수행하면 다음과 같은 t검정통계량이 출력된다.

	A	B	C	D	E	F	G
1	대상자	투약 후	투약 전				
2	1	172	172		t-검정: 쌍체 비교		
3	2	164	159				
4	3	164	162			투약 후	투약 전
5	4	168	168		평균	170.1	168.9
6	5	184	183		분산	58.76667	71.21111
7	6	165	165		관측수	10	10
8	7	171	170		피어슨 상관 계수	0.986065	
9	8	159	157		가설 평균차	0	
10	9	175	174		자유도	9	
11	10	179	179		t 통계량	2.44949	
12					P(T<=t) 단측 검정	0.018394	
13					t 기각치 단측 검정	1.833113	
14					P(T<=t) 양측 검정	0.036787	
15					t 기각치 양측 검정	2.262157	

출력결과에서 t검정통계량은 2.4494이고 오른쪽 임계치는 2.262157이다. t통계량이 신뢰구간을 벗어났으므로 귀무가설을 기각한다. p값을 이용하여 가설을 검정할 수도 있다. 양측검정의 p값(0.036787)이 유의수준($\alpha=.05$)보다 작으므로 귀무가설을 기각한다. 이는 t통계량을 통한 가설검정결과와 동일하다. 따라서 성장촉진제를 투약하기 전과 후의 신장차이가 없다고 할 수 없다. 혹은 가설검정결과 성장촉진제의 효과가 있다고 해석할 수 있다.

[예 8-5]의 성장촉진제 사례를 단측검정할 때에는 위와 동일한 절차를 수행한 다음에 단측검정통계량을 읽으면 된다.

- $H_0 : \mu_1 \leq \mu_2,\ H_1 : \mu_1 > \mu_2$ 인 $\alpha=0.05$ 의 단측검정

절차 1, 절차 2, 절차 3, 절차 4 를 수행하여 위의 결과를 얻는다.

출력결과에서 t검정통계량은 2.4494이고 오른쪽 임계치는 1.833113이다. t통계량이 신뢰구간을 벗어났으므로 귀무가설을 기각한다. p값을 이용하면 단측검정의 p값(0.018394)이 유의수준($\alpha=.05$)보다 작으므로 귀무가설이 기각된다. 따라서 성장촉진제를 투약하기 전보다 투약한 뒤의 신장이 더 크다고 해석할 수 있다.

연습문제 EXERCISES

01 K화장품회사는 요일이 방문판매직원의 판매실적에 미치는 영향을 알아보기 위한 실험을 수행하였다. 100명의 직원이 참여한 월요일 실험에서는 1인당 평균 37세트의 화장품을 판매하는 것으로 조사되었으며, 112명이 참가한 수요일 실험에서는 1인당 39세트의 화장품을 판매하는 것으로 조사되었다. 과거의 경험에 의해 월요일 판매량의 표준편차는 8.3세트, 수요일의 표준편차가 7.7세트라고 할 때 월요일과 수요일의 판매실적이 다른지를 $\alpha=0.05$ 의 수준에서 검정하라.

02 H대학은 대학부설 어학원의 영어과 수료학생 75명과 사설 영어학원 수료학생 80명을 표본으로 뽑아 영어능력을 테스트하였다. 평가결과 대학어학원 출신 학생은 평균 79점에 표준편차 8점, 사설영어학원 수료학생은 평균 75점, 표준편차 11점의 성적이라고 할 때, 대학부설어학원의 교육 프로그램이 사설영어학원보다 더 좋다는 가설을 $\alpha=0.01$ 의 수준에서 검정하라(단, 학원 입학 전의 영어능력이 비슷하고, 두 모집단 모두 정규분포이다).

03 우리나라 씨름선수 50명을 무작위로 선정하여 몸무게를 재어 보니 평균 105kg, 표준편차가 32kg이었고, 일본 스모선수 50명은 평균 117kg, 표준편차가 45kg이었다. 일본 스모선수가 한국 씨름선수보다 더 무거운지를 $\alpha=0.05$ 의 수준에서 검정하라(두 모집단의 분산은 같다고 가정한다).

04 평생 담배를 피우지 않은 성인남자 20명의 평균수명은 73.5세, 30년 이상 담배를 피운 남자 22명의 평균수명은 68.7세로 나타났다. 금연자의 평균수명 표준편차는 6.5년이고 흡연자의 표준편차는 9년이라고 할 때, 두 집단의 평균수명이 같은지를 유의수준 0.05의 수준에서 검정하라(단, 두 모집단은 정규분포이다).

05 문제 4번에서 표준편차가 모집단의 표준편차가 아닌, 표본집단의 표준편차라고 할 때의 가설을 검정하라(단, 두 모집단은 정규분포이고 두 모집단의 분산은 같다).

06 A유치원의 남자아이 15명을 뽑아서 키를 측정하였더니 평균 105cm에 표준편차가 10cm, 여자아이 17명의 평균 키는 107cm에 표준편차가 13cm로 나타났다. 두 모집단의 분산이 같다고 할 때, $\alpha=0.05$ 에서 남녀 아이들의 평균 키에 차이가 있는지를 검정해 보시오.

07 H대학의 상대학생들과 공대학생의 국어실력 차이를 알아보기 위해 시험을 치른 결과 다음의 결과를 얻었다. 두 그룹 학생들의 국어실력에 차이가 있는지를 $\alpha=0.1$ 에서 검정하라(두 모집단의 표준편차는 같다고 가정한다).

상대	86, 88, 71, 92, 79, 81, 98, 83, 80
공대	75, 82, 73, 72, 88, 69, 77, 92, 62, 79

08 Y어학원은 원어민 강사를 초빙하여 학생들의 발음 클리닉을 운영하고 있다. 10명의 학생들을 대상으로 발음 클리닉 코스를 듣기 전과 후의 발음 정확도를 측정하였다. 측정결과 평균 11.5점 정도의 발음향상이 있었으며, 점수차이의 표준편차는 8.5점이었다. 발음 클리닉은 효과가 있는 것일까? 유의수준 0.05의 수준에서 검정하라(점수차이는 정규분포를 이룬다).

CHAPTER 09

모집단 비율 및 분산에 관한 가설검정

B U S I N E S S   S T A T I S T I C S

1. 모집단비율에 관한 가설검정

2. 모집단분산에 관한 가설검정

1. 모집단비율에 관한 가설검정

1.1 단일 모집단의 비율에 관한 가설검정

단일 모집단 비율에 대한 가설검정은 표본집단과 모집단의 비율차이를 검정하는 것이다. 예를 들어, "청년 실업자의 비율이 15%에 이른다", "우리 제품의 시장점유율이 50%를 넘었다", "출산정책을 지지하는 비율이 55%다" 등의 비율에 관한 정보나 주장이 실제 데이터를 반영하고 있는지를 검정할 필요가 있을 때, 비율에 관한 가설검정 절차를 이용한다.

모집단의 비율에 대한 가설검정은 모집단비율(p)의 불편추정량인 표본비율($\hat{p}$)을 이용한다. 제6장에서 설명한 바와 같이 표본비율은 $\hat{p}=\dfrac{X}{n}$로 표현되며 표본비율이 이루는 분포의 평균과 표준오차는 다음과 같다.

$$E(\hat{p})=p,\ \ \sigma_{\hat{p}}=\sqrt{\frac{p(1-p)}{n}}$$

표본비율의 분포는 이항분포를 이루지만 시행횟수 n이 커져서 $np\geq5$ 또는 $n(1-p)\geq5$가 되면 정규분포와 유사한 분포를 보인다. 따라서 이러한 조건을 만족하면 표본비율의 검정통계량을 Z값으로 대신할 수 있다. 이때 사용되는 검정통계량 Z의 값은 다음과 같다.

표본의 크기가 클 때의 모집단비율의 검정통계량

$$Z=\frac{\hat{p}-p}{\sigma_{\hat{p}}}=\frac{\hat{p}-p}{\sqrt{p(1-p)/n}}$$

여기서, $\hat{p}$ = 표본비율, p = 모집단비율

$\sigma_{\hat{p}}$ = 표본비율의 표준오차, 모비율의 불편추정량

모집단비율에 대한 가설검정의 기본논리와 절차는 모집단평균에 대한 가설검정과 동

일하다.

예 9–1 '재학생의 해외어학연수에 대한 태도'에 대한 설문조사결과를 보고서로 제출한 K의 리포트는 담당교수로부터 최우수 평가를 받았다. 그러나 다수의 학생들이 K의 리포트에 사용된 데이터가 조작되었다고 주장하고 있다. K는 리포트를 위해 조사대상자를 H대학교 2학년 학생 전체를 대상으로 한정하고 설문응답자의 남녀 비율을 재학생의 성비와 비슷하도록 6 : 4로 유지하였다. 제기되는 문제의 핵심은 K군이 데이터를 얻기 쉬운 남학생들을 위주로 설문을 전개하여, 조사결과를 신뢰할 수 없다는 것이다.
K는 자신의 리포트, 특히 조사대상의 성비가 정상적으로 작성되었음을 검정해 보기로 하였다. 이를 위하여 응답 완료된 설문지로부터 무작위로 100부를 뽑아 성비를 조사하였더니 남학생이 65명 여학생이 35명이었다.
남학생 응답자의 비율이 60%라는 K의 주장이 정당한가를 $\alpha=0.05$ 의 수준에서 검정해 보라.

풀이

모비율(p) 이 0.6이고 표본비율$(\hat{p})$ 이 0.65인 모비율검정의 예이다. $np\geq 5$이므로 Z분포를 이용한 양측검정을 수행한다.

① 가설의 설정

- $H_0 : p=0.6$: 남학생 응답자의 비율이 60%이다.
- $H_1 : p\neq 0.6$: 남학생 응답자의 비율이 60%가 아니다.

② 유의수준의 결정

- $\alpha=0.05$ 인 양측검정

③ 임계치의 계산 : 채택영역과 기각영역의 결정

양측검정이므로 $Z_{0.025}=1.96$

- 채택영역 : $-1.96\leq Z\leq 1.96$
- 기각영역 : $Z>1.96$ 또는 $Z<-1.96$

④ 검정통계량의 계산

- $\sigma_{\hat{p}}=\sqrt{(0.6)(0.4)/100}=0.049$
- $Z=\dfrac{0.65-0.6}{0.049}=1.02$

⑤ **결과해석**

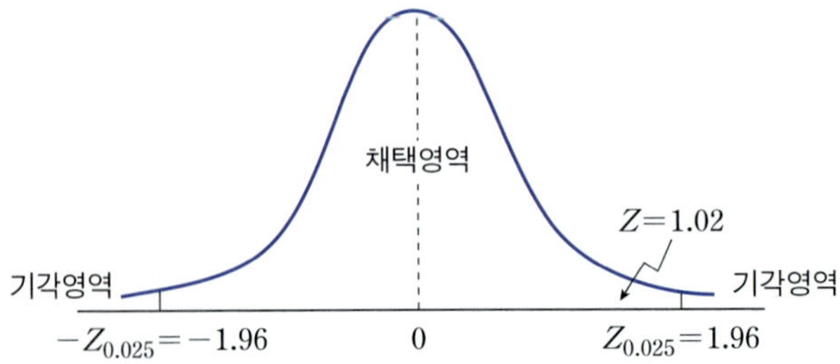

위 그림에서 $Z=1.02$는 채택영역 안에 있으므로 귀무가설은 채택된다. 따라서 설문은 6 : 4의 성별비율로 조사되었다고 할 수 있다.

예 9-2 A대학교는 올해 새로 협정을 맺은 뉴질랜드 대학과의 교환학생 프로그램의 인지도를 높이기 위해 학생들을 대상으로 대대적인 촉진활동을 전개하였다. 이 촉진활동이 성공적이라면 A대학교 학생의 30% 이상이 이 교환학생 프로그램을 알고 있어야 한다. 600명의 학생을 대상으로 인지도를 조사한 결과 201명의 학생이 새로운 교환학생 프로그램을 알고 있다고 응답하였다. 촉진활동은 성공적이었는가? 유의수준을 1%와 5%로 하여 각각 검정해 보시오.

풀이

$np \geq 5$ 이므로 검정통계량은 Z값을 이용한다. 촉진활동이 계획대로 진행되었으면 교환학생 프로그램의 인지비율(p)이 0.3 이상이어야 하므로 단측검정이다. 귀무가설은 "30% 이하의 학생들만 이 프로그램을 알고 있다"고 회의적으로 설정한다.

① **가설의 설정**

- $H_0 : p \leq 0.3$: 프로그램의 인지 비율은 30% 이하이다.
- $H_1 : p > 0.3$: 프로그램의 인지 비율은 30%보다 크다.

② **유의수준의 결정**

- $\alpha = 0.01, 0.05$ 인 단측검정

③ **임계치의 계산 : 채택영역과 기각영역의 결정**

- 유의수준 0.01일 때, $Z_{0.01}=2.57$, 채택영역 : $Z \leq 2.57$, 기각영역 : $Z > 2.57$
- 유의수준 0.05일 때, $Z_{0.05}=1.96$, 채택영역 : $Z \leq 1.96$, 기각영역 : $Z > 1.96$

④ **검정통계량의 계산**

- $\sigma_{\hat{p}} = \sqrt{(0.3)(0.7)/600} = 0.019$
- $\hat{p} = 201/600 = 0.34$
- $Z = \dfrac{0.34 - 0.3}{0.019} = 2.105$

⑤ **결과해석**

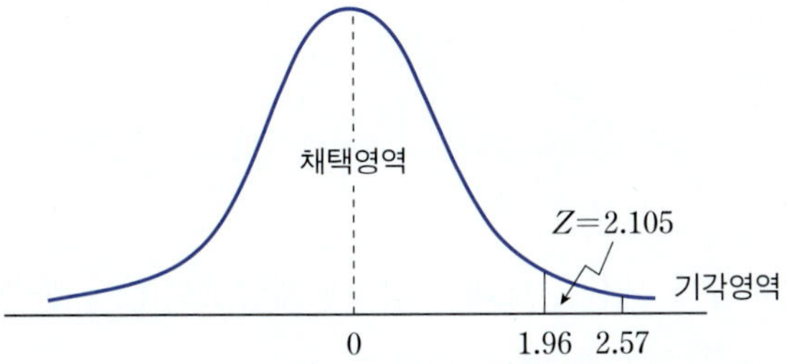

$Z = 2.105$는 $\alpha = 0.01$의 수준에서는 채택영역에, 그리고 $\alpha = 0.05$의 수준에서는 기각영역에 있다. 새로운 교환학생 프로그램의 촉진활동에 대한 인지도는 $\alpha = 0.01$ 수준에서는 30%를 넘지 못하므로 성공적이지 못하지만, 유의수준을 $\alpha = 0.05$로 완화하면 30%를 넘은 인지도를 달성하여 성공적이라 할 수 있다.

1.2 두 모집단의 비율차이에 관한 가설검정

두 모집단 비율의 차이에 대한 가설검정은 서로 다른 두 모집단의 비율차이를 검정하는 것이다. "A대학보다 B대학의 경쟁률이 더 높다", "신제품에 대한 한국소비자와 미국소비자의 수용률이 다르다" 등의 서로 다른 두 집단에 대한 비율차이 검정이 그 예이다.

두 모집단의 비율차이에 대한 가설을 검정하려면 두 모집단의 비율이 동일하다는 가정이 필요하다. 두 모집단의 비율이 동일하다는 가정이 옳으면 표본비율의 표준오차 계산에 필요한 모집단비율의 추정치 $\hat{p}$는 하나로 충분하다. 그런데 실제로는 표본집단별로 $\hat{p}_1$, $\hat{p}_2$의 값이 다른 표본비율이 계산된다. 즉, 기본가정과 실제 상황이 다르다. 이 문제를 해결하기 위해 두 개의 표본비율 $\hat{p}_1$, $\hat{p}_2$를 이용하여 모집단비율에 가까울 것으로 기대되는 하나의 모집단의 비율을 추정한다. 이것을 가중평균된 표본비율($\hat{p}$)이라고 하는데, 두 표본비율 $\hat{p}_1$, $\hat{p}_2$의 가중평균을 통해 얻어진다. 가중평균된 표본비율과 표준오차의 계산식은 다음과 같다.

가중평균된 표본비율과 표준오차

$$\hat{p}=\frac{n_1\hat{p}_1+n_2\hat{p}_2}{n_1+n_2}$$

$$s_{\hat{p}_1-\hat{p}_2}=\sqrt{\frac{\hat{p}(1-\hat{p})}{n_1}+\frac{\hat{p}(1-\hat{p})}{n_2}}$$
$$=\sqrt{\hat{p}(1-\hat{p})\left(\frac{1}{n_1}+\frac{1}{n_2}\right)}$$

여기서, $\hat{p}_1$, $\hat{p}_2$ = 표본집단 1, 2의 표본비율

$s_{\hat{p}_1-\hat{p}_2}$ = 표본집단 1, 2의 가중평균된 표본오차

가설검정을 위해서는 추정된 표본비율과 분산을 토대로 검정통계량 Z의 값을 산출해야 하는데 두 모집단 비율차이의 검정통계량의 계산식은 다음과 같다.

두 모집단의 비율차이 검정통계량

$$Z=\frac{(\hat{p}_1-\hat{p}_2)-(p_1-p_2)}{s_{\hat{p}_1-\hat{p}_2}}$$

여기서, p_1, p_2 = 모집단 1, 2의 비율

예 9-3 학생회장 출마를 고려 중인 C는 자신에 대한 지지도가 성별에 따라 차이가 있는지를 조사해 보기로 하였다. 남학생 200명과 여학생 300명을 표본집단으로 하여 지지도를 조사('지지한다', '지지하지 않는다' 중 택 1)해 본 결과 남자 120명, 여자 200명의 응답자가 지지를 표시하였다. C의 지지도가 성별에 따라 다른지를 $\alpha=0.05$의 수준에서 검정하라.

풀이

가설검정 단계에 맞추어 위 예제를 풀이해 보자.

① 가설의 설정

- $H_0 : p_1=p_2$: 성별에 따른 지지도의 차이가 없다.
- $H_1 : p_1 \neq p_2$: 성별에 따라 지지도가 다르다.

② **유의수준의 결정**

- $\alpha=0.05$ 인 양측검정

③ **임계치의 계산 : 채택영역과 기각영역의 결정**

양측검정이므로 $Z_{0.025}=1.96$

- 채택영역 : $-1.96 \le Z \le 1.96$
- 기각영역 : $Z>1.96$ 또는 $Z<-1.96$

④ **표본통계량의 계산과 임계치와의 비교**

- $\hat{p}_1=120/200=0.6,\ \hat{p}_2=200/300=0.67$
- $\hat{p}=\dfrac{n_1\hat{p}_1+n_2\hat{p}_2}{n_1+n_2}=\dfrac{200\times0.6+300\times0.67}{200+300}=0.642$
- $s_{\hat{p}_1-\hat{p}_2}=\sqrt{\hat{p}(1-\hat{p})\left(\dfrac{1}{n_1}+\dfrac{1}{n_2}\right)}=\sqrt{0.642(1-0.642)\left(\dfrac{1}{200}+\dfrac{1}{300}\right)}=0.0438$
- $Z=\dfrac{(\hat{p}_1-\hat{p}_2)-(p_1-p_2)}{s_{\hat{p}_1-\hat{p}_2}}=\dfrac{(0.6-0.67)-0}{0.0438}=-1.598$

⑤ **결과해석**

두 모집단 비율차이의 임계치와 계산된 Z검정통계량은 다음의 그림과 같다.

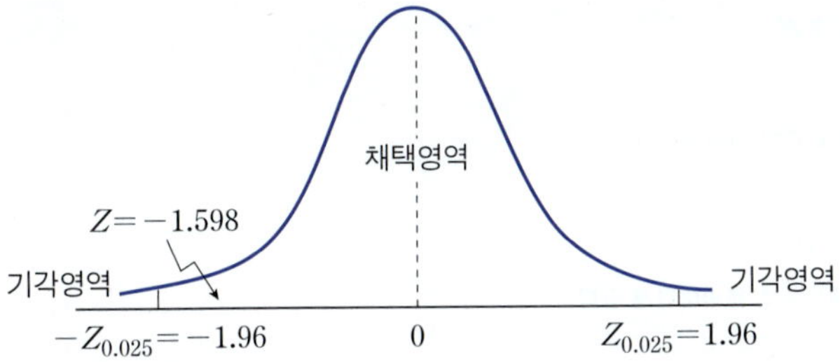

계산된 Z값이 채택영역에 포함되어 있으므로 귀무가설을 기각할 수 없다. 그러므로 성별에 따른 지지도의 차이는 없다고 할 수 있다.

ChatGPT 활용

모집단 비율 차이 검정이 적용된 실제 사례를 알려주세요

다음은 **모집단 비율 차이 검정**(Two-proportion z-test)이 적용된 실제 사례입니다.

사례: 신약의 효과 비교 실험

상황:

제약회사가 신약의 효과를 검증하려고 합니다. 기존 약과 신약을 각각 투여한 환자 중 **호전된 비율**을 비교합니다.

연구 질문:

> "신약을 복용한 환자의 호전 비율이 기존 약보다 높은가?"

가설 설정:

- **귀무가설(H_0)**: 두 집단의 호전 비율에 차이가 없다 ($p_1 = p_2$)
- **대립가설(H_1)**: 신약의 호전 비율이 더 높다 ($p_1 > p_2$)

자료 예시:

- 신약군: 200명 중 150명 호전 → 75%
- 기존 약군: 180명 중 117명 호전 → 65%

검정 방법:

- 두 집단의 비율 차이에 대해 **2표본 z-검정** 실시

해석:

- p-value가 0.05보다 작다면 → 귀무가설 기각
- → 신약의 효과가 기존 약보다 **통계적으로 유의미하게 좋다**

실제 활용 분야:

- 정치: 남성과 여성의 지지율 차이 검정
- 마케팅: A/B 테스트 클릭률 차이
- 교육: 전통 교육 vs 온라인 교육의 만족 비율 차이
- 공공정책: 백신 접종군 vs 미접종군의 감염률 비교

2. 모집단분산에 관한 가설검정

통계적 가설검정의 또 다른 주제는 모집단의 분산에 관한 가설검정이다. 모집단의 분산에 대한 가설검정도 평균에 관한 가설검정과 마찬가지의 검정논리와 절차를 갖는다. 그러나 표본분산의 분포형태가 평균에 관한 Z분포나 t분포와 다르기 때문에, 모집단분산에 관한 가설의 검정과정에 앞서 분산의 표본분포를 이해하여야만 한다.

평균이 μ, 분산이 σ^2인 정규분포를 이루는 모집단으로부터 크기가 동일한 여러 개의 표본을 뽑아서 각각의 표본분산을 계산하였을 때, 표본집단의 분산 s^2은 일정한 확률분포를 이루는데 이것을 분산의 표본분포라고 한다. 분산의 표본분포는 오른쪽으로 꼬리가 긴 모양을 하지만, 표본의 크기 n이 커질수록 정규분포에 가까운 모양을 갖는다.

이런 모양의 분포를 χ^2분포(카이제곱분포 : chi-square distribution)라고 하는데, [그림 9-1]과 같이 항상 양(+)의 값만을 가지며 오른쪽으로 꼬리가 긴 비대칭의 모양을 이룬다. 그리고 χ^2분포의 형태는 자유도($n-1$)에 따라 달라진다.

9-1 자유도에 따른 χ^2분포

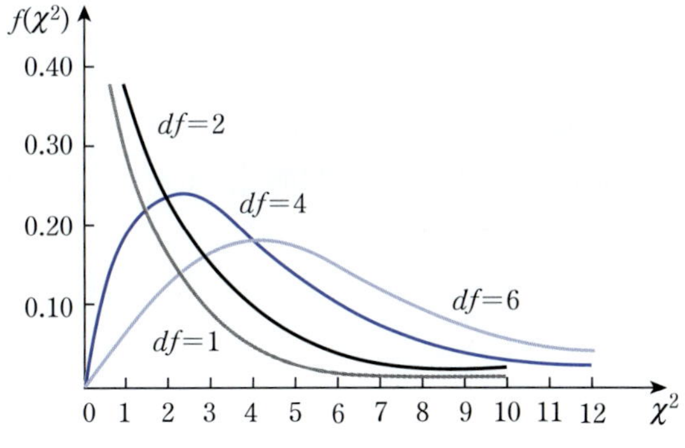

χ^2분포는 분산이 σ^2인 정규분포 모집단으로부터 표본의 크기가 n인 선택 가능한 모든 표본집단의 분산 s^2의 분포이며, 계산식은 다음과 같다.

χ^2 검정통계량

$$\chi^2_{n-1} = \frac{(n-1)\cdot s^2}{\sigma^2}$$

여기서, n=표본의 수, $n-1$=자유도

가설검정을 하려면 유의수준에 따른 χ^2의 임계치를 계산하여야 하는데, 사용자 편의를 위해 자유도와 유의수준에 따라 χ^2값을 정리해 놓은 것을 χ^2분포표라고 한다. χ^2분포표는 Z분포표나 t분포표와 마찬가지로 유의수준 α가 오른쪽에 나타난다. 아래의 표에서 자유도가 5, α=0.05일 때의 χ^2값은 11.07이다.

그림 9-2 χ^2 분포표

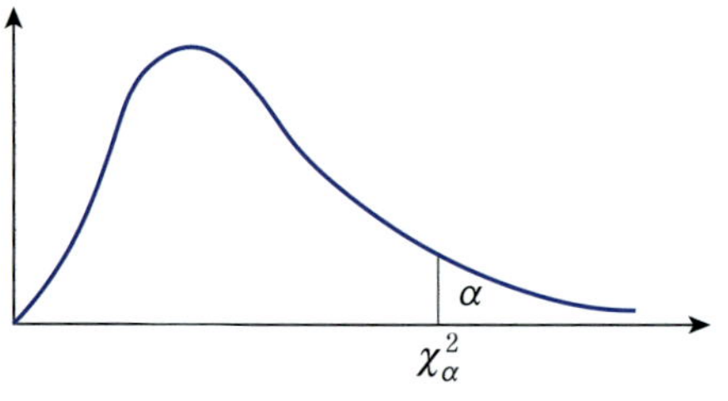

자유도	우측 꼬리면적=α							
	0.99	0.975	0.95	0.9	0.10	0.05	0.025	0.01
1	0.000	0.001	0.004	0.016	2.706	3.841	5.024	6.635
2	0.020					⋮		
3	0.115							
4	0.297							
5	0.554					11.07		
⋮								

χ^2 검정에서도 양측검정과 단측검정 모두를 실시할 수 있으나 단측검정을 실시하는 경우가 많다. 유의수준 α에서의 양측검정일 때는 [그림 9-3]과 같이 오른쪽 임계치는 $\chi^2_{\alpha/2}$가, 왼쪽 임계치는 $\chi^2_{1-\alpha/2}$의 값이 된다.

그림 9-3 χ^2 분포에서의 양측검정 α와 임계치

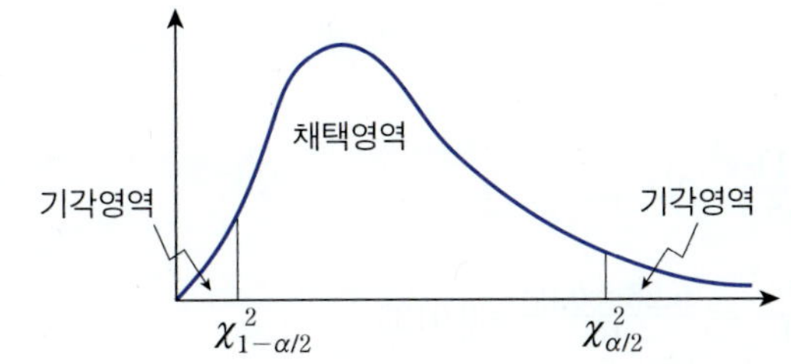

한편 단측검정일 경우 오른쪽 단측검정일 때는 [그림 9-4]의 첫 번째 그림처럼 χ^2_α의 값이, 왼쪽 단측검정일 때는 두 번째 그림처럼 $\chi^2_{1-\alpha}$의 값이 임계치가 된다.

그림 9-4 χ^2 분포에서의 단측검정 α와 임계치

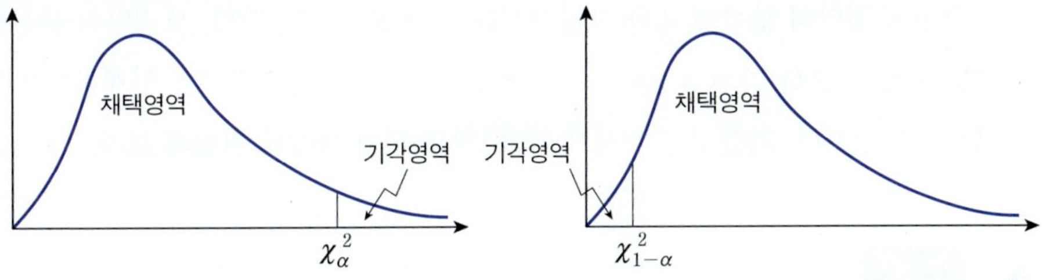

예 9-4 S전자가 생산하는 부품의 중량은 0.03g만의 분산을 가진다고 한다. 16개의 표본을 뽑아서 조사를 할 경우 $\alpha=0.05$ 수준에서 모집단의 분산이 0.03g이라는 가정을 충족하기 위한 χ^2의 임계치 및 기각영역과 채택영역, 그리고 s^2의 신뢰구간을 추정하시오.

풀이

① **χ^2 값의 계산**

$H_0: \sigma^2=0.03$ 이므로 양측검정이다. 그러므로 우측 임계치는 $\chi^2_{\alpha/2}$ 이고, 좌측 임계치는 $\chi^2_{1-\alpha/2}$ 이 된다.

자유도는 $n-1=15$이므로 양측 임계치는 각각 $\chi^2_{0.025,\,15}=27.49$, $\chi^2_{0.975,\,15}=6.26$ 이다.

• 채택영역 : $6.26 \le \chi^2 \le 27.49$

• 기각영역 : $\chi^2 < 6.26$ 또는 $\chi^2 > 27.49$

② s^2 의 추정

$\chi^2_{n-1} = \dfrac{(n-1) \cdot s^2}{\sigma^2}$ 이므로

$$s^2_{low} = \frac{\chi^2_{n-1} \cdot \sigma^2}{n-1} = \frac{6.26 \times 0.03}{15} = 0.0125$$

$$s^2_{high} = \frac{\chi^2_{n-1} \cdot \sigma^2}{n-1} = \frac{27.49 \times 0.03}{15} = 0.055$$

따라서 s^2 의 신뢰구간은 $0.0125 \le s^2 \le 0.055$ 이다.

2.1 단일 모집단의 분산에 관한 가설검정

단일 모집단의 분산에 대한 가설검정은 χ^2 분포를 이용한다. 모집단의 분산에 대한 가설도 평균에 관한 가설검정과 마찬가지로, 계산된 검정통계량과 임계치의 비교를 통해 가설을 검정한다. 가설검정 절차에 따라 [예 9-5]의 사례를 검정해 보자.

예 9-5 A볼펜의 수명은 평균 2,500시간, 표준편차는 100시간이라고 한다. 출고 직전의 A볼펜 25개를 추출하여 수명을 조사한 결과 표준편차가 119시간으로 조사되었다. A볼펜 수명의 표준편차가 100시간이 맞는지를 유의수준 0.05에서 검정하라.

풀이

① 가설의 설정

• $H_0 : \sigma = 100$: 볼펜 수명의 표준편차는 100시간이다.

• $H_1 : \sigma \ne 100$: 볼펜 수명의 표준편차는 100시간이 아니다.

② 유의수준의 결정

• $\alpha = 0.05$ (양측검정)

③ 임계치의 계산 : 채택영역과 기각영역의 결정

자유도가 $n-1=24$이므로 $\chi^2_{0.025,\,24} = 39.36$, $\chi^2_{0.975,\,24} = 12.40$

• 채택영역 : $12.40 \le \chi^2 \le 39.36$

• 기각영역 : $\chi^2 < 12.40$ 또는 $\chi^2 > 39.36$

④ 검정통계량의 계산

$\chi^2_{n-1} = \dfrac{(n-1)\cdot s^2}{\sigma^2}$ 이므로

$\chi^2 = \dfrac{(25-1)\times 14,161}{10,000} = 33.987$

⑤ 결과해석

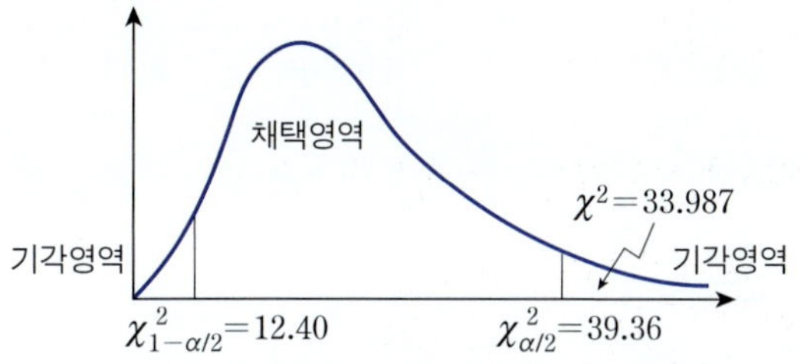

그림에서처럼 계산된 검정통계량이 채택영역에 있다. 그러므로 귀무가설이 채택된다. 즉, A볼펜 평균 수명의 표준편차는 100시간이라고 볼 수 있다.

예 9–6 A쿠키는 반죽 1kg당 10g의 향신료 원액을 넣고 있으며, 표준편차를 1.0g 정도로 유지하고 있다. 30개의 빵을 조사해 본 결과 향신료의 표본분산이 0.58로 나타났다. 향신료의 표준편차를 1g 이하라고 할 수 있는가를 $\alpha = 0.05$ 의 수준에서 검정하라.

풀이

① 가설의 설정

• $H_0 : \sigma \ge 1$: 향신료의 표준편차는 1g 이상이다.

• $H_1 : \sigma < 1$: 향신료의 표준편차는 1g 미만이다.

② 유의수준의 결정

• $\alpha = 0.05$ (단측검정)

③ 임계치의 계산 : 채택영역과 기각영역의 결정

자유도가 $n-1=29$ 이므로 $\chi^2_{0.95,\,29} = 17.71$

• 채택영역 : $17.71 \le \chi^2$
• 기각영역 : $\chi^2 < 17.71$

④ **검정통계량의 계산**

$\chi^2_{n-1} = \dfrac{(n-1) \cdot s^2}{\sigma^2}$ 이므로

$\chi^2 = \dfrac{(30-1) \times 0.58}{1} = 16.82$

⑤ **결과해석**

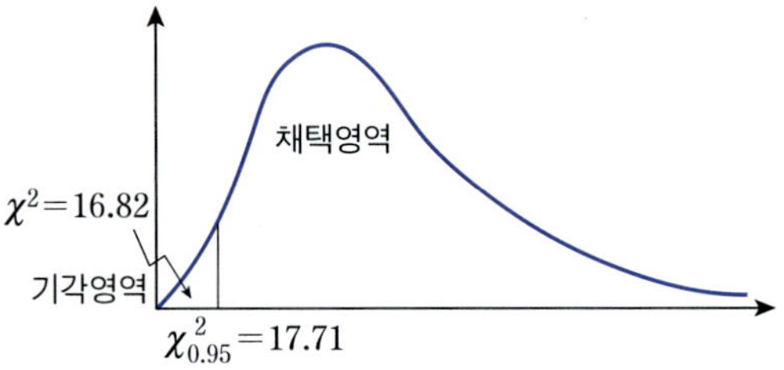

위 그림과 같이 계산된 검정통계량이 채택영역을 벗어나 있다. 따라서 귀무가설이 기각되므로 향신료의 표준편차는 1g보다 적다고 할 수 있다.

2.2 두 모집단의 분산비에 관한 가설검정

두 집단의 평균이 같으면 집단의 성격이 같다고 할 수 있을까? 9명의 사원과 1명의 사장이 있고 평균월급이 300만원인 A, B 두 회사를 가정해 보자. A사는 임직원 모두가 300만원의 월급을 받고, B사는 사장이 2,100만원을 갖고 나머지 사원들은 100만원씩을 받는다. 이 경우 두 회사의 평균급여수준은 같지만, 전혀 다른 급여체계의 회사이다. 이와 같이 어떤 집단을 비교할 때에는, 그 집단의 평균뿐만 아니라 분산 등의 다른 통계량을 함께 비교해야 좀 더 정확한 정보를 얻을 수 있다. 분산은 관측도수(n)를 분모로 하는 비율의 한 형태이며, 표본분산의 분포는 χ^2 분포를 따르는 것으로 알려져 있다.

분산이 비율의 특징을 가지므로 두 모집단의 분산을 비교할 때에는 한 집단의 분산을 다른 집단의 분산으로 나누는 방법, 즉 비율을 확인하는 방법을 쓴다. 두 집단의 분산 중에서 큰 값을 분자로 하고, 작은 값을 분모로 두면 분산비율은 언제나 1이상의 양의 수를 갖는다. 그리고 분산비가 1에 가까우면 두 집단의 분산이 비슷하다는 의미이며, 1에서 멀

어질수록 두 집단의 분산차이가 크다는 의미이다.

두 표본집단의 분산비율은 각각의 분산을 자유도로 나눈 값의 비율이며, 그 값의 분포는 F분포를 이룬다. 그러므로 두집단 분산비율의 차이 검증은 F분포를 이용한다.

F통계량의 계산

$$F_{(n_1-1,\, n_2-1)} = \frac{\chi_1^2/(n_1-1)}{\chi_2^2/(n_2-1)} = \frac{s_1^2}{s_2^2}$$

F분포는 각각의 자유도를 가지는 두 개의 χ^2 분포를 이루는 표본분산간 비율의 분포이다. 분산이 σ^2 인 정규분포에서 표본의 크기가 n_1 인 가능한 모든 표본을 뽑았을 때 그 표본의 분산을 s_1^2 이라 하고, 역시 분산이 σ^2 인 정규분포에서 표본의 크기가 n_2 인 표본의 분산을 s_2^2 라 하자. 여기서 표본분산 s_1^2, s_2^2 의 모든 가능한 쌍의 비율 $\frac{s_1^2}{s_2^2}$ 의 분포는 자유도가 각각 n_1-1, n_2-1 인 F분포를 이룬다. F분포는 언제나 양(+)의 값을 가지며 오른쪽으로 긴 꼬리를 갖지만, [그림 9-5]에서와 같이 n_1 과 n_2 가 커질수록, 즉 자유도가 커질수록 정규분포에 접근한다. F값을 계산할 때에는 항상 작은 수치의 분산을 분모로 놓기 때문에 s_1^2 과 s_2^2 이 조금이라도 차이가 나면 1보다 큰 F값이 산출된다. 만일 계산된 F값이 상당히 크면 두 표본집단이 속한 모집단이 같지 않은 것으로 판단할 수 있다.

9-5 자유도에 따른 F분포의 형태

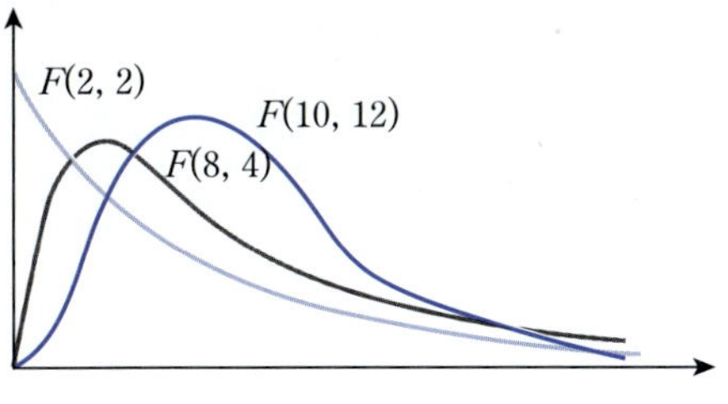

F분포를 이용한 가설검정은 자유도와 유의수준에 따른 F의 임계치를 구한 다음, 그 값을 F통계량과 비교하는 방식으로 이루어진다. F분포는 두 개의 자유도에 의해 결정되는 확률분포이므로, 두 모집단에서 뽑힌 표본의 크기에 따라 가설검정의 임계치가 달라

진다. F검정 역시 χ^2 검정과 마찬가지로 양측검정과 단측검정 모두를 사용할 수 있으나 대개의 경우 단측검정을 실시한다.

자유도와 유의수준에 따른 F값을 정리해 놓은 것을 F분포표라고 하는데, 분자와 분모가 결합하는 수는 무한히 많다. 그러므로 F분포표에는 대표적인 유의수준에서의 대표적인 분산비만이 수록되어 있다. 다음의 F분포표에서 유의수준 α에 해당하는 값을 찾기 위해서는 위쪽에 있는 분자의 자유도와 왼쪽에 있는 분모의 자유도를 찾아서 두 자유도가 만나는 칸의 값을 확인하면 된다. 예를 들어서 분자의 자유도가 5이고 분모의 자유도가 4일 때 유의수준 0.05에 해당하는 F값은 6.26이다($F_{0.05:5,4}=6.26$)이다.

그림 9-6 F분포표

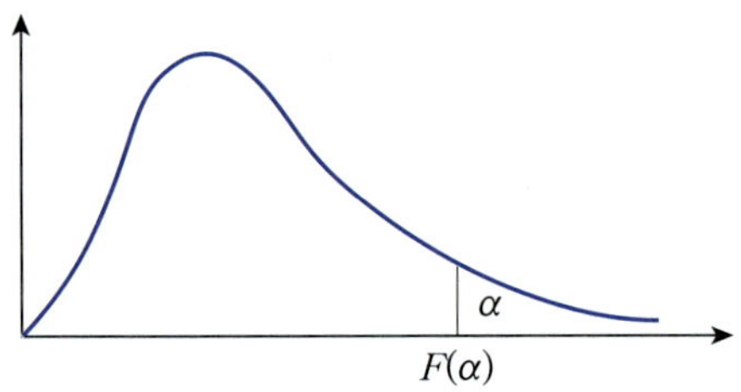

$\alpha=0.05$

자유도		분자의 자유도							
		1	2	3	4	5	6	7	…
분모의 자유도	1	161.4	199.5	215.7	224.6	230.2	234.0	236.8	
	2	18.51				⋮			
	3	10.13				⋮			
	4	7.71				6.26			
	5	6.61							
	⋮								

예 9-7 전자부품을 생산하는 A사는 남자 41명, 여자 30명의 표본을 뽑아 남녀사원의 생산성을 비교해 보았다. 그 결과 평균은 큰 차이가 없었지만, 분산은 상당히 다르게 나왔다고 한다. 남자사원의 표본분산이 280.67, 여자사원의 표본분산이 176.19로 나왔다. 여자사원이 남자사원보다 분산이 작은지를 $\alpha=0.05$의 수준에서 검정하라.

풀이

① **가설의 설정**

대립가설이 여자사원의 분산이 남자사원의 분산보다 작다는 것이므로 귀무가설은 다음과 같이 설정된다.

- $H_0 : \sigma_1^2 \leq \sigma_2^2 \Rightarrow \dfrac{\sigma_1^2}{\sigma_2^2} \leq 1$, $H_1 : \sigma_1^2 > \sigma_2^2 \Rightarrow \dfrac{\sigma_1^2}{\sigma_2^2} > 1$

(σ_1^2 : 남자사원의 분산, σ_2^2 : 여자사원의 분산)

② **유의수준의 결정**

- $\alpha = 0.05$ (단측검정)

③ **임계치의 계산 : 채택영역과 기각영역의 결정**

자유도는 $n_1 - 1$, $n_2 - 1$ 이므로 $41 - 1 = 40$, $30 - 1 = 29$이다.

$F_{0.05:40,29} = 1.81$ 이므로

- 채택영역 : $F \leq 1.81$
- 기각영역 : $F > 1.81$

④ **검정통계량의 계산**

$$F = \frac{s_1^2}{s_2^2} = \frac{280.67}{176.19} = 1.593$$

⑤ **결과해석**

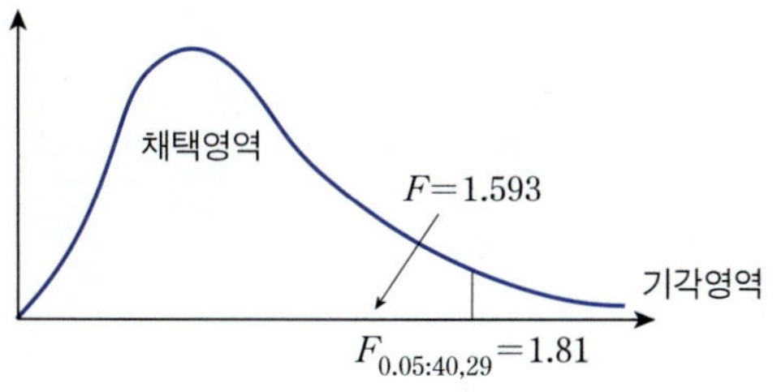

검정통계량이 임계치보다 작으므로 귀무가설은 채택된다. 즉, 여자사원의 분산이 남자사원의 분산보다 작다고 볼 수 없다.

ChatGPT 활용

통계학을 수강하는 두 분반의 시험점수 분산과 학생수가 다음과 같이 다를 때, 두 분반의 분산차이가 존재하는지를 알려줘.
A반 : 학생수 30명, 시험점수 분산 16
B반 : 학생수 35명, 시험점수 분산 36

두 분반의 분산 차이를 검정하기 위해서는 **분산비 검정(F-test)**을 사용합니다.

📌 주어진 정보

- A반: $n_1 = 30,\ s_1^2 = 16$
- B반: $n_2 = 35,\ s_2^2 = 36$

☑ 가설 설정

- **H₀ (귀무가설)**: 두 분반의 분산은 같다 ($\sigma_1^2 = \sigma_2^2$)
- **H₁ (대립가설)**: 두 분반의 분산은 다르다 ($\sigma_1^2 \neq \sigma_2^2$)

☑ 검정통계량

F-통계량은 큰 분산 ÷ 작은 분산으로 계산합니다:

$$F = \frac{s_2^2}{s_1^2} = \frac{36}{16} = 2.25$$

☑ 자유도

- $\mathrm{df}_1 = n_2 - 1 = 34$
- $\mathrm{df}_2 = n_1 - 1 = 29$

☑ 유의수준 0.05에서 임계값

F분포표를 기준으로 보면:

- 양측검정에서 유의수준 0.05 → 각 꼬리 0.025
- $F_{0.025}(34, 29) \approx 2.21$ (근삿값)
- $F_{0.975}(34, 29) \approx 0.45$

☑ 판단

- 계산된 F = 2.25 > 임계값 2.21 → **유의수준 0.05에서 귀무가설 기각**

☑ 결론

두 분반의 시험점수 분산은 **통계적으로 유의미하게 다릅니다.**

엑셀을 이용한 풀이

1) 단일 모집단의 분산에 관한 검정

■ [예 9-4]의 풀이

$n=16$ 인 표본을 통해 $\alpha=0.05$ 수준에서 $\sigma^2=0.03$ 이라는 가정을 충족하기 위한 χ^2 의 임계치 및 기각영역과 채택영역, 그리고 s^2 의 신뢰구간을 계산하는 문제이다.

절차 1

다음과 같이 엑셀 데이터와 구하고자 하는 내용을 입력한다.

	A	B	C	D	E
1	모집단	0.03		우측 임계치	
2	표본의 수	16		좌측 임계치	
3	유의수준	0.05		신뢰 상한	
4				신뢰 하한	
5					

절차 2

우측 임계치를 구하기 위해 커서를 〈셀 E1〉에 두고 [함수 마법사]를 실행하고 [범주 선택(C)]에서 '통계'를 선택하고 [함수 선택(N)]에서 'CHIINV'를 선택하고 [확인]을 클릭한다.

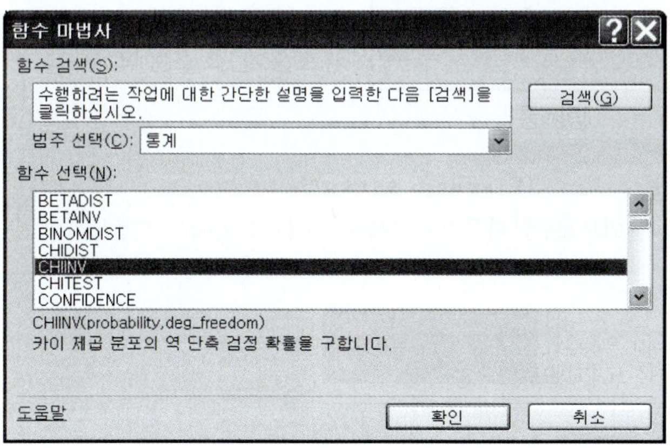

절차 3

CHIINV 함수 대화상자에서 [Probability]에는 $\alpha=0.05$ 의 양측검정확률인 $\alpha/2$ 값(0.025)을 입력하고, [Deg_freedom]에는 자유도($n-1=15$)를 입력한 후 [확인]을 클릭한다.

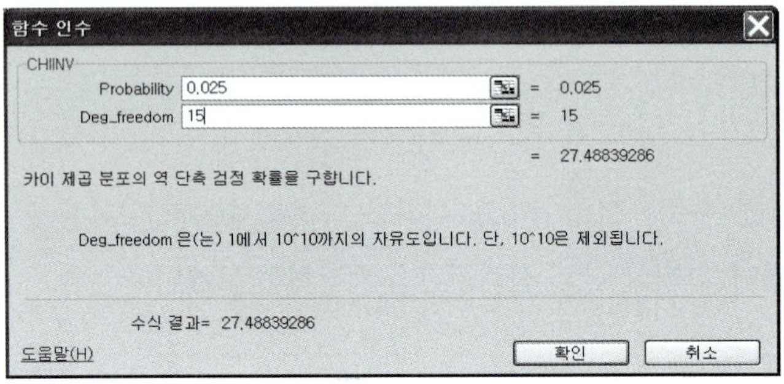

절차 4

셀 포인터를 〈셀 E2〉에 두고 절차 3 과 마찬가지로 CHIINV함수를 실행하여 [Probability]에 $\alpha=0.05$ 의 양측검정확률의 좌측확률 $1-\alpha/2=0.975$를 입력하고 [Deg_freedom]에 자유도 15를 입력하고 [확인]을 클릭한다.

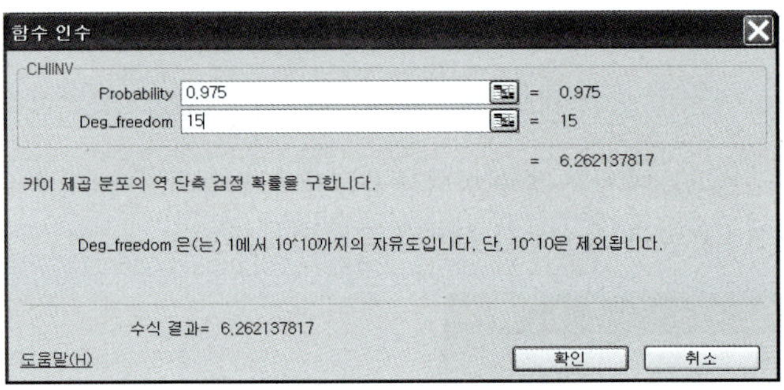

절차 5

표본분산의 추정공식은 $s^2=\dfrac{\chi^2_{n-1}\cdot\sigma^2}{n-1}$ 이므로, 신뢰구간의 상한을 구하기 위해서 〈셀 E3〉에 수식 '=E1 * B1/(B2−1)'을 입력한다.

CHIINV | =E1*B1/(B2-1)

	A	B	C	D	E	F
1	모집단	0.03		우측 임계치	27.48839	
2	표본의 수	16		좌측 임계치	6.262138	
3	유의수준	0.05		신뢰 상한	=E1*B1/(B2-1)	
4				신뢰 하한		
5						

절차 6

신뢰구간의 하한을 구하기 위해서 〈셀 E5〉에 수식 '=E2 * B1/(B2−1)'을 입력한다.

CHIINV =E2*B1/(B2-1)

	A	B	C	D	E	F
1	모집단	0.03		우측 임계치	27.48839	
2	표본의 수	16		좌측 임계치	6.262138	
3	유의수준	0.05		신뢰 상한	0.054977	
4				신뢰 하한	=E2*B1/(B2-1)	
5						

절차 7

다음의 그림은 엑셀에 의한 신뢰구간추정의 결과화면이다. 결과를 요약하면 다음과 같다.

- χ^2 의 임계치 및 채택/기각영역
  - 채택영역 : $6.2621 \leq \chi^2 \leq 27.4883$
  - 기각영역 : $\chi^2 < 6.2621$ 또는 $\chi^2 > 27.4883$
- s^2 의 신뢰구간

  $0.01252 \leq s^2 \leq 0.0549$

	A	B	C	D	E	F
1	모집단	0.03		우측 임계치	27.48839	
2	표본의 수	16		좌측 임계치	6.262138	
3	유의수준	0.05		신뢰 상한	0.054977	
4				신뢰 하한	0.012524	
5						

■ [예 9−5]의 풀이

$\mu=2,500$, $\sigma=100$ 이고 $n=25$, $s=119$ 일 때 $\alpha=0.05$ 에서 A볼펜 수명의 표준편차가 100시간이 맞는지를 검정하는 문제이다.

볼펜의 평균수명에 대한 조사 데이터 집합

2429, 2499, 2202, 2411, 2519, 2589, 2274, 2358, 2378, 2592, 2524, 2365, 2415, 2594, 2568, 2289, 2576, 2599, 2395, 2544, 2605, 2477, 2617, 2598, 2430

절차 1

다음과 같이 엑셀 데이터와 구하고자 하는 내용을 입력한다.

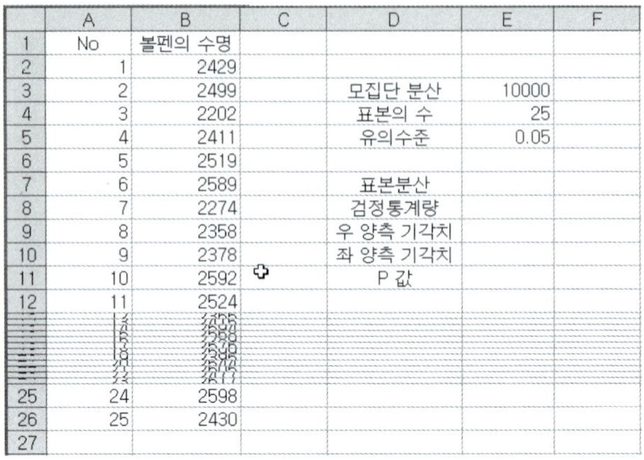

절차 2

표본분산을 구하기 위해 셀 포인터를 〈셀 E7〉에 위치하고 [함수 마법사]를 실행한 후 [범주 선택(C)]에서 '통계'를 선택하고 [함수 선택(N)]에서 'VAR'을 선택한 후 [확인]을 클릭한다.

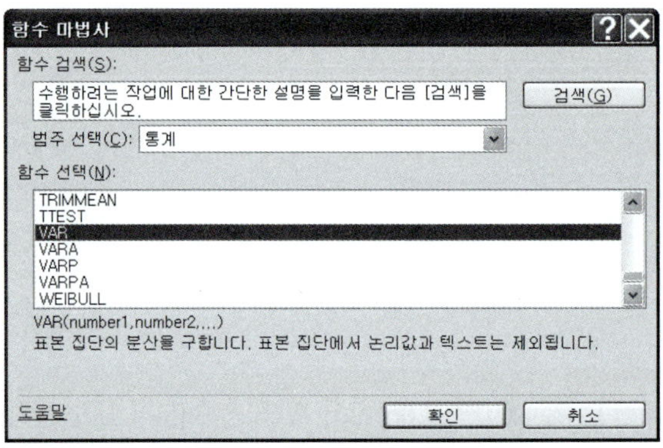

절차 3

함수 인수 창에서 [Number1]에 데이터범위를 입력하고 [확인]을 클릭한다.

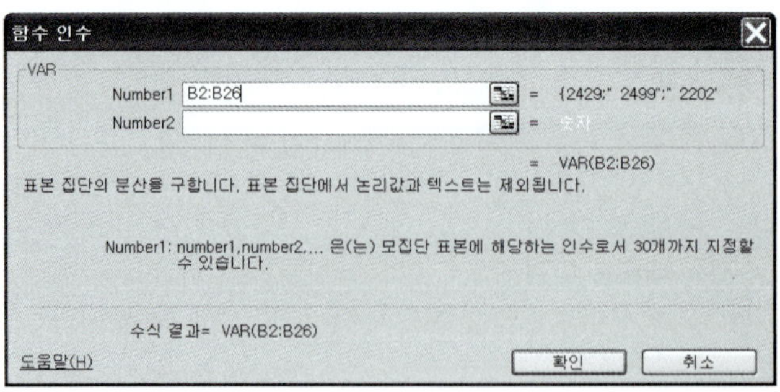

절차 4

χ^2 검정통계량의 계산식은 $\chi^2_{n-1}=\dfrac{(n-1)\cdot s^2}{\sigma^2}$ 이므로 〈셀 E8〉에 다음과 같이 입력한다.

	A	B	C	D	E	F
1	No	볼펜의 수명				
2	1	2429				
3	2	2499		모집단 분산	10000	
4	3	2202		표본의 수	25	
5	4	2411		유의수준	0.05	
6	5	2519				
7	6	2589		표본분산	14161.36	
8	7	2274		검정통계량	=(E4-1)*E7/E3	
9	8	2358		우 양측 기각치		
10	9	2378		좌 양측 기각치		
11	10	2592		P 값		
12	11	2524				

절차 5

양측검정의 우측 기각치를 구하기 위해 셀 포인터를 〈셀 E9〉에 두고 [함수 마법사]의 CHIINV함수를 실행한 뒤 [Probability]에 $\alpha/2=0.025$를 입력하고, [Deg_freedom]에는 자유도 24를 입력한 뒤 [확인]을 클릭한다.

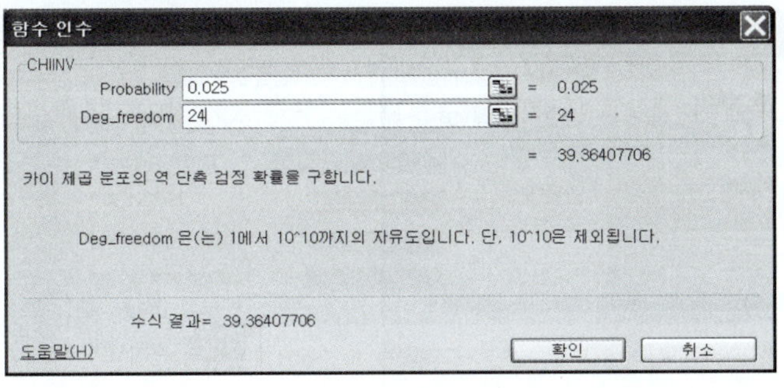

절차 6

양측검정의 좌측 기각치를 구하기 위해 커서를 〈셀 E10〉에 두고 [함수 마법사]의 CHIINV함수를 실행한 뒤 [Probability]에 $(1-\alpha/2)$값인 0.975를 입력하고, [Deg_freedom]에는 자유도 24를 입력한 뒤 [확인]을 클릭한다.

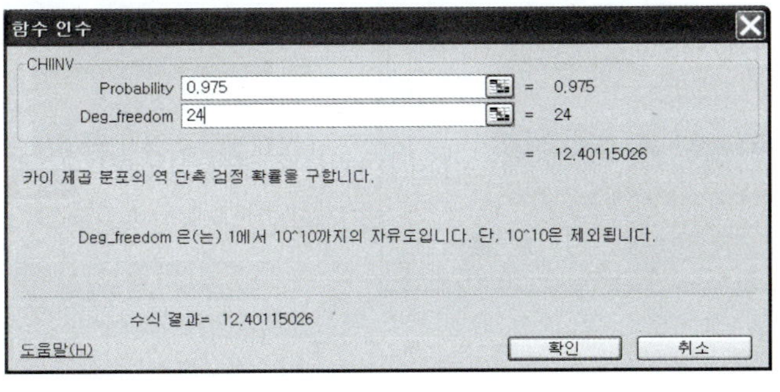

절차 7

다음의 그림에서 볼 수 있듯이 χ^2 검정통계량은 채택영역에 포함되므로 귀무가설이 채택된다.

	A	B	C	D	E	F
1	NO	볼펜의 수명				
2	1	2429				
3	2	2499		모집단 분산	10000	
4	3	2202		표본의 수	25	
5	4	2411		유의수준	0,05	
6	5	2519				
7	6	2589		표본분산	14161,36	
8	7	2274		검정통계량	33,987264	
9	8	2358		우 양측 기각치	39,36406014	
10	9	2378		좌 양측 기각치	12,40114583	
11	10	2592		P 값		
12	11	2524				
26	25	2430				
27						

절차 8 추가적 분석

계산된 검정통계량을 이용해 p값을 구해 봄으로써 가설을 검정할 수도 있다. 다음의 그림과 같이 〈셀 E11〉에 셀 포인터를 두고 [함수 마법사]의 CHIDIST(카이제곱분포의 단측검정 확률함수)를 실행한다.

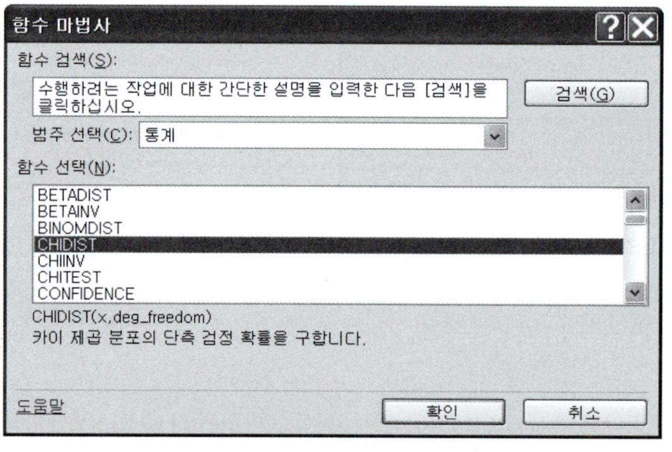

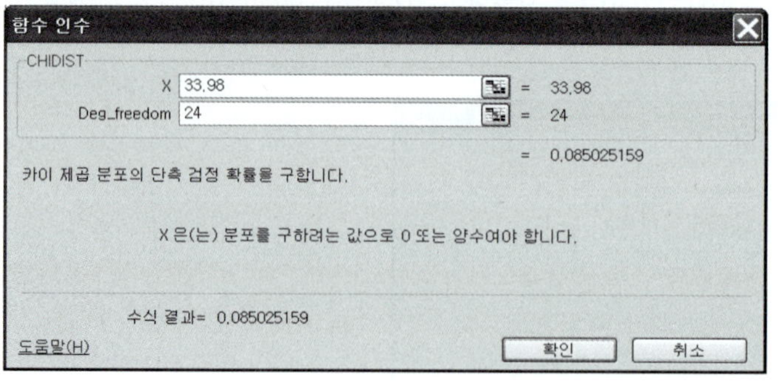

CHIDIST 대화상자의 [X]에 계산된 검정통계량 33.98을 넣고, [Deg_freedom]에 24를 넣고 확인을 클릭하면 다음과 같이 p값이 계산된다.

	A	B	C	D	E	F
1	No	볼펜의 수명				
2	1	2429				
3	2	2499		모집단 분산	10000	
4	3	2202		표본의 수	25	
5	4	2411		유의수준	0.05	
6	5	2519				
7	6	2589		표본분산	14161.36	
8	7	2274		검정통계량	33.98726	
9	8	2358		우 양측 기각치	39.36408	
10	9	2378		좌 양측 기각치	12.40115	
11	10	2592		P 값	0.085025	
12	11	2524				

우단측검정인 경우에는 $p<\alpha$ 이면 귀무가설이 기각, $p\geq\alpha$ 이면 채택, 좌단측검정인 경우에는 $p>1-\alpha$ 이면 기각, $p\leq 1-\alpha$ 이면 채택이 된다. 양측검정인 경우에는 $p<\alpha/2$ 이면 기각, $p\geq\alpha/2$ 이면 귀무가설이 채택된다.

위 예제의 경우 계산된 p값이 0.085이고 양측검정의 $\alpha/2$는 0.025이므로 귀무가설이 채택된다. 즉, 볼펜 수명의 표준편차는 100시간이라고 할 수 있다.

■ [예 9-6]의 풀이

① 가설 $H_0: \sigma^2 \geq 1,\ H_1: \sigma^2 < 1$

② 유의수준 $\alpha=0.05$ 인 좌단측검정

향신료 투입량 조사 데이터

10.85, 10.89, 10.68, 11.21, 9.42, 10.08, 9.24, 9.14, 9.19, 11.69, 10.36, 9.95, 10.29, 9.52, 11.09, 10.22, 10.6, 9.64, 11.66, 10.45, 10.67, 10.18, 9.78, 9.83, 9.94, 10.05, 9.84, 10.96, 11.56, 11.69

절차 1

다음과 같이 엑셀 데이터와 구하고자 하는 내용을 입력한다.

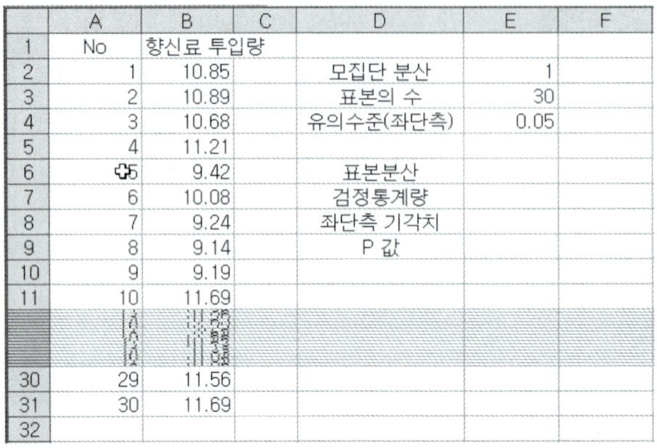

	A	B	C	D	E	F
1	No	향신료 투입량				
2	1	10.85		모집단 분산	1	
3	2	10.89		표본의 수	30	
4	3	10.68		유의수준(좌단측)	0.05	
5	4	11.21				
6	5	9.42		표본분산		
7	6	10.08		검정통계량		
8	7	9.24		좌단측 기각치		
9	8	9.14		P 값		
10	9	9.19				
11	10	11.69				
30	29	11.56				
31	30	11.69				
32						

절차 2

표본분산을 구하기 위해 커서를 〈셀 E6〉에 두고 [함수 마법사]를 실행하고 [범주 선택(C)]에서 '통계', [함수 선택(N)]에서 'VAR'을 선택하고 [확인]을 클릭한다.

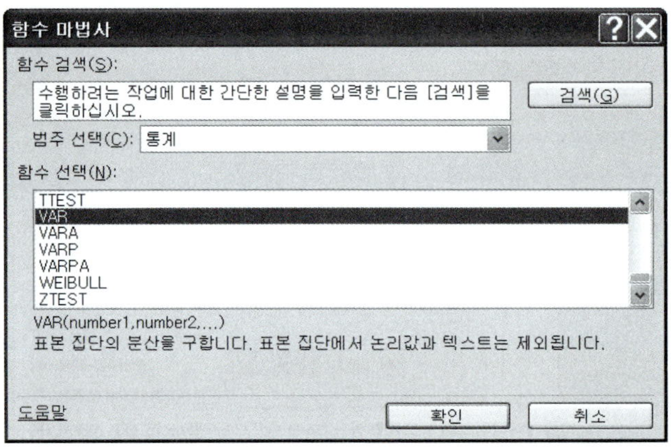

절차 3

VAR함수의 대화상자 중 [Number1]에 데이터범위를 입력하고 [확인]을 클릭한다.

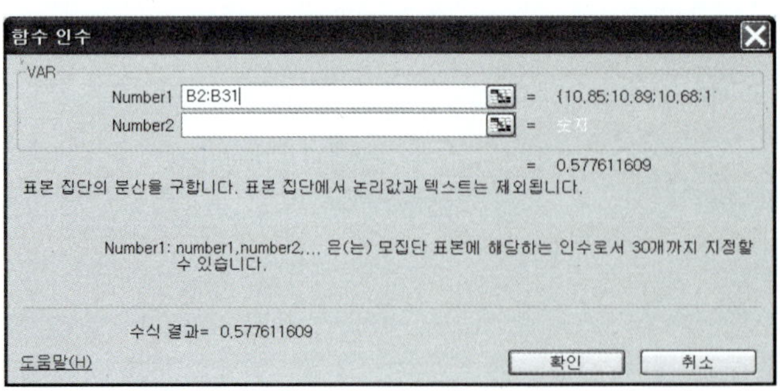

절차 4

χ^2 검정통계량의 계산식은 $\chi^2_{n-1} = \dfrac{(n-1)\cdot s^2}{\sigma^2}$ 이므로 〈셀 E7〉에 다음과 같이 입력한다.

	A	B	C	D	E	F
1	No	향신료 투입량				
2	1	10.85		모집단 분산	1	
3	2	10.89		표본의 수	30	
4	3	10.68		유의수준(좌단측)	0.05	
5	4	11.21				
6	5	9.42		표본분산	0.577612	
7	6	10.08		검정통계량	=(E3-1)*E6/E2	
8	7	9.24		좌단측 기각치		
9	8	9.14		P 값		
10	9	9.19				

절차 5

좌단측검정의 기각치를 구하기 위해 셀 포인터를 〈셀 E7〉에 두고 [함수 마법사]를 실행한다. [범주 선택(C)]에서 '통계'를 [함수 선택(N)]에서 'CHIINV'를 선택하고 [확인]을 클릭한다.

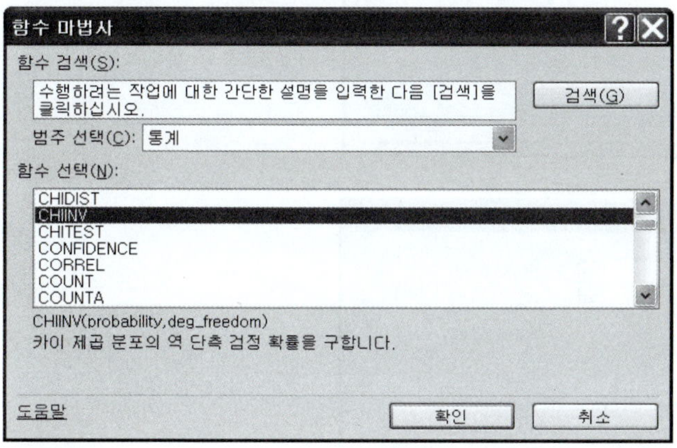

절차 6

인수 입력 창에서 [Probability]에 0.95를 입력하고 [Deg_freedom]에는 자유도인 29를 입력한 후 [확인]을 클릭한다.

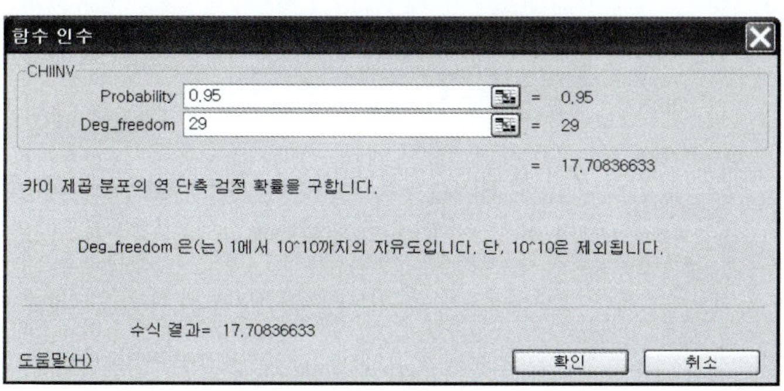

절차 7 *p*값에 의한 추가적 분석

다음의 절차는 생략하여도 좋다. χ^2값과 기각치를 비교하는 것으로 가설을 검정할 수도 있고, 계산된 χ^2검정통계량을 이용해 구한 *p*값을 이용하여 가설을 검정할 수도 있기 때문이다. *p*값의 계산을 위해서는 다음의 그림과 같이 〈셀 E9〉에 셀 포인터를 두고 [함수 마법사]를 실행하여 CHIDIST함수를 호출한다. CHIDIST의 대화상자 중 [*X*]에 계산된 검정통계량 16.75의 값과 [Deg_freedom]에 자유도 29를 입력한 뒤 [확인]을 누른다.

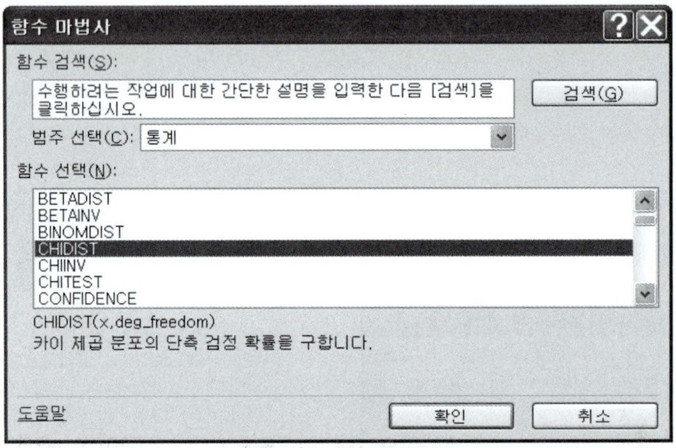

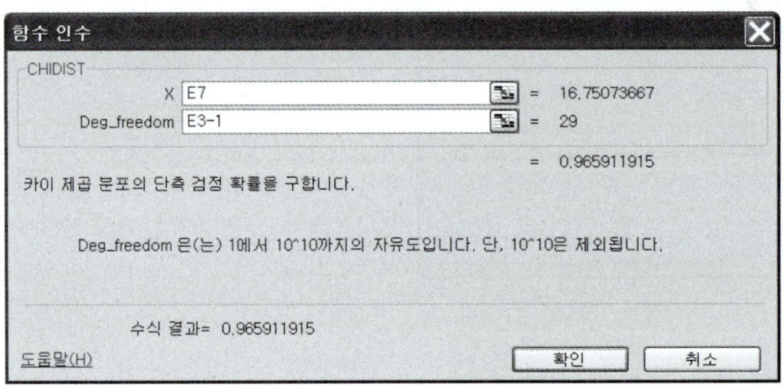

절차 8

다음과 같은 결과를 얻을 수 있다.

	A	B	C	D	E	F
1	No	향신료 투입량				
2	1	10.85		모집단 분산	1	
3	2	10.89		표본의 수	30	
4	3	10.68		유의수준(좌단측)	0.05	
5		11.21				
6	5	9.42		표본분산	0.577612	
7	6	10.08		검정통계량	16.75074	
8	7	9.24		좌단측 기각치	17.70837	
9	8	9.14		P 값	0.965912	
10	9	9.19				

위에서 언급한 바와 같이 결과를 해석할 수 있는 방법은 두 가지이다. 첫째, 검정통계량과 좌단측 기각치를 비교하는 방법, 둘째 계산된 p값에 의해 가설을 검정하는 것이다.

χ^2 검정통계량이 좌단측 기각치보다 작으므로 귀무가설은 기각된다. 즉, 향신료의 분산은 1보다 작다고 할 수 있다. p값에 의한 가설검정은 좌단측검정인 경우에는 $p>1-\alpha$ 이면 귀무가설을 기각하고, $p\leq 1-\alpha$ 이면 채택한다. p값이 0.965이고 좌단측검정의 $1-\alpha=0.95$ 이므로 귀무가설이 기각된다. 즉, 향신료의 분산이 1보다 작다.

2) 두 모집단 분산비에 관한 가설검정

■ [예 9-7]의 풀이

① 가설 $H_0 : \sigma_1^2 \leq \sigma_2^2,\ H_1 : \sigma_1^2 > \sigma_2^2$

② 유의수준 $\alpha=0.05$ 인 우단측검정

남녀사원의 생산성 데이터

남

211, 225, 221, 200, 222, 188, 218, 225, 213, 190, 184, 225, 200, 189, 189, 221, 226, 220, 195, 233, 208, 221, 192, 212, 181, 223, 204, 185, 186, 183, 225, 227, 180, 205, 227, 220, 187, 196, 191, 184, 211

여

198, 216, 227, 220, 208, 201, 193, 183, 222, 180, 191, 186, 221, 208, 216, 208, 198, 223, 191, 206, 212, 202, 204, 209, 214, 191, 201, 192, 228, 214

두 정규모집단의 모분산에 대한 검정이므로 통계 데이터 분석의 F검정을 이용한다.

절차 1

다음과 같이 데이터를 입력한다.

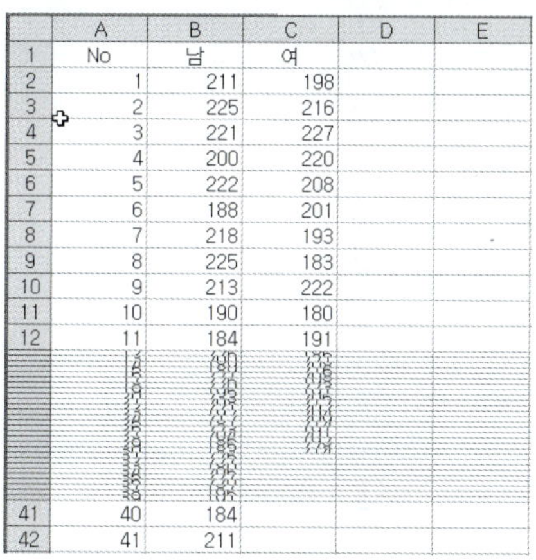

	A	B	C	D	E
1	No	남	여		
2	1	211	198		
3	2	225	216		
4	3	221	227		
5	4	200	220		
6	5	222	208		
7	6	188	201		
8	7	218	193		
9	8	225	183		
10	9	213	222		
11	10	190	180		
12	11	184	191		
41	40	184			
42	41	211			

절차 2

[데이터] → [데이터분석]을 선택하여 통계 데이터 분석을 실행하고 [*F*−검정 : 분산에 대한 두 집단]을 선택하고 확인을 클릭한다.

절차 3

[*F*검정 : 분산에 대한 두 집단]의 대화상자가 나타나면 [변수 1 입력 범위(1)]에는 남자의 데이터를 이름표를 포함하여 선택하고 [변수 2 입력 범위(2)]에는 여자의 데이터 범위를 선택한다. [이름표(L)]를 선택한 다음 [유의 수준(A)]에 0.05를 입력한다. 그리고 [출력 범위(O)]에 출력물 위치의 시작 셀을 지정하고 확인을 클릭하면 결과물이 출력된다.

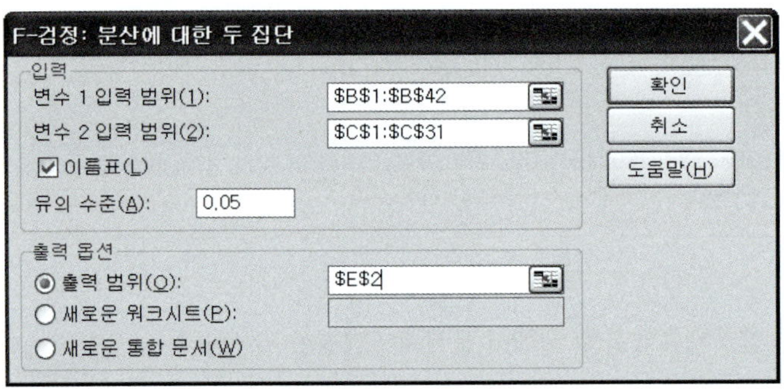

절차 4

이전의 과정을 오류 없이 수행하면 다음과 같은 *F*검정통계량이 출력된다.

	A	B	C	D	E	F	G	H
1	No	남	여					
2	1	211	198		F-검정: 분산에 대한 두 집단			
3	2	225	216					
4	3	221	227			남	여	
5	4	200	220		평균	205.9268	205.4333	
6	5	222	208		분산	280.6695	176.1851	
7	6	188	201		관측수	41	30	
8	7	218	193		자유도	40	29	
9	8	225	183		F 비	1.593038		
10	9	213	222		P(F<=f) 단	0.096815		
11	10	190	180		F 기각치:	1.805523		
12	11	184	191					

출력 결과 화면에서 F비가 1.5930으로 출력되어 있다. 이 값을 F기각치 단측검정값 1.8055와 비교하면 귀무가설의 채택영역에 있다. p값에 의한 가설검정은 역시 동일한 결과를 얻을 수 있다. 단측검정의 p값(0.097)이 유의수준(α)보다 크므로 귀무가설을 기각할 수 없다. 따라서 남녀 간 생산량의 분산차이는 없다.

연습문제 EXERCISES

01 학생회장 선거에 출마한 S양은 전체 유권자의 70% 이상의 지지로 당선을 자신하고 있다. S양의 선거운동본부가 학생 100명을 대상으로 S의 지지 여부를 조사한 결과 62명의 학생이 S를 지지하고 있는 것으로 나타났다. S의 지지도가 70%라 할 수 있는가? 유의수준 5%에서 검정하라.

02 M테크의 경우 출시된 신제품의 불량으로 1년 이내에 A/S센터를 찾는 비율이 20% 정도라고 한다. 이에 소비자단체에서는 M테크의 휴대폰을 사용하는 소비자 100명을 무작위로 추출하여 A/S센터 방문 경험을 조사하였더니 23명이 신제품을 구입한 지 1년 안에 A/S센터를 찾은 것으로 나타났다. M테크의 A/S센터 방문율이 20% 이상이라고 할 수 있는가? 유의수준 0.01에서 검정하라.

03 어느 대학 신입생의 남학생 150명, 여학생 120명의 표본을 뽑아 안경착용 여부를 측정하였더니 남학생은 82명, 여학생은 52명이 안경을 쓰고 있었다. 이 학교 남자 신입생의 안경착용률이 여자 신입생보다 더 높다는 가설을 유의수준 0.01에서 검정하라.

04 어느 양계장에서 출하되는 계란의 무게는 5g만의 분산을 가진다고 한다. 25개의 표본을 뽑아서 조사를 할 경우 유의수준 0.02에서 모집단의 분산이 5g이라는 가정을 충족하기 위한 χ^2의 임계치 및 기각영역과 채택영역, 그리고 s^2의 신뢰구간을 추정하라.

05 초밥의 명인인 K씨는 초밥 하나에 들어가는 밥알 숫자의 표준편차를 3알의 범위 안에서 유지한다고 한다. 20개의 표본을 뽑아서 조사를 할 경우 유의수준 0.05에서 위 주장을 뒷받침하기 위한 χ^2의 임계치 및 s^2의 신뢰구간을 추정하라.

06 A전자에서 출시한 노트북은 한 번의 충전으로 사용할 수 있는 배터리 시간의 표준편차가 75분이라고 한다. 25개의 노트북을 추출하여 배터리 사용시간을 조사한 결과 표준편차가 82분으로 조사되었다. A전자 노트북 배터리의 표준편차가 75분이 맞는지를 유의수준 0.05에서 검정하라.

07 Y항공사는 고객의 불만이 접수되어 처리되기까지 걸리는 시간의 표준편차가 12일이라고 한다. 이에 경영진에서는 서비스팀을 보강하여 보다 나은 고객 서비스를 제공하기 시작하였으며, 이후 고객불만 처리시간의 표준편차가 줄어들었다고 판단하였다. 최근 해결된 고객불만

15개를 추출하여 처리시간을 조사한 결과 표준편차가 8일로 조사되었는데, 표준편차가 이전에 비해 정말로 감소되었는지를 유의수준 0.01에서 검정하라.

08 자동차 동아리는 새로 출시된 자동차인 A모델 31대, B모델 30대의 표본을 뽑아 연비를 비교해 보았다. 조사결과 평균 연비에서는 큰 차이가 없었지만, 분산은 상당히 다르게 나왔다고 한다. A모델의 표본분산은 16, B모델의 표본분산은 13.2라고 할 때, B모델의 연비분산이 A모델의 연비분산보다 적은지를 유의수준 0.05의 수준에서 검정하라.

CHAPTER

10 분류된 데이터의 통계분석

BUSINESS STATISTICS

1. 다항분포

2. χ^2 검정통계량을 이용한 적합도 검정

3. χ^2 검정통계량을 이용한 독립성 검정

4. χ^2 검정통계량을 이용한 동일성 검정

1. 다항분포

1.1 다항분포의 정의

시행의 결과가 성공 또는 실패의 단 두 가지 결과만이 가능한 베르누이시행을 여러 번 반복할 경우의 성공횟수는 이항분포를 따른다. 그러나 실제 생활에서는 두 가지 결과보다는 그 이상의 결과가 나타나는 경우가 많다. 주사위를 던지면 여섯 가지의 결과가 나타나고, 투표행위는 찬성, 반대, 그리고 기권의 세 가지의 결과가 나타난다. 이처럼 세 가지 이상의 결과가 가능한 시행의 확률 계산에는 제4장에서 배운 이항분포 대신 다항분포(multinominal distribution)를 이용한다.

다항분포를 설명하기 위해 확률실험의 결과로 k가지가 가능한 경우를 생각해 보자. k개의 결과에서 각각의 결과가 나타날 확률을 $p_1, p_2, \cdots, p_k$ 라고 할 때, N회 시행에서 결과 1이 n_1 회 발생하고 결과 2가 n_2 회 발생하며 결과 k는 n_k 회 발생하는 확률을 계산하면 다음과 같다.

다항분포의 확률

$$P(n_1, n_2, \cdots, n_k) = \frac{N!}{n_1!n_2!\cdots n_k!} p_1^{n_1} p_2^{n_2} \cdots p_k^{n_k}$$

이 식에서 주목해야 할 것은 $k=2$ 인 경우, 즉 시행의 결과가 두 가지인 경우에는 $p_2 = 1 - p_1$ 이고 $n_2 = N - n_1$ 인 이항분포의 확률 계산식이 된다는 점이다. 다항분포식을 이용한 간단한 확률 계산식을 예로 들어 보자.

예 10-1 A종합병원을 방문한 환자는 외과계열 45%, 내과계열 30%, 건강검진계열 25%로 구성되어 있다. 어느 날 병원을 방문한 환자 중 10명을 무작위로 추출했을 때 외과계열 5명, 내과계열 3명, 건강검진계열 2명이 추출될 확률은 얼마인가?

풀이

다항분포의 확률계산식에 의해

$$P(5, 3, 2) = \frac{10!}{5!3!2!}(0.45)^5(0.3)^3(0.25)^2 = 0.07847$$

1.2 다항분포의 검정 : χ^2 검정

다항분포를 따르는 범주형 데이터의 분석에는 χ^2(카이제곱)검정을 이용한다. χ^2은 관찰도수와 기대도수의 차이를 나타내는 통계적 지표이며, 검정통계량은 다음과 같다.

χ^2 통계량

$$\chi^2 = \sum \frac{(O_i - E_i)^2}{E_i}$$

여기서, O_i : 관찰도수

E_i : 기대도수

위의 식에서 관찰도수와 기대도수가 비슷하면 χ^2값은 0에 가까워지고 반대로 관찰도수와 기대도수의 차이가 크면 χ^2값이 커진다는 것을 알 수 있다. χ^2분포는 일반적으로 오른쪽으로 긴 꼬리를 가진 비대칭형의 분포형태를 가지는데 자유도(범주의 수−1)가 커짐에 따라 대칭에 가까워진다.

χ^2 검정의 목적

χ^2 검정의 목적은 크게 세 가지이며 다음과 같다.

① 조사에서 얻은 데이터가 어떤 특정한 분포에서 얻은 것인가를 알고자 할 때(적합도 검정)

② 데이터를 두 개의 속성(변수)에 따라 분류시켜 표로 만들었을 때 두 속성 간에 어떤 관계가 있는지를 알고자 할 때(독립성 검정)

③ 두 개 이상의 다항분포가 동일한지 알고 싶을 때(동일성 검정)

χ^2가설검정도 앞에서 배운 평균차이검정과 동일한 과정을 따르는데, 먼저 가설을 설정한 후 자유도와 유의수준을 고려하여 임계치를 구하고 귀무가설이 옳다는 전제하에

기대도수를 구한 후 χ^2 검정통계값을 계산한다. 이렇게 계산된 χ^2 값과 임계치를 비교하여 귀무가설의 기각 여부를 결정한다.

χ^2 검정에서 각 셀의 기대도수(E_j)는 적어도 5개 이상 되어야 한다. χ^2 분포는 연속분포인데 검정통계량은 이산적이므로 기대도수값이 지나치게 작으면 만족할 만한 수준의 근삿값이 도출되지 않기 때문이다.

ChatGPT 활용

> 다항분포에서 카이제곱검정이 중요한 이유를 일상적 사례를 이용하여 설명해줘

다항분포에서 카이제곱검정이 중요한 이유를 **일상적인 예시**로 설명하면 다음과 같습니다:

🍬 사례: 색깔별 사탕 비율 검정

📌 **상황**

당신은 초콜릿 사탕 한 봉지를 샀고, 제조사는 이렇게 말합니다:

> "빨강: 30%, 파랑: 30%, 초록: 40%"

그런데 사탕을 100개 꺼내보니

- 빨강 20개
- 파랑 25개
- 초록 55개가 들어 있었습니다.

❓ **의문**

"이 비율이 진짜 맞는 걸까? 우연히 이렇게 나온 걸까?"

🔍 이럴 때 쓰는 게 카이제곱검정

- **기대값**: 빨강 30개, 파랑 30개, 초록 40개
- **관찰값**: 빨강 20개, 파랑 25개, 초록 55개
- **카이제곱검정**은 기대값과 관찰값 사이의 차이가 **우연한 수준인지, 의미 있는 차이인지**를 판단해줍니다.

✅ 왜 중요한가?

- **제조사의 주장(모형)**과 **실제 결과(표본)**가 맞는지를 판단할 수 있음
- 실제로는 마케팅, 생산 품질, 소비자 행동 분석 등 다양한 분야에서 쓰임
- 범주별로 나눠진 데이터의 **전체적 분포가 신뢰할 만한지** 확인 가능

🎯 요약

> **다항분포**는 "여러 범주로 나뉜 사건의 확률"을 다루고,
> **카이제곱검정**은 "그 확률이 실제 데이터와 잘 맞는지" 판단하는 도구입니다.
> 사탕 색깔처럼 일상 속에서도 쉽게 응용됩니다.

2. χ^2 검정통계량을 이용한 적합도 검정

연구자들이 통계적 판단을 할 때에 모집단이 정규분포 등의 이론적 확률분포를 갖는 것으로 가정하는 경우가 많다. 그런데 특정 분포의 모집단을 가정하는 통계적 분석의 타당성을 평가하려면 예상한 모집단의 이론적 분포와 실제로 관측된 도수분포가 동일한지를 검정해야 한다.

표본데이터가 특정한 확률분포의 모집단으로부터 추출되었다고 가정하고 그 가정이 옳은가를 검정하는 것을 적합도 검정이라 한다. [예 10-2]는 포아송분포의 사례인데, Z 분포나 t분포를 갖는 표본의 적합도 검정도 동일한 검정과정을 거치면 된다. 포아송분포의 성격은 다음 참조 박스를 읽어 보기 바란다.

포아송분포

포아송분포(Poisson distribution)는 단위시간, 거리, 또는 공간범위 안에서 어떤 사건이 발생할 가능성의 확률분포로서, 실제 발생할 확률이 아주 낮은 사건의 발생확률변수가 갖는 분포이다. 이론적으로 포아송분포는 사건을 n회 시행할 때 특정한 사건이 x회 발생하는 경우들의 확률분포이지만, 총 시행횟수가 무한대에 가깝기 때문에 총 시행횟수나 실패횟수의 개념이 필요없다. 어떤 사건이 포아송분포를 따르면 일정 시공간에서 일어나는 발생횟수와 평균값만 알면 확률값을 계산할 수 있다.

단위시간, 거리 및 공간범위 안에서 특정 사건이 x번 발생할 확률은 다음과 같다.

$$P(x)=\lim_{n\to\infty}\begin{bmatrix}n\\x\end{bmatrix}p^x(1-p)^{n-x}=\frac{\lambda^x}{x!}e^{-\lambda}$$

여기서, λ : 확률변수 x의 평균값 $[E(x)]$

n : 전체 사건의 수, x : 특정 사건이 발생한 수

e : 2.71828

포아송분포는 다음 현상들을 설명하는 데 유용하다.

- 주어진 시간 동안 서비스 지점에 도착하는 고객의 수 : 단위시간당 톨게이트를 통과하는 자동차의 수, 특정 시간대에 걸려오는 문의전화 건수 등
- 제품의 결함 수 : 일정한 길이의 전선이나 파이프에 있는 결점의 수, LCD 패널단위당 오류 픽셀(pixel) 수
- 주어진 기간 동안의 출생자 수, 사망자 수, 결혼, 이혼, 자살건수 등

예 10-2 D크리스탈(주)에서 출고된 크리스탈 조명기기의 흠집(불량률)은 포아송분포를 따른다고 알려져 있다. D크리스탈(주)은 최근 출고된 400개의 제품을 대상으로 검사를 실시한 결과 흠집이 전혀 없는 제품 253개 등 다음의 표와 같은 결과를 얻었다. D크리스탈(주) 제품의 불량품 발생빈도가 유의수준 .05에서 포아송분포를 따른다고 할 수 있는가?

흠집 수	0	1	2	3	4	5
제품 수	253	106	33	5	2	1

풀이

① 가설의 설정

- 귀무가설 (H_0) : 표본이 포아송분포의 모집단으로부터 추출되었다.
- 대립가설 (H_1) : 표본이 포아송분포의 모집단으로부터 추출되지 않았다.

② 유의수준의 설정

- 유의수준 $(\alpha)=0.05$

③ 관측도수표와 기대도수표의 작성

- 관측도수표

흠집 수	0	1	2	3	4	5
제품 수	253	106	33	5	2	1

- 기대도수표 : 모집단의 분포가 포아송분포를 따르므로 모평균 (λ)을 알아야 하지만, 모평균을 알 수 없는 상황이므로 표본평균 $(\overline{x})$을 모평균의 추정치로 이용한다.

$$\overline{x}=\frac{0(253)+1(106)+2(33)+3(5)+4(2)+5(1)}{400}=\frac{200}{400}=0.5$$

$\overline{x}=0.5$를 모평균 (λ)으로 대치하여 포아송분포표의 누적확률을 찾으면 아래의 표 2열(누적확률)과 같고, 기대도수는 누적확률×전체도수이므로 다음의 표와 같이 정리될 수 있다.

최초 기대도수표

흠집 수	누적확률(포아송)	기대도수
0	0.6065	242.6=(.6065×400)
1	0.3033	121.32=(.3033×400)

2	0.0758	30.32=(.0758×400)
3	0.0126	5.04=(.0126×400)
4	0.0016	0.64=(.0016×400)
5	0.0002	0.08=(.0002×400)

그런데 χ^2 분포에서 기대도수는 5 이상이어야 한다는 가정이 있으므로, 기대도수가 5 이하인 경우(흠집 수 4와 5)를 제거하기 위해 흠집 수가 3군데 이상(3, 4, 5)의 경우를 합하여 하나의 범주로 만들어 주어야 한다. 새로 만들어진 범주의 기대도수는 5.05+0.64+0.08=5.76이다.

수정된 기대도수와 관측도수

흠집 수	기대도수	관측도수
0	242.6=(.6065×400)	253
1	121.32=(.3033×400)	106
2	30.32=(.0758×400)	33
3	5.76=(5.05+0.64+0.08)	8

④ **검정통계량 계산**

$\chi^2=\sum_{j}^{k}\frac{(O_j-E_j)^2}{E_j}$ 이므로

$$\chi^2=\frac{(253-242.6)^2}{242.6}+\frac{(106-121.32)^2}{121.32}+\frac{(33-30.32)^2}{30.32}+\frac{(8-5.76)^2}{5.76}=3.4884$$

⑤ **카이제곱분포표에서 임계치 확인**

자유도는 $df=k-1-m$ (df : 자유도, k : 범주, m : 표본으로부터 추정된 모수의 수)이다. 여기서 범주는 4이고, 추정된 모수는 모평균 한 개이므로 $m=1$ 이다. 따라서 $df=4-1-1=2$ 이다. 자유도가 2이고 유의수준이 0.05인 $\chi^2_{0.05,\,2}$ 값은 5.99147이다.

⑥ **검정통계량과 임계치의 비교**

계산된 검정통계량(χ^2)값이 3.4884이고, 임계치가 5.991이므로 귀무가설을 기각할 수 없다. 즉, D크리스탈(주)의 불량률은 알려진 바와 같이 포아송분포를 따른다.

3. χ^2 검정통계량을 이용한 독립성 검정

성별과 종교, 연령과 지지후보 등 각각의 범주가 둘 이상인 명목변수의 관련성을 검정해야 할 때가 있다. 명목척도로 구성된 두 변수 간의 관련성, 즉 두 변수가 서로 독립적인지를 검정하는 것을 독립성 검정(independence test)이라 하는데, 명목척도로 구성된 분할표의 독립성 검정은 χ^2 분포를 활용한다.

성별과 흡연의 관련성을 검정하려는 것이 독립성 검정의 예가 될 수 있다. 여기서는 두 변수가 독립적이라는 것을 귀무가설로 가정한 후 관측된 표본과 같은 결과를 얻을 가능성을 분석하여 검정한다.

예 10-3 어떤 회사에서 종업원 200명을 뽑아 성별 및 흡연 여부에 관한 조사를 하여 다음과 같은 분할표를 작성하였다고 하자. 흡연과 성별과는 관계가 있다고 할 수 있는가? 유의수준 5%에서 검정하라.

구분	남자	여자	합계
흡연	96	44	140
비흡연	24	36	60
합계	120	80	200

풀이

① 가설의 설정

- 귀무가설 : 성별과 흡연은 관계가 없다.
- 대립가설 : 성별과 흡연은 관계가 있다.

② 유의수준의 결정

- $\alpha=0.05$

③ 임계치의 계산 : 채택영역과 기각영역의 결정

χ^2 검정에서 변수가 두 개일 경우의 자유도는 분할표의 [행의 수$(r)-1$]과 [열의 수$(c)-1$]의 곱에 의해 결정된다. 여기서는 행과 열의 수가 각각 2인 2×2 분할표이므로 자유도는 $(2-1)(2-$

1)=1이다. 유의수준이 5%이고 자유도가 1일 때의 임계치는 $\chi^2_{0.05,1}=3.84$이다. 따라서 기각영역은 $\chi^2>3.84$이다.

④ **검정통계량의 계산**

다차원분류표에서의 χ^2 은 일차원분류표의 χ^2 검정과 동일한 절차로 구할 수 있다.
우선 귀무가설이 사실이라는 가정하에 각 칸의 기대도수를 계산한다.
확률적으로 두 변수가 독립적이면 각 칸의 결합확률은 주변확률의 곱과 같다.

$$P(A\cap B)=P(A)\times P(B)$$

따라서 귀무가설이 사실이라는 전제하에서 남자이면서 동시에 흡연자일 확률을 계산하면

$$P(\text{남자}\cap\text{흡연})=P(\text{남자})\times P(\text{흡연})=0.7\times 0.6=0.42$$

그러므로 남자이면서 동시에 흡연자인 종업원의 기대도수는 다음과 같다.

기대도수=결합확률×표본 수=0.42×200=84명

이러한 방법으로 분할표의 각 칸에 해당되는 기대도수를 구하면 다음과 같다.

구분	남자	여자	합계
흡연	84	56	140
비흡연	36	24	60
합계	120	80	200

기대도수를 계산하였으면 앞의 공식을 이용하여 χ^2 값을 구할 수 있다.

$$\chi^2=\frac{(96-84)^2}{84}+\frac{(44-56)^2}{56}+\frac{(24-36)^2}{36}+\frac{(36-24)^2}{24}=14.28$$

⑤ **결과해석**

계산된 값은 기각영역에 속하므로 귀무가설을 기각한다. 즉, 성별과 흡연과는 관계가 있다고 할 수 있다.

예 10-4 어떤 보험회사는 종신보험 판매액과 학력과의 관련성이 있는가를 알아보기 위해 설계사 400명을 무작위로 추출하여 학력별 판매실적을 조사한 결과 다음과 같은 자료를 얻었다. 학력과 판매실적 간에 관련성이 있는가를 유의수준 5%로 검정하라.

구분	판매실적			합계
	상	중	하	
대졸 이상	100	80	60	240
고졸 이하	40	60	60	160
합계	140	140	120	400

풀이

① 가설의 설정

- 귀무가설 : 학력과 판매실적 간에는 관련이 없다(독립적이다).
- 대립가설 : 학력과 판매실적 간에는 관련이 있다(종속적이다).

② 유의수준의 결정

- $\alpha=0.05$

③ 임계치의 계산 : 채택영역과 기각영역의 결정

분할표에서 자유도는 $(r-1)(c-1)$ 이므로 $(3-1)\times(2-1)=2$, 유의수준 5%에서 $\chi^2_{0.05,\,2}$ 값은 5.99이므로 채택영역은 $\chi^2 \leq 5.99$ 이며 기각영역은 $\chi^2 > 5.99$ 이다.

④ 검정통계량의 계산

검정통계량을 계산하기 위해서는 먼저 기대도수를 계산해야 한다.

- 기대도수

학력이 대졸 이상이면서 판매실적이 상인 판매원 수의 기대도수는 대졸 이상일 확률(240/400)×판매실적이 상일 확률(140/400)×표본 수(400)이므로 84명이 된다. 같은 방법으로 기대도수를 계산하면 다음과 같다.

구분	판매실적			합계
	상	중	하	
대졸 이상	84	84	72	240
고졸 이하	56	56	48	160
합계	140	140	120	400

$$\chi^2=(100-84)^2/84+(80-84)^2/84+(60-72)^2/72+(40-56)^2/56+(60-56)^2/56+(60-48)^2/48=13.09524$$

⑤ **결과해석**

계산된 검정통계량값은 기각영역에 포함되므로 귀무가설은 기각된다. 따라서 학력과 판매실적 간에는 관련성이 있다고 할 수 있다.

4. χ^2 검정통계량을 이용한 동일성 검정

서로 다른 집단을 대상으로 동일한 실험이나 조사를 진행할 때 집단의 성격을 비슷하게 구성해야만 의미가 있는 경우가 있다. 예를 들면 주 5일제에 대한 근로자의 의견은 공무원, 대기업 근로자, 중소기업 근로자, 영세사업자 등 사업자의 성격에 따라 달라질 수 있다. 왜냐하면 주 5일제 정책은 임금과 복지수준에 밀접하게 관련되어 있기 때문에 임금수준이나 복지수준이 다르다면 서로 다른 의견이 나올 가능성이 크기 때문이다. 그러므로 특정 조사결과를 일반화하기 위해서는 표본을 균일하게 선정하여야 한다. 이와 같이 모집단에서 추출된 여러 개의 표본집단이 있을 때 이들이 같은 분포를 갖는 표본집단인지를 검정하는 것을 동일성 검정(homogeneity test)이라 한다.

앞서 학습한 독립성 검정은 두 변수가 서로 통계적으로 독립적인가를 알아보려는 것인데, 두 변수 간의 독립성을 검증하는 과정은 두 변수 간의 차이 여부를 검정한다는 것과 같은 의미이다. 즉, 독립성 검정과 동일성 검정은 동전의 양면과 같은 것으로서, 동일성 검정과 독립성 검정은 가설의 형태만 다를 뿐 기본적인 절차는 동일하다.

예 10-5 C리서치(주)는 M주정회사로부터 새로 개발한 소주의 맛 테스트를 수행해 달라는 의뢰를 받았다. 이에 C리서치(주)는 지역이 다른 대도시, 중소도시, 농어촌 지역 소비자를 대상으로 맛 테스트를 수행하고자 한다.

개발된 소주 맛 테스트에 앞서 소주 자체에 대한 소비자의 선호가 유사해야 할 필요가 있다. 왜냐하면 소주를 싫어하는 소비자의 경우 아무리 맛있게 개발된 제품이라도 맛이 없다고 응답할 가능성이 높고, 그런 소비자가 특정 집단에 많이 분포되어 있다면 조사결과가 왜곡될 수가 있기 때문이다. 그러므로 소주 맛 테스트를 수행하려면 소주 자체에 대한 소비자의 선호가 유사한 집단을 선발하여야만 한다.

이에 C리서치(주)는 대도시, 중소도시, 농어촌 세 지역에서 각각 선발된 200, 200, 100명의 소비자를 대상으로 소주 제품에 대한 선호도를 조사하여 아래의 결과를 얻었다. 소주에 대한 세 지역 소비자의 선호도가 동질적인가? 아래의 표를 이용하여 소주에 대한 세 지역의 선호도가 동일한가를 유의수준 5%에서 검정하시오.

구분	소주 선호도					합계
	매우 좋아함	좋아함	보통	싫어함	매우 싫어함	
대도시	40	35	60	40	25	200
중소도시	40	45	50	35	30	200
농촌	20	10	30	25	15	100
합계	100	90	140	100	70	500

풀이

① 가설의 설정

- 귀무가설 : 소주 제품에 대한 선호의 정도가 지역에 관계없이 동일하다.
- 대립가설 : 소주제품에 대한 선호의 정도가 지역에 따라 상이하다.

② 유의수준의 결정

- $\alpha=0.05$

③ 임계치의 계산 : 채택영역과 기각영역의 결정

분할표에서의 자유도는 $(r-1)(c-1)$ 이므로 자유도 $(5-1)\times(3-1)=8$, 유의수준 5%에서의 $\chi^2_{0.05,\,8}$ 값은 15.5078이므로 채택영역은 $\chi^2\leq15.5078$ 이며 기각영역은 $\chi^2>15.5078$ 이다.

④ 검정통계량의 계산

검정통계량을 계산하기 위해서는 먼저 기대도수분포표를 작성해야 한다.

• 기대도수분포표

대도시에서 소주 제품을 매우 좋아하는 사람의 기대도수는 대도시일 확률(200/500)×매우 좋아할 확률(100/500)×표본의 수(500)이므로 40명이다. 같은 방법으로 나머지 기대도수를 계산하면 다음과 같다.

구분	소주 선호도					합계
	매우 좋아함	좋아함	보통	싫어함	매우 싫어함	
대도시	40	36	56	40	28	200
중소도시	40	36	56	40	28	200
농촌	20	18	28	20	14	100
합계	100	90	140	100	70	500

$$\chi^2=(40-40)^2/40+(40-40)^2/40+(20-20)^2/20+(35-36)^2/36+$$
$$(45-36)^2/36+(10-18)^2/18+(60-56)^2/56+(50-56)^2/56+$$
$$(30-28)^2/28+(40-40)^2/40+(35-40)^2/40+(25-20)^2/20+$$
$$(25-28)^2/28+(30-28)^2/28+(15-14)^2/14=9.315476$$

⑤ **결과해석**

검정통계량값이 채택영역에 속해 있으므로 귀무가설을 기각하지 못한다. 따라서 지역에 따라 소비자들의 소주 제품 선호에는 차이가 있다고 말할 수 없다. 즉, 소비자집단은 동질적이므로 본 조사를 진행하여도 된다.

엑셀을 이용한 풀이

1) 적합도 검정

■ [예 10-2]의 풀이

포아송분포를 따른다고 알려져 있는 D크리스탈(주)의 크리스탈 조명기기의 흠집(불량률)을 조사한 결과 다음의 표와 같은 결과를 얻었다. 아래 결과가 유의수준 .05에서 포아송분포를 따른다고 할 수 있는가?

흠집 수	0	1	2	3	4	5
제품 수	253	106	33	5	2	1

① 검정통계량을 이용하는 방법

가설검정을 위한 기초자료를 작성한다.

절차 1 자료의 도수분포표 만들기

그림과 같이 제목과 변수들의 범주들을 입력한다.

	A	B	C	D
1	흠집수	관측도수	구간빈도	
2	0	253	=A2*B2	
3	1	106	106	
4	2	33	66	
5	3	5	15	
6	4	2	8	
7	5	1	5	
8	합계	=SUM(B2:B7)	=SUM(C2:C7)	
9	표본평균			

절차 2 기대도수분포표 만들기

기대도수분포표를 만들기 위해 모평균(λ)을 추정하여야 하는데, 모평균의 추정치로 표본평균($\overline{X}$)을 이용한다. 표본평균 흠집 수($\overline{X}$)를 추정하기 위해 〈셀 C2〉부터 〈셀 C7〉까지 [평균 흠집 수×관측도수]를 계산한다. 〈셀 C2〉에 〈= A2 * B2〉를 입력하고 그것을 〈셀 C7〉까지 복사해 넣으면 된다. 〈셀 C8〉에 합계를 한 다음 전체 도수 400으로 나누면 평균 흠집 수가 계산된다.

	A	B	C	D
1	흠집수	관측도수	구간빈도	
2	0	253	0	
3	1	106	106	
4	2	33	66	
5	3	5	15	
6	4	2	8	
7	5	1	5	
8	합계	400	200	
9	표본평균		=C8/B8	

추정된 표본평균이 0.5이므로 포아송분포표에서 $\lambda=0.5$ 인 누적확률을 찾아 〈D2:D7〉까지 입력하고, 기대도수를 구하기 위해 〈범위 E2:E9〉에 구간별 누적확률과 전체도수(400)를 곱한 값을 입력한다.

	A	B	C	D	E
1	흠집수	관측도수	구간빈도	포아송누적확률	기대도수
2	0	253	0	0.6065	=400*D2
3	1	106	106	0.3033	121.32
4	2	33	66	0.0758	30.32
5	3	5	15	0.0126	5.04
6	4	2	8	0.0016	0.64
7	5	1	5	0.0002	0.08
8	합계	400	200		
9	표본평균		0.5		

χ^2 분포의 기본가정에 의해 기대도수값이 5 이하인 셀을 통합한 값 0.0144(C7+C8+C9)를 〈셀 C7〉에 기록하고 8행과 9행을 삭제한다.

	A	B	C	D	E
1	**Chi-Square 적합도 검증**				
2					
3	흠집수	관측도수	포아송(누적확률)	기대도수	
4	0	253	0.6065	242.6	
5	1	106	0.3033	121.32	
6	2	33	0.0758	30.32	
7	3	8	0.0144	5.76	
8	합계	400			
9					

절차 3 χ^2(검정통계량)값의 계산

이제 〈E4〉열에 수식 '=(B4−D4)^2/D4'를 입력하고 〈셀 E7〉까지 '채우기'한 다음, 그 값들을 더하면 χ^2 값이 계산된다($\chi^2=\sum_{j=1}^{k}\frac{(O_j-E_j)^2}{E_j}$ 이므로).

	A	B	C	D	E	F	G
1	흠집수	관측도수	구간빈도	포아송누적확률	기대도수	chi^2 .	
2	0	253	0	0.6065	242.6	=(B2-E2)^2/E2	
3	1	106	106	0.3033	121.32	1.934573	
4	2	33	66	0.0758	30.32	0.236887	
5	3	8	24	0.0144	5.76	0.871111	
6	합계	400				=SUM(F2:F5)	

절차 4 검정통계량과 임계치의 비교

계산된 χ^2 값(검정통계량)과 χ^2 분포표에서 찾은 임계치를 비교하여 가설을 검증한다. 검정통계량(3.4884)이 임계치(5.991)보다 작으므로 귀무가설을 기각할 수 없다. 즉, 포아송분포를 따른다.

	A	B	C	D	E	F
1	흠집수	관측도수	구간빈도	포아송누적확률	기대도수	chi^2
2	0	253	0	0.6065	242.6	0.445837
3	1	106	106	0.3033	121.32	1.934573
4	2	33	66	0.0758	30.32	0.236887
5	3	8	24	0.0144	5.76	0.871111
6	합계	400				**3.48841**
7				범주의 수	4	
8				자유도	2	
9			(Chi^2 분포에 따른)	임계치	**5.991**	

② p값을 이용하는 방법

엑셀에서는 CHITEST함수를 이용하여 χ^2 검증을 수행할 수 있다. CHITEST함수의 경우 검정통계량이 아닌 p값을 표현하므로 χ^2 분포표에서 임계치를 찾지 않아도 되는 편리함이 있는 반면, χ^2 검정통계량이 표시되지 않는 단점이 있다. p값을 이용하려면 다음의 과정을 따른다.

절차 1 관측도수와 기대도수분포표 만들기

관측도수와 기대도수분포표를 만드는 과정은 검정통계량을 계산하는 과정의 절차 1과 절차 2와 동일하다.

	A	B	C	D	E
1	**Chi-Square 적합도 검증**				
2					
3	흠집수	관측도수	포아송(누적확률)	기대도수	
4	0	253	0.6065	242.6	
5	1	106	0.3033	121.32	
6	2	33	0.0758	30.32	
7	3	8	0.0144	5.76	
8	합계	400			
9					

절차 2 χ^2 테스트 함수 실행

셀 포인터를 〈셀 E10〉에 위치시키고 [함수 마법사]를 실행한 후 [범주 선택(C)]에서 '통계', [함수 선택(N)]에서 'CHISQ.TEST'를 선택한 후 확인을 클릭한다.

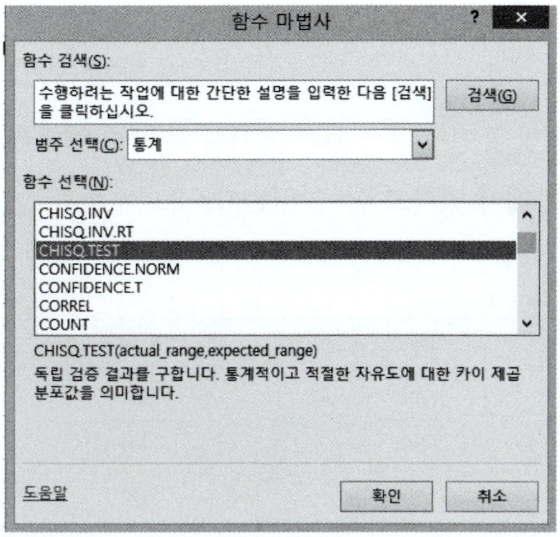

절차 3 관측도수와 기대도수값의 입력

함수 마법사 2단계에서는 실제도수가 들어 있는 칸들의 주소를 그림과 같이 [Actual_range]에 입력한다. 마찬가지로 기대도수가 있는 칸들의 주소를 [Expected_range]에 입력한다. 확인을 클릭하면 〈셀 E10〉에 p값이 나타난다.

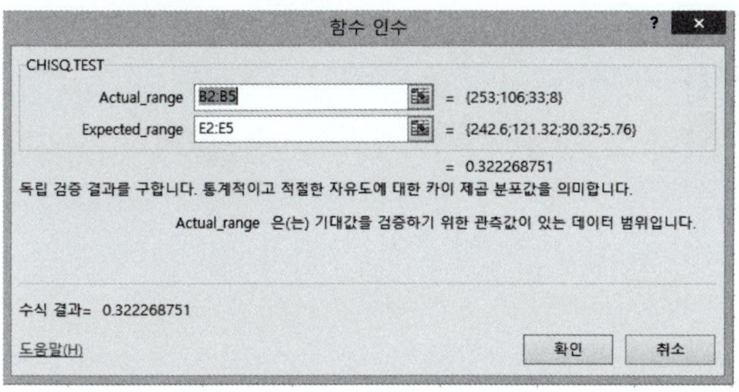

절차 4 유의확률과 p값의 비교

	A	B	C	D	E	F
1	흠집수	관측도수	구간빈도	포아송누적확률	기대도수	chi^2
2	0	253	0	0.6065	242.6	0.445837
3	1	106	106	0.3033	121.32	1.934573
4	2	33	66	0.0758	30.32	0.236887
5	3	8	24	0.0144	5.76	0.871111
6	합계	400				3.488407
7				범주의 수	4	
8				자유도	2	
9		(Chi^2 분포에 따른)		임계치	5.991	
10				검정통계량	3.488407	
11		(CHISQ.TEST함수에 따른)		P-value	0.322269	

p값과 유의수준을 비교하여 귀무가설의 기각 여부를 결정한다. 여기서는 p값이 유의수준 0.05보다 크므로 귀무가설을 기각할 수 없다. 즉, 표본분포가 포아송분포를 따른다.

2) 독립성 검정

■ [예 10-3]의 풀이

어떤 회사에서 종업원 200명을 뽑아 성별 및 흡연 여부에 관한 조사를 하여 다음과 같은 분할표를 작성하였다. 흡연과 성별과는 관계가 있다고 할 수 있는가? 유의수준 5%에서 검정하라.

구분	남자	여자	합계
흡연	96	44	140
비흡연	24	36	60
합계	120	80	200

절차 1 관찰도수와 기대도수의 입력

우선 〈범위 A2:D5〉에 관찰도수를 입력한다. 〈셀 B9〉에 기대도수를 구하는 공식인 '행의 합 * 열의 합/전체 합'에 의해 수식 '=$D3 * B$5/$D$5'를 입력한 후 이것을 〈셀 D11〉까지 '채우기'한다. 이와 같이 절대 참조와 혼합 참조를 활용하면 쉽게 데이터를 입력할 수 있다.

	A	B	C	D	E
1	관찰도수				
2	구분	남자	여자	합계	
3	흡연	96	44	140	
4	비흡연	24	36	60	
5	합계	120	80	200	
6					
7	기대도수				
8	구분	남자	여자	합계	
9	흡연	=($D3*B$5)/$D$5			
10	비흡연				
11	합계				

절차 2 검정통계량의 계산

셀 포인터를 〈셀 B15〉에 위치시키고 검정통계량을 계산하기 위해 '(관찰도수−기대도수)²/기대도수'의 계산식에 따라 수식 '=(B3−B9)^2/B9'를 입력하고 이를 〈셀 C16〉까지 '채우기'한다.

	A	B	C	D
1	관찰도수			
2	구 분	남 자	여 자	합 계
3	흡 연	96	44	140
4	비흡연	24	36	60
5	합 계	120	80	200
6				
7	기대도수			
8	구 분	남 자	여 자	합 계
9	흡 연	84	56	140
10	비흡연	36	24	60
11	합 계	120	80	200
12				
13	검정통계량 계산			
14	구 분	남 자	여 자	
15	흡 연	=(B3-B9)^2/B9	2.571428571	
16	비흡연	4	6	

절차 3 행과 열의 수, 자유도, 유의수준 및 p값의 계산

- p값의 계산 : 셀 포인터를 〈셀 B22〉에 옮긴 후 [함수 마법사]를 사용하거나 수식 '=CHISQ.TEST(B3:C4, B9:C10)'을 입력하면 p값이 나타난다.
- 임계치의 계산 : 셀 포인터를 〈셀 B24〉에 옮긴 후 [함수 마법사]를 사용하여 χ^2 분포의 역우측 검정함수 '=CHISQ.INV.RT'를 선택하여 자유도와 유의수준을 입력하면 임계치가 계산된다.
- 검정통계량의 계산 : 구하고자 하는 검정통계량은 Chisq 각 항들의 합이므로 〈셀 B25〉에 수식 '=SUM(B15:C16)'를 입력한다.

13	검정통계량 계산		
14	구 분	남 자	여 자
15	흡 연	1.714285714	2.571428571
16	비흡연	4	6
17			
18	CHI제곱 검증		
19	행의 수	2	
20	열의 수	2	
21	자유도	1	
22	P-value	=CHISQ.TEST(B3:C4,B9:C10)	
23	유의수준	0.05	
24	임계치	=CHISQ.INV.RT(B23,B21)	
25	검정통계량	=SUM(B15:C16)	

13	검정통계량 계산		
14	구 분	남 자	여 자
15	흡 연	1.714285714	2.571428571
16	비흡연	4	6
17			
18	CHI제곱 검증		
19	행의 수	2	
20	열의 수	2	
21	자유도	1	
22	P-value	0.000157052	
23	유의수준	0.05	
24	임계치	3.841458821	
25	검정통계량	14.28571429	

절차 4 가설검정

p값과 유의수준을 비교하거나 검정통계량과 임계치를 비교하여 귀무가설의 기각 여부를 결정한다. 여기서는 p값이 0.000157로서 유의수준 0.05보다 현저하게 작으므로 귀무가설을 기각한다. 검정통계량도 임계치보다 현저히 크므로 귀무가설을 기각한다. 따라서 성별과 흡연과는 관련이 있다.

■ [예 10-4]의 풀이

어떤 보험회사는 종신보험 판매액과 학력과의 관련성이 있는가를 알아보기 위해 설계사 400명을 무작위로 추출하여 학력별 판매실적을 조사한 결과 다음과 같은 자료를 얻었다. 학력과 판매실적 간에 관련성이 있는가를 유의수준 5%로 검정하라.

구분	판매실적			합계
	상	중	하	
대졸 이상	100	80	60	240
고졸 이하	40	60	60	160
합계	140	140	120	400

절차 1 자료의 분할표 및 기대도수 만들기

관찰도수와 기대도수를 만들고 이를 토대로 Chisq항들을 작성한다.

	A	B	C	D	E
1	관측도수				
2	구분	상	중	하	합계
3	대졸이상	100	80	60	240
4	고졸이하	40	60	60	160
5	합 계	140	140	120	400
6					
7	기대도수				
8	구분	상	중	하	합계
9	대졸이상	=$E3*B$5/$E$5			
10	고졸이하				
11	합 계				
12					
13	검정통계량				
14	구분	상	중	하	
15	대졸이상	=(B3-B9)^2/B9			
16	고졸이하				

	A	B	C	D	E	F
1	관찰도수					
2	구분	상	중	하	합계	
3	대졸이상	100	80	60	240	
4	고졸이하	40	60	60	160	
5	합계	140	140	120	400	
6						
7	기대도수					
8	구분	상	중	하	합계	
9	대졸이상	84	84	72	240	
10	고졸이하	56	56	48	160	
11	합계	140	140	120	400	
12						
13	검정통계량 계산					
14	구분	상	중	하		
15	대졸이상	3.047619	0.1904762	2		
16	고졸이하	4.5714286	0.2857143	3		
17						
18						

절차 2 가설의 검정

p값, 임계치, 검정통계량을 계산한 다음 p값과 유의수준 또는 임계치와 검정통계량을 비교하여 귀무가설의 기각 여부를 결정한다. 검정통계량이 임계치에 비해 상당히 크므로 귀무가설을 기각할 수 있다. 따라서 학력과 판매실적 간에는 관련이 있다.

18	CHI제곱 검증	
19	행의 수	2
20	열의 수	3
21	자유도	2
22	P-value	=CHISQ.TEST(B3:D4,B9:D10)
23	유의수준	0.05
24	임계치	=CHISQ.INV.RT(B23,B21)
25	검정통계량	=SUM(B15:D16)

18	CHI제곱 검증	
19	행의 수	2
20	열의 수	3
21	자유도	2
22	P-value	0.001433525
23	유의수준	0.05
24	임계치	5.991464547
25	검정통계량	13.0952381

3) 동일성 검정

■ [예 10-5]의 풀이

소주 맛 테스트에 앞서 소주 자체에 대한 선호가 유사한 소비자를 선발할 필요가 있다. 이에 C리서치(주)는 소주 제품에 대한 선호도를 대도시, 중소도시, 농촌지역에서 선발된 각각 200, 200, 100명의 소비자를 대상으로 조사하여 아래의 결과를 얻었다. 소주에 대한 세 지역 소비자의 선호도가 동질적인가? 아래의 표를 이용하여 세 지역의 선호도가 동일한가를 유의수준 5%에서 검정하여 보시오.

구분	소주 선호도					합계
	매우 좋아함	좋아함	보통	싫어함	매우 싫어함	
대도시	40	35	60	40	25	200
중소도시	40	45	50	35	30	200
농촌지역	20	10	30	25	15	100
합계	100	90	140	100	70	500

절차 1 자료의 분할표 및 기대도수 만들기

관찰도수와 기대도수를 만들고 이를 토대로 Chisq항들을 작성한다.

	A	B	C	D	E	F	G
1	관측도수						
2	구분	매우좋아함	좋아함	보통	싫어함	매우싫어함	합계
3	대도시	40	35	60	40	25	200
4	중소도시	40	45	50	35	30	200
5	농촌지역	20	10	30	25	15	100
6	합 계	100	90	140	100	70	500
7							
8	기대도수						
9	구분	매우좋아함	좋아함	보통	싫어함	매우싫어함	
10	대도시	=$G3*B$6/$G$6					
11	중소도시						
12	농촌지역						
13	합 계						
14							
15	검정통계량						
16	구분	매우좋아함	좋아함	보통	싫어함	매우싫어함	
17	대도시	=(B3-B10)^2/B10					
18	중소도시						
19	농촌지역						

	A	B	C	D	E	F	G
1	관측도수						
2	구분	매우좋아함	좋아함	보통	싫어함	매우싫어함	합계
3	대도시	40	35	60	40	25	200
4	중소도시	40	45	50	35	30	200
5	농촌지역	20	10	30	25	15	100
6	합 계	100	90	140	100	70	500
7							
8	기대도수						
9	구분	매우좋아함	좋아함	보통	싫어함	매우싫어함	
10	대도시	40	36	56	40	28	
11	중소도시	40	36	56	40	28	
12	농촌지역	20	18	28	20	14	
13	합 계	100	90	140	100	70	
14							
15	검정통계량						
16	구분	매우좋아함	좋아함	보통	싫어함	매우싫어함	
17	대도시	0	0.02777778	0.28571429	0	0.32142857	
18	중소도시	0	2.25	0.64285714	0.625	0.14285714	
19	농촌지역	0	3.55555556	0.14285714	1.25	0.07142857	

절차 2 가설의 검정

p값, 임계치, 검정통계량을 계산한 후 p값과 유의수준 또는 임계치와 검정통계량을 비교하여 귀무가설의 기각 여부를 결정한다. 검정통계량이 임계치에 비해 작으므로 귀무가설을 기각하지 못한다. 따라서 제품에 대한 선호의 정도가 지역에 따라 상이하다고 할 수 없다.

21	CHI제곱 검증	
22	행의 수	3
23	열의 수	5
24	자유도	8
25	P-value	=CHISQ.TEST(B3:F5,B10:F12)
26	유의수준	0.05
27	임계치	=CHISQ.INV.RT(B26,B24)
28	검정통계량	=SUM(B17:F19)

21	CHI제곱 검증	
22	행의 수	3
23	열의 수	5
24	자유도	8
25	P-value	0.31638571
26	유의수준	0.05
27	임계치	15.50731306
28	검정통계량	9.31547619

연습문제 EXERCISES

01 D대학 경영학과 학생들의 통계학 성적을 5개 범주로 상대평가하는데 각각의 성적에 할당된 학생들의 비율을 A가 20%, B가 30%, C가 30%, D가 10%, F가 10%가 되도록 하고 있다. 50명의 학생에 대해 지난 학기 통계학 성적을 조사한 결과 A가 15명, B가 10명, C가 10명, D가 10명, F가 5명으로 나타났다. 학점 부여의 기준이 지켜졌는지 유의수준 5%로 검정하라.

02 어느 생활용품 제조회사는 자사가 생산하는 제품에 대한 광고를 본 소비자와 광고를 보지 않은 소비자 간에 제품 선호도에 있어서 차이를 보이는지 또는 그렇지 않은지를 알아보려고 한다. 이를 위해 소비자 300명을 무작위로 추출하여 다음과 같은 결과를 얻었다. 두 집단 간에 제품 선호도에 차이가 있는지를 유의수준 5%로 검정하라.

구분	광고를 본 소비자	광고를 보지 않은 소비자	합계
자사제품 선호	15	40	55
자사제품 비선호	15	80	95
선호 구분 없음	30	120	150
합계	60	240	300

03 시중에서 판매되고 있는 네 종류 노트북의 시장점유율이 모두 동일한지를 검정하려고 한다. 이를 위해 최근에 노트북을 구입한 200명을 대상으로 구입한 브랜드를 조사한 결과 A=60명, B=45명, C=65명, D=30명이었다. 유의수준 5%로 검정하라.

04 M휴대폰 제조회사는 세 명의 휴대폰 광고 모델에 대한 선호도가 성별에 따라 차이가 있는지를 알아보기 위해 남녀 각각 100명씩을 무작위로 추출하여 어느 광고 모델을 선호하는지 조사하였다. 그 결과가 아래에 나타나 있다. 남녀 간에 휴대폰 광고 모델에 대한 선호도가 같은지를 유의수준 1%로 검정하라.

구분	남자	여자	합계
모델 A	60	40	100
모델 B	20	40	60
모델 C	20	20	40
합계	100	100	200

05 H전자회사의 냉장고 담당자는 가족규모에 따라 구매하는 냉장고의 크기가 다른지를 알기 위하여 냉장고를 구입한 소비자 300명을 대상으로 자료를 조사해 다음과 같은 결과를 얻었다.

가족규모에 따라 구매하는 냉장고의 크기가 다르다고 할 수 있는지를 유의수준 5%에서 검정하라.

구분	2명 이하	3~4명	5명 이상	합계
소형	20	30	10	60
중형	5	60	65	130
대형	5	30	75	110
합계	30	120	150	300

06 A재단에서는 연령에 따라 헌혈 경험에 차이가 있는지를 알아보기 위해 50명을 대상으로 헌혈 경험을 조사한 후 아래와 같은 분할표를 작성하였다. 연령과 헌혈 경험이 독립적이라 할 수 있는지 유의수준 1%에서 검정하라.

구분	경험 없음	경험 있음	합계
40세 이상	15	5	20
40세 미만	10	20	30
합계	25	25	50

CHAPTER

11 실험설계와 분산분석

BUSINESS STATISTICS

1. 분산분석

분산분석(ANalysis Of VAriance : ANOVA)은 세 집단 이상의 모집단의 평균 차이를 한꺼번에 검정하는 통계적 기법이다. 두 집단의 평균차이는 8장에서 이미 학습하였는데, 이때 사용된 검정통계량은 평균의 확률분포인 Z분포와 t분포였다. 그런데 두 집단이 아닌 세 집단 이상의 모집단간 평균 비교는 용어에 있는 평균을 직접 비교하는 방법을 쓰지 않는데, 계산이 복잡하기도 하지만 신뢰성 측면에서 심각한 오류가 있기 때문이다.

이해를 돕기 위해 A, B, C, D 네 집단의 평균을 비교하는 상황을 가정해 보자. 앞에서 배운 두 모집단 평균차이 검정을 이용하면, A와 B, A와 C, A와 D, B와 C, B와 D, C와 D의 각각의 평균차이를 알아야 하므로 총 6번의 가설검정을 해야 한다. 이 방법은 절차가 번거로울 뿐만 아니라 1종 오류, 즉 α 값이 커지는 문제가 있다.[01] 그러므로 세 집단 이상[02]의 모집단 평균차이를 분석할 때는 분산분석(ANOVA)을 쓰는데, 검정통계량으로 쓰이는 F통계량의 계산식은 다음과 같다.

$$F = \frac{\text{처리효과에 의한 분산(집단간 분산)}}{\text{오류에 의한 분산(집단내 분산)}}$$

다음의 분산분석 사례를 탐구해 보자

예 11–1 빨간색, 파란색, 노란색의 세 가지 색상으로 디자인된 상품을 생산하고 있는 A사의 주간 평균 판매량이 판매점별로 〈표 10–1〉과 〈표 10–2〉와 같이 관측되었을 때, 판매량의 차이가 상품의 색상차이로부터 기인한 것인지, 기타 다른 요인으로부터 기인한 것인지를 판단해보자.

---

01 α=0.05일 때 귀무가설을 제대로 검정할 확률은 1회당 0.95이므로 6번의 평균비교를 수행하면 실제의 신뢰수준은 $0.95 \times 0.95 \times \cdots \times 0.95 = 0.735$이다. 최초 95%의 신뢰성을 기대한 실험이지만 6번의 비교과정에서 신뢰수준은 73.5%로 낮아지고, 총 유의수준(α)은 0.265로 높아진다.

02 사실 분산분석(ANOVA)으로 두 집단 평균을 분석하면 t검정과 결과가 같다. 하지만 두 집단의 평균 차이분석은 t검정, 세 집단 이상의 평균 차이분석은 ANOVA를 쓰는 것이 일반적이다.

표 11-1 A판매점의 상품 색상별-요일별 판매량(관찰 1)

요일 / 색상	월	화	수	목	금	토	일	평균	분산(요일)
빨간색	16	18	20	23	9	22	25	19	28.67
파란색	11	16	9	20	21	20	22	17	26.67
노란색	15	9	18	19	8	10	12	13	19.33
분산(색상)	7.0	22.33	34.33	4.33	52.33	41.33	46.33		

표 11-2 B판매점의 상품 색상별-요일별 판매량(관찰 2)

요일 / 색상	월	화	수	목	금	토	일	평균	분산(요일)
빨간색	19	18	17	21	20	19	19	19	1.67
파란색	17	18	19	16	15	17	17	17	1.67
노란색	14	14	11	12	14	12	14	13	1.67
분산(색상)	6.33	5.33	17.33	20.33	10.33	13.00	6.33		

〈표 11-1〉과 〈표 11-2〉는 A매장과 B매장의 평균판매량을 상품색상과 요일을 기준으로 정리한 표이다. 일간 판매량이 다른데 브랜드 매니저는 상품색상 때문에 더 많은 매출 기회를 놓쳤다고 판단하고 있다. 이 판단은 옳은 것일까?

만약에 〈표 11-1〉의 A매장만 관측하였다면 매니저의 판단을 지지하기 어렵다. 왜냐하면 판매량이 색상별로도 차이가 있지만 요일별로도 꽤나 큰 차이가 있기 때문이다. 이 경우 판매량 차이가 상품색상 때문인지, 요일효과 때문인지를 판단하기 어렵다.

그런데 〈표 11-2〉의 B매장의 사례는 매니저의 의견대로 상품색상이 판매에 영향을 미쳤을 가능성이 크다. 각 색상을 기준으로 요일별 평균판매량의 분산이 일관적이므로 요일효과가 거의 없고, 색상별 판매량은 상당한 수준에서 분산차이가 관측되므로 색상효과가 있다고 판단하는 것이 타당하기 때문이다.

이 예시는 집단 간 차이의 원인을 평균값의 차이에만 의존하여 판별하는 경우, 그것의 원인이 관심 요소의 차이 때문인지 아니면 우연적 요소에 의한 것인지를 판별하기 어렵다는 것을 보여 주고 있다. 그러므로 세 집단 이상의 평균차이검정은 독립변수의 영향에 의한 분산(처리효과에 의한 분산, 집단 간 분산)과 독립변수와는 관련 없는 분산(처리효과 이외의 변수에 의한 분산, 집단 내 분산)을 동시에 고려하는 방법을 사용한다.

세 집단 이상의 평균차이의 원인을 판별하기 위해서 분산을 활용하기 때문에 세 집단 이상의 평균차이분석을 분산분석이라고 부른다. 분산분석은 다음의 가정을 전제로 한다.

분산분석의 기본가정

- 각 집단의 모집단분포는 정규분포이다.
- 각 집단에 해당되는 모집단의 분산은 동일하다.
- 모집단 내에서의 오차와 모집단 간 오차는 서로 독립적이다.

분산분석은 명목척도로 측정된 독립변수의 차이가 종속변수(등간척도 또는 비율척도)에 미치는 영향을 알아보려 할 때 유용한 분석방법이다. 앞의 예처럼 상품의 색상이 판매량에 미치는 영향을 알아보는 실험에서 상품 색상은 독립변수이며 판매량은 종속변수이다. 이때 귀무가설은 세 가지 색상으로 디자인된 상품의 판매량이 모두 동일하다는 것이며, 대립가설은 세 가지 색상 중 하나라도 판매량이 다를 수 있다는 것이다.

- $H_0 : \mu_1 = \mu_2 = \mu_3$: 상품 색상에 따라 판매량에 차이가 없다.
- $H_1 : \mu_1 \neq \mu_2$ 혹은 $\mu_1 \neq \mu_3$ 혹은 $\mu_2 \neq \mu_3$: 상품 색상에 따라 판매량에 차이가 있다.

분산분석에 사용되는 검정통계량은 분산비의 표본분포인 F분포이다. 분산분석의 검정통계량 계산에 사용되는 분산은 독립변수의 영향에 의한 분산(처리효과에 의한 분산, 집단 간 분산)과 독립변수와는 관련 없는 분산(처리효과 이외의 변수에 의한 분산, 집단 내 분산)의 두 가지이다.

2. 실험설계법에 따른 분산분석의 종류

분산분석의 목적을 달성하기 위해 독립변수의 수와 외생변수의 통제 여부를 결정하고, 자료를 배치하는 것을 실험설계법이라고 한다. 대표적인 실험설계법에는 완전 무작위설계법(completely randomized design, 일원배치법)과 요인설계법(factorial design, 요인이 2개인 경우 이원배치법, 3개인 경우 다요인기법) 등이 있다.

2.1 일원배치 분산분석

1) 일원배치법의 전개

일원배치법(일원분산분석, One-Way ANOVA)은 하나의 독립변수가 여러 집단(처리수준)으로 나누어져 있을 때, 그 변수의 처리수준이 관심 있는 특성치(종속변수)의 반응에 미치는 효과를 알아보고자 하는 실험계획법이다. 일원배치법은 한 개의 독립변수를 몇 개의 수준(처리)으로 나눈 다음 수준별 관측치를 해당되는 셀에 무작위로 배정하는 방법을 쓴다. [예 11-1]에서 독립변수는 상품의 색상이며, 처리는 빨간색 · 파란색 · 노란색의 세 가지 수준, 관측치는 16, 11, 15와 같은 판매량의 값으로 구체적 수치이다. 〈표 11-3〉은 전형적인 형태의 일원배치 분산분석의 데이터구조이다. 여기서 $\overline{X}$ 는 총 평균, $\overline{X}_k$ 는 k번째 처리의 평균이며, X_{rk} 는 k번째 처리의 r번째 관측치이다.

표 11-3 일원분산분석의 데이터구조

처리(j) / 관찰번호(i)	처리 1	처리 2	⋯	처리 k	
1	X_{11}	X_{12}	⋯	X_{1k}	
2	X_{21}	X_{22}	⋯	X_{2k}	
⋮	⋮	⋮	⋮	⋮	
r	X_{r1}	X_{r2}	⋯	X_{rk}	
평균	X_1	X_2	⋯	X_k	X

주 : 관찰수(i) = 1, 2, ⋯, r, 처리수(j) = 1, 2, ⋯, k

분산분석은 개별 관측치와 표본평균의 차이, 즉 편차를 분해하는 것에서 시작된다. 편차는 총 편차, 설명된 편차, 설명 안 된 편차의 세 가지가 있다. 총 편차는 개별 관측치와 전체 평균의 차이$(X_{ij}-\overline{X})$이고, 설명된 편차는 처리수준의 평균과 전체 평균의 차이$(\overline{X}_j-\overline{X})$, 설명 안 된 편차는 표본 내의 관측치와 j번째 처리수준의 평균차이$(X_{ij}-\overline{X}_j)$이다. 이것을 식으로 표현하면 다음과 같다.

편차의 분해

$X_{ij}-\overline{X}=(\overline{X_j}-\overline{X})+(X_{ij}-\overline{X_j})$

총 편차=설명된 편차+설명 안 된 편차

설명된 편차는 독립변수의 효과에 의한 집단 간의 차이로서, 처리효과의 크기라고도 한다. 설명 안 된 편차는 우연적 요소나 실험과는 상관이 없는 외생변수로부터 온 편차이다. 그런데 평균으로부터의 편차를 산술평균하면 양(+)과 음(−)의 값이 상쇄되어 총 편차가 0에 근사한다. 이런 통계치는 아무런 정보를 줄 수 없으므로 각 편차를 제곱하여 더하는 방법을 활용한다.

총 편차를 제곱하여 더하면 총 제곱합(Sum of Squares Total)을 얻게 되는데 이를 *SST*라고 하고, 설명된 편차의 제곱을 더한 값을 집단 간 제곱의 합(Sum of Squares Between : *SSB*)이라 한다. 설명 안 된 편차를 제곱하여 더한 값은 집단 내 제곱합(Sum of Squares Within : *SSW*)이다. 이들 간의 관계를 수식으로 표현하면 다음과 같다.

제곱합의 분해

- $\sum_{j=1}^{k}\sum_{i=1}^{r}(X_{ij}-\overline{X})^2=\sum_{j=1}^{k}r(\overline{X_j}-\overline{X})^2+\sum_{j=1}^{k}\sum_{i=1}^{r}(X_{ij}-\overline{X_j})^2$

  = 설명된 편차의 제곱합+설명 안 된 편차의 제곱합

- *SST*(총 제곱합) = *SSB*(집단 간 제곱합)+*SSW*(집단 내 제곱합)

  = 처리의 제곱합+잔차의 제곱합

여기서, r : 관찰 수, k : 처리 수

2) 평균제곱과 *F*값

앞에서 분산분석의 가설검정을 위한 검정통계량으로 *F*값을 사용한다고 하였다. 분산분석에서의 *F*값은 독립변수에 의해 설명된 분산과 설명되지 않은 분산의 비율이다. *F*검정통계량을 계산하기 위해서는 처리(독립변수)에 의해 설명된 분산과 외생변수(독립변수 이외의 변수)에 의한 분산을 구해야 한다. 표본분산은 제곱의 합을 자유도로 나눈 값이므로 각각의 제곱합에서 자유도로 나누면 된다.

총 관측치 수를 n, 처리의 총수를 k라고 할 때, 각 제곱합의 자유도와 그 관계는 다음과 같다.

$$SST\text{의 자유도} = SSB\text{의 자유도} + SSW\text{의 자유도}$$
$$n-1 = (k-1)+(n-k)$$

SSB와 SSW를 자유도로 나누면 집단 간 분산과 집단 내 분산이 계산되는데, 이것을 평균제곱(mean square)이라고 한다. SSB를 자유도로 나눈 값을 집단 간 분산 MSB(Mean Squares Between)라고 하고, SSW를 자유도로 나눈 것을 집단 내 분산 MSW(Mean Squares Within)로 표시한다.

$$MSB(\text{설명된 분산}) = \frac{SSB}{k-1}$$
$$MSW(\text{설명되지 않은 분산}) = \frac{SSW}{n-k}$$

앞에서 분산분석의 F검정통계량은 설명된 분산과 설명되지 않은 분산의 비율이라고 하였다. 그러므로 MSB를 MSW로 나누면 집단 간의 차이를 나타내는 분산비율이 되는데, 이는 분자의 자유도가 $k-1$이고 분모의 자유도는 $n-k$인 F분포를 따른다.

분산분석에서의 F검정통계량

$$F_{(k-1,\, n-k)} = \frac{MSB}{MSW} = \frac{\text{설명된 분산}}{\text{설명되지 않은 분산}}$$

3) 분산분석표의 작성과 가설검정

분산분석을 통한 가설검정을 위하여 앞에서 논의된 여러 과정들을 정리해 둔 표를 분산분석표(ANOVA table)라고 한다.

표 11-4 분산분석표

요인	자유도	제곱합	평균제곱	F 값
집단 간(처리효과)	$k-1$	SSB	$MSB=\dfrac{SSB}{k-1}$	$F=\dfrac{MSB}{MSW}$
집단 내(외생효과)	$n-k$	SSW	$MSW=\dfrac{SSW}{n-k}$	
합계	$n-1$	SST		

다음의 예를 풀이해 보자.

예 11-2 A비영리단체는 거리모금을 위한 세 가지 프로모션 방법 중에서 가장 효과적인 것을 판별하려 한다. 모금지역을 무작위로 선정한 뒤 5일 동안 모금행사를 진행한 결과는 다음과 같다. 세 방법 사이에 차이가 존재하는지를 유의수준 $\alpha=0.01$ 에서 검정하라.

프로모션별 모금액 (단위: 만원)

방법 / 관찰일	A방법	B방법	C방법	일별 평균
1일	12	17	15	14.7
2일	15	18	19	17.3
3일	13	19	22	18
4일	15	20	28	21
5일	15	21	15	17
프로모션별 평균	14	19	19.8	17.6

풀이

① 가설의 설정

- $H_0 : \mu_1=\mu_2=\mu_3$: 프로모션에 따른 모금액의 차이가 없다.
- $H_1 : \mu_1 \neq \mu_2$ 혹은 $\mu_1 \neq \mu_3$ 혹은 $\mu_2 \neq \mu_3$: 프로모션에 따라 모금액에 차이가 있다.

② 유의수준의 결정

- $\alpha=0.01$

③ 임계치의 계산 : 채택영역과 기각영역의 결정

총 관측치 수 15, 집단의 수 3이므로 자유도는 $3-1=2$, $15-3=12$이다.

F의 임계치는 $F_{0.01:2,12}=6.93$

- 채택영역 : $F \le 6.93$
- 기각영역 : $F > 6.93$

④ 검정통계량의 계산(분산분석표의 작성)

- F통계량을 계산하려면 편차의 제곱합을 먼저 계산하여야 한다.

$$SST=\sum_{j=1}^{k}\sum_{i=1}^{r}(X_{ij}-\overline{X})^2$$
$$=(12-17.6)^2+(15-17.6)^2+\cdots+(28-17.6)^2+(15-17.6)^2$$
$$=235.6$$

$$SSB=\sum_{j=1}^{k}(\overline{X}_j-\overline{X})^2$$
$$=5(14-17.6)^2+5(19-17.6)^2+5(19.8-17.6)^2$$
$$=98.8$$

$$SSW=\sum_{j=1}^{k}\sum_{i=1}^{r}(X_{ij}-\overline{X}_j)^2$$
$$SSW_{(A\text{방법})}=(12-14)^2+\cdots+(15-14)^2=8$$
$$SSW_{(B\text{방법})}=(17-19)^2+\cdots+(21-19)^2=10$$
$$SSW_{(C\text{방법})}=(15-19.8)^2+\cdots+(15-19.8)^2=118.8$$

집단 내 제곱합(SSW)은 위 세 값의 합이므로, $SSW=8+10+118.8=136.8$

- 계산된 편차의 제곱합을 이용하여 평균제곱을 구한다.

$$MSB=\frac{SSB}{k-1}=\frac{98.8}{2}=49.4$$
$$MSW=\frac{SSW}{n-k}=\frac{136.8}{12}=11.4$$

- F값의 계산

$$F=\frac{MSB}{MSW}=\frac{49.4}{11.4}=4.3333$$

- 가설검정을 위한 분산분석표를 작성하면 다음과 같다.

요인	자유도	제곱합	평균제곱	F값
집단 간(처리효과)	2	98.8	49.4	4.333
집단 내(외생효과)	12	136.8	11.4	
합계	14	235.6		

⑤ 결과해석

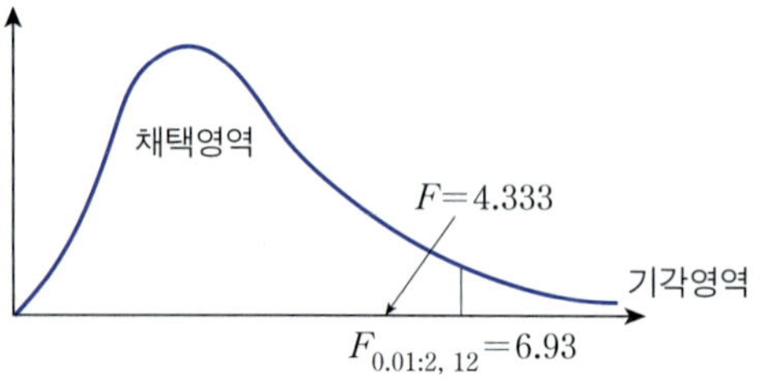

검정통계량이 임계치보다 작으므로 귀무가설은 채택된다. 즉, 프로모션 방법에 따른 모금액 차이는 없다고 할 수 있다.

2.2 이원배치 분산분석

1) 이원배치법의 개념과 상호작용효과

일원배치법은 종속변수에 영향을 미치는 독립변수가 하나인 경우에 사용하는 기법으로,[03] 독립변수가 두 개 이상일 때에는 요인설계법(factorial design)을 이용하여 실험을 설계하여야 한다. 요인설계법 중에서 두 개의 독립변수의 효과를 검정하기 위한 실험설계를 이원분산분석(two-way ANOVA) 혹은 반복이 있는 이원분산분석이라고 하고, 독립변수가 세 개 이상인 경우를 다원분산분석(multifactor ANOVA)이라고 한다. 다원분산분석은 계산이 복잡하지만 기본개념은 이원분산분석과 같다.

이원분산분석은 두 개의 독립변수 중 어느 변수에 분산의 원인이 있는지(주효과 : main effect)를 밝힐 수 있을 뿐만 아니라 두 변수의 상호작용효과(interaction effect)도 알 수 있다. 상호작용이란 두 개의 독립변수가 서로 연관되어 있어서 두 개의 독립변수가 동시에 작용하면서 나타나는 처리효과의 변화, 혹은 왜곡현상을 말한다.

J방송국의 메인 PD가 예능 프로그램의 편성비율이 높을수록 방송점유율이 높아지는 현상을 발견하였을 때, 독립변수는 예능 프로그램 편성비율이고 방송점유율은 종속변수이다. 그런데 10~20대가 많이 시청하는 시간에 자사 프로그램의 방송점유율이 높고, 특

03 분산분석기법 중에서 두 개의 변수가 포함되는 무작위 블록 디자인이 있다. 이 기법은 독립변수 하나의 효과를 검정하는 것으로, 종속변수에 영향을 줄 수 있는 외생변수를 통제하기 위한 실험설계법이다.

히 동시간대에 예능 프로그램을 편성하였을 때에 높은 수준의 방송점유율이 측정되는 경우를 가정해 보자.

이 현상은 ① 방송점유율은 예능 프로그램 편성비율에 영향을 받는다, ② 방송점유율은 시청자의 연령대에 영향을 받는다, ③ 10대 시청자가 많이 보는 시간대에 예능 프로그램을 편성하면 방송점유율이 높아진다의 세 가지 상황으로 정리할 수 있다.

①, ②에서 연령과 프로그램 편성비율은 방송점유율에 영향을 주는 독립변수이다. 그런데 ③은 두 변수가 동시에 작용하여 어떤 효과를 발생시키는 상황으로, 이런 현상을 독립변수 간 상호작용효과라고 한다. 이원배치법에 의한 분산분석을 시행하면 주효과뿐만 아니라 상호작용효과도 검정할 수 있다.

2) 이원배치법의 전개

이원배치법에 의하면 두 개의 독립변수를 몇 개의 수준(처리)으로 나눈 다음 각각의 셀에 해당되는 여러 개의 관측치를 무작위로 배정한다. 각각의 셀은 독립된 하나의 표본집단으로 간주되며, 이런 데이터 배치를 통해 두 독립변수의 집단 간 평균차이와 두 변수의 상호작용효과 검정도 가능해진다. 독립변수 A의 처리수준을 k, B의 수준을 r이라고 할 때 데이터는 〈표 11-5〉와 같이 정리된다.

표 11-5 이원분산분석의 자료 배치

		요인 A의 처리수준(j=1, 2, ⋯, k)				평균
		A_1	A_2	⋯	A_k	
요인 B (i=1, 2, ⋯, r)	B_1	$X_{111}, X_{112}, \cdots, X_{11m}$	$X_{121}, X_{122}, \cdots, X_{12m}$	⋯	$X_{1k1}, X_{1k2}, \cdots, X_{1km}$	$\overline{X}_{1\cdot}$
		$\overline{X}_{11}$	$\overline{X}_{12}$		$\overline{X}_{1k}$	
	B_2	$X_{211}, X_{212}, \cdots, X_{21m}$	$X_{221}, X_{222}, \cdots, X_{22m}$	⋯	$X_{2k1}, X_{2k2}, \cdots, X_{2km}$	$\overline{X}_{2\cdot}$
		$\overline{X}_{21}$	$\overline{X}_{22}$		$\overline{X}_{2k}$	
	⋮					
	B_r	$X_{r11}, X_{r12}, \cdots, X_{r1m}$	$X_{r21}, X_{r22}, \cdots, X_{r2m}$	⋯	$X_{rk1}, X_{rk2}, \cdots, X_{rkm}$	$\overline{X}_{r\cdot}$
		$\overline{X}_{r1}$	$\overline{X}_{r2}$	⋯	$\overline{X}_{rk}$	
평균		$\overline{X}_{\cdot 1}$	$\overline{X}_{\cdot 2}$	⋯	$\overline{X}_{\cdot k}$	$\overline{X}$

이원배치법의 가설을 검정하려면 F검정통계량이 필요하다. 이를 위해서는 두 개의 처리에 의한 분산과 상호작용에 의한 분산, 그리고 오차에 의한 분산을 계산하여야 한다. 〈표 11-5〉에서 표본평균은 셀 평균($\overline{X_{ij}}$), 행의 표본평균($\overline{X_{i\cdot}}$), 열의 표본평균($\overline{X_{\cdot j}}$), 총 표본평균($\overline{X}$)의 네 가지이다. 제곱의 합은 총 제곱합(Sum of Squares Total : SST), 열 간 제곱합(Sum of Squares Between Columns : SSC), 행 간 제곱합(Sum of Squares Between Rows : SSR), 상호작용에 의한 제곱의 합(Sum of Squares Interaction : SSI)과 오차의 제곱합(Sum of Squares Error : SSE)의 다섯 가지가 있다. 이들 간의 관계를 등식으로 표현하면 다음과 같다.

이원배치법에서의 제곱합의 분해

$$SST = SSC + SSR + SSI + SSE$$

$$SST = \sum_{i=1}^{r}\sum_{j=1}^{k}\sum_{l=1}^{m}(X_{ijl} - \overline{X})^2$$

$$SSR = km\sum_{i=1}^{r}(\overline{X_{i\cdot}} - X)^2$$

$$SSC = rm\sum_{j=1}^{k}(\overline{X_{\cdot j}} - \overline{X})^2$$

$$SSI = m\sum_{i=1}^{r}\sum_{j=1}^{k}(X_{ij\cdot} - \overline{X_{i\cdot}} - \overline{X_{\cdot j}} + \overline{X})^2$$

$$SSE = \sum_{i=1}^{r}\sum_{j=1}^{k}\sum_{l=1}^{m}(X_{ijl} - \overline{X_{ij}})^2$$

여기서, n : 전체 관측치의 수, m : 셀 내 관측치의 수,
r : 행의 수, k : 열의 수, $\overline{X}$: 전체 평균, $\overline{X_{ij}}$: 셀 ij의 평균,
$\overline{X_{i\cdot}}$: 행 i의 평균, $\overline{X_{\cdot j}}$: 열 j의 평균

분해된 제곱합을 각각의 자유도로 나누면 모집단분산의 추정치인 평균제곱이 계산된다.

$$MSR = \frac{SSR}{r-1}$$

$$MSC = \frac{SSC}{k-1}$$

$$MSI = \frac{SSI}{(k-1)(r-1)}$$

$$MSE = \frac{SSE}{kr(m-1)}$$

각 영향요인과 상호작용의 F검정통계량은 다음과 같이 계산된다.

$$F_R = \frac{MSR}{MSE}$$

$$F_C = \frac{MSC}{MSE}$$

$$F_I = \frac{MSI}{MSE}$$

이상의 과정을 분산분석표로 정리하면 〈표 11-6〉과 같다.

표 11-6 분산분석표

요인	자유도	제곱합	평균제곱	F값
독립변수 1	$r-1$	SSR	$MSR = \frac{SSR}{r-1}$	$F_R = \frac{MSR}{MSE}$
독립변수 2	$k-1$	SSC	$MSC = \frac{SSC}{k-1}$	$F_C = \frac{MSC}{MSE}$
상호작용	$(k-1)(r-1)$	SSI	$MSI = \frac{SSI}{(k-1)(r-1)}$	$F_I = \frac{MSI}{MSE}$
오차	$km(m-1)$	SSE	$MSE = \frac{SSE}{kr(m-1)}$	
합계	$krm-1$	SST		

예 11-3 프로모션 유형과 거리 모금액과의 관계를 조사하였더니 다음과 같은 결과가 나왔다. 프로모션 유형에 따라 모금액에 차이가 있는가? 모금자의 성별과 모금액 간의 관계는 어떠한가? 그리고 프로모션 유형과 모금자 성별의 상호작용효과는 어떠한지 $\alpha = 0.01$ 의 수준에서 검정하시오.

프로모션 유형, 성별에 따른 점유율 현황

구분		프로모션 유형			평균
		A	B	C	
성별	남	12 14 13	16 17 16	21 20 19	16.44
	소평균	13	16.33	20	
	여	28 27 22	17 20 21	12 14 12	19.22
	소평균	25.67	19.33	12.67	
평균		19.33	17.83	16.33	17.83

풀이

1) 분산분석표의 작성

n(전체 관측치의 수)=18, m(셀 내 관측치의 수)=3, r(행의 수)=2, k(열의 수)=3,

$\overline{X}_{(\text{전체})}=17.83$, $\overline{X}_{11}=13$, $\overline{X}_{12}=16.33$, $\overline{X}_{13}=20$, $\overline{X}_{21}=25.67$, $\overline{X}_{22}=19.33$, $\overline{X}_{23}=12.67$,

$\overline{X}_{1\cdot}=16.44$, $\overline{X}_{2\cdot}=19.22$, $\overline{X}_{\cdot 1}=19.33$, $\overline{X}_{\cdot 2}=17.83$, $\overline{X}_{\cdot 3}=16.33$ 일 때

$$SST=\sum_{i=1}^{r}\sum_{j=1}^{k}\sum_{l=1}^{m}(X_{ijl}-\overline{X})^2$$

$$=(12-17.83)^2+(14-17.83)^2+\cdots+(12-17.83)^2=398.5$$

$$SSR=km\sum_{i=1}^{r}(\overline{X}_{i\cdot}-\overline{X})^2$$

$$=3\times 3(16.44-17.83)^2+3\times 3(19.22-17.83)^2=34.72$$

$$SSC=rm\sum_{j=1}^{k}(\overline{X}_{\cdot j}-\overline{X})^2$$

$$=2\times 3(19.33-17.83)^2+6(17.83-17.83)^2+6(16.33-17.83)^2=27$$

$$SSI=m\sum_{i=1}^{r}\sum_{j=1}^{k}(X_{ij\cdot}-\overline{X}_{i\cdot}-\overline{X}_{\cdot j}+\overline{X})^2$$

$=SST-SSR-SSC-SSE$ (복잡한 함수식 계산보다 분해된 제곱합 활용이 편리하다)

$$SSE=\sum_{i=1}^{r}\sum_{j=1}^{k}\sum_{l=1}^{m}(X_{ijl}-\overline{X}_{ij})^2$$

$$=(12-13)^2+(14-13)^2+(13-13)^2+(16-16.33)^2+(17-16.33)^2+\cdots+(12-12.67)^2+(14-12.67)^2+(12-12.67)^2=36.67$$

$$SSI=SST-SSR-SSC-SSE$$

$$=398.5-34.72-27-36.67=300.11$$

평균제곱합의 계산을 하려면 각각의 제곱합을 자유도로 나누면 된다.

$$MSR = \frac{SSR}{r-1} = \frac{34.72}{2-1} = 34.72$$

$$MSC = \frac{SSC}{k-1} = \frac{27}{3-1} = 13.5$$

$$MSI = \frac{SSI}{(k-1)(r-1)} = \frac{300.11}{(3-1)(2-1)} = 150.06$$

$$MSE = \frac{SSE}{kr(m-1)} = \frac{36.67}{3 \times 2(3-1)} = 3.06$$ 이므로

F검정통계량은 다음과 같다.

$$F_R = \frac{MSR}{MSE} = \frac{34.72}{3.06} = 11.36$$

$$F_C = \frac{MSC}{MSE} = \frac{13.5}{3.06} = 4.42$$

$$F_I = \frac{MSI}{MSE} = \frac{150.06}{3.06} = 49.11$$

이상의 과정을 분산분석표로 정리하면 다음과 같다.

요인	자유도	제곱합	평균제곱	F값
성별	1	34.72	34.72	$F_R=11.36$
프로모션 유형	2	27	13.5	$F_C=4.42$
상호작용	2	300.11	150.06	$F_I=49.11$
오차	12	36.67	3.06	
합계	17	398.5		

2) 프로모션 유형에 따른 점유율 차이 검정

① 가설의 설정

- $H_0 : \mu_1 = \mu_2 = \mu_3$: 프로모션 유형에 따른 모금액의 차이는 없다.
- $H_1 : \mu_1 \neq \mu_2$ 혹은 $\mu_1 \neq \mu_3$ 혹은 $\mu_2 \neq \mu_3$: 프로모션 유형에 따른 모금액에 차이가 있다.

② 유의수준의 결정

- $\alpha = 0.01$

③ 임계치의 계산 : 채택영역과 기각영역의 결정

$k=3, r=2, m=3$이므로 F의 임계치는 $F_{0.01:2, 12} = 6.93$

- 채택영역 : $F \leq 6.93$
- 기각영역 : $F > 6.93$

④ 분산분석표에서의 F통계량과 임계치의 비교 및 해석

위의 분산분석표에서 계산된 F_C의 값 4.42는 귀무가설의 채택영역에 포함되므로 귀무가설이

채택된다. 그러므로 $\alpha=0.01$ 에서는 프로모션 유형에 따른 모금액의 차이가 없다고 결론지을 수 있다.

3) 성별에 따른 모금액의 차이 검정

① 가설의 설정

- $H_0: \mu_1=\mu_2$: 성별에 따른 모금액 차이가 없다.
- $H_1: \mu_1\neq\mu_2$: 성별에 따른 모금액 차이가 있다.

② 유의수준의 결정

- $\alpha=0.01$

③ 임계치의 계산 : 채택영역과 기각영역의 결정

$k=3, r=2, m=3$이므로 F의 임계치는 $F_{0.01:1,12}=9.33$

- 채택영역 : $F\leq 9.33$
- 기각영역 : $F>9.33$

④ 분산분석표에서의 F통계량과 임계치의 비교 및 해석

위의 분산분석표에서 계산된 F_R 의 값 11.36은 귀무가설의 기각영역에 속하므로 귀무가설은 기각된다. 즉, 성별에 따라 모금액의 차이가 있다고 할 수 있다.

4) 프로모션 유형과 성별의 상호작용에 따른 방송 점유율의 차이 검정

① 가설의 설정

- H_0 : 프로모션 유형과 성별의 상호작용효과는 없다.
- H_1 : 프로모션 유형과 성별의 상호작용효과는 있다.

② 유의수준의 결정

- $\alpha=0.01$

③ 임계치의 계산 : 채택영역과 기각영역의 결정

$k=3, r=2, m=3$이므로 F의 임계치는 $F_{0.01:2,12}=6.93$

- 채택영역 : $F\leq 6.93$
- 기각영역 : $F>6.93$

④ 분산분석표에서의 F통계량과 임계치의 비교 및 해석

위의 분산분석표에서 계산된 F_I 의 값 49.11은 귀무가설의 기각영역에 속하므로 귀무가설은 기각된다. 따라서 프로모션 유형과 성별의 상호작용효과가 있다.

ChatGPT 활용

분산분석을 생활 속 재미있는 예를 통해 이해해 봅니다
[사례] 친구들과 햄버거 세트 만족도 비교하기
👬 상황
당신과 친구 9명이 **세 가지 햄버거 세트(A, B, C)**를 먹어봤어요.
각자 10점 만점으로 맛 만족도 점수를 줬습니다. 친구들은 햄버거 덕후입니다. 😆
A세트: 빅맥 세트
B세트: 치킨버거 세트
C세트: 새우버거 세트
각 햄버거 세트를 먹은 사람은 3명씩이고, 점수는 다음과 같아요:

힘버거 세트
점수
A 세트
8 / 9 / 7
B 세트
6 / 5 / 7
C 세트
9 / 10 / 8

어떤 질문을 하고 싶을까요?
"세 햄버거 세트 중에서 진짜 맛 차이가 있는 걸까?
아니면 그냥 친구들 입맛 차이(우연)일까?"

좋은 예시입니다! 이 상황은 **일상 속 분산분석(ANOVA)**를 아주 자연스럽게 보여줍니다.

🍔 상황 요약

- 세 가지 햄버거 세트: A(빅맥), B(치킨버거), C(새우버거)
- 각각 3명씩 시식하고 10점 만점으로 만족도 평가

세트	점수
A	8, 9, 7
B	6, 5, 7
C	9, 10, 8

❓ 우리가 던지는 질문:

> **"세트별로 맛 차이가 정말 있는 걸까?**
> **아니면 그냥 사람마다 입맛이 달라서 생긴 우연일까?"**

→ 바로 이것이 **분산분석(ANOVA)**의 핵심 질문입니다.

🔍 왜 분산분석(ANOVA)을 쓸까?

- 세 집단(A, B, C)을 비교할 때
  → 각각 평균을 비교해야 함
- 두 집단이면 t검정,
  세 집단 이상이면 ANOVA가 적합!

ANOVA의 작동 원리 (쉽게 설명)

1. **집단 간 차이:** 각 햄버거 세트 평균이 얼마나 다른가?
    - A 평균: 8
    - B 평균: 6
    - C 평균: 9
2. **집단 내 차이:** 같은 세트를 먹은 사람들끼리 점수 차이가 얼마나 나는가?
    - 예: A는 79~~점으로 비슷, B는 5~~7점으로 약간 차이

> **집단 간 차이**가 **집단 내 차이**보다 크면
> → "세트 간 맛 차이 있음!"이라고 결론

검정 방법

- **귀무가설 H_0:** 세 햄버거 세트의 평균 맛 만족도는 같다
- **대립가설 H_1:** 적어도 하나의 세트가 다르다
- **결과 해석:**
    - p값 < 0.05 → 맛 차이 **있다**
    - p값 ≥ 0.05 → 차이는 **없다 (우연)**

✅ 결론

> 이처럼 **분산분석은 "여러 집단 간 평균 차이"를 판단할 때 사용돼요.**
> 햄버거, 커피, 게임, 영화 만족도 등
> 생활 속 다양한 비교에 활용 가능하죠!

필요하시면 위 데이터를 실제로 계산해드릴 수도 있어요.

📊 분산분석은 생활에서 이렇게 쓰여요!

사례	독립변수(집단)	종속변수(측정값)	목적
세 가지 공부법 비교	공부법 A, B, C	시험 점수	어떤 공부법이 더 효과적인지 비교
광고 유형 효과 분석	텍스트 광고, 이미지 광고, 영상 광고	구매율	광고 유형에 따른 구매율 차이 검정
지역별 고객 만족도 조사	서울, 부산, 광주	고객 만족도 점수	지역에 따라 만족도 차이가 있는지 검정
식이요법 효과 비교	식단 A, B, C	체중 감소량	식단별 감량 효과 차이 분석
세 가지 브랜드 비교	브랜드 X, Y, Z	제품 만족도 점수	브랜드 간 품질 평가 차이 확인

엑셀을 이용한 풀이

1) 일원배치법

A사는 신입판매사원 세 명의 판매능력차이를 판별하려 한다. 5일의 시간을 주고 무작위로 판매지역을 배치한 뒤 나타난 결과는 다음과 같다. 세 판매사원의 판매능력차이가 존재하는지를 유의수준 $\alpha=0.05$ 에서 검정하라.

신입사원별 판매 데이터

관찰횟수	길동	철수	민기	회당 평균
1	12	17	15	14.7
2	15	18	19	17.3
3	13	19	22	18
4	15	20	28	21
5	15	21	15	17
사원당 평균	14	19	19.8	17.6

① $H_0 : \mu_1=\mu_2=\mu_3$: 판매원에 따른 판매량 차이가 없다.

$H_1 : \mu_1 \neq \mu_2$ 혹은 $\mu_2 \neq \mu_3$ 혹은 $\mu_1 \neq \mu_3$: 판매원에 따라 판매량이 다를 수 있다.

② $\alpha=0.05$

세 정규모집단의 평균차이검정이므로 [데이터분석]의 [분산분석 : 일원배치법]을 이용한다.

절차 1

다음과 같이 엑셀 데이터를 입력한다. 엑셀의 분산분석도구를 이용하면 평균과 분산값이 자동으로 계산되므로 평균을 입력할 필요는 없다. 만약 분산분석도구에 의한 평균값과 여러분이 계산한 값을 비교하고 싶으면 'average'함수를 활용한다.

	A	B	C	D
1	관찰횟수	길 동	철 수	민 기
2	1	12	17	15
3	2	15	18	19
4	3	13	19	22
5	4	15	20	28
6	5	15	21	15
7				

절차 2

메뉴에서 [데이터] → [데이터분석]을 선택하여 통계 데이터 분석을 실행하고 [분석 도구(A)]에서 [분산분석 : 일원배치법]을 선택하고 확인을 클릭한다.

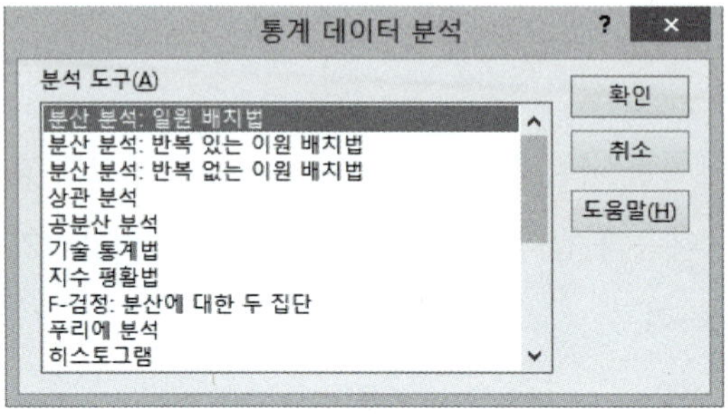

절차 3

보기 쉬운 결과 출력을 위해 대화상자에서 [입력 범위(I)]에 이름표(길동, 철수, 민기)를 포함하여 데이터 범위를 지정하고 [첫째 행 이름표 사용(L)]을 체크해 준다. [유의 수준(A)]에는 0.05를 입력하고 [출력 범위(O)]를 지정(예의 경우 〈셀 A9〉)한 뒤 확인을 클릭한다.

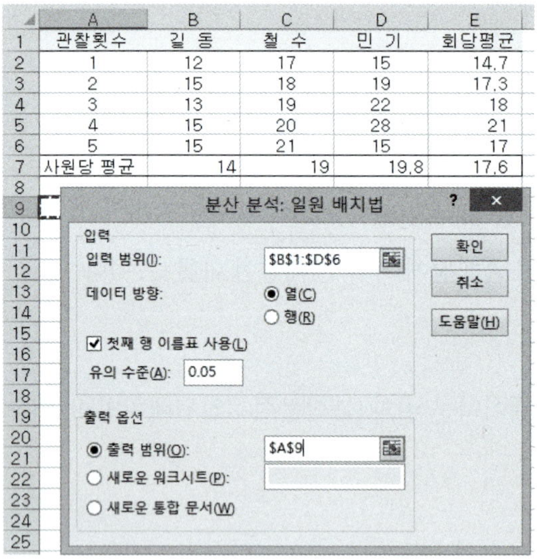

절차 4

이전의 과정을 오류 없이 수행하면 다음의 [분산분석 : 일원배치법] 분석결과가 출력된다.

	A	B	C	D	E	F	G
1	관찰횟수	길 동	철 수	민 기	회당평균		
2	1	12	17	15	14.7		
3	2	15	18	19	17.3		
4	3	13	19	22	18		
5	4	15	20	28	21		
6	5	15	21	15	17		
7	사원 평균	14	19	19.8	17.6		
8							
9	분산 분석: 일원 배치법						
10							
11	요약표						
12	인자의 수준	관측수	합	평균	분산		
13	길 동	5	70	14	2		
14	철 수	5	95	19	2.5		
15	민 기	5	99	19.8	29.7		
16							
17							
18	분산 분석						
19	변동의 요인	제곱합	자유도	제곱 평균	F 비	P-값	F 기각치
20	처리	98.8	2	49.4	4.333333	0.038323	3.885294
21	잔차	136.8	12	11.4			
22							
23	계	235.6	14				

일원배치에 의한 분산분석의 요약표에는 사원당 평균과 분산값이 표시되어 있다. 분산분석도구에 의한 평균값과 확인을 위해 미리 입력해 둔 7행의 'average'함수에 의한 사원별 평균값이 동일함을 확인할 수 있다.

분산분석에 의한 가설검정은 F비와 F기각치의 값을 비교하면 된다. 분석표의 F비(4.3333)가 F 기각치 3.8853보다 크므로 귀무가설을 기각한다. p값에 의한 검정에서도 $\alpha=0.05$보다 작으므로 귀무가설을 기각한다. 그러므로 판매원 간의 판매량 차이가 있다.

2) 이원배치법

방송 점유율과 TV 드라마 방영비율과의 관계를 조사하였더니 다음과 같은 결과가 나왔다. 드라마의 방영비율에 따라 점유율의 차이가 있는가? 남녀 성별과 점유율 간의 관계는 어떠한가? 그리고 드라마 방영비율과 성별의 상호작용효과는 어떠한지 $\alpha=0.01$의 수준에서 검정하라.

드라마 비율, 성별에 따른 점유율 데이터

성별	드라마 비율		
	고	중	저
남	12	16	21
	14	17	20
	13	16	19
여	28	17	12
	27	20	14
	22	21	12

(1) 드라마 방영비율에 따른 방송 점유율의 차이 검정

① 가설

$H_0 : \mu_1 = \mu_2 = \mu_3$: 드라마 방영비율에 따라 방송 점유율 차이는 없다.

$H_1 : \mu_1 \neq \mu_2$ 혹은 $\mu_1 \neq \mu_3$ 혹은 $\mu_2 \neq \mu_3$: 드라마 방영비율에 따라 방송 점유율 차이가 있다.

② $\alpha = 0.01$ 인 단측검정

(2) 성별에 따른 방송 점유율의 차이 검정

① 가설

$H_0 : \mu_1 = \mu_2$: 성별에 따른 방송 점유율 차이는 없다.

$H_1 : \mu_1 \neq \mu_2$: 성별에 따른 방송 점유율 차이가 있다.

② $\alpha = 0.01$ 인 단측검정

(3) 드라마 방영비율과 성별의 상호작용에 따른 방송 점유율의 차이 검정

① 가설

H_0 : 드라마 방영비율과 성별의 상호작용효과는 없다.

H_1 : 드라마 방영비율과 성별의 상호작용효과는 있다.

② $\alpha = 0.01$ 인 단측검정

절차 1

다음과 같이 엑셀 데이터를 입력한다.

	A	B	C	D	E
1	성별		드라마비율		
2		고	중	저	
3	남	12	16	21	
4		14	17	20	
5		13	16	19	
6	여	28	17	12	
7		27	20	14	
8		22	21	12	
9					

절차 2

메뉴에서 [데이터] → [데이터분석]을 선택하여 통계 데이터 분석을 실행하고 [분석 도구(A)]에서 [분산분석 : 반복 있는 이원배치법]을 선택한 다음 확인을 클릭한다.

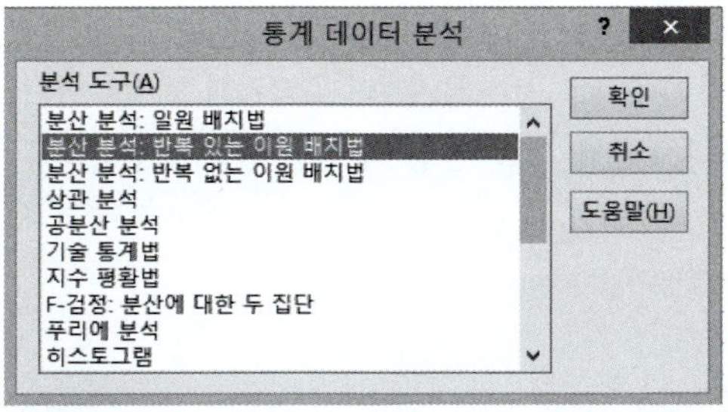

절차 3

[입력 범위(I)]에 데이터 범위를 선택하고 [표본당 행수(R)]에 3을, [유의 수준(A)]에는 0.01을 입력한다. 그리고 [출력 범위(O)]를 지정한 후 확인을 클릭하면 결과물이 출력된다.

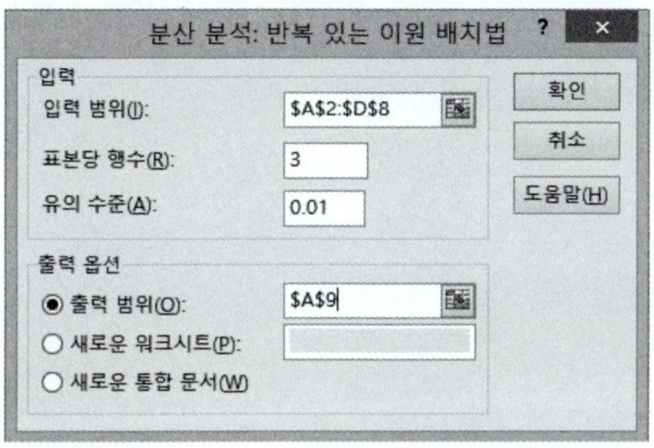

절차 4

출력된 분산분석표를 이용하여 가설을 검정한다.

	A	B	C	D	E	F	G
9	분산 분석: 반복 있는 이원 배치법						
10							
11	요약표	고	중	저	계		
12	남						
13	관측수	3	3	3	9		
14	합	39	49	60	148		
15	평균	13	16.33333	20	16.44444		
16	분산	1	0.333333	1	9.777778		
17							
18	여						
19	관측수	3	3	3	9		
20	합	77	58	38	173		
21	평균	25.66667	19.33333	12.66667	19.22222		
22	분산	10.33333	4.333333	1.333333	35.69444		
23							
24	계						
25	관측수	6	6	6			
26	합	116	107	98			
27	평균	19.33333	17.83333	16.33333			
28	분산	52.66667	4.566667	17.06667			
29							
30							
31	분산 분석						
32	변동의 요인	제곱합	자유도	제곱 평균	F 비	P-값	F 기각치
33	인자 A(행)	34.72222	1	34.72222	11.36364	0.00556	9.330212
34	인자 B(열)	27	2	13.5	4.418182	0.036488	6.926608
35	교호작용	300.1111	2	150.0556	49.10909	1.67E-06	6.926608
36	잔차	36.66667	12	3.055556			
37							
38	계	398.5	17				

• 드라마 방영비율에 따른 방송 점유율의 차이 검정

드라마 방영비율의 차이는 입력데이터의 열 간 차이이므로 인자 B(열)의 출력결과를 검토한다. F비 ≤ F기각치이므로 귀무가설을 기각할 수 없다. p값에 의한 검정 역시 $p > \alpha$ 이므로 결과는 같다. 드라마 방영비율에 따른 방송점유율 차이는 없다.

• 성별에 따른 방송 점유율의 차이 검정

성별에 따른 점유율 차이는 입력데이터의 행간 차이이므로 인자 A(행)의 출력결과를 검토한다. F비 > F기각치이므로 귀무가설을 기각한다. p값에 의한 검정 역시 $p < \alpha$ 이므로 결론은 같다. 성별에 따라 방송 점유율의 차이가 있다.

• 드라마 방영비율과 성별의 상호작용에 따른 방송 점유율의 차이 검정

상호작용효과는 교호작용의 출력결과를 검토하여야 한다. F비 < F기각치이므로 귀무가설을 기각한다. 드라마 방영비율과 성별의 상호작용효과가 있다.

연습문제 EXERCISES

01 A홈쇼핑에서는 신입 쇼핑 호스트를 대상으로 서로 다른 세 가지 방법의 교육을 실시한 후 시간당 판매실적을 조사해 본 결과 다음과 같은 데이터를 얻었다.

교육방법별 판매량 데이터

1안	2안	3안
120	122	144
122	135	144
119	138	134
140	138	142
118	140	152

1) 처리의 수는 몇 개인가?

2) SST, SSB, SSW를 계산하라.

3) MSB, MSW를 계산하라.

4) F비를 계산하라.

5) 분산분석표를 작성하라.

02 문제 1의 데이터를 이용하여 교육방법에 따라 판매량이 서로 다르다는 가정을 $\alpha=0.01$의 수준에서 검정하라.

03 K제과는 3종의 광고 포스터 안 중 하나를 다음 분기 마케팅 포스터로 사용하려 한다. 주요 도시를 대상으로 시험해 본 결과 다음과 같은 선호도 결과가 도출되었다.

포스터 유형과 선호도 데이터

	포스터 1	포스터 2	포스터 3
서울	15	22	18
대전	17	23	15
광주	12	21	12
부산	18	25	15
대구	11	18	15

1) 처리의 수와 블록의 수는 몇 개인가?

2) SST, SSG, SSB, SSE를 계산하라.

3) MSG, MSB, MSE를 계산하라.

4) F_G, F_B를 계산하라.

04 문제 3을 이용하여 분산분석표를 작성하고, 포스터 유형과 선호도의 관계를 밝히고, 그것이 지역적 특성에 의해 영향을 받는가를 검정하라($\alpha=0.05$).

[심화문제] 무작위 블록디자인 문제이므로 중급통계 참조

05 위 문제 4에서 지역별 특징을 독립변수화하였다. 3개의 포스터를 대도시인 서울과 상대적으로 보수적인 안동시를 대상으로 선호도를 조사하였는데, 다음과 같은 결과가 도출되었다.

포스터 유형별 · 지역별 선호도 데이터

지역	포스터		
	1안	2안	3안
서울	22	16	15
	21	17	13
	23	16	12
안동	28	17	12
	27	20	11
	22	21	15

1) 전체 관측수와 셀 내 관측수는 몇 개인가?

2) 행의 수와 열의 수를 밝히시오.

3) 전체 평균과 각 셀의 평균을 계산하라.

4) 서울지역의 선호도 평균, 안동지역의 선호도 평균을 계산하라.

5) 1안의 평균, 2안의 평균, 3안의 평균은 얼마인가?

6) SST, SSR, SSC, SSI, SSE를 계산하라.

7) MSR, MSC, MSI, MSE를 계산하라.

8) F_R, F_C, F_I를 계산하라.

06 문제 5의 분산분석표를 작성하고, 그것을 이용하여 포스터별 유형에 따라 선호도 차이와 지역별 영향, 그리고 포스터 유형과 지역의 상호작용효과가 있는지를 검정하라($\alpha=0.01$).

CHAPTER

12 단순회귀분석

BUSINESS STATISTICS

1. 변수의 관계

2. 회귀관계와 회귀모형

3. 회귀분석의 기본가정

4. 회귀모형의 추정

5. 회귀모형의 검정지표

6. 회귀모형과 예측

실생활에서 '두 변수 혹은 그 이상의 변수 간의 인과관계'가 궁금한 경우가 있다. '광고비와 매출액 간에는 어떠한 관계가 있을까?', '정말로 식사량을 줄이면 몸무게가 줄어들까?', '서비스수준을 높이면 고객의 만족도가 증가할까?' 등과 같은 의문이 그 예가 될 수 있다.

두 가지 이상의 변수 간의 관련성을 분석할 수 있는 통계적 기법에는 상관관계분석(correlation analysis)과 회귀분석(regression analysis)이 있다. 제2장에서 학습한 상관관계분석은 두 변수가 선형관계에 있음을 밝히려는 것이지만, 본장에서 학습할 회귀분석은 변수 간 상관관계는 물론 원인과 결과에 관한 통계적 진실, 즉 인과관계를 검정하려는 것이다.

1. 변수의 관계

1.1 상관관계와 인과관계

상관관계는 두 변수 사이에 존재하는 상호 간의 의존관계를 알아보려는 것이다. 이때 두 변수 간의 관계는 어떤 한 변수가 다른 변수에 영향을 미친다는 의미가 아니라, 단순히 관련되어 있다는 것이다. 두 변수의 상관관계는 상관계수(correlation coefficient)로 확인할 수 있다. 상관계수는 제2장 4.이변량 데이터의 정리에서 설명하였으므로 그 유도식과 설명은 생략한다.

모집단 상관계수의 계산식

$$\rho = \frac{Cov(XY)}{\sigma_X \sigma_Y}$$

표본 상관계수의 계산식

$$r = \frac{s_{XY}}{s_X s_Y}$$

상관계수의 특징

- 상관계수는 −1에서 1 사이의 값을 갖는다. 두 변수 간의 관계의 강도가 클수록 두 변수의 관측치는 직선에 가까이 몰려 있다. 이때 상관계수는 −1 또는 1에 가까운 값을 갖는다.
- 상관계수가 1이면 완전한 양(+)의 상관관계, −1이면 완전한 음(−)의 상관관계가 있다. 상관관계가 1 또는 −1인 경우에는 두 변수가 완전한 직선관계이다.
- 상관계수가 0이면 두 변수는 전혀 관계가 없다. 혹은 두 변수는 상호 독립적이다.

경기(景氣)와 여성 스커트 길이의 관련성에 관한 속설이 있다. 경기가 좋으면 여성의 스커트 길이가 길어지고 경기가 나빠지면 길이가 짧아진다는 것이다. 만약 이러한 사실이 통계적으로 증명된다면 치마 길이와 경기 사이에는 상관관계가 있다고 할 수 있다. 그러나 경기와 스커트 길이 간에 인과관계가 있다고는 할 수 없다. 인과관계는 두 변수 간의 관계에 있어서 원인과 결과가 분명하게 드러나야 하며 변수의 발생시점에 있어서도 선후관계가 형성되어야 한다. 경기와 스커트의 길이가 관련이 있을 수는 있지만, 경제 상황이 치마 길이의 직접적인 원인이 될 수 없고 치마 길이가 경기를 결정짓는 것도 아니기 때문에 두 변수를 인과관계로 정의할 수 없다.

인과관계(causal relationship)는 하나의 사건(원인)이 다른 사건(결과)에 영향을 미치는 관계이다. 두 변수 간에 인과관계가 성립하려면 다음의 두 제약 조건이 충족되어야 한다. 첫째, 인과관계에서는 원인요소와 결과요소가 명확하게 구분된다. 예를 들어, 운동량과 체중의 관계에서 운동과 체중은 명백히 다른 요소이다. 둘째, 시간적으로 원인이 먼저 발생하고 결과가 뒤따라야 한다. 즉, 운동량을 늘렸더니 체중이 감소했다는 관계는 성립하지만, 체중이 감소하면 운동량이 늘어난다는 관계는 성립하지 않는다.

인과관계에서의 선행변수, 즉 결과에 영향을 미치는 것으로 생각되는 변수를 독립변수(independent variable) 또는 원인변수, 그리고 그들 변수의 영향을 받는 변수를 종속변수(dependent variable) 또는 결과변수라고 한다. 인과적 관계에 있는 두 변수에서 독립변수와 종속변수의 설정은 논리적 타당성과 검정가능성이 있어야 한다. 어떤 두 변수의 관계가 회귀분석 등의 인과관계분석에 의해 통계적으로 지지된다 하더라도 인과성에 대한 논리적 근거가 없으면 두 변수의 인과적 관계를 확증할 수 없다. 역으로 인과성에 관한 논리적 타당성이 있더라도 두 변수의 인과관계가 통계적으로 지지되지 않으면 변수의 인과성을 확보할 수 없다.

1.2 함수적 관계와 통계적 관계

두 변수 간의 관계를 '함수적 관계(functional relation)'와 '통계적 관계(statistical relation)'로 나눌 수도 있다. 함수적 관계는 어느 한 변수의 값을 알면 다른 변수의 값이 정확히 결정되는 관계인 반면에, 통계적 관계는 한 변수에 대응하는 다른 변수의 값이 상황에 따라 달라지는 관계이다. [그림 12-1]은 함수적 관계와 통계적 관계를 보여 주고 있다.

두 변수 사이의 함수적 관계를 가정하고 설정한 모형을 확정적 모형(deterministic model)이라고 한다. 예를 들어서 어떤 기업의 매출액이 정확히 광고비의 5배라면 두 변수 사이의 관계는 Y(매출액)$=5X$(광고비)와 같이 표현할 수 있는데, 이 식은 두 변수 사이의 확정적 관계를 표현한 것이다.

두 변수가 통계적 관계여서 임의오차가 있을 것으로 가정하여 만든 모형은 확률모형(probabilistic model)이다. 확률모형은 확정적 부분과 임의오차 부분으로 나누어진다. 예를 들어서 매출액과 광고비의 관계로 Y(매출액)$=5X$(광고비)$+$임의오차로 설정할 경우에, 확정적 부분은 좌변의 $5X$이고 나머지는 임의오차이다. 임의오차는 가설의 검정이나 신뢰구간측정에서 중요한 역할을 하며 예측오차를 추정하는 데에도 쓰인다.

그림 12-1 함수적 관계와 통계적 관계

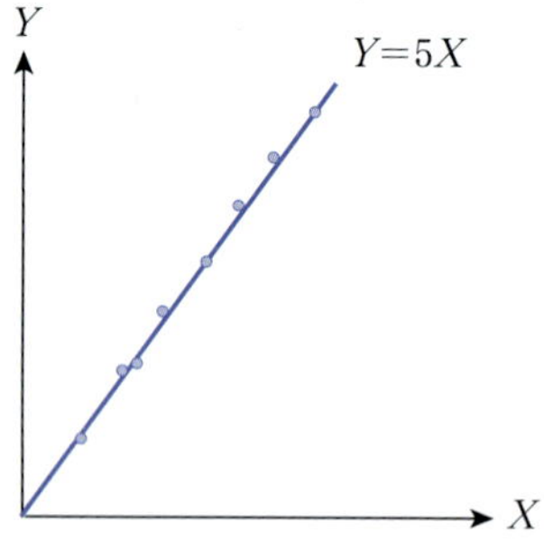

(a) 함수적 관계

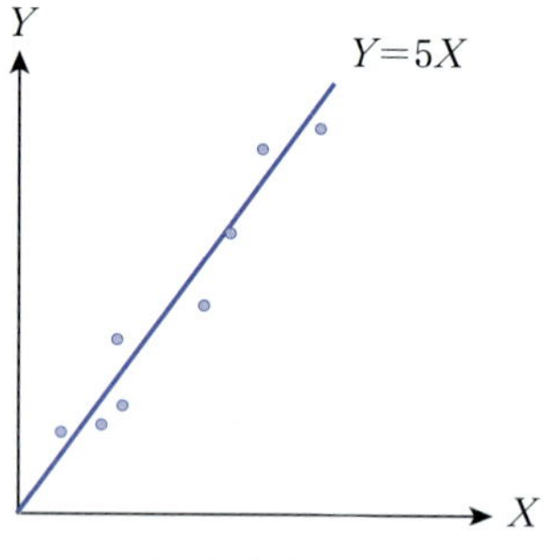

(b) 통계적 관계

2. 회귀관계와 회귀모형

2.1 회귀의 기본개념

운동량과 체중이라는 두 변수의 관계를 고려해 보자. 일반적인 상황을 전제로 두 변수의 상관관계를 분석하면 통계적으로 서로 관련되어 있음을 확인할 수 있다. 또한 운동량이 증가하면 체중이 감소하지만, 체중의 감소가 운동량의 증가로 이어지지 않는다는 경험적 · 논리적 추론을 통해 운동량이 원인변수이고 체중이 결과변수인 인과관계에 있음을 추론할 수 있다.

그러나 상관관계는 두 변수의 관련성에 대한 정보는 제공해 주지만, 어떤 한 변수가 다른 변수에 미치는 영향관계나 크기를 보여 주지는 못한다. 이때 활용할 수 있는 통계적 분석기법이 회귀분석이다. 회귀분석은 사회과학 분야에서 널리 이용되고 있는 기법 중의 하나이며, 양적척도(등간 또는 비율척도)로 측정된 변수들 간의 영향관계를 알아보기 위한 통계기법이다. 좀 더 구체적으로는 독립변수와 종속변수 간의 관계를 찾아 분석하거나 독립변수의 변화에 대한 종속변수의 변화를 예측하기 위한 것이다.

회귀분석은 19세기 프란시스 갤톤(Francis Galton)이 부모의 키로 자녀의 키를 예측하려는 목적으로 개발하였다. 분석과정에서 그는 키가 아주 큰 부모의 자녀들은 키가 평균보다는 컸지만 대부분 부모들보다는 작았고, 키가 아주 작은 부모의 자녀들은 키가 평균보다는 작았지만 대부분 부모들보다는 크다는 사실을 발견했다. 즉, 아들의 키는 아버지의 키에 영향을 받지만 결국 아들들의 평균으로 돌아가려는 경향(회귀, regression to the mean)이 있음을 알게 되었다. 여기에서 연유된 통계적 분석방법을 회귀분석이라고 부르게 되었다.

회귀분석은 독립변수의 수에 따라 단순회귀분석(simple regression analysis)과 다중회귀분석(multiple regression analysis)으로 나누어진다. 단순회귀분석은 하나의 종속변수와 하나의 독립변수 간의 관계를 분석하는 것이고, 다중회귀분석은 하나의 종속변수와 둘 이상의 독립변수 간의 관계를 분석하는 것이다. 예를 들어서 광고비라는 하나의 독립변수가 매출액에 미치는 영향을 알고자 하는 경우에는 단순회귀분석을 사용하지만 광고비와 판매원 수라는 두 개의 독립변수와 매출액의 관계를 알고 싶을 때에는 다중회귀분석을 사용한다. 단순회귀분석은 본장에서, 다중회귀분석은 다음 장인 제13장에서 다룬다.

2.2 선형회귀모형

종속변수와 독립변수가 각각 하나인 단순회귀분석에서 두 변수 간의 관계가 비례적인 선형(linear)관계로 나타내어질 때 이를 선형모형이라 하고, 두 변수 간의 관계가 비선형(nonlinear)관계로 나타내어질 때 이를 비선형모형이라고 한다. 그런데 비선형모형도 로그변환(log transformation) 등의 방법으로 변수를 선형화할 수 있기 때문에, 우선 선형회귀모형을 이해하는 것이 중요하다.

1) 모집단 선형회귀모형

선형회귀모형은 모집단 선형회귀모형과 표본 선형회귀모형으로 구분할 수 있다. 모집단 선형회귀모형은 모집단 전체의 자료로부터 추정된 선형회귀모형이고, 표본 회귀모형은 추출된 표본집단의 자료로부터 추정된 선형회귀모형이다.

광고비와 매출액 자료를 이용하여 회귀식을 추정하는 상황을 가정해 보자. 광고비의 지출크기에 따라 매출액이 달라진다는 가정을 세울 수 있으므로, 회귀식의 독립변수는 광고비(X)이고 매출액(Y)이 종속변수이다. 만약에 K기업의 창업시점부터 현재시점까지의 매출과 광고비에 관한 모든 데이터가 존재하고 이 데이터로부터 회귀식이 추정되면, 이를 모집단 회귀식이라고 한다.

모집단 회귀식

$E(Y)=\alpha+\beta X$

모집단 회귀식에서 α와 β값을 알면 어떤 독립변수(광고비)에 대한 종속변수의 값(매출액)을 예측할 수 있다. β는 기울기인데 광고비(X)를 1단위 증가시켰을 때 변동하는 매출액(Y)의 크기를 의미하며 모집단 회귀계수라고 한다. α는 Y절편으로서 광고를 하지 않더라도 발생하는 기초 매출액인데, 이론적 의미를 가질 뿐이고 통계적 의미는 작다. 만약에 회귀모형의 독립변수와 종속변수가 [그림 12-1]의 함수적 관계(a)처럼 완벽한 선형관계이면 독립변수의 크기에 따라 종속변수의 크기가 정확하게 결정이 될 것이다. 그러나 데이터로부터 추정되는 대부분의 회귀관계는 [그림 12-1]의 (b)와 같이 일정수준의 오류가 포함되는 통계적 관계이다.

회귀식으로 추정된 매출액과 실제의 매출성과 사이에는 일정한 차이가 언제나 존재한다. 왜냐하면 매출액은 광고비뿐만 아니라 판매원의 수, 제품의 가격, 가계소득 등과 같이 회귀식에 포함되지 않은 다양한 변수들에 의해 영향을 받기 때문이다. 따라서 임의의 i달의 매출액은 회귀식으로 설명되지 않는 오차 ε_i를 고려하여 다음과 같이 수정되어야 하는데, 이를 모집단 선형회귀모형이라 한다.

모집단 선형회귀모형

$Y_i=\alpha+\beta X_i+\varepsilon_i$

모집단의 선형회귀모형에서 Y_i는 회귀식 $\alpha+\beta X_i$ 부분과 ε_i의 합으로 표현된다. 여기서 오차 ε_i는 기업의 실제 매출액과 모집단 회귀식에 의해 예측된 값의 차이이다. 그러나 특수한 경우를 제외하면 모집단의 모수를 알 수 없으므로, 오차 ε_i는 이론적으로만 얻을 수 있는 값이다.

2) 표본의 선형회귀모형

모집단 회귀식 $E(Y)=\alpha+\beta X$에서 조사자들이 알고 싶은 것은 α와 β의 값이다. 모집단 전체의 자료를 갖고 있으면 모집단 회귀식의 절편 α와 회귀계수 β를 쉽게 구할 수 있지만, 현실적으로 모집단 전체의 자료를 구할 수 있는 경우는 거의 없다. 그러므로 대부분의 경우 표본에서 얻은 자료를 통해 α와 β를 추정해야 하며, 이때의 회귀식을 표본 회귀식이라고 한다.

표본 회귀식

$\hat{Y}=a+bX$

표본 회귀식에서 a, b는 각각 모집단 회귀계수 α, β의 추정치이다. 여기서 a, b의 값을 구하면 X의 값이 주어졌을 때 $\hat{Y}$ 의 값을 계산할 수 있다. 그러나 모집단 회귀식과 마찬가지로 표본 회귀식에서의 $\hat{Y}$ 값은 실제 매출액과 일치하지 않기 때문에 어떤 달 i의 실제 매출액 Y_i는 오차 e_i를 고려하여 다음과 같이 표시되어야 한다. 이것을 표본 선형회귀모형이라 한다.

표본 선형회귀모형
$Y_i = a + bX_i + e_i$

모집단 선형회귀모형에서 모수인 α와 β는 값이 변하지 않는 상수이지만, 표본선형회귀모형에서 a와 b는 표본에 따라 값이 달라지는 확률변수이다. e_i는 잔차(residual)라고 하는데 표본회귀식의 계산값과 실제 자룟값의 차이이다. 월별 광고비와 매출액에 관한 데이터집합(data set)에서 표본회귀식을 도출하고, 그 식을 사용하여 표본에 포함된 특정 월의 광고비와 매출액을 계산하는 상황을 가정해 보자. 표본회귀식에 의해 계산된 매출액과 데이터에 있는 실제 매출액은 정확히 일치하지 않을 가능성이 큰데, 이때 발생하는 차이의 기댓값이 잔차(e_i)이다.

모회귀모형의 오차(ε_i)와 표본회귀모형의 잔차(e_i)의 차이는 다음과 같다. 모회귀모형에서 오차(ε_i)는 모회귀모형으로 추정한 예측값과 실제 관측값의 차이이고, 잔차(e_i)는 표본회귀모형의 계산값과 실제 자룟값의 차이이다. 이미 언급한 바와 같이 오차는 이론적인 값이지만, 잔차는 실제로 계산 가능한 값이며 표본회귀모형의 적합성 검증의 중요 지표로 활용된다.

3. 회귀분석의 기본가정

3.1 회귀분석의 가정

회귀분석이 가능한 몇 가지 상황에 대한 가정의 대부분은 임의오차에 관한 것이다.

1) 정규성

오차는 정규분포의 형태를 이룬다. $Y_i = \alpha + \beta X_i + \varepsilon_i$ 에서 오차는 현실적으로 독립변수가 설명해 주지 못하는 종속변수의 부분으로, 회귀분석에서 오차는 우연적으로 발생하는 것이며 이러한 오차의 분포는 정규분포를 이룬다고 가정한다.

예를 들어 앞의 광고비와 매출액의 예에서 $Y_i = 8.1988 + 22.981\,X_i$ 의 회귀식을 얻었다고 하자. 이 식에 의하면 광고비 4억 원을 쓰면 $Y = 8.1988 + 22.981 \times 4 = 100.1288$이므로 약 100억 원의 매출을 달성할 수 있어야 한다. 그러나 자료에 의하면 광고비가 4억 원이 되는 달의 매출액은 어떤 달은 80억 원, 또 어떤 달은 120억 원으로 관측된다. 즉, 회귀식에 추정된 매출액과 실제 매출액의 차이가 발생한다는 것이다. 회귀분석에서는 이러한 차이들이 우연적으로 발생하며 분포가 정규분포를 이룬다고 가정하는데, 이를 정규성에 대한 가정이라고 한다.

2) 등분산성

오차의 확률분포의 분산은 독립변수 X의 값에 관계없이 일정하다. 이 가정은 오차의 분산이 모든 X값에 대해 일정하다는 것을 의미한다. 이를 광고비와 매출액의 예로 설명하면 광고비가 4억 원인 달들의 실제 매출액과 회귀식으로 추정된 매출액 사이의 오차 분포의 분산은 광고비가 6억 원인 달들의 오차 분포의 분산과 동일하다는 의미이다.

3) 독립성

서로 다른 두 관측치의 오차는 독립적이다. 즉, 어떤 Y값의 오차는 다른 Y값의 오차에 영향을 미치지 않는다. 예를 들어 월 광고비가 4억 원인 달의 오차와 광고비가 5억 원인 달의 오차와는 관계가 없다.

4) 선형성

각각의 X값에 대한 Y값을 무수히 관찰했을 때 오차의 평균은 0이다. 이것은 어떤 X값에 대한 Y값의 평균은 회귀선 $E(Y) = \alpha + \beta X$ 임을 뜻한다. 앞의 예에서 월 광고비가 4억 원인 모든 달들을 조사하면 평균 매출액은 100억 원이며 이 평균 매출액과 실제 매출액 사이에 나타나는 오차들은 양의 값과 음의 값을 가지는 것들이 상쇄되어 오차의 합은 0이 된다는 의미이다.

3.2 회귀분석 가정의 검토

회귀모형의 가정이 옳은가를 검토할 때 널리 사용되는 것은 잔차이다. 모형의 가정이 옳다면 잔차는 임의오차에 대한 기본적 가정을 충족시킬 것이다. 이하에서는 잔차를 이용하여 가정을 검토하는 방법을 알아보기로 한다.

1) 정규성의 가정

단순회귀모형의 정규성을 검정하려면 비모수통계나 카이제곱검정에서 설명될 적합도 검정을 사용해야 한다. 또한 수평축 0을 중심으로 여러 등급으로 나눈 뒤 각 등급에 속하는 잔차의 개수를 헤아려 다음 그림과 같은 점도표를 그려 보면 정규성을 대략적으로 검토할 수 있다. 점도표가 정규분포와 비슷한 형태를 가지면 ε의 정규성 가정이 옳다고 할 수 있다.

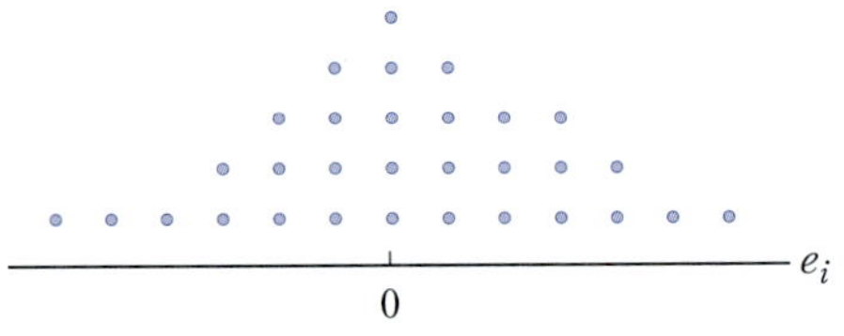

2) 등분산성의 가정

잔차 $e_i = Y_i - \hat{Y}_i$을 추정값인 $\hat{Y}_i$에 대해 그림을 그려 보면 ε의 등분산성에 대한 가정을 검토할 수 있다. 그림 (a)는 모든 X값에 대해 잔차의 분산이 거의 같지만 그림 (b)는 X값이 증가함에 따라 분산이 점점 커진다.

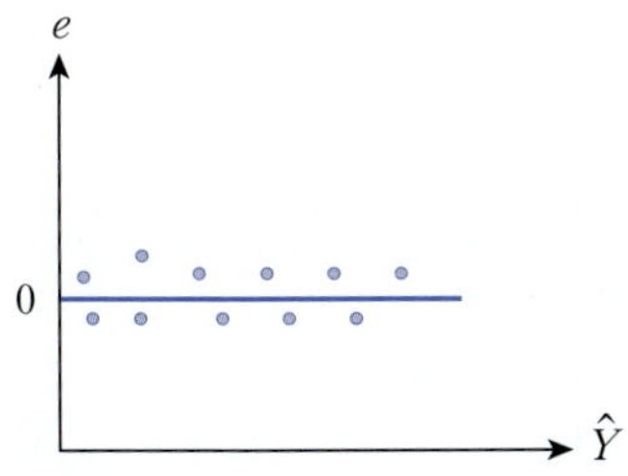

(a)

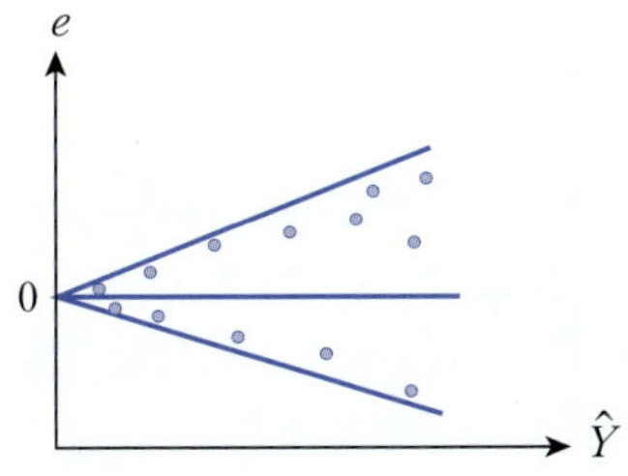

(b)

3) 독립성의 가정

임의오차 ε들이 서로 독립적이라는 가정을 검토해 보자. 회귀분석을 위한 자료가 일정한 시간간격을 두고 연속적으로 얻어질 때가 있는데 이때에는 ε들이 서로 독립적이지 못하고 자기상관(auto-correlation)일 가능성이 높다. 자기상관은 어느 시점의 오차가 양수(음수)이면 다음 시점의 오차도 양수(음수)일 가능성이 클 때 발생한다. 잔차를 시간의 순서대로 그렸을 때 대략 수평대를 이루면 오차들의 독립성을 인정할 수 있으나 그림과 같은 경우에는 자기상관의 가능성이 높은 때이다.

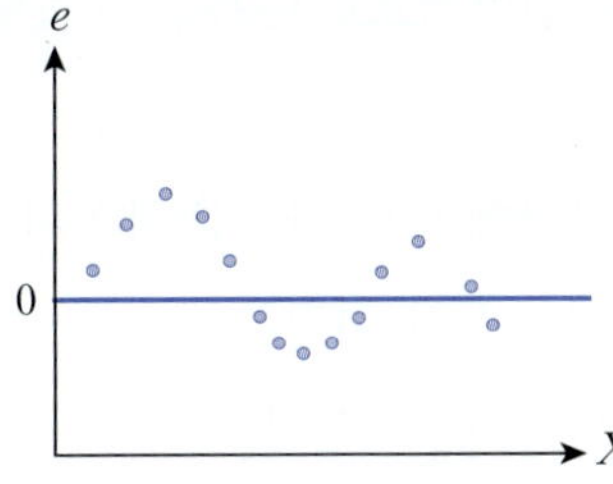

4) 선형성의 가정

모형의 선형성을 검토하는 데에는 산점도가 이용되기도 하나 잔차를 추정값인 $\hat{Y}$에 대해 그림을 그려 보는 방법도 많이 이용된다. 잔차가 0을 중심으로 무작위하게 상하로 흩어져 있으면 선형모형이 타당하다. 그러나 다음 그림의 (b)와 같은 경우에는 선형보다 2차 모형의 적용이 타당하다고 할 수 있다.

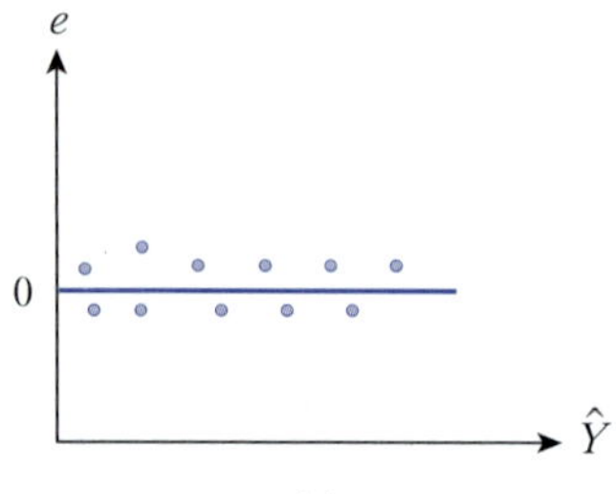

(a)

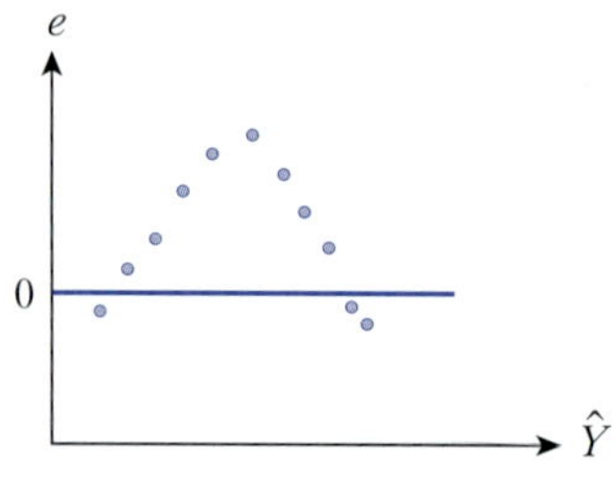

(b)

4. 회귀모형의 추정

4.1 회귀모형의 추정

회귀모형의 추정 혹은 회귀분석은 일반적으로 다음의 단계를 거친다.

- 1단계 : 확률모형에서 확정적 부분에 대한 가설을 세운다. 즉, 종속변수와 독립변수의 관계가 직선인가 또는 곡선인가 등을 결정한다. 이는 산점도를 그려 봄으로써 어느 정도 파악할 수 있다. 여기서 두 변수 간의 관계가 선형모형이 적합하다고 판단되면 2단계로 넘어간다.
- 2단계 : 표본의 측정치를 가지고 모형의 모수를 추정한다.
- 3단계 : 모형의 적합도 및 유의성을 검정한다.
- 4단계 : 모형이 유용하다고 판단되면 추정과 예측에 이용한다.

회귀식을 구한 후에는 표본으로부터 산출된 회귀식의 적합도와 유의성을 검정한다.

4.2 회귀선의 추정과 최소자승법

바람직한 회귀모형은 실제 관찰된 값과 예측된 값의 차이, 즉 잔차 e_i의 전체 크기가 가장 작은 회귀모형이다. 그런데 [그림 12-2]에서와 같이 회귀모형의 회귀선과 실제값의 차이인 잔차의 값은 하나만 있는 것이 아니라 산점도상에서 나타난 관찰점의 수만큼 존재하므로, 잔차의 전체 합을 최소화할 필요가 있다.

잔차를 작게 하는 방법으로는 ① 잔차의 합을 가장 작게 하는 직선을 구하는 방법, ② 잔차의 절댓값의 합을 가장 작게 하는 직선을 구하는 방법, ③ 잔차의 제곱합을 가장 작게 하는 직선을 구하는 방법으로, 이를 최소자승법(least square method)이라고 한다. 잔차를 제거하는 세 가지 방법 중에서 최소자승법이 가장 많이 쓰인다.

최소자승법은 회귀식으로부터 계산된 종속변수의 예측치($\hat{Y}_i$)와 실제 관측치(Y_i)의 차이인 잔차의 제곱합이 최소가 되는 회귀식을 구하는 방법으로써 다음의 조건을 충족시켜야 한다.

$$\min \sum_{i=1}^{n} e_i^2 = \min \sum_{i=1}^{n} (Y_i - \hat{Y}_i)^2$$

여기서 $\hat{Y}_i = a + bX_i$이므로 이 식을 위에 대입하면

$$\min \sum_{i=1}^{n} e_i^2 = \min \sum_{i=1}^{n} (Y_i - a - bX_i)^2$$

그림 12-2 잔차의 값

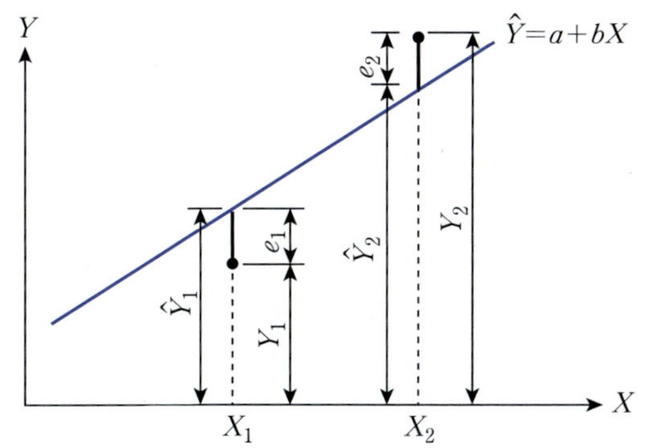

이때 Y_i와 X_i는 표본으로부터의 관측치이며, $\sum_{i=1}^{n}(Y_i-a-bX_i)^2$을 최소로 하는 a와 b를 구하기 위해 a와 b에 대해 각각 편미분하면 다음과 같은 두 식을 얻을 수 있다.

$$\sum Y_i = na + b\sum X_i$$
$$\sum X_i Y_i = a\sum X_i + b\sum X_i^2$$

위의 두 식을 정규방정식(normal equation)이라 부르는데 이 두 식을 충족시키는 표본의 회귀계수 a와 b를 구하기 위해 연립방정식을 풀면 다음과 같다.

회귀계수의 계산식

$$b = \frac{n\sum X_i Y_i - \sum X_i \sum Y_i}{n\sum X_i^2 - (\sum X_i)^2} = \frac{\sum X_i Y_i - n\overline{X}\,\overline{Y}}{\sum X_i^2 - n\overline{X}^2}$$
$$a = \frac{\sum Y_i}{n} - b\frac{\sum X_i}{n} = \overline{Y} - b\overline{X}$$

위의 공식을 사용하여 계산된 a와 b를 최소자승 추정량이라고 하며, 잔차제곱의 합을 최소화해 주므로 표본자료에 가장 적합한 추정량이 된다.

5. 회귀모형의 검정지표

5.1 회귀모형의 적합도

적합도(goodness of fit)는 회귀선이 종속변수의 변화를 얼마나 잘 설명해 주는지를 나타내는 것이다. 적합도가 필요한 이유는 [그림 12-3]의 예를 보면 쉽게 이해할 수 있다. [그림 12-3]은 회귀식이 $\hat{Y} = a + bX$로 동일한 두 표본의 산점도와 회귀식이다.

그림의 두 회귀식은 같은 값을 갖지만 회귀식의 질적 수준, 즉 적합도에는 차이가 있

그림 12-3 적합도가 다른 두 회귀선

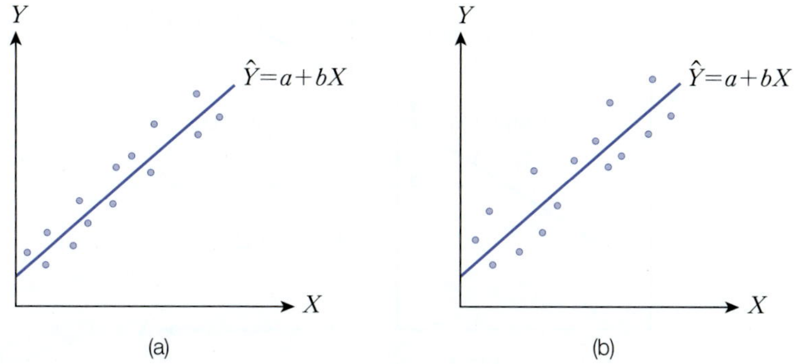

다. (a)의 경우는 각 관측치들이 회귀선 주변에 몰려 있기 때문에 독립변수의 값에 대응되는 종속변수의 값을 비교적 정확하게 예측할 수 있으나, (b)는 종속변수들의 값들이 회귀선으로부터 멀리 흩어져 있기 때문에 예측이 상대적으로 부정확하게 될 것임을 알 수 있다. 따라서 (a)의 회귀식의 적합도가 (b)보다 높다고 할 수 있다.

회귀식의 적합도 측정법

- 표본 회귀식의 주위에 표본의 구성원들이 흩어진 정도를 나타내는 추정의 표준오차(standard error of estimate)의 크기로 측정하는 방법
- 표본구성원들의 변동을 표본 회귀식이 얼마나 설명하여 주는가를 나타내는 결정계수(coefficient of determination)의 크기로 측정하는 방법

적합도의 측정방법을 살펴보기 전에 먼저 회귀분석에서의 편차(deviation)와 변동(variation)의 개념에 대해 알아보자. 독립변수에 대한 아무런 정보가 없을 때 Y에 대한 가장 좋은 예측치는 표본평균인 $\overline{Y}$ 이다. 이때 각각의 관측치 Y_i 와 이들의 평균 $\overline{Y}$ 의 차이를 Y의 총 편차(total deviation of Y)라 부른다. 표본평균 $\overline{Y}$ 에 대해 독립변수를 추가하여 표본 회귀선을 도출하여 관측치를 추정하면 평균 $\overline{Y}$ 에서 회귀선까지의 거리만큼 설명력이 높아진다. 이 관계를 그림으로 나타내면 [그림 12-4]와 같다.

[그림 12-4]에서 총 편차는 다시 두 가지 편차, 즉 $(Y_i - \hat{Y}_i)$와 $(\hat{Y}_i - \overline{Y})$의 합으로 분리될 수 있다. 이때 $(Y_i - \hat{Y}_i)$는 잔차에 해당하는 부분이며, 회귀식으로는 설명 안 된 편차

그림 12-4 편차의 구성

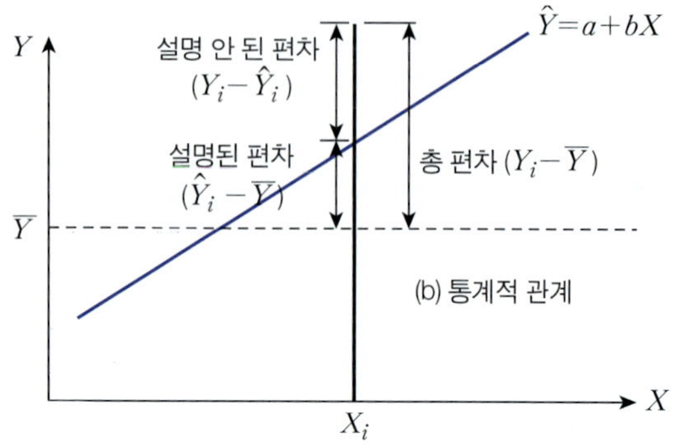

(unexplained deviation)라고 한다. $(\hat{Y}_i-\overline{Y})$는 회귀식에 의하여 설명이 되는 부분으로 설명된 편차(explained deviation)라고 한다. 편차들의 관계는 다음의 식으로 나타낼 수 있다.

편차의 분해

$$(Y_i-\overline{Y})=(Y_i-\hat{Y}_i)+(\hat{Y}_i-\overline{Y})$$

편차들을 제곱하여 더한 값을 변동이라고 하는데 위의 공식으로부터 다음의 관계가 성립된다.

변동의 분해

$$\sum_{i=1}^{n}(Y_i-\overline{Y})^2=\sum_{i=1}^{n}(Y_i-\hat{Y}_i)^2+\sum_{i=1}^{n}(\hat{Y}_i-\overline{Y})^2$$

여기서 좌측의 항을 총 변동(total variation)이라 하며 이를 총 제곱합(Sum of Squares Total), SST로 나타낸다. 총 변동은 독립변수를 고려하지 않았을 경우의 Y_i들의 분산도이다. 우변의 첫 항은 잔차를 제곱한 것으로서 회귀식으로 설명 안 된 변동(unexplained variation)이다. 이를 오차의 제곱합(Sum of Squares Error)이라 하며

SSE로 나타낸다. 마지막 항은 회귀식에 의하여 설명된 변동(explained variation)이라고 하며 회귀제곱의 합(Sum of Squares Regression), SSR로 나타낸다. 이는 독립변수를 고려하여 설명되는 변동량을 의미한다.

1) 절대 적합 지표 : 추정의 표준오차

추정의 표준오차는 s_e로 표시하며 표본들의 실제 관측치가 회귀식으로부터 얼마나 흩어져 있는가를 나타내는 것으로, 회귀선에서 얻은 예측치와 실제 관측치 사이에 나타나는 잔차의 표준편차이다.

추정의 표준오차

$$s_e = \sqrt{\frac{1}{n-2}\sum_{i=1}^{n}(Y_i - \hat{Y}_i)^2} = \sqrt{\frac{SSE}{n-2}}$$

회귀분석의 모든 가정이 충족된 회귀식에서 잔차는 정규분포를 이룬다. 잔차항의 정규분포가 의미하는 바는 관측치의 약 68%가 회귀식의 $\pm 1 \cdot s_e$의 범위 안에 있으며, 관측치의 95%가 회귀식의 $\pm 2 \cdot s_e$ 안에 존재하고, 관측치의 99.7%가 회귀식의 $\pm 3 \cdot s_e$ 안에 존재한다는 의미이다. 따라서 s_e의 값이 작을수록 좋은 회귀모형이다. 그러나 추정의 표준오차값은 공분산값[01]과 마찬가지로 측정단위에 따라 달라지기 때문에 회귀모형이 적합한 정도에 관해 결론 내릴 수 없다.

2) 상대 적합 지표 : 결정계수

표본 회귀식의 적합도를 측정하는 방법 중에서 가장 많이 사용되는 것이 결정계수이다. 결정계수는 표본 회귀식에 의하여 설명된 변동이 총 변동에서 차지하는 상대적 크기를 나타내는 것으로서 R^2으로 표시된다. 결정계수를 구하는 방법은 다음과 같다.

01 제2장에서 두 변수의 상관관계를 추정할 때 학습했다.

결정계수

$$결정계수(R^2) = \frac{설명된\ 변동}{총\ 변동}$$
$$= \frac{(총\ 변동 - 설명\ 안\ 된\ 변동)}{총\ 변동}$$
$$= 1 - \frac{설명\ 안\ 된\ 변동}{총\ 변동}$$
$$= \frac{SSR}{SST} = 1 - \frac{SSE}{SSR}$$

만일 모든 관측치가 표본 회귀식으로 완전히 설명되면 모든 잔차의 합은 0이므로 $SSE=0$, $R^2 = \frac{SSR}{SST} = 1$이다. $R^2=1$은 표본 회귀식이 잔차 없이 모든 관측치들을 설명한다는 의미이다. 반대로 $R^2=0$은 선형회귀식에서 독립변수가 종속변수 혹은 잔차변동을 전혀 설명하지 못함을 의미한다.

결정계수는 두 변수 사이의 선형관계의 정도를 나타내는 상관계수를 제곱한 값과 같다. 만약에 표본 상관계수가 0.82이면 결정계수는 $0.82^2=0.67$이 되는데, 이 값의 의미는 회귀식이 관측치의 67%를 설명한다는 의미이다. 주의해야 할 점은 결정계수가 두 변수 간의 관계를 설명하는 것이 아니라는 것이다. 즉, $Y=a+bX$의 회귀식에서 두 변수(X, Y)의 관계는 b계수의 부호(+, −)와 크기를 통해서만 알 수 있다.

5.2 회귀모형의 유의성

연구자들이 회귀식을 추정하는 이유는 독립변수와 종속변수의 상관관계나 인과관계를 확인하려는 것이다. 그런데 회귀모형의 적합도는 데이터로부터 추정된 회귀식이 데이터를 설명하는 수준 또는 추정된 회귀식이 해당 데이터의 속성을 반영하는 정도일 뿐, 두 변수 간 관계의 통계적 유의성을 검정해 주지는 않는다.

회귀모형에서 두 변수 간 관계의 방향이나 크기는 회귀계수(β값)로 표현된다. 만약에 독립변수와 종속변수가 전혀 관련이 없다면 회귀계수의 값은 0이다. 그러나 회귀모형에서 β계수가 0이 아닌 어떤 값으로 추정되고 결정계수에 의해 모형의 적절성이 확보되었다 하더라도, 추정된 β계수가 통계적 참값임을 검정하여야만 한다. 독립변수와 종속변수가 실제 회귀관계가 전혀 없더라도 표본오류나 우연적 요소에 의해 회귀관계가 발견될 수 있기 때문이다.

모집단 회귀계수의 진실성에 대한 검정을 회귀계수의 유의성 검정이라고 한다. 선형 회귀모형의 유의성 검정을 위한 귀무가설은 $\beta=0$이다. $\beta=0$의 귀무가설을 기각하면 $\beta\neq0$, 즉 두 변수 간의 관련성을 확인할 수 있기 때문이다. 가설검정은 다음과 같은 두 가지 방법이 있다.

1) t검정법

t검정을 하기 위해서는 모수 β의 추정치인 회귀계수 b의 표준오차 s_b를 알아야 하는데 s_b는 다음과 같이 계산된다.

회귀계수의 표준오차

$$s_b=s_e\sqrt{\frac{1}{\sum(X_i-\overline{X})^2}}$$

표본의 회귀계수 b는 자유도 $n-2$와 표준오차 s_b를 가진 t분포를 이룬다. 따라서 임계치는 $t_{\alpha/2,\ n-2}$일 때의 t값이다. 그리고 모수 $\beta=\beta_0$을 검정하기 위한 검정통계량 t는 다음과 같다.

t통계량

$$t=\frac{b-\beta_0}{s_b}$$

검정통계량과 임계치를 비교하여 귀무가설의 기각 여부를 판단한다. 유의할 점은 $\beta\neq0$은 모집단에서 독립변수와 종속변수 사이에 선형적 함수관계가 존재함을 검정하였을 뿐이지, 종속변수에 대한 독립변수의 설명력을 나타내는 것은 아니라는 점이다. 한편 모집단 회귀계수 β에 대한 신뢰구간은 다음과 같이 설정한다.

모집단 회귀계수 β의 신뢰구간

$$b - t_{\alpha/2,\, n-2} \times s_b \leq \beta \leq b + t_{\alpha/2,\, n-2} \times s_b$$

2) 분산분석법

분산분석은 Y의 변동, 즉 총 변동을 독립변수가 설명하는 부분과 설명하지 못하는 부분으로 나누어서 독립변수의 설명력을 검정하는 방법이다. 분산분석은 독립변수가 둘 이상일 때 전체 독립변수들의 종속변수에 대한 설명력이 유의적인가를 알고자 할 경우 주로 이용되며 독립변수가 하나인 단순회귀분석에서는 모수 β에 대한 t검정과 같은 의미이다.

SSR, SSE, SST의 개념은 이미 설명하였다. 그러나 분산분석을 위해서는 자유도를 알아야 하는데, 단순회귀분석에서 각각의 자유도는 다음과 같다.

제곱합의 자유도

- SSR의 자유도 : 1
- SSE의 자유도 : $n-2$
- SST의 자유도 : $n-1$

여기서 각각의 변동, 즉 편차들의 제곱의 합을 자유도로 나눈 값을 평균제곱이라 하며 그 각각은 다음과 같다.

- 오차평균제곱 MSE(Mean Square Error)

$$\frac{SSE}{n-2} = \frac{\sum(Y_i - \hat{Y}_i)^2}{n-2} = s_e^2$$

- 회귀평균제곱 MSR(Mean Square Regression)

$$\frac{SSR}{1} = \sum(\hat{Y}_i - \overline{Y})^2$$

이제 귀무가설이 $\beta = 0$인 가설검정을 해보자. MSR이 MSE에 비해 상대적으로 크면 이는 Y의 총 변동 중 상당부분이 회귀식에 의해 설명됨을 의미한다. 그러나 MSR이 MSE보다 작으면 회귀식은 Y의 변동을 제대로 설명하지 못하는 것으로 볼 수 있다. 이 경우에는 Y와 X 사이에 선형관계가 있다고 할 수 없으므로 귀무가설$(\beta=0)$을 받아들여야 한다.

이상과 같은 원리를 이용하여 가설검정을 하는 것이 분산분석에 의한 모수 β의 가설검정이다. 이때 가설검정에 이용되는 두 가지 평균제곱의 비율 MSR/MSE은 결국 분산의 비율이므로 이는 자유도 1과 $n-2$를 가진 F분포를 따른다.

$$F_{1,n-2}=\frac{MSR}{MSE}$$

임계치에서의 F값과 검정통계량값을 비교하여 귀무가설의 기각 여부를 결정하면 된다. 분산분석에 의한 가설검정의 구체적인 과정을 표로 나타낸 것을 분산분석표라 한다.

분산의 원천	제곱의 합	자유도	평균제곱	F
회귀 오차	$SSR=\sum(\hat{Y}_i-\overline{Y})^2$ $SSE=\sum(Y_i-\hat{Y}_i)^2$	1 $n-2$	$SSR/1=MSR$ $SSE/(n-2)=MSE$	$\frac{MSR}{MSE}$
합계	$SST=\sum_{i=1}^{n}(Y_i-\overline{Y})^2$	$n-1$		

6. 회귀모형과 예측

6.1 종속변수의 기댓값 추정

어떤 데이터에서 회귀식이 $\hat{Y}=8.1988+22.981X$로 추정되었다고 하자. 이론적으로는 추정된 회귀식으로 임의의 광고비를 지출한 달의 매출액을 정확하게 예측할 수 있다(점추정). 그러나 회귀모형은 과거의 데이터를 이용하여 추정되었으므로 미래의 상황을 정확하게 반영할 수 없고, 회귀모형 자체가 잔차의 변동(설명력)을 갖기 때문에 정확한 값의 예측은 불가능하다.

따라서 주어진 독립변수 X값에 대한 종속변수 Y값을 점추정이 아닌 구간추정의 형태로 제시하는 경우가 많다. 이때 추정된 종속변수(Y)의 값은 여러 번의 추정을 평균한 값 $[E(Y)]$이며, 각 횟수별로 추정값은 추정평균값$[E(Y)]$을 중심으로 일정하게 분포된다. 이때의 신뢰구간은 다음과 같다.

종속변수의 신뢰구간

$$\hat{Y} \pm t_{\alpha/2,\, n-2} \times \hat{Y}\text{의 표준오차} = \hat{Y} \pm t_{\alpha/2,\, n-2} \times s_e \sqrt{\frac{1}{n} + \frac{(X_p - \overline{X})^2}{\sum(X_i - \overline{X})^2}}$$

위 식을 수학적으로 분석하면 두 가지 중요한 정보를 얻을 수 있다. 첫째, 표본크기가 클수록 $\hat{Y}$ 의 표준오차는 작아지며, 둘째, 어떤 X_p (X의 예측치)값이 평균 $\overline{X}$ 로부터 멀어질수록 $\hat{Y}$ 의 표준오차는 커진다.

6.2 구체적 Y값 추정

종속변수 Y값의 평균이 아니라 특정 달의 매출액을 구체적으로 예측해야 할 때가 있다. 이 경우에도 회귀식을 이용한 점추정보다 구간추정이 더 안정적이다. 개별 Y값의 예측구간(혹은 예측신뢰구간)은 다음과 같다.

개별 종속변수의 예측구간

$$\hat{Y} \pm t_{\alpha/2,\, n-2} \times \text{개별 } Y\text{의 표준오차} = \hat{Y} \pm t_{\alpha/2,\, n-2} \times s_e \sqrt{1 + \frac{1}{n} + \frac{(X_p - \overline{X})^2}{\sum(X_i - \overline{X})^2}}$$

종속변수의 예측구간보다 개별종속변수의 예측구간의 표준오차가 더 크다. 그리고 주어진 X에 대한 Y 평균을 추정할 때보다 개별 Y값을 예측할 때의 불확실성이 더 크기 때문에 개별 Y의 표준오차가 더 크다.

6.3 회귀적 예측과 고려사항

회귀모형은 기존의 데이터로부터 추정되는데, 통상적으로 독립변수와 종속변수의 범위(range)가 존재한다. 제공되는 데이터로부터 모형을 추정하기 때문에, 모형을 이용하여 종속변수의 변화를 예측할 때에는 모형추정에 활용된 데이터의 범위를 지키는 것이 좋다. 추정에 사용된 데이터에서의 독립변수값의 범위를 X의 영역이라 부르는데, X의 영역 안에서 예측하는 것이 바람직하다는 의미이다. X의 영역 밖에서의 예측을 외삽적 예측(extrapolating prediction)이라 하는데 이 경우 두 가지 위험이 따를 수 있다.

첫째는 논리적 위험이다. 표본범위 안에서 발견된 독립변수와 종속변수의 관계가 일정 수준을 넘어서면 전혀 성립되지 않을 수도 있다. 독립변수와 종속변수의 관계가 깨지는 수준이 어느 정도인지는 미리 알 수 없기 때문에, X의 표본영역에서 멀어질수록 예측 위험도 커진다. 두 번째 위험은 통계적 위험이다. X_p가 X의 평균으로부터 멀어질수록 예측구간의 폭도 커진다. 추정된 최소자승선이 통계적으로 타당하더라도 X_p가 멀어질수록 예측구간의 폭, 즉 불확실성도 커진다.

6.4 회귀모형의 추정과 예측 사례

다음의 예를 통해 회귀식을 추정하고 해석하는 방법을 학습해 보자.

예 12-1 편의품을 생산하고 있는 S주식회사의 마케팅 담당자는 광고비 지출액에 따라 달라지는 매출액 수준을 알아보기로 하였다.

① 지난 10개월간의 광고비와 매출액에 대한 자료가 다음과 같을 때 회귀모형을 추정하고, 전략적 의미를 제시하라.

② 광고비로 4억 원을 지출할 때, 기대 매출액 규모를 추정하라.

S주식회사의 광고비와 매출액 자료 (단위 : 억 원)

월	광고비	매출액	월	광고비	매출액
1	5	80	6	6	140
2	4	80	7	6	150
3	6	160	8	3	90
4	7	190	9	7	160
5	5	120	10	4	130

풀이

1) 1단계 : 선형관계의 확인

먼저 제2장에서 학습한 산점도를 참고하여 두 변수가 선형관계이 있는지를 검토한다. [그림 12-5]는 엑셀을 이용하여 그린 광고비-매출액 산점도이다. 두 변수 간에 어느 정도의 선형관계가 있음이 확인된다.

그림 12-5 광고비-매출액 산점도

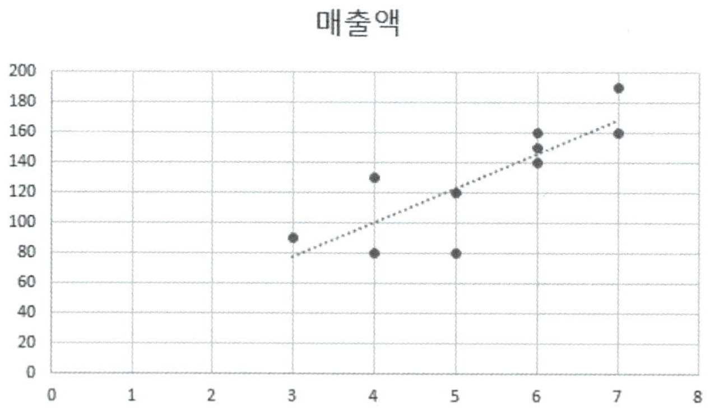

2) 2단계 : 최소자승법을 이용한 회귀선의 추정

표본회귀계수를 구하는 공식을 이용하여 a와 b를 구한다. 다음의 표와 같이 필요한 계산을 한다.

월	X	Y	X^2	XY	Y^2
1	5	80	25	400	6,400
2	4	80	16	320	6,400
3	6	160	36	960	25,600

4	7	190	49	1,330	36,100
5	5	120	25	600	14,400
6	6	140	36	840	19,600
7	6	150	36	900	22,500
8	3	90	9	270	8,100
9	7	160	49	1,120	25,600
10	4	130	16	520	16,900
합계	53	1,300	297	7,260	181,600

여기서 X의 평균은 $\frac{53}{10}=5.3$ 이고, Y의 평균은 $\frac{1,300}{10}=130$ 이다.
이제 a와 b를 최소자승법에 의해 구해 보자.

$$b=\frac{7,260-10\times5.3\times130}{297-10\times5.3^2}=22.98136646$$
$$a=130-22.98136646\times5.3=8.198757762$$

따라서 구하는 표본 회귀식은 $\hat{Y}=8.1988+22.981X$ 와 같다. 이 회귀식에서 기울기(b) 22.981은 광고비가 1억 원 늘어남에 따라 매출액이 약 23억 원 증가한다는 의미이다.

3) 3단계 : 모형의 적합도 및 유의성 검정

모형의 적합도 및 유의성을 검정하기 위해 먼저 필요한 계산을 한다.

월	X	Y	$(X-\overline{X})^2$	$\hat{Y}$	$(Y-\overline{Y})^2$ SST	$(Y-\hat{Y})^2$ SSE	$(\hat{Y}-\overline{Y})^2$ SSR
1	5	80	0.09	123.11	2,500	1,858.09	47.53
2	4	80	1.69	100.12	2,500	404.98	892.56
3	6	160	0.49	146.09	900	193.57	258.79
4	7	190	2.89	169.07	3,600	438.14	1,526.33
5	5	120	0.09	123.11	100	9.64	47.53
6	6	140	0.49	146.09	100	37.05	258.79
7	6	150	0.49	146.09	400	15.31	258.79
8	3	90	5.29	77.14	1,600	165.31	2,793.88
9	7	160	2.89	169.07	900	82.23	1,526.33
10	4	130	1.69	100.12	0	892.56	892.56
합계	53	1,300	16.1	1,300.00	12,600	4,096.89	8,503.11

① **모형의 적합도 검정**

• 추정의 표준오차

$$s_e = \sqrt{\frac{1}{n-2}\sum_{i=1}^{n}(Y_i - \hat{Y}_i)^2} = \sqrt{\frac{SSE}{n-2}} = \sqrt{\frac{4,096.89}{10-2}} = 22.6298$$

• 결정계수

$R^2 = \dfrac{SSR}{SST}$ 이므로, $\dfrac{8,503.11}{12,600} = 0.6748$

회귀식이 전체 변동의 67.48%를 설명하고 있다.

② **유의성 검정**

• t검정을 이용하는 방법

→ 임계치 : 유의수준을 0.05라 했을 때 t값은 $t_{0.025,\,8} = 2.306$

기각영역은 검정통계량값이 2.306보다 크거나 −2,306보다 작은 영역이 된다.

→ 검정통계량 : $t = \dfrac{b-\beta_0}{s_b} = \dfrac{22.9814-0}{5.6398} = 4.0784$

앞에서 $b = 22.9814$, $s_e = 22.6298$ 이므로

$$s_b = s_e\sqrt{\frac{1}{\sum(X_i - \bar{X})^2}} = 22.6298 \times \sqrt{\frac{1}{16.1}} = 5.6398$$

검정통계량값이 기각영역에 속하므로 β가 0이라는 귀무가설을 기각할 수 있다.

→ β의 신뢰구간 : $9.9760 \le \beta \le 35.9868$

$b - t_{\alpha/2,\,n-2} \times s_b \le \beta \le b + t_{\alpha/2,\,n-2} \times s_b$ 이므로,

$22.9814 - 2.306 \times 5.6398 \le \beta \le 22.9814 + 2.306 \times 5.6398$

③ **분산분석표**

앞의 표에서 계산된 것을 기초로 분산분석표를 만들면 다음과 같다.

분산의 원천	제곱의 합	자유도	평균제곱	F
회귀	$SSR = 8,503.11$	1	8,503.11	16.60
오차	$SSE = 4,096.89$	8	512.11	
합계	$SST = 12,600$	9		

위의 분산분석표에 의해 독립변수의 회귀계수 $\beta = 0$ 이란 가설을 검정해 보자.

• 귀무가설 : $\beta = 0$

• 대립가설 : $\beta \neq 0$
• 유의수준 : 0.05
• 임계치 : $F_{0.05:1,8}=5.32$ 이므로 $F>5.32$가 기각영역이 되며 $F \leq 5.32$가 채택영역이 된다.

계산된 F값이 16.60으로서 임계치보다 상당히 크므로 독립변수가 의미가 없다는 귀무가설을 기각할 수 있다. 따라서 광고비는 매출액에 영향을 미친다고 할 수 있다.

4) 4단계 : 예측

모형이 유의한 것으로 판단되었으므로 이를 이용해 미래의 매출액을 예측한다. 광고비가 4억 원인 달들의 월평균 매출액과 광고비가 4억 원인 달의 매출액 예측치를 95%의 신뢰도로 추정하면 다음과 같다.

① 평균매출액

평균매출액의 구간을 추정하는 공식이 다음과 같으므로,

$$\hat{Y} \pm t_{\alpha/2,\, n-2} \times s_e \sqrt{\frac{1}{n} + \frac{(X_p - \overline{X})^2}{\sum(X_i - \overline{X})^2}}$$
$$= 100.12422 \pm 2.306 \times 22.6298 \times \sqrt{\frac{1}{10} + \frac{(4-5.3)^2}{16.1}}$$
$$= 100.12422 \pm 23.62566549$$

따라서 76.49855451에서 123.7498855 사이에 속한다.

② 개별예측치

개별예측치의 구간을 추정하는 공식이 다음과 같으므로,

$$\hat{Y} \pm t_{\alpha/2,\, n-2} \times s_e \sqrt{1 + \frac{1}{n} + \frac{(X_p - \overline{X})^2}{\sum(X_i - \overline{X})^2}}$$
$$= 100.12422 \pm 2.306 \times 22.6298 \times \sqrt{1 + \frac{1}{10} + \frac{(4-5.3)^2}{16.1}}$$
$$= 100.12422 \pm 57.283289$$

따라서 42.840931에서 157.407509 사이에 속한다.
평균매출액의 추정치 신뢰구간이 개별예측치 추정치의 신뢰구간보다 작음을 알 수 있다. 종속변수와 독립변수 간에 만족할 만한 회귀모형을 얻었다면 이 모형을 이용하여 독립변수의 특정값에 해당하는 종속변수의 값을 구할 수 있다.

ChatGPT 활용

단순회귀분석의 필요성과 실제 사례를 쉽게 설명해줘.

단순회귀분석은 한 가지 독립변수(X)가 하나의 종속변수(Y)에 어떤 영향을 미치는지 파악하는 통계 기법입니다.
쉽게 말해, **"X가 변할 때 Y는 어떻게 변하는가?"**를 분석하는 도구입니다.

✅ 단순회귀분석이 필요한 이유

1. **인과관계 추정**
   X가 Y에 영향을 주는지 알고 싶을 때 사용합니다.
2. **예측**
   X의 값을 알면 Y를 예측할 수 있습니다.
3. **경영 의사결정에 도움**
   예: 광고비를 늘리면 매출이 얼마나 늘어날지 추정 가능

✅ 쉬운 실제 사례

사례: 광고비와 매출 간 관계

- 질문: "광고비를 1백만 원 더 쓰면 매출은 얼마나 오를까?"
- 방법: 과거 데이터로 단순회귀분석
  - X: 광고비
  - Y: 매출
- 결과 예시:
  광고비 1백만 원 증가 → 매출 5백만 원 증가
  (회귀계수 β = 5)

✅ 한 줄 요약

단순회귀분석은 **"하나의 원인이 결과에 미치는 영향을 수치로 파악하고 예측"하는 데 유용한 도구**입니다.

단순회귀분석을 생활 속 재미있는 예를 통해 이해해 봅니다
재밌는 사례: 피자 크기와 가격의 관계
📌 상황
당신은 피자 마니아!
여러 브랜드에서 피자의 **크기(지름)**와 가격을 아래와 같이 조사했어요.

알고 싶은 것:
"피자 크기가 커질수록 가격도 올라갈까?"
"지름이 33cm면 얼마쯤일까?"

좋습니다! 이 사례는 **단순회귀분석**을 재미있게 이해할 수 있는 완벽한 예입니다.

단순회귀분석을 생활 속 재미있는 예를 통해 이해해 봅니다
재밌는 사례: 피자 크기와 가격의 관계
📌 상황
당신은 피자 마니아!
여러 브랜드에서 피자의 **크기(지름)**와 가격을 아래와 같이 조사했어요.

알고 싶은 것:
"피자 크기가 커질수록 가격도 올라갈까?"
"지름이 33cm면 얼마쯤일까?"

좋습니다! 이 사례는 **단순회귀분석**을 재미있게 이해할 수 있는 완벽한 예입니다.

🍕 상황 요약

지름 (cm)	가격 (원)
20	9,000
25	11,000
30	13,500
35	16,000
40	18,500

❓ 질문

1. **지름이 커질수록 가격이 올라갈까?**
2. **지름 33cm 피자의 예상 가격은 얼마일까?**

✅ 단순회귀분석이 필요한 이유

- **지름(설명변수, X) → 가격(반응변수, Y)**
- 이 둘 사이의 **직선 관계**를 수학적으로 모델링
  → **Y = a + bX** 형태

🔍 분석 결과 요약 (직접 계산 결과)

회귀직선:

가격 = 500 × 지름 - 1000

예:

- 지름이 33cm라면?
  → 가격 = 500 × 33 - 1000 = **15,500원**

📈 해석

- **기울기(500)**:
  피자 지름이 **1cm 늘어날 때마다 가격이 약 500원씩 오른다**
- **절편(-1000)**:
  의미는 크게 없지만, 회귀선이 Y축과 만나는 지점

✅ 결론

> ✔ 피자 크기가 커질수록 가격이 **직선적으로 증가**
> ✔ 회귀분석 덕분에 **새로운 피자(예: 33cm)**의 가격도 예측 가능!
> ✔ 생활 속에서 "X가 변할 때 Y도 어떻게 변할까?"라는 질문에 회귀분석이 아주 유용합니다.

필요하면 그래프도 그려드릴 수 있어요!

엑셀을 이용한 풀이

1) 산점도에 회귀선을 그리는 방법

절차 1

[예 12−1]의 자료를 이용하여 산점도를 작성한다.

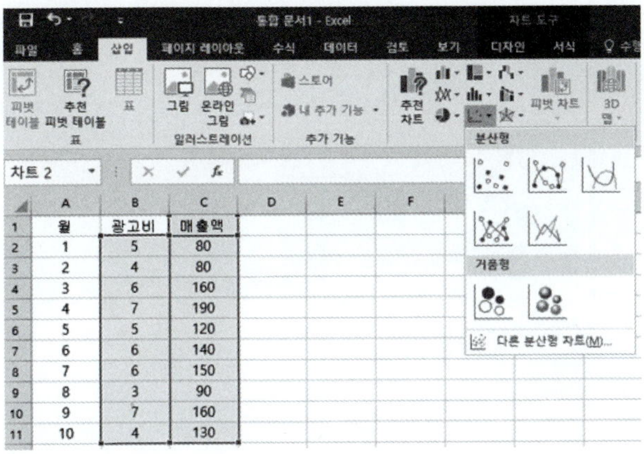

그려진 산점도를 선택한 상태에서 [디자인] → [차트요소 추가] → [추세선] → [선형]을 선택한다. 산점도 그래프를 선택하지 않으면 [디자인] 탭이 나타나지 않으므로 주의한다.

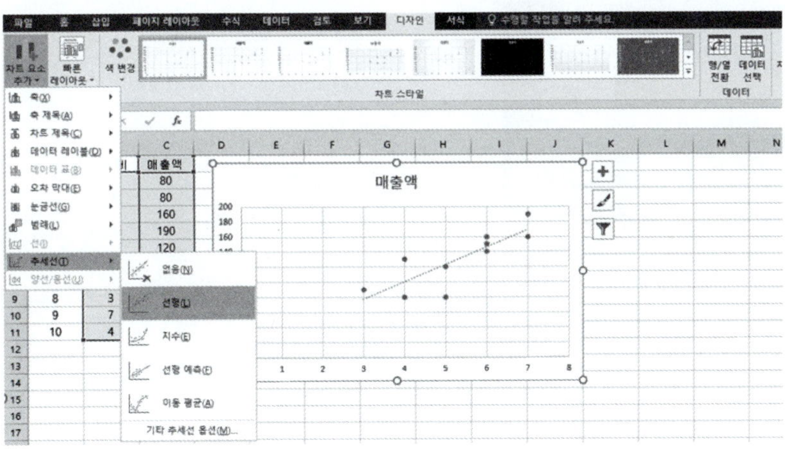

절차 2

그래프 안의 추세선을 선택하면 [추세선 서식] 대화창이 나오는데 추세선 옵션에서 [선형]을 선택한다. 회귀선을 자료의 범위 밖으로 연장시키고 싶으면 예측에서 [앞으로]와 [뒤로]에 구간배수를 입력하면 된다.

절편은 선택하지 않고 [수식을 차트에 표시(E)]를 선택한다. 결정계수값을 포함시키고 싶으면 [R-제곱값을 차트에 표시(R)]를 선택한 다음 빈 공간을 클릭하면 아래의 그림이 출력된다.

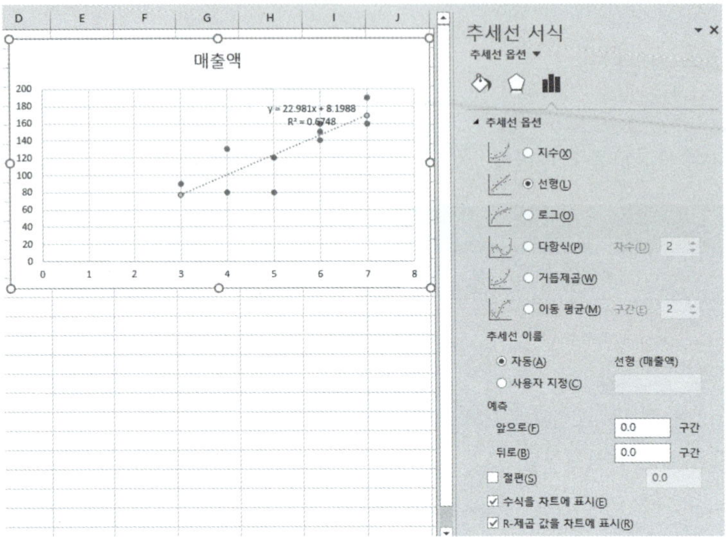

2) 회귀분석

절차 1

메뉴에서 [데이터] → [데이터 분석]을 실행한 후 [분석 도구(A)]에서 [회귀분석]을 선택한다.

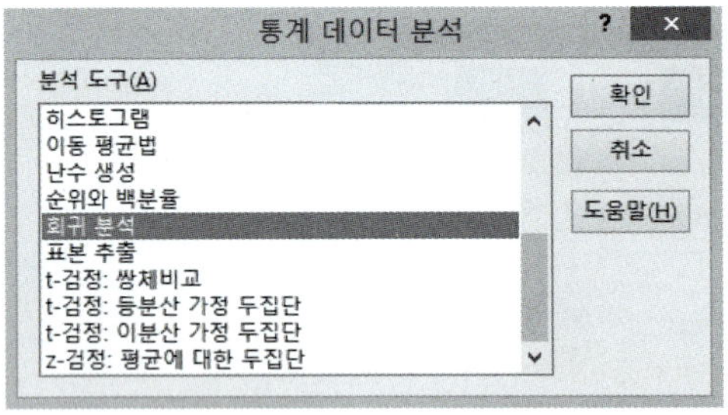

절차 2

회귀분석 대화상자의 선택 항목들을 간단히 설명하면 다음과 같다.

- [Y축 입력범위(Y)] : 종속변수의 자료가 입력되어 있는 셀들의 주소를 입력한다.
- [X축 입력범위(X)] : 독립변수의 자료가 입력되어 있는 셀들의 주소를 입력한다.
- [이름표(L)]: 위에서 입력한 자료범위의 첫 번째 열에 이름이 포함되어 있으면 이 부분을 클릭한다.

• [상수에 0을 사용(Z)] : 회귀모형에 상수항을 포함하지 않을 경우에만 선택한다.
• [신뢰수준(F)] : 엑셀에서는 자동적으로 회귀계수의 95% 신뢰구간을 계산해 낸다. 만일 신뢰수준을 바꾸고 싶으면 이를 선택하여 원하는 신뢰수준을 입력하면 된다.
• [출력범위(O)] : 회귀분석결과를 나타내고 싶은 곳의 왼쪽 위 셀의 주소를 입력한다. 만일 새로운 워크시트나 통합문서에 나타내고 싶으면 해당사항을 선택하면 된다.
• [잔차(R)] : 추정된 회귀선 상의 값인 $\hat{Y}_i$ 와 잔차를 얻기 위해서는 이를 선택한다.
• [잔차도(D)] : 잔차들과 독립변수의 산점도를 얻을 수 있다.
• [표준잔차(T)] : 표준화된 잔차들(잔차들을 각각의 표준편차로 나눈 것)을 얻을 수 있다.
• [선적합도(I)] : 회귀선을 포함한 산점도를 얻을 수 있는데 이는 앞의 산점도와 유사하다.
• [정규확률도(N)] : 잔차들이 정규분포를 이루는지에 대한 정보를 제공해 준다.

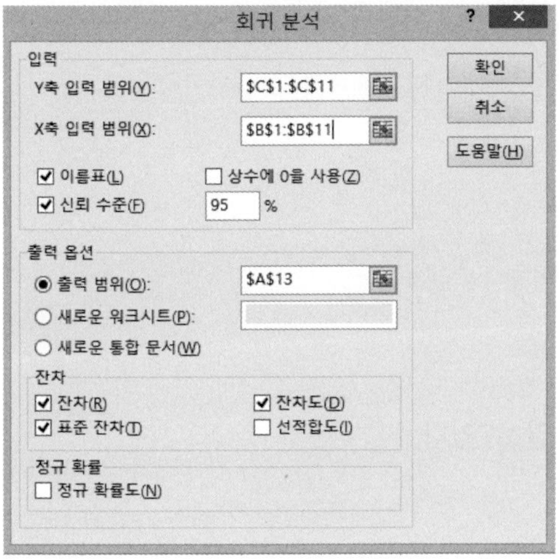

대화상자에 필요한 정보를 입력시키거나 선택한다. X축을 광고비로, Y축은 매출액으로 표시하여야 하므로 거기에 맞게 데이터범위를 입력한다. 나머지 원하는 정보를 선택한 다음 실행하면 다음의 결과를 얻을 수 있다.

요약 출력

회귀분석 통계량	
다중 상관계수	0.821492
결정계수	0.67485
조정된 결정계수	0.634206
표준 오차	22.62989
관측수	10

분산 분석

	자유도	제곱합	제곱 평균	F 비	유의한 F
회귀	1	8503.106	8503.106	16.604	0.00356
잔차	8	4096.894	512.1118		
계	9	12600			

	계수	표준 오차	t 통계량	P-값	하위 95%	상위 95%	하위 95.0%	상위 95.0%
Y 절편	8.198758	30.73602	0.266748	0.796411	-62.6786	79.07615	-62.6786	79.07615
광고비	22.98137	5.639875	4.074801	0.00356	9.975792	35.98694	9.975792	35.98694

잔차 출력

관측수	측치 매출	잔차	표준 잔차
1	123.1056	-43.1056	-2.02035
2	100.1242	-20.1242	-0.94322
3	146.087	13.91304	0.652103
4	169.0683	20.93168	0.981065
5	123.1056	-3.10559	-0.14556
6	146.087	-6.08696	-0.28529
7	146.087	3.913043	0.183404
8	77.14286	12.85714	0.602613
9	169.0683	-9.06832	-0.42503
10	100.1242	29.87578	1.400274

3) 회귀분석의 결과 해석

① 1단계 : 선형관계의 확인

산점도로 두 변수가 선형관계에 있음을 알 수 있다.

② 2단계 : 회귀식의 추정

회귀식은 Y절편과 광고비의 계수에 따라 회귀식은 $Y_i = 8.1988 + 22.981X_i$로 나타낼 수 있다.

③ 3단계 : 적합도 및 유의성 검정

- 회귀식의 적합도는 결정계수로 평가한다. 여기서 결정계수는 0.67로서 매출액 변동의 67%가 광고비에 의해 설명된다는 것을 뜻한다. 보통 30% 이상의 설명력을 가지면 우수한 모델로 평가된다.
- 개별모수의 유의성은 변수별 p값으로 검정한다. 광고비의 p값이 0.00356으로 유의수준 0.05보다 상당히 낮으므로 귀무가설을 기각할 수 있다.
- 모형 전체의 유의성은 F값으로 검정한다. 모형의 F값은 16.604이고 p값은 0.00356이다. 모형이 단일변수로 구성되어 있으므로 개별모수의 p값과 모형의 p값이 같다.

④ 4단계 : 추정 및 예측

- 광고비가 4억 원일 때의 기대매출액은 100억 원 정도이다.

  100.1242(억)=8.198758+4(억)×22.98137

- 광고비가 8억 원일 때의 기대매출액은 192억 원 정도이다.

  192.0497(억)=8.198758+8(억)×22.98137

4) 잔차분석

[회귀분석]의 출력옵션에서 잔차도를 선택하면 아래의 잔차도가 나타난다. 잔차 이상점(outlier)이나 독특한 패턴을 발견할 수 없으므로 등분산성, 선형성, 독립성에 대한 가정을 대체적으로 만족하는 것으로 보인다.

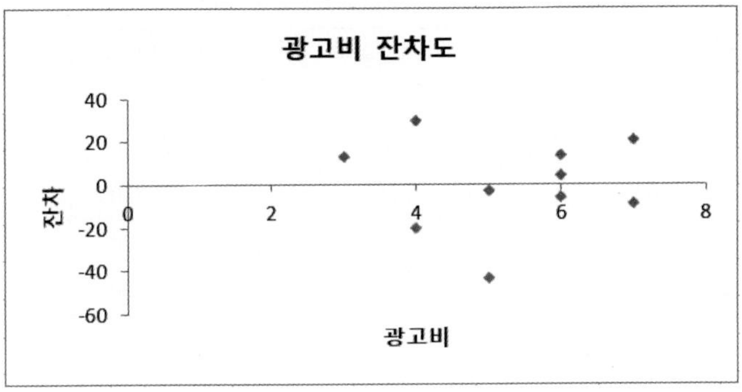

연습문제 EXERCISES

01 상관관계분석과 회귀분석은 어떤 차이점이 있는지 설명하라.

02 아래의 10개 자료에 대해 다음 물음에 답하라.

X	2	−1	1	3	4	−2	4	−2	5	1
Y	0	−5	0	4	5	−6	4	−5	4	−1

① α와 β의 최소자승 추정치를 구하라.

② 자료들의 산점도와 최소자승선을 그려라.

③ 위의 자료가 표본자료라 할 때 상관계수를 구하라.

03 다음은 연간 가계총소득과 신용카드 사용액에 관한 자료이다(단위 : 만 원).

가계총소득	신용카드 사용액	가계총소득	신용카드 사용액
1,500	300	2,200	200
1,800	250	4,000	500
1,300	200	3,200	350
2,500	250	3,500	400
2,800	400	4,500	600

① 최소자승선을 구하라.

② 최소자승선에 의하면 가계총소득이 100만 원 증가할 때 신용카드 사용액은 얼마나 변할 것으로 생각되는가?

③ 추정의 표준오차와 결정계수는 얼마인가?

④ 분산분석표를 작성하라.

⑤ 회귀계수의 표준오차는 얼마인가?

⑥ $\beta=0$ 이라는 귀무가설을 유의수준 0.05에서 t검정방법, F검정방법으로 검정하라.

⑦ 가계총소득이 2,000만 원인 가정의 신용카드 사용액에 관한 점 예측치를 구하라.

⑧ 가계총소득이 2,000만 원인 어느 가정의 신용카드 사용액에 관한 95% 예측구간을 구하라.

⑨ 가계총소득이 2,000만 원인 가정들의 신용카드 사용액의 평균에 관한 95% 신뢰구간을 구하라.

⑩ 추정된 회귀모형의 적합성 여부를 잔차분석을 통해 확인하라.

04 엑셀을 이용한 단순회귀분석의 결과가 다음과 같다고 할 때 빈칸을 채우시오.

회귀분석 통계량

다중상관계수	(　　)
결정계수	0.859898
조정된 결정계수	0.852115
표준오차	60.41388
관측 수	20

분산분석

	자유도	제곱합	평균제곱	F비	유의한 F
회귀	1	403,226.70	(　　)	(　　)	4.13E−09
잔차	(　　)	(　　)	(　　)		
계	(　　)	468,923.80			

	계수	표준오차	t통계량	p값
Y절편	−6.94398	52.00418	−0.13353	0.895258
X	17.71289	1.6852	(　　)	(　　)

CHAPTER

13

다중회귀분석

B U S I N E S S S T A T I S T I C S

1. 다중회귀분석의 개념

2. 다중회귀모형의 추정

3. 다중회귀모형의 평가

4. 다중회귀모형의 추정과 예측

5. 다중회귀분석의 유의사항

6. 다중회귀분석의 특수형태

1. 다중회귀분석의 개념

앞 장에서는 두 변수 간의 관계, 즉 상관관계와 하나의 독립변수와 하나의 종속변수 간의 선형 인과관계에 관한 단순회귀분석을 다루었다. 그러나 현실적으로 어떤 현상을 하나의 독립변수만으로 설명할 수 있는 상황은 거의 없다. 제12장에서 다룬 광고비와 매출액의 관계에서도 광고비뿐만 아니라 판매원의 수, 제품의 가격, 경기 등의 수많은 요인들이 매출액에 영향을 미친다. 그러므로 어떤 현상을 정확히 설명하려면 그 현상과 관련된 모든 요인들을 모형에 반영하여야 한다.

이와 같이 독립변수가 두 개 이상인 회귀모형을 다중회귀모형 또는 중회귀모형이라 부르며 이때 사용되는 분석기법을 다중회귀분석이라 한다. 독립변수가 k개($k \geq 2$)인 다중회귀모형의 일반적인 형태는 다음과 같다.

다중회귀모형

$$Y = \alpha + \beta_1 X_1 + \beta_2 X_2 + \cdots + \beta_k X_k + \varepsilon$$

여기서, $X_1, X_2, \cdots, X_k$는 i번째 독립변수
α는 Y축 절편
$\beta_1, \beta_2, \cdots, \beta_k$는 각 독립변수의 계수
ε는 임의오차

독립변수 X_i의 계수 β_i는 다른 독립변수들이 고정되어 있을 때 독립변수 X_i가 한 단위 증가할 때 증가하는 종속변수 Y의 변동 폭이다. $\beta_1, \beta_2, \cdots, \beta_k$는 모집단의 모수이기 때문에 정확한 값은 알 수 없으며, 회귀분석을 통해 추정할 뿐이다. 다중회귀의 표현식은 다음과 같다.

다중회귀식

$$E(Y) = \alpha + \beta_1 X_1 + \beta_2 X_2 + \cdots + \beta_k X_k$$

다중회귀모형은 독립변수와 종속변수가 선형관계일 때뿐만 아니라 비선형관계일 때도 적용가능하지만 독립변수에 자연로그값을 취하는 등의 변수 변환과정을 거쳐야 하므로, 기초통계학에서는 선형회귀를 기준으로 설명한다.

다중회귀분석도 단순회귀분석과 동일한 절차와 가정들이 적용되지만, 다중회귀분석에서는 다음의 두 가지 가정이 추가된다.

첫째, 관찰된 값들인 표본의 수(n)는 독립변수의 수(k)보다 최소한 2 이상 커야 한다. 위의 다중회귀식을 살펴보면 추정해야 할 모수는 절편을 포함하여 총 $k+1$개인데, 연립방정식의 풀이법에 따라 n은 $k+1$개 이상이 되어야 정규방정식의 해를 구할 수 있다. 이때 자유도는 $n-(k+1)$이며, 표준오차계산 및 가설검정을 하려면 자유도가 최소 1 이상이 되어야 한다. 따라서 $n-(k+1)\geq 1$, 즉 $n\geq k+2$의 조건이 만족되어야 한다.

둘째, 각 독립변수들 사이의 상관계수가 1이어서는 안 된다. 두 변수 간의 상관계수가 1이라는 것은 두 독립변수가 정확히 선형의 관계에 있음을 뜻한다. 이 경우에는 최소자승에 의한 추정치를 계산할 수 없다. 이처럼 독립변수들이 선형관계를 이룰 때를 다중공선성(multicollinearity)이 발생되었다고 하는데, 변수 간의 다중공선성이 클수록 또는 상관계수가 1에 가까울수록 회귀계수의 추정 표준오차값이 커지므로 다중회귀모형의 적합성 검정이 무의미해진다.

2. 다중회귀모형의 추정

표본 데이터로 다중회귀모형을 추정하려면 단순회귀분석과 마찬가지로 최소자승법을 이용하면 된다. 이때의 표본 회귀모형과 회귀식은 다음과 같다.

다중회귀모형에서의 표본 회귀모형과 표본 회귀식

$$Y=a+b_1X_1+b_2X_2+\cdots+b_kX_k+e$$
$$\hat{Y}=a+b_1X_1+b_2X_2+\cdots+b_kX_k$$

표본의 다중회귀식에서 $\hat{Y}$는 모집단의 다중회귀식 Y에 대한 추정치이며 다중회귀식의 회귀계수 $a, b_1, b_2, \cdots, b_k$는 모집단의 다중회귀식의 회귀계수 $\alpha, \beta_1, \beta_2, \cdots, \beta_k$에 대한 최소자승 추정치이다. 모집단의 다중회귀식 Y에 대한 추정치 $\hat{Y}$를 이용하여 잔차제곱의 합을 최소화할 수 있다.

다중회귀식을 추정할 때 최소자승법을 이용한다는 점은 단순회귀분석과 동일하지만 그 계산식은 아주 복잡하다. 따라서 다중회귀모형의 추정이나 통계적 계산은 통계패키지(예 : SPSS, SAS, R 등)를 이용하는 것이 일반적이다.

3. 다중회귀모형의 평가

3.1 모형의 적합도 검정

다중회귀식의 적합도 검정은 단순회귀분석에서와 마찬가지로 추정의 표준오차를 이용하거나 결정계수를 이용한다.

1) 표준오차의 이용

다중회귀식에서 추정의 표준오차는 다음과 같다.

추정의 표준오차

$$s_e = \sqrt{\frac{1}{n-k-1}\sum_{i=1}^{n}(Y_i - \hat{Y}_i)^2} = \sqrt{\frac{SSE}{n-k-1}}$$

단순회귀와 달리 다중회귀식으로부터 오차가 계산되기 전에 $k+1$개의 모수가 추정되어야 하므로 자유도는 n에서 $k+1$을 잃어버린 $n-(k+1)$이다.

2) 결정계수의 이용

종속변수의 변동에 대한 설명력은 다중결정계수에 의해 평가되는데, R^2 으로 표시한다. 결정계수를 구하는 식은 단순회귀분석의 결정계수를 구하는 방법과 같다. 계산된 다중결정계수를 해석할 때에는 다중결정계수의 값이 모형에 투입된 독립변수의 수에 영향을 받는다는 것을 유의해야 한다.

독립변수의 수가 증가하면 Y의 총 변동 중에서 회귀모형에 의하여 설명되는 부분이 무조건 증가하므로, 회귀모형의 R^2 도 커진다. 이론적으로 독립변수의 수를 무한정 증가시키면 모형의 적합도가 1에 가까워지지만, 모형의 적합도 증가로 얻는 혜택보다 독립변수에 관한 데이터를 수집하고, 계산하고, 해석하는 데 소요되는 시간과 비용이 커질 수도 있다. 즉, R^2 이 높다고 해서 무조건 좋은 모형은 아니다.

이러한 단점을 보완하기 위해 늘어나는 독립변수에 벌점을 부과하도록 고안된 것이 조정된 결정계수이다. 추가된 독립변수가 설명할 수 있는 Y의 변동량이 벌점으로 부과되는 양보다 적으면 독립변수의 수가 늘어나더라도 조정된 결정계수가 작아질 수 있다. 조정된 결정계수는 다음 식으로 구한다.

조정된 결정계수

$$R_{adj}^2 = 1 - \left[(1-R^2) \frac{n-1}{n-k-1} \right]$$

여기서, n : 표본의 수
k : 독립변수의 수, 단순회귀분석의 경우 $k=1$

독립변수의 수가 다른 여러 회귀모형을 비교하거나 여러 회귀모형 중 하나를 선택할 때는 조정된 다중결정계수가 높은 모형을 선택하는 것이 바람직하다.

3.2 모형의 유의성 검정

회귀모형의 유의성 검증이란 독립변수와 종속변수가 선형관계에 있음을 증명하는 것이다.[01] 독립변수가 하나인 단순회귀모형의 유의성은 귀무가설 $\beta=0$가 기각될 때 비로소 확보되는데, 이때 사용되는 분석기법은 회귀계수 β, 즉 독립변수 X와 종속변수 Y라는 두 변수간 선형관계에 관한 t검증이다. 그러나 다중회귀모형은 2개 이상의 독립변수와 종속변수가 등장하므로 두 변수관계 검증을 위한 t검증으로는 모형 전체를 평가할수 없다.

따라서 다중회귀모형 유의성 검정은 ① 회귀모형 전체에서 종속변수 Y를 설명하는 독립변수가 한 개 이상 존재하는가를 검증하는 전반적 유의성 검정과 ② 회귀모형의 종속변수 Y와 독립변수($\beta_1, \beta_2, \beta_3 \cdots \beta_k$) 각각의 선형관계를 검증하는 2단계 절차에 따른다.

1) 회귀모형의 전반적 유의성 검정

다중회귀모형의 유의성은 분산분석($ANOVA$)의 F통계량으로 검정하는데, 검정원리는 12장의 단순회귀모형 유의성 검정과 같다. 단순회귀모형의 유의성은 하나의 독립변수 X와 종속변수 Y 사이에 선형관계가 있을 때, 즉 귀무가설($H_0 : \beta=0$)이 기각될 때 확보된다. 이 원리는 다중회귀분석에서도 동일하게 적용되는데 단순회귀분석과의 차이는 독립변수의 수가 2개 이상이라서 t검정이 아니라 분산분석($ANOVA$)을 사용한다는 점이다.

다중회귀모형의 전반적 유의성 검정을 위한 귀무가설과 대립가설은 다음과 같다.

- 귀무가설 : $\beta_1=\beta_2=\cdots=\beta_k=0$
- 대립가설 : k개의 모수 중 적어도 하나는 0이 아니다.

위의 귀무가설은 종속변수를 의미 있게 설명하는 독립변수가 하나도 없다는 의미로서, 이 귀무가설이 채택되면 다중회귀모형이 성립하지 않는다. 반면에 대립가설은 다중회귀식을 구성하는 여러 개의 독립변수 중에서 종속변수를 설명하는 변수가 적어도 1개 이상이므로 다중회귀모형이 성립한다.

분산의 원천	제곱의 합	자유도	평균제곱	F
회귀 오차	$SSR=\sum(\hat{Y}_i-\overline{Y})^2$ $SSE=\sum(Y_i-\hat{Y})^2$	k $n-k-1$	$SSR/k=MSR$ $SSE/(n-k-1)=MSE$	$\frac{MSR}{MSE}$
합계	$SST=\sum_{i=1}^{n}(Y_i-\overline{Y})^2$	$n-1$		

01 • 귀무가설 : 독립변수와 종속변수는 선형관계가 아니다.
• 대립가설 : 독립변수와 종속변수는 선형관계이다.

2) 회귀계수 β_k의 검정

분산분석은 여러 모수를 종합적으로 검정하므로 어떤 독립변수가 중요한지 또는 어느 독립변수가 중요하지 않은지 알 수가 없다. 왜냐하면 이때의 귀무가설은 k개의 β가 모두 0이고 대립가설은 k개의 β 중 적어도 하나가 0이 아니라는 것이므로, 다중회귀모형의 k개의 β 중 하나만 0이 아니면 회귀식이 의미 있는 것으로 결과가 나오기 때문이다.

특정의 독립변수가 종속변수에 미치는 영향을 알아보려면 개별 모수 β의 유의성 검정을 할 필요가 있다. 이것은 개별 독립변수 X_k와 Y 사이에 유의적인 선형관계가 있는가를 검정하는 것이다. 이 경우 귀무가설은 다음과 같다.

- 귀무가설 : $\beta_k=0$
- 대립가설 : $\beta_k\neq0$

이때 귀무가설의 검정은 자유도 $n-k-1$을 갖는 t분포를 이용한다. 개별 모수를 검정하기 위한 t값의 계산은 다음과 같다.

t통계량

$$t=\frac{b_k-\beta_k}{s_{b_k}}$$

여기서 b_k는 표본 다중회귀식에서 구한 X_k의 기울기이며 s_{b_k}는 회귀계수 b_k의 추정된 표준오차이다. 위의 식으로부터 계산된 t값이 t분포표 상에 나타난 임계치보다 크면 귀무가설은 기각되며 계산된 t값이 임계치보다 작으면 귀무가설을 기각할 수 없다.

귀무가설이 기각된다는 것은 독립변수 X_k가 종속변수 Y에 유의적인 영향을 미치고 있다는 의미이다. 반대로 귀무가설을 기각할 수 없다는 것은 독립변수 X_k와 종속변수 Y 사이에 아무런 선형의 관계가 없음을 의미한다.

4. 다중회귀모형의 추정과 예측

제12장에서 단순회귀모형의 독립변수 X의 특정한 값 X_p에 대한 Y의 평균값 $E(Y)=\alpha+\beta X$를 추정할 때에 최소자승선을 사용하는 것을 다루었다. 또한 $X=X_p$일 때 Y값을 예측하는 방법도 학습하였는데, 최소자승선에 의한 $E(Y)$의 추정치와 미래의 Y값에 대한 예측치는 동일하였다. 즉, 둘 다 $\hat{Y}=a+bX$에 X_p를 대입해서 계산한 값을 가진다. 그러나 신뢰구간은 $E(Y)$의 신뢰구간이 Y의 신뢰구간보다 좁다. 그 이유는 개별 Y의 예측치를 구할 때에는 확률오차 ε에 의해 추가적인 불확실성이 존재하지만 평균값 $E(Y)$를 이용할 때에는 ε가 상쇄되기 때문이다. 다중회귀모형에서의 추정과 예측에서도 같은 개념이 적용되는데, 신뢰구간을 구하기 위한 공식은 상당히 복잡하므로 기초통계학에서는 생략한다.

다중회귀모형으로 종속변수의 값을 추정할 때에는 단순회귀식에서와 마찬가지로 독립변수 X의 영역 내에서만 추정하는 것이 좋다. 그 이유는 단순회귀분석과 동일하다.

5. 다중회귀분석의 유의사항

5.1 다중공선성

다중회귀분석의 기본가정은 모형에 포함된 독립변수들은 서로 독립적이라는 것이다. 그러나 종속변수에 영향을 미칠 가능성이 있는 여러 독립변수들을 모형에 포함시키면 서로 중복적인 정보를 갖는 독립변수, 다시 말하면 높은 상관관계를 갖는 독립변수가 포함될 수 있다. 이처럼 다중회귀모형의 독립변수들 사이에 높은 상관관계가 있을 때 다중공선성이 존재한다고 말한다.

다중공선성이 존재하면 추정과 검정에 심각한 영향을 미칠 수 있는데, 일반적으로 다중공선성은 다음의 현상이 있을 때 발견된다.

- 독립변수들 사이의 상관행렬에서 높은 상관계수가 존재한다.
- 분산분석표를 이용한 F검정의 결과가 유의함에도 불구하고 개별 회귀계수의 t검정 결과는 유의하지 않은 상반된 결과가 발생한다.
- 추정된 회귀계수값의 부호가 이론적으로 예상되었던 부호와 반대로 나타난다.

그러므로 위의 현상이 관측되면 독립변수들 사이에 다중공선성을 의심해 볼 수 있다. 다중공선성은 각 독립변수에 대한 분산팽창계수(Variance Inflation Factor: VIF)로 측정할 수 있다. 분산팽창계수는 심각한 수준의 다중공선성이 있으면 추정된 회귀계수의 분산이 팽창된다는 의미에서 붙여진 이름이다. 추정된 회귀계수의 분산 팽창의 정도를 계량적으로 측정하여 다중공선성의 정도를 평가한다.

회귀모형에서 다중공선성이 존재하면 변수들은 새로운 정보가 아니라 중복적인 정보를 제공하기 때문에 개별 독립변수의 영향을 따로 분리하기 어려워진다. 따라서 다중회귀모형에 다중공선성 문제가 존재하면 다음의 방법을 통해서 반드시 개선하여야 한다.

첫째, 중복된 정보를 제공하는 독립변수들 중 하나 또는 몇 개의 독립변수를 모형에서 제외시키고 설명력이 높은 독립변수를 선택하여 최종 회귀모형에 포함시킨다. 독립변수의 수가 다른 여러 회귀모형을 비교하여 최종 회귀모형을 결정할 때의 판단기준은 조정된 결정계수가 높은 모형이나 오차제곱평균 MSE가 작은 모형이다.

둘째, 다중공선성의 존재를 인지하였음에도 해당 변수를 독립변수로 포함해야만 할 경우에는 다음을 유의해야 한다. ① 개별 회귀계수 t검정을 피하고 분산분석을 이용한 F검정을 한다. ② 종속변수의 평균에 대한 예측은 독립변수들의 값 영역 내에서만 제한된다. 왜냐하면 영역을 벗어난 다중공선성의 형태가 달라질 수 있기 때문이다.

5.2 표본의 크기

결정계수(R^2)는 독립변수들이 종속변수의 분산을 설명하는 정도를 나타내는 것으로 그 값이 커질수록 유용한 모델이다. 단순회귀분석의 경우 표본값들이 일직선상에 위치하면 R^2 은 1이 된다. 그러나 표본의 크기가 작으면 분산의 정도와 무관하게 R^2 이 커질 수 있는데, 이런 현상을 과다적합(overfitting)이라 한다. 이런 현상은 독립변수의 수에 비해 표본의 수가 작을 때 자주 발생된다. 이러한 문제를 방지하려면 표본의 수를 최소한 독립변수의 수보다 4배 이상 늘여야 한다.

6. 다중회귀분석의 특수형태

일반적인 다중회귀모형은 다음과 같은데, 이를 일반선형회귀모형(general linear model)이라 한다.

$$Y=\alpha+\beta_1 X_1+\beta_2 X_2+\cdots+\beta_k X_k+\varepsilon$$

이 모형을 '선형'으로 부르는 이유는 회귀모형 내에 변수끼리의 곱이나 지수 등의 형태가 포함되어 있지 않기 때문이고, '일반'이라는 용어가 붙은 이유는 위의 모형이 여러 가지 특수한 형태의 회귀모형의 기본이 되기 때문이다.

본 절에서는 독립변수와 종속변수 간의 관계가 비선형인 경우와 독립변수가 질적인 변수인 회귀모형을 선형으로 변형하는 방법에 대해 살펴본다.

6.1 비선형회귀모형의 선형화

경영학 분야에서는 독립변수와 종속변수 간의 관계가 선형보다는 비선형이 적합한 경우가 많이 있다. 네트워크효과처럼 수확체증의 법칙이 적용되는 경우나, 광고비가 증가하면 매출액도 증가하지만 증가속도는 점점 둔화되는 경우를 생각할 수 있다.

예를 들어서 산점도가 [그림 13-1]과 같은 형태이면 일반선형회귀모형으로는 정확한

그림 13-1 2차식의 산점도

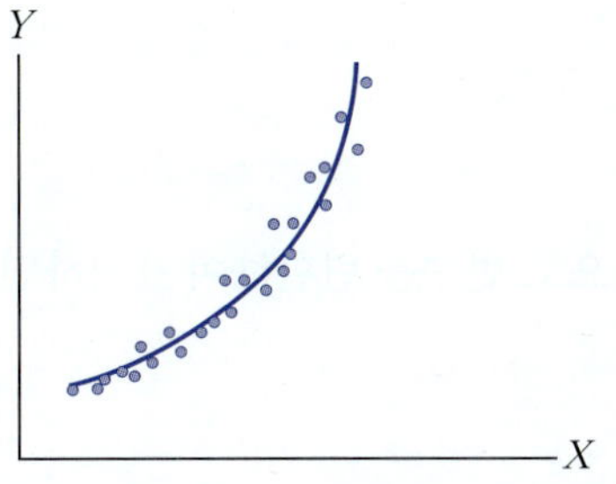

관계를 규명할 수 없다. 이 경우 적합한 회귀함수의 하나로 다음과 같은 2차식의 모형을 생각해 볼 수 있다.

$$Y=\alpha+\beta_1 X+\beta_2 X^2+\varepsilon$$

위의 모형을 일반선형회귀모형으로 간주할 수 있는데, 그 이유는 $X=X_1$ 으로, $X^2=X_2$ 의 형태로 변수를 변환하면 다음의 다중회귀모형이 되기 때문이다.

$$Y=\alpha+\beta_1 X_1+\beta_2 X_2+\varepsilon$$

한편 산점도가 [그림 13-2]의 형태이면 전형적인 로그함수의 형태이다. 이때는 일반선형회귀모형을 그대로 사용하는 것보다는 독립변수에 로그값을 취한 후 이것을 독립변

그림 13-2 로그함수의 산점도

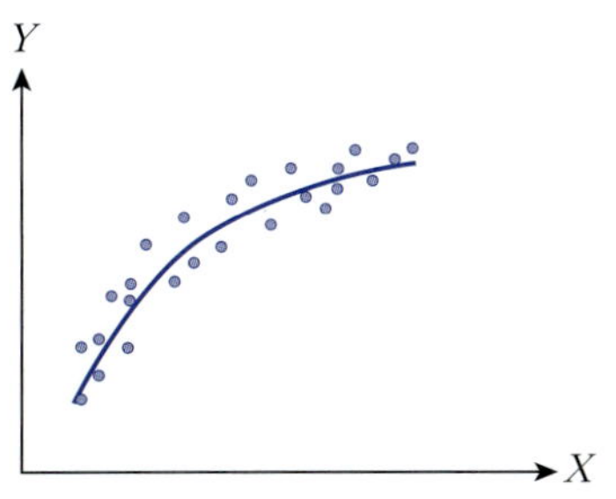

수로 한 회귀모형이 적합할 것이다.

$$Y=\alpha+\beta\log X+\varepsilon$$

여기서 $\log X=X_1$ 으로 변수를 변환하여 표시하면 아래의 일반선형회귀모형이 된다.

$$Y=\alpha+\beta X_1+\varepsilon$$

6.2 질적변수가 포함된 회귀모형의 선형화

지금까지는 회귀모형의 변수의 값이 등간척도 또는 비율척도로 나타나는 양적변수에 대하여만 다루었다. 그러나 경영 분야에서 이용되는 변수에는 이러한 양적 수치가 아니라 범주로 표시되는 질적변수도 많이 있다.

회귀분석은 양적인 데이터만 다루기 때문에 질적인 변수들을 회귀분석에 포함시킬 수 없다. 그러나 어떤 양적변수가 종속변수의 값에 상당히 중요한 영향을 미치는 것이 확실함에도, 수치화가 어렵다는 이유만으로 모형에서 제외하는 것은 바람직하지 않다. 이러한 경우 질적변수를 양적(수치)변수의 형태로 바꾸어서 모형에 포함시키면 되는데 대부분의 경우 가변수(dummy variable 또는 indicator variable) 형태로 변환을 시킨다. 가변수는 질적인 변수가 해당되는 성질을 갖는 경우에는 1, 그렇지 않은 경우에는 0의 값을 취한다. 만일 질적변수가 c개의 범주(예: 계절 변수인 경우 봄, 여름, 가을, 겨울의 4개 범주)를 갖는다면 가변수의 수는 $c-1$(3개)이다.

어느 회사의 매출액이 광고비와 판촉에 따라 영향을 받는다고 하자. 매출액을 종속변수로 하고 광고비와 판촉을 독립변수로 한 회귀모형을 생각할 수 있는데 이때 판촉은 판촉이 있을 경우와 없을 경우의 두 가지 범주로 나뉜다. 이때 판촉은 질적변수로서 가변수가 되며 범주의 수 $c=2$이므로 가변수의 수는 $c-1$, 즉 하나면 된다. 따라서 다음의 회귀함수를 구성할 수 있다.

$$E(Y)=\alpha+\beta_1 X_1+\beta_2 X_2$$

여기서, Y : 매출액

X_1 : 광고비

X_2 : 판촉(1 : 판촉이 있을 경우, 0 : 판촉이 없을 경우)

이 모형을 판촉유무별 회귀함수를 구해 보면 계수들의 의미를 이해하기 쉽다.

판촉을 하지 않으면 $X_2=0$ 이므로 회귀식은 다음과 같다.

$$E(Y)=\alpha+\beta_1 X_1$$

회귀식은 절편이 α가 되고 기울기는 β_1 이다.

한편 판촉을 할 경우 $X_2=1$ 이므로 회귀식은 다음과 같다.

$$E(Y)=\alpha+\beta_1 X_1+\beta_2(1)=(\alpha+\beta_2)+\beta_1 X_1$$

따라서 판촉을 할 경우의 회귀식의 기울기는 판촉을 하지 않을 경우와 마찬가지로 β_1 이나 절편은 $\alpha+\beta_2$가 된다. 두 경우의 회귀함수를 그림으로 나타내면 [그림 13-3]과 같다.

여기서 회귀함수의 계수의 의미는 다음과 같다.

평균매출액은 광고비와 선형의 관계에 있으며 판촉의 유무에 관계없이 기울기는 β_1

그림 13-3 가변수를 이용한 회귀모형

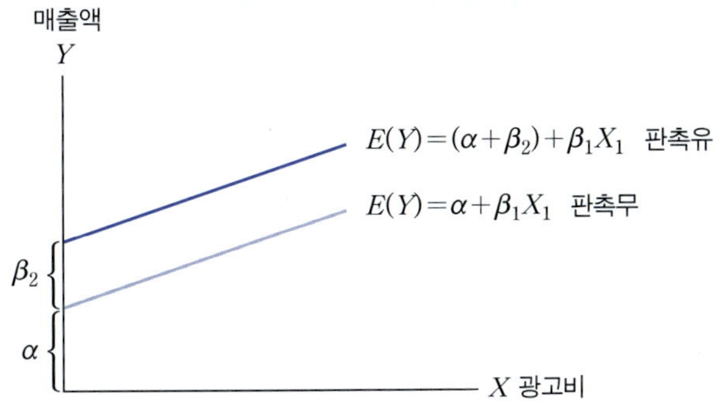

이다. β_2는 판촉이 있을 경우가 없을 경우에 비하여 회귀함수가 얼마나 더 높은 곳에(또는 낮은 곳에) 위치하는지를 나타낸다. 따라서 β_2는 판촉 유무에 따른 차이를 나타낸다고 할 수 있다.

ChatGPT 활용

다중회귀분석을 생활 속 재미있는 예를 통해 이해해 봅니다
▇ 다중회귀분석이란?
"어떤 결과(Y)가 여러 가지 원인(X1, X2, X3...)에 의해 결정되는 걸 설명해 주는 통계 분석!"
📌 상황: 시험 점수에 영향를 주는 요인은?
대학교 1학년 친구 100명의 **시험 점수(100점 만점)**에 영향을 줄 수 있는 요인을 조사해봤어요:
X_1: 하루 평균 공부 시간 (시간)
X_2: 잠자는 시간 (시간)
X_3: 수업 출석률 (%)
👉 이 세 가지가 함께 시험 점수에 영향을 미칠 수 있어요!
🎯 질문:
"공부 시간만 영향을 주는 걸까?
아니면 수면, 출석도 중요할까?
셋 중에 뭐가 제일 영향이 클까?"

좋은 예시입니다! 이 상황은 **다중회귀분석**을 아주 쉽게 이해할 수 있게 도와줍니다.

🎓 상황 요약

- 조사 대상: 1학년 대학생 100명
- 목표: **시험 점수(Y)**에 영향을 미치는 요인을 분석
- 독립변수들:
  - X_1: 하루 평균 공부 시간
  - X_2: 수면 시간
  - X_3: 수업 출석률

? 핵심 질문들

1. **공부 시간만 중요할까?**
2. **잠이나 출석률도 시험 점수에 영향을 줄까?**
3. **이 셋 중에서 시험 점수에 제일 영향을 많이 주는 요인은 뭘까?**

▇ 다중회귀분석이란?

> **여러 개의 원인(X_1, X_2, X_3...)이**
> **하나의 결과(Y)에 어떻게 영향을 미치는지** 분석하는 통계 기법

수식 형태는:

$$\text{점수} = a + b_1 \cdot \text{공부시간} + b_2 \cdot \text{수면시간} + b_3 \cdot \text{출석률} + \varepsilon$$

📊 분석 결과 예시 (가상의 결과)

변수	회귀계수(β)	해석 예시
공부 시간	+4.2	시간당 4.2점 상승
수면 시간	+1.5	1시간 더 자면 1.5점 상승
출석률	+0.3	출석률 1% 상승 시 0.3점 상승

✅ 결론 정리

질문	답변
공부 시간만 중요할까?	아니요, 수면과 출석도 영향을 미칩니다.
셋 중 가장 영향력 큰 변수는?	**공부 시간**이 점수에 가장 큰 영향을 줍니다.
수면이나 출석은 무의미한가요?	아니요, 작지만 유의미한 영향을 줍니다.

엑셀을 이용한 풀이

회귀모형에서 결정계수는 회귀모형에 투입된 독립변수가 종속변수를 설명하는 정도를 의미한다. 제12장의 광고비–매출액의 회귀모형에서 결정계수(R^2)가 .67이었는데, 이는 광고비로 매출액 변동의 67%를 설명할 수 있음을 의미한다. 추정된 회귀식으로 매출액을 예측한다고 할 때, 결정계수가 높을수록 예측의 정확도는 높아질 것이다. 그러므로 가급적이면 높은 수준의 R^2 값을 갖는 회귀모형을 추정할 필요가 있다.

회귀식의 R^2 수준을 높이는 방법에는 양질의 데이터를 선택하거나 독립변수의 수를 늘이는 방법이 있다. 하나의 독립변수로 단일 종속변수를 설명하는 회귀모형을 단순회귀모형이라고 하고 여러 개의 독립변수를 갖는 회귀모형을 다중회귀모형이라고 한다. 통상적으로 단순회귀모형보다는 다중회귀모형의 R^2 이 높다.

제12장의 단순회귀모형에 독립변수(판매원 수)를 추가하여 다중회귀모형을 구성하여 엑셀을 이용하여 풀이해 보자.

월	판매원 수	광고비	매출액
1	20	5	80
2	20	4	80
3	60	6	160
4	80	7	190
5	30	5	120
6	50	6	140
7	40	6	150
8	40	3	90
9	70	7	160
10	60	4	130

절차 1

먼저 회귀분석을 실시하기 위해서는 그림과 같이 독립변수와 종속변수의 자료를 입력한다.

	A	B	C	D	E
1	월	판매원수	광고비	매출액	
2	1	20	5	80	
3	2	20	4	80	
4	3	60	6	160	
5	4	80	7	190	
6	5	30	5	120	
7	6	50	6	140	
8	7	40	6	150	
9	8	40	3	90	
10	9	70	7	160	
11	10	60	4	130	

절차 2

메뉴에서 [데이터] → [데이터 분석]의 [분석 도구(A)]의 목록에서 [회귀분석]을 선택한다.

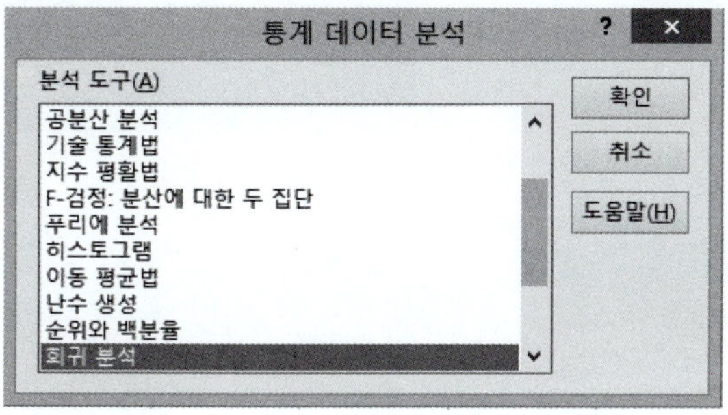

절차 3

[Y축 입력 범위(Y)]에는 이름표를 포함한 매출액 데이터 범위를 입력하고 [X축 입력 범위(X)]에는 판매원 수와 광고비 데이터 범위를 이름표를 포함해서 모두 입력한다. [이름표(L)]와 [신뢰 수준(F)]을 선택하고 95를 입력한다. 그리고 출력 옵션과 잔차 옵션을 선택한 후 확인을 클릭한다.

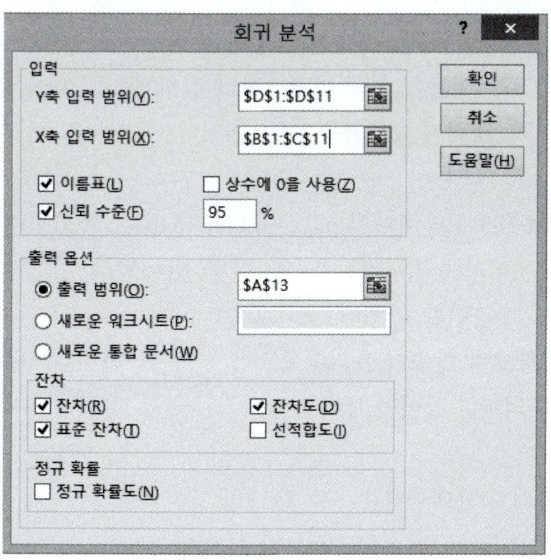

이상의 절차를 수행하면 다음의 결과를 볼 수 있다.

요약 출력

회귀분석 통계량	
다중 상관	0.9532
결정계수	0.90859
조정된 결	0.882473
표준 오차	12.82722
관측수	10

분산 분석

	자유도	제곱합	제곱 평균	F 비	유의한 F
회귀	2	11448.24	5724.119	34.78913	0.000231
잔차	7	1151.763	164.5376		
계	9	12600			

	계수	표준 오차	t 통계량	P-값	하위 95%	상위 95%	하위 95.0%	상위 95.0%
Y 절편	10.45478	17.43015	0.59981	0.567533	-30.761	51.67053	-30.761	51.67053
판매원수	1.100664	0.260157	4.230774	0.003884	0.485491	1.715837	0.485491	1.715837
광고비	12.79509	4.002069	3.19712	0.015126	3.331705	22.25848	3.331705	22.25848

잔차 출력

관측수	측치 매출	잔차	표준 잔차
1	96.44354	-16.4435	-1.45357
2	83.64844	-3.64844	-0.32251
3	153.2652	6.734798	0.595339
4	188.0736	1.926418	0.17029
5	107.4502	12.54982	1.109372
6	142.2586	-2.25856	-0.19965
7	131.2519	18.74808	1.657283
8	92.86663	-2.86663	-0.2534
9	177.0669	-17.0669	-1.50867
10	127.675	2.324987	0.205523

결과를 살펴보면 다음과 같다.

① 회귀식의 추정

매출액＝10.455＋1.100×판매원 수＋12.795×광고비

② 모형의 적합도

회귀식의 설명력은 결정계수로 판단한다. 결정계수와 조정된 결정계수의 두 값이 있는데, 독립변수가 추가됨에 따라 값이 과도하게 높아지는 경향을 조정한 조정된 결정계수를 보면 된다. 제12장의 단순회귀모형의 결정계수가 0.67이었는데, 다중회귀모형의 결정계수는 0.88이다. 독립변수인 판매원 수가 추가되어 모형의 설명력이 높아졌음을 알 수 있다.

③ 모형의 유의성

전체 모형의 유의성을 검정하는 F계수가 34.789이고 이때의 p값은 0.000231이다. 유의수준 0.05에 비해 현저하게 낮으므로 모든 계수가 0이라는 귀무가설을 기각한다. 판매원의 수와 광고비의 두 변수 모두 매출액에 영향을 미친다고 판단할 수 있다.

개별 계수의 통계적 유의성은 판매원 수와 광고비 변수의 유의수준으로 검정가능하며, 두 변수모두 0.05 이하의 값을 보이고 있으므로 유의미한 차이를 보이고 있다.

④ 추정 및 예측

판매원 수가 55명이고 광고비가 4억 원일 때의 예상매출액은

122.1717(억 원)＝10.45478＋4(억)×12.79509＋55(명)×1.10064(억 원)이다.

01 다음은 어떤 다중회귀분석의 문제에서 분산분석표를 작성한 것이다.

분산의 원천	제곱의 합	자유도	평균제곱	F
회귀	(　　)	(　　)	5,110.5	(　　)
오차	(　　)	17	(　　)	
합계	11,485	19		

① 분산분석표를 완성하라.

② 독립변수의 개수는 모두 몇 개인가? 또한 표본의 크기는 얼마인가?

③ 다중회귀식의 결정계수를 구하라.

02 F 패밀리 레스토랑에서는 각 지점들의 매출액을 결정하는 주요 두 가지 요인을 메뉴의 다양성(종류)과 종업원 수라고 생각하여 각 지점의 메뉴의 다양성, 종업원 수, 매출액을 조사하여 다음의 자료를 얻었다.

대리점	메뉴의 다양성 (X_1) (단위 : 개)	종업원 수 (X_2) (단위 : 명)	매출액(Y) (단위 : 천만 원)
1	4	4	9
2	8	10	20
3	9	8	22
4	8	5	15
5	12	15	30
6	6	8	16
7	10	13	27
8	7	5	15
9	8	10	17
10	9	12	25

① 회귀식을 구하라.

② s_e, R^2 을 구하라.

③ 분산분석표를 작성하라.

④ 귀무가설 $\beta_1=\beta_2=0$ 이라는 가설을 유의수준 0.05 수준에서 검정하라.

⑤ β_1 과 β_2 에 대해 각각 0인지 아닌지 유의수준 0.05 수준에서 검정하라.

03 어떤 회사의 인사팀에서는 직원들의 연봉이 주로 각자의 교육년수와 근무년수에 의해 크게 영향을 받는 것으로 생각하고 있다. 이를 증명하기 위해 직원 중 20명을 무작위로 추출해 보았더니 교육년수와 근무년수별로 연봉이 다음과 같았다고 한다.

번호	교육년수	근무년수	연봉(백만 원)	번호	교육년수	근무년수	연봉(백만 원)
1	2	9	12	11	12	7	21
2	4	18	16	12	13	9	24
3	8	21	28	13	14	12	30
4	8	12	15	14	14	17	24
5	8	14	21	15	15	19	25
6	10	16	26	16	15	6	26
7	12	16	25	17	16	16	38
8	12	9	23	18	16	10	22
9	12	18	22	19	17	10	33
10	12	5	19	20	21	17	48

① 독립변수와 종속변수는 각각 어떤 것일까?

② 회귀식을 구하라.

③ 분산분석표를 작성하라.

④ 결정계수와 상관계수를 구하고 둘의 관계를 설명하라.

⑤ 회귀모형의 유의성을 유의수준 0.05 수준에서 검정하라.

⑥ 위의 회귀식에서 β_1 과 β_2 에 대해 95% 신뢰구간을 구하라.

⑦ 위의 회귀식에서 교육년수와 연봉이 유의적인 선형관계를 가지는지 여부를 유의수준 0.05에서 검정하라.

04 엑셀을 이용한 다중회귀분석의 결과가 다음과 같을 때 빈칸을 채워라.

회귀분석 통계량

다중상관계수	0.983
결정계수	(　　)
조정된 결정계수	(　　)
표준오차	1.077
관측 수	8

분산분석

	자유도	제곱합	평균제곱	F비	유의한 F
회귀	2	166.2052	(　　)	(　　)	0.0002
잔차	(　　)	(　　)	(　　)		
계	(　　)	172			

	계수	표준오차	t통계량	p값
Y절편	5.9793	1.7633	3.3910	0.0194
X_1	0.2297	0.1971	(　　)	0.2963
X_2	1.1241	0.8194	(　　)	0.2284

05 H전자에서는 에어컨 판매량(Y, 단위 : 만 대)이 1인당 GNP(X_1, 단위 : 백만 원)와 그해 여름의 평균기온(X_2)에 영향을 받는다고 생각하고 있다. 이 관계를 알아보기 위해 과거 10년간의 자료를 구한 후 엑셀을 이용하여 다중회귀분석을 실시한 결과가 다음과 같다.

분산분석

구분	자유도	제곱합	평균제곱	F비	유의한 F
회귀	2	179.6468	89.8234	25.6448	0.0006
잔차	7	24.5182	3.5026		
계	9	204.1650			

구분	계수	표준오차	t통계량	p값
Y절편	−48.6042	25.7786	−1.8855	0.1014
X_1	0.0611	0.0169	3.6116	0.0086
X_2	1.7482	1.5055	1.1612	0.2836

① 다중회귀선을 구하라.

② 1인당 GNP가 100만 원 늘어날 때의 에어컨 판매량의 수준은?

③ 회귀모형의 유의성을 유의수준 0.05 수준에서 검정하라.

④ 다중결정계수를 구하라.

⑤ 개별 회귀계수의 유의성을 유의수준 0.05 수준에서 검정하라.

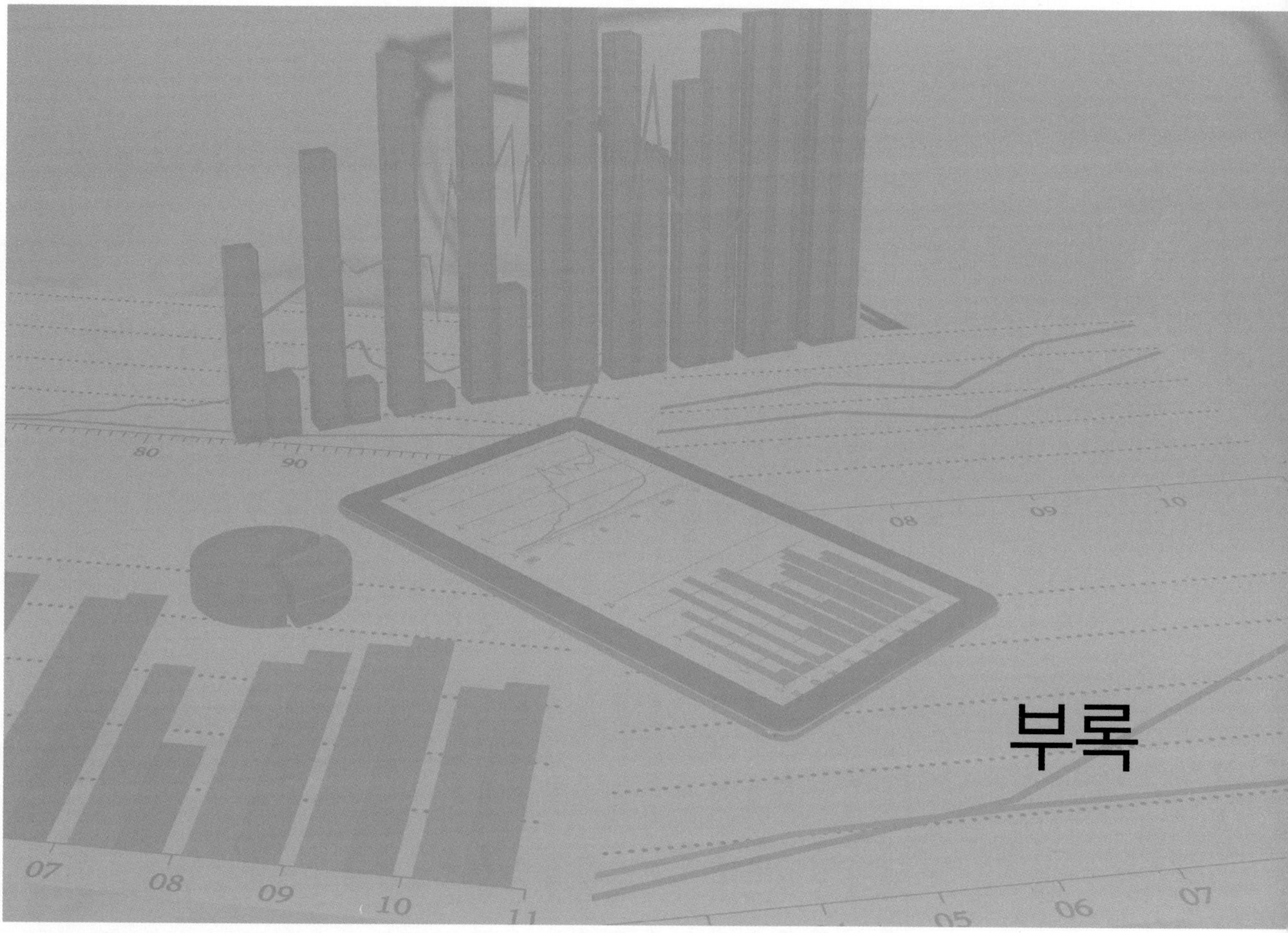

부록

BUSINESS STATISTICS

표 1. 난수표

ROW \ COLUMN	1	2	3	4	5	6	7	8	9	10	11	12	13	14
1	10480	15011	01536	02011	81647	91646	69179	14194	62590	36207	20969	99570	91291	90700
2	22368	46573	25595	85393	30995	89198	27982	53402	93965	34095	52666	19174	39615	99505
3	24130	48360	22527	97265	76393	64809	15179	24830	49340	32081	30680	19655	63348	58629
4	42167	93093	06243	61680	07856	16376	39440	53537	71341	57004	00849	74917	97758	16379
5	37570	39975	81837	16656	06121	91782	60468	81305	49684	60672	14110	06927	01263	54613
6	77921	06907	11008	42751	27756	53498	18602	70659	90655	15053	21916	81825	44394	42880
7	99562	72905	56420	69994	98872	31016	71194	18738	44013	48840	63213	21069	10634	12952
8	96301	91977	05463	07972	18876	20922	94595	56869	69014	60045	18425	84903	42508	32307
9	89579	14342	63661	10281	17453	18103	57740	84378	25331	12566	58678	44947	05585	56941
10	85475	36857	53342	53988	53060	59533	38867	62300	08158	17983	16439	11458	18593	64952
11	28918	69578	88231	33276	70997	79936	56865	05859	90106	31595	01547	85590	91610	78188
12	63553	40961	48235	03427	49626	69445	18663	72695	52180	20847	12234	90511	33703	90322
13	09429	93969	52636	92737	88974	33488	36320	17617	30015	08272	84115	27156	30613	74952
14	10365	61129	87529	85689	48237	52267	67689	93394	01511	26358	85104	20285	29975	89868
15	07119	97336	71048	08178	77233	13916	47564	81056	97735	85977	29372	74461	28551	90707
16	51085	12765	51821	51259	77452	16308	60756	92144	49442	53900	70960	63990	75601	40719
17	02368	21382	52404	60268	89368	19885	55322	44819	01188	65255	64835	44919	05944	55157
18	01011	54092	33362	94904	31273	04146	18594	29852	71585	85030	51132	01915	92747	64951
19	52162	53916	46369	58586	23216	14513	83149	98736	23495	64350	94738	17752	35156	35749
20	07056	97628	33787	09998	42698	06691	76988	13602	51851	46104	88916	19509	25625	58104
21	48663	91245	85828	14346	09172	30168	90229	04734	59193	22178	30421	61666	99904	32812
22	54164	58492	22421	74103	47070	25306	76468	26384	58151	06646	21521	15227	96909	44592
23	32639	32363	05597	24200	13363	38005	94342	28728	35806	06912	17012	64161	18296	22851
24	29334	27001	87637	87308	58731	00256	45834	15398	46557	41135	10367	07684	36188	18510
25	02488	33062	28834	07351	19731	92420	60952	61280	50001	67658	32586	86679	50720	94953

COLUMN / ROW	1	2	3	4	5	6	7	8	9	10	11	12	13	14
26	81525	72295	04839	96423	24878	82651	66566	14778	76797	14780	13300	87074	79666	95725
27	29676	20591	68086	26432	46901	20849	89768	81536	86645	12659	92259	57102	80428	25280
28	00742	57392	39064	66432	84673	40027	32832	61362	98947	96067	64760	64584	96096	98253
29	05366	04213	25669	26422	44407	44048	37937	63904	45766	66134	75470	66520	34693	90449
30	91921	26418	64117	94305	26766	25940	39972	22209	71500	64568	91402	42416	07844	69618
31	00582	04711	87917	77341	42206	35126	74087	99547	81817	42607	43808	76655	62028	76630
32	00725	69884	62797	56170	86324	88072	76222	36086	84637	93161	76038	65855	77919	88006
33	69011	65795	95876	55293	18988	27354	26575	08625	40801	59920	29841	80150	12777	48501
34	25976	57948	29888	88604	67917	48708	18912	82271	65424	69774	33611	54262	85963	03547
35	09763	83473	73577	12908	30883	18317	28290	35797	05998	41688	34952	37888	38917	88050
36	91576	42595	27958	30134	04024	86385	29880	99730	55536	84855	29080	09250	79656	73211
37	17955	56349	90999	49127	20044	59931	06115	20542	18059	02008	73708	83517	36103	42791
38	46503	18584	18845	49618	02304	51038	20655	58727	28168	15475	56942	53389	20562	87338
39	92157	89634	94824	78171	84610	82834	09922	25417	44137	48413	25555	21246	35509	20468
40	14577	62765	35605	81263	39667	47358	56873	56307	61607	49518	89656	20103	77490	18062
41	98427	07523	33362	64270	01638	92477	66969	98420	04880	45585	46565	04102	46880	45709
42	34914	63976	88720	82765	34476	17032	87589	40836	32427	70002	70663	88863	77775	69348
43	70060	28277	39475	46473	23219	53416	94970	25832	69975	94884	19661	72828	00102	66794
44	53976	54914	06990	67245	68350	82948	11398	42878	80287	88267	47363	46634	06541	97809
45	76072	29515	40980	07391	58745	25774	22987	80059	39911	96189	41151	14222	60697	59583
46	90725	52210	83974	29992	65831	38857	50790	83765	55657	14361	31720	57375	56228	41546
47	64364	67412	33339	31926	14883	24413	59744	92351	97473	89286	35931	04110	23726	51900
48	08962	00358	31662	25388	61642	34072	81249	35648	56891	69352	48373	45578	78547	81788
49	95012	68379	93526	70765	10592	04542	76463	54328	02349	17247	28865	14777	62730	92277
50	15664	10493	20492	38391	91132	21999	59516	81652	27195	48223	46751	22923	32261	85653
51	16408	81899	04153	53381	79401	21438	83035	92350	36693	31238	59649	91754	72772	02338
52	18629	81953	05520	91962	04739	13092	97662	24822	94730	06496	35090	04822	86774	98289
53	73115	35101	47498	87637	99016	71060	88824	71013	18735	20286	23153	72924	35165	43040

COLUMN / ROW	1	2	3	4	5	6	7	8	9	10	11	12	13	14
54	57491	16703	23167	49323	45021	33132	12544	41035	80780	45393	44812	12515	98931	91202
55	30405	83946	23792	14422	15059	45799	22716	19792	09983	74353	68668	30429	70735	25499
56	16631	35006	85900	98275	32388	52390	16815	69298	82732	38480	73817	32523	41961	44437
57	96773	20206	42559	78985	05300	22164	24369	54224	35083	19687	11052	91491	60383	19746
58	38935	64202	14349	82674	66523	44133	00697	35552	35970	19124	63318	29686	03387	59846
59	31624	76384	17403	53363	44167	64486	64758	75366	76554	31601	12614	33072	60332	92325
61	78919	19474	23632	27889	47914	02584	37680	20801	72152	39339	34806	08930	85001	87820
61	03931	33309	57047	74211	63445	17361	62825	39908	05607	91284	68833	25570	38818	46920
62	74426	33278	43972	10119	89917	15665	52872	73823	73144	88662	88970	74492	51805	99378
63	09066	00903	20795	95452	92648	45454	09552	88815	16553	51125	79375	97596	16296	66092
64	42238	12426	87025	14267	20979	04508	64535	31355	86064	29472	47689	05974	52468	16834
65	16153	08002	26504	41744	81959	65642	74240	56302	00033	67107	77510	70625	28725	34191
66	21457	40742	29820	96783	29400	21840	15035	34537	33310	06116	95240	15957	16572	06004
67	21581	57802	02050	89728	17937	37621	47075	42080	97403	48626	68995	43805	33386	21597
68	55612	78095	83197	33732	05810	24813	86902	60397	16489	03264	88525	42786	05269	92532
69	44657	66999	99324	51281	84463	60563	79312	93454	68876	25471	93911	25650	12682	73572
70	91340	84979	46949	81973	37949	61023	43997	15263	80644	43942	89203	71795	99533	50501
71	91227	21199	31935	27022	84067	05462	35216	14486	29891	68607	41867	14951	91696	85065
72	50001	38140	66321	19924	72163	09538	12151	06878	91903	18749	34405	56087	82790	70925
73	65390	05224	72958	28609	81406	39147	25549	48542	42627	45233	57202	94617	23772	07896
74	27504	96131	83944	41575	10573	08619	64482	73923	36152	05184	94142	25299	84387	34925
75	37169	94851	39117	89632	00959	16487	65536	49071	39782	17095	02330	74301	00275	48280
76	11508	70225	51111	38351	19444	66499	71945	05422	13442	78675	84081	66938	93654	59894
77	37449	30362	06694	54690	04052	53115	62757	95348	78662	11163	81651	50245	34971	52924
78	46515	70331	85922	38329	57015	15765	97161	17869	45349	61796	66345	81073	49106	79860
79	30986	81223	42416	58353	21532	30502	32305	86482	05174	07901	54339	58861	74818	46942
80	63798	64995	46583	09785	44160	78128	83991	42865	92520	83531	80377	35909	81250	54238
81	82486	84846	99254	67632	43218	50076	21361	64816	51202	88124	41870	52689	51275	83556

COLUMN / ROW	1	2	3	4	5	6	7	8	9	10	11	12	13	14
82	21885	32906	92431	09060	64297	51674	64126	62570	26123	05155	59194	52799	28225	85762
83	60336	98782	07408	53458	13564	59089	26445	29789	85205	41001	12535	12133	14645	23541
84	43937	46891	24010	25560	86355	33941	25786	54990	71899	15475	95434	98227	21824	19585
85	97656	63175	89303	16275	07100	92063	21942	18611	47348	20203	18534	03862	78095	50136
86	03299	01221	05418	38982	55758	92237	26759	86367	21216	98442	08303	56613	91511	75928
87	79626	06486	03574	17668	07785	76020	79924	25651	83325	88428	85076	72811	22717	50585
88	85636	68335	47539	03129	65651	11977	02510	26113	99447	68645	34327	15152	55230	93448
89	18039	14367	61337	06177	12143	46609	32989	74014	64708	00533	35398	58408	13261	47908
90	08362	15656	60627	36478	65648	16764	53412	09013	07832	41574	17639	82163	60859	75567
91	79556	29068	04142	16268	15387	12856	66227	38358	22478	73373	88732	09443	82558	05250
92	92608	82674	27072	32534	17075	27698	98204	63863	11951	34648	88022	56148	34925	57031
93	23982	25835	40055	67006	12293	02753	14827	23235	35071	99704	37543	11601	35503	85171
94	09915	96306	05908	97901	28395	14186	00821	80703	70426	75647	76310	88717	37890	40129
95	59037	33300	26695	62247	69927	76123	50842	43834	86654	70959	79725	93872	28117	19233
96	42488	78077	69882	61657	34136	79180	97526	43092	04098	73571	80799	76536	71255	64239
97	46764	86273	63003	93017	31204	36692	40202	35275	57306	55543	53203	18098	47625	88684
98	03237	45430	55417	63282	90816	17349	88298	90183	36600	78406	06216	95787	42579	90730
99	86591	81482	52667	61582	14972	90053	89534	76036	49199	43716	97548	04379	46370	28672
100	38534	01715	94964	87288	65680	43772	39560	12918	86537	62738	19636	51132	25739	56947

출처: Abridged from W. H. Beyer, Ed., *CRC Standard Mathematical Tables*, 24th ed.(Cleveland: The Chemical Rubber Company), 1976.

표 2. 이항분포표

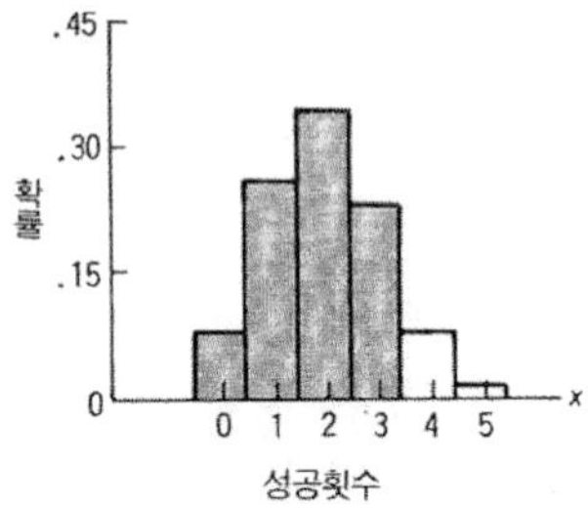

아래표의 값들은 n, p에 대하여 $X \leq x$가 되는 누적확률을 나타내고 있으며 다음 함수로 정의된다.

$$P(X \leq x \mid n,\ p) = \sum_{x=1}^{k} \binom{n}{x} p^{x}(1-p)^{n-x}$$

X: n번의 시행 중 성공한 횟수

p: 각 시행의 성공확률

예: 성공할 확률이 0.4인 어떤 시행을 5번 했을 경우 성공한 횟수가 3번 이하일 확률은 다음과 같다.

$$P(X \leq 3 \mid 5,\ 0.4) = 0.9130$$

a. $n=5$

k \ p	0.01	0.05	0.10	0.20	0.30	0.40	0.50	0.60	0.70	0.80	0.90	0.95	0.99
0	.951	.774	.590	.328	.168	.078	.031	.010	.002	.000	.000	.000	.000
1	.999	.977	.919	.737	.528	.337	.188	.087	.031	.007	.000	.000	.000
2	1.000	.999	.991	.942	.837	.683	.500	.317	.163	.058	.009	.001	.000
3	1.000	1.000	1.000	.993	.969	.913	.812	.663	.472	.263	.081	.023	.001
4	1.000	1.000	1.000	1.000	.998	.990	.969	.992	.832	.672	.410	.226	.049

b. $n=6$

k \ p	0.01	0.05	0.10	0.20	0.30	0.40	0.50	0.60	0.70	0.80	0.90	0.95	0.99
0	.941	.735	.531	.262	.118	.047	.016	.004	.001	.000	.000	.000	.000
1	.999	.967	.886	.655	.420	.233	.109	.041	.011	.002	.000	.000	.000
2	1.000	.998	.984	.901	.744	.544	.344	.179	.070	.017	.001	.000	.000
3	1.000	1.000	.999	.983	.930	.821	.656	.456	.256	.099	.016	.002	.000
4	1.000	1.000	1.000	.998	.989	.959	.891	.767	.580	.345	.114	.033	.001
5	1.000	1.000	1.000	1.000	.999	.996	.984	.953	.882	.738	.469	.265	.059

c. $n=7$

k \ p	0.01	0.05	0.10	0.20	0.30	0.40	0.50	0.60	0.70	0.80	0.90	0.95	0.99
0	.932	.698	.478	.210	.082	.028	.008	.002	.000	.000	.000	.000	.000
1	.998	.956	.850	.577	.329	.159	.063	.019	.004	.000	.000	.000	.000
2	1.000	.996	.974	.852	.647	.420	.227	.096	0.29	.005	.000	.000	.000
3	1.000	1.000	.997	.967	.874	.710	.500	.290	.126	.033	.003	.000	.000
4	1.000	1.000	1.000	.995	.971	.904	.773	.580	.353	.148	.026	.004	.000
5	1.000	1.000	1.000	1.000	.996	.981	.937	.841	.671	.423	.150	.044	.002
6	1.000	1.000	1.000	1.000	1.000	.998	.992	.972	.918	.790	.522	.302	.068

d. $n=8$

k \ p	0.01	0.05	0.10	0.20	0.30	0.40	0.50	0.60	0.70	0.80	0.90	0.95	0.99
0	.923	.663	.430	.168	.058	.017	.004	.001	.000	.000	.000	.000	.000
1	.997	.943	.813	.503	.255	.106	.035	.009	.001	.000	.000	.000	.000
2	1.000	.994	.962	.797	.552	.315	.145	.050	.011	.001	.000	.000	.000
3	1.000	1.000	.995	.944	.806	.594	.363	.174	.058	.010	.000	.000	.000
4	1.000	1.000	1.000	.990	.942	.826	.637	.406	.194	.056	.005	.000	.000
5	1.000	1.000	1.000	.999	.989	.950	.855	.685	.448	.203	.038	.006	.000
6	1.000	1.000	1.000	1.000	.999	.991	.965	.894	.745	.497	.187	.057	.003
7	1.000	1.000	1.000	1.000	1.000	.999	.996	.983	.942	.832	.570	.337	.077

e. $n=9$

k \ p	0.01	0.05	0.10	0.20	0.30	0.40	0.50	0.60	0.70	0.80	0.90	0.95	0.99
0	.914	.630	.387	.134	.040	.010	.002	.000	.000	.000	.000	.000	.000
1	.997	.929	.775	.436	.196	.071	.020	.004	.000	.000	.000	.000	.000
2	1.000	.992	.947	.738	.463	.232	.090	.025	.004	.000	.000	.000	.000
3	1.000	.999	.992	.914	.730	.483	.254	.099	.025	.003	.000	.000	.000
4	1.000	1.000	.999	.980	.901	.733	.500	.267	.099	.020	.001	.000	.000
5	1.000	1.000	1.000	1.000	.975	.901	.746	.517	.270	.086	.008	.001	.000
6	1.000	1.000	1.000	1.000	.996	.975	.910	.768	.537	.262	.053	.008	.000
7	1.000	1.000	1.000	1.000	1.000	.996	.980	.929	.804	.564	.225	.071	.003
8	1.000	1.000	1.000	1.000	1.000	1.000	.998	.990	.960	.866	.613	.370	.086

f. $n=10$

k \ p	0.01	0.05	0.10	0.20	0.30	0.40	0.50	0.60	0.70	0.80	0.90	0.95	0.99
0	.904	.599	.349	.107	.028	.006	.001	.000	.000	.000	.000	.000	.000
1	.996	.914	.736	.376	.149	.046	.011	.002	.000	.000	.000	.000	.000
2	1.000	.988	.930	.678	.383	.167	.055	.012	.002	.000	.000	.000	.000
3	1.000	.999	.987	.879	.650	.382	.172	.055	.011	.001	.000	.000	.000
4	1.000	1.000	.998	.967	.850	.633	.377	.166	.047	.006	.000	.000	.000
5	1.000	1.000	1.000	.994	.953	.834	.623	.367	.150	.033	.002	.000	.000
6	1.000	1.000	1.000	.999	.989	.945	.828	.618	.350	.121	.013	.001	.000
7	1.000	1.000	1.000	1.000	.998	.988	.945	.833	.617	.322	.070	.012	.000
8	1.000	1.000	1.000	1.000	1.000	.998	.989	.954	.851	.624	.264	.086	.004
9	1.000	1.000	1.000	1.000	1.000	1.000	.999	.994	.972	.893	.651	.401	.096

g. $n=15$

k \ p	0.01	0.05	0.10	0.20	0.30	0.40	0.50	0.60	0.70	0.80	0.90	0.95	0.99
0	.860	.463	.206	.035	.005	.000	.000	.000	.000	.000	.000	.000	.000
1	.990	.829	.549	.167	.035	.005	.000	.000	.000	.000	.000	.000	.000
2	1.000	.964	.816	.398	.127	.027	.004	.000	.000	.000	.000	.000	.000
3	1.000	.995	.944	.648	.297	.091	.018	.002	.000	.000	.000	.000	.000
4	1.000	.999	.987	.836	.515	.217	.059	.009	.001	.000	.000	.000	.000
5	1.000	1.000	.998	.939	.722	.403	.151	.034	.004	.000	.000	.000	.000
6	1.000	1.000	1.000	.982	.869	.610	.304	.095	.015	.001	.000	.000	.000
7	1.000	1.000	1.000	.996	.950	.787	.500	.213	.050	.004	.000	.000	.000
8	1.000	1.000	1.000	.999	.985	.905	.696	.390	.131	.018	.000	.000	.000
9	1.000	1.000	1.000	1.000	.996	.966	.849	.597	.278	.061	.002	.000	.000
10	1.000	1.000	1.000	1.000	.999	.991	.941	.783	.485	.164	.013	.001	.000
11	1.000	1.000	1.000	1.000	1.000	.998	.982	.909	.703	.352	.056	.005	.000
12	1.000	1.000	1.000	1.000	1.000	1.000	.996	.973	.873	.602	.184	.036	.000
13	1.000	1.000	1.000	1.000	1.000	1.000	1.000	.995	.965	.833	.451	.171	.010
14	1.000	1.000	1.000	1.000	1.000	1.000	1.000	1.000	.995	.965	.794	.537	.140

h. $n=20$

k \ p	0.01	0.05	0.10	0.20	0.30	0.40	0.50	0.60	0.70	0.80	0.90	0.95	0.99
0	.818	.358	.122	.012	.001	.000	.000	.000	.000	.000	.000	.000	.000
1	.983	.736	.392	.069	.008	.001	.000	.000	.000	.000	.000	.000	.000
2	.999	.925	.677	.206	.035	.004	.000	.000	.000	.000	.000	.000	.000
3	1.000	.984	.867	.411	.107	.016	.001	.000	.000	.000	.000	.000	.000
4	1.000	.997	.957	.630	.238	.051	.006	.000	.000	.000	.000	.000	.000
5	1.000	1.000	.989	.804	.416	.126	.021	.002	.000	.000	.000	.000	.000
6	1.000	1.000	.998	.913	.608	.250	.058	.006	.000	.000	.000	.000	.000
7	1.000	1.000	1.000	.968	.772	.416	.132	.021	.001	.000	.000	.000	.000
8	1.000	1.000	1.000	.990	.887	.596	.252	.057	.005	.000	.000	.000	.000
9	1.000	1.000	1.000	.997	.952	.755	.412	.128	.017	.001	.000	.000	.000
10	1.000	1.000	1.000	.999	.983	.872	.588	.245	.048	.003	.000	.000	.000
11	1.000	1.000	1.000	1.000	.995	.943	.748	.404	.113	.010	.000	.000	.000
12	1.000	1.000	1.000	1.000	.999	.979	.868	.584	.228	.032	.000	.000	.000
13	1.000	1.000	1.000	1.000	1.000	.994	.942	.750	.392	.087	.002	.000	.000
14	1.000	1.000	1.000	1.000	1.000	.998	.979	.874	.584	.196	.011	.000	.000
15	1.000	1.000	1.000	1.000	1.000	1.000	.994	.949	.762	.370	.043	.003	.000
16	1.000	1.000	1.000	1.000	1.000	1.000	.999	.984	.893	.589	.133	.016	.000
17	1.000	1.000	1.000	1.000	1.000	1.000	1.000	.996	.965	.794	.323	.075	.001
18	1.000	1.000	1.000	1.000	1.000	1.000	1.000	.999	.992	.931	.608	.264	.017
19	1.000	1.000	1.000	1.000	1.000	1.000	1.000	1.000	.999	.988	.878	.642	.182

i. $n=25$

k \ p	0.01	0.05	0.10	0.20	0.30	0.40	0.50	0.60	0.70	0.80	0.90	0.95	0.99
0	.778	.277	.072	.004	.000	.000	.000	.000	.000	.000	.000	.000	.000
1	.974	.642	.0271	.027	.002	.000	.000	.000	.000	.000	.000	.000	.000
2	.998	.873	.537	.098	.009	.000	.000	.000	.000	.000	.000	.000	.000
3	1.000	.966	.764	.234	.033	.002	.000	.000	.000	.000	.000	.000	.000
4	1.000	.993	.902	.421	.090	.009	.000	.000	.000	.000	.000	.000	.000
5	1.000	.999	.967	.617	.193	.029	.002	.000	.000	.000	.000	.000	.000
6	1.000	1.000	.991	.780	.341	.074	.007	.000	.000	.000	.000	.000	.000
7	1.000	1.000	.998	.891	.512	.154	.022	.001	.000	.000	.000	.000	.000
8	1.000	1.000	1.000	.953	.677	.274	.054	.004	.000	.000	.000	.000	.000
9	1.000	1.000	1.000	.983	.811	.425	.115	.013	.000	.000	.000	.000	.000
10	1.000	1.000	1.000	.994	.902	.586	.212	.034	.002	.000	.000	.000	.000
11	1.000	1.000	1.000	.998	.956	.732	.345	.078	.006	.000	.000	.000	.000
12	1.000	1.000	1.000	1.000	.983	.846	.500	.154	.017	.000	.000	.000	.000
13	1.000	1.000	1.000	1.000	.994	.922	.655	.268	.044	.002	.000	.000	.000
14	1.000	1.000	1.000	1.000	.998	.966	.788	.414	.098	.006	.000	.000	.000
15	1.000	1.000	1.000	1.000	1.000	.987	.885	.575	.189	.017	.000	.000	.000
16	1.000	1.000	1.000	1.000	1.000	.996	.946	.726	.323	.047	.000	.000	.000
17	1.000	1.000	1.000	1.000	1.000	.999	.978	.846	.488	.109	.002	.000	.000
18	1.000	1.000	1.000	1.000	1.000	1.000	.993	.926	.659	.220	.009	.000	.000
19	1.000	1.000	1.000	1.000	1.000	1.000	.998	.971	.807	.383	.033	.001	.000
20	1.000	1.000	1.000	1.000	1.000	1.000	1.000	.991	.910	.579	.098	.007	.000
21	1.000	1.000	1.000	1.000	1.000	1.000	1.000	.998	.967	.766	.236	.034	.000
22	1.000	1.000	1.000	1.000	1.000	1.000	1.000	1.000	.991	.902	.463	.127	.002
23	1.000	1.000	1.000	1.000	1.000	1.000	1.000	1.000	.998	.973	.729	.358	.026
24	1.000	1.000	1.000	1.000	1.000	1.000	1.000	1.000	1.000	.996	.928	.723	.222

표 3. 포아송분포표

아래 각 값들은 발생횟수(λ)에 대하여 $X=x$가 될 확률을 나타내며 다음 식과 같은 함수로 정의된다.

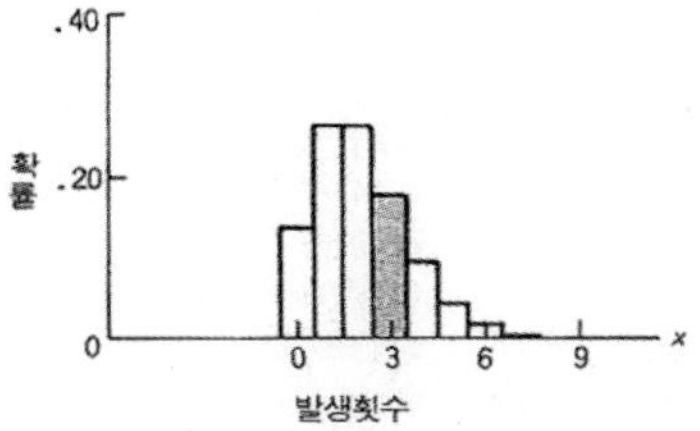

$$P(X=x)=\frac{e^{-\lambda}\lambda^{x}}{x!}$$

예: 1. $\lambda=2,\ x=3$일 때, $P(X=3)=0.1804$

2. $\lambda=2,\ x=2$일 때, $P(X\leq 2)=0.0003+0.0027+0.0107=0.0137$

x	λ .1	.2	.3	.4	.5	.6	.7	.8	.9	1.0
0	.9048	.8187	.7408	.6703	.6065	.5488	.4966	.4493	.4066	.3679
1	.0905	.1637	.2222	.2681	.3033	.3293	.3476	.3595	.3659	.3679
2	.0045	.0164	.0333	.0536	.0758	.0988	.1217	.1438	.1647	.1839
3	.0002	.0011	.0033	.0072	.0126	.0198	.0284	.0383	.0494	.0613
4	.0000	.0001	.0003	.0007	.0016	.0030	.0050	.0077	.0111	.0153
5	.0000	.0000	.0000	.0001	.0002	.0004	.0007	.0012	.0020	.0031
6	.0000	.0000	.0000	.0000	.0000	.0000	.0001	.0002	.0003	.0005
7	.0000	.0000	.0000	.0000	.0000	.0000	.0000	.0000	.0000	.0001
8	.0000	.0000	.0000	.0000	.0000	.0000	.0000	.0000	.0000	.0000

x	λ 1.1	1.2	1.3	1.4	1.5	1.6	1.7	1.8	1.9	2.0
0	.3329	.3012	.2725	.2466	.2231	.2019	.1827	.1653	.1496	.1353
1	.3662	.3614	.3543	.3452	.3347	.3230	.3106	.2975	.2842	.2707
2	.2014	.2169	.2303	.2417	.2510	.2584	.2640	.2678	.2700	.2707
3	.0738	.0867	.0998	.1128	.1255	.1378	.1496	.1607	.1710	.1804
4	.0203	.0260	.0324	.0395	.0471	.0551	.0636	.0723	.0812	.0902
5	.0045	.0062	.0084	.0111	.0141	.0176	.0216	.0260	.0309	.0361
6	.0008	.0012	.0018	.0026	.0035	.0047	.0061	.0078	.0098	.0120
7	.0001	.0002	.0003	.0005	.0008	.0011	.0015	.0020	.0027	.0034
8	.0000	.0000	.0001	.0001	.0001	.0002	.0003	.0005	.0006	.0009
9	.0000	.0000	.0000	.0000	.0000	.0000	.0001	.0001	.0001	.0002
10	.0000	.0000	.0000	.0000	.0000	.0000	.0000	.0000	.0000	.0000

표 4. 표준정규분포표

아래 표의 값들을 표준정규분포의 확률을 의미하며 다음 그림에서 평균값과 Z값 사이의 면적으로 표시된다.

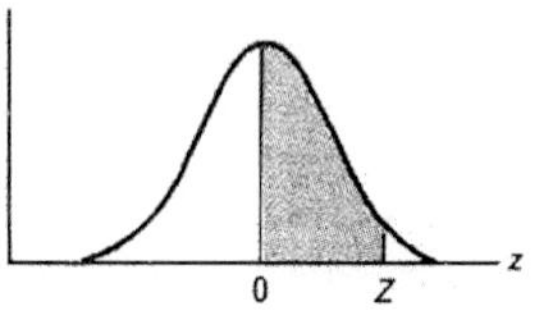

Z	00	.01	.02	.03	.04	.05	.06	.07	.08	.09
.00	.0000	.0040	.0080	.0120	.0160	.0199	.0239	0.279	.0319	.0359
.10	.0398	.0438	.0478	.0517	.0557	.0596	.0636	.0675	.0714	.0753
.20	.0793	.0832	.0871	.0910	.0948	.0987	.1026	.1064	.1103	.1141
.30	.1179	.1217	.1255	.1293	.1331	.1368	.1406	.1443	.1480	.1517
.40	.1554	.1591	.1628	.1664	.1700	.1736	.1772	.1808	.1844	.1879
.50	.1915	.1950	.1985	.2019	.2054	.2088	.2123	.2157	.2190	.2224
.60	.2257	.2291	.2324	.2357	.2389	.2422	.2454	.2486	.2517	.2549
.70	.2580	.2611	.2642	.2673	.2703	.2734	.2764	.2793	.2823	.2852
.80	.2881	.2910	.2939	.2967	.2995	.3023	.3051	.3078	.3106	.3133
.90	.3159	.3186	.3212	.3238	.3264	.3289	.3315	.3340	.3365	.3389
1.00	.3413	.3438	.3461	.3485	.3508	.3531	.3554	.3577	.3599	.3621
1.10	.3643	.3665	.3686	.3708	.3729	.3749	.3770	.3790	.3810	.3830
1.20	.3849	.3869	.3888	.3907	.3925	.3944	.3962	.3980	.3997	.4015
1.30	.4032	.4049	.4066	.4082	.4099	.4115	.4131	.4147	.4162	.4177
1.40	.4192	.4207	.4222	.4236	.4251	.4265	.4279	.4292	.4306	.4319
1.50	.4332	.4345	.4357	.4370	.4382	.4394	.4406	.4418	.4429	.4441
1.60	.4452	.4463	.4474	.4474	.4495	.4505	.4515	.4525	.4535	.4545
1.70	.4554	.4564	.4573	.4582	.4591	.4599	.4608	.4616	.4625	.4633
1.80	.4641	.4649	.4656	.4664	.4671	.4678	.4686	.4693	.4699	.4706
1.90	.4713	.4719	.4726	.4732	.4738	.4744	.4750	.4756	.4761	.4767
2.00	.4772	.4778	.4783	.4788	.4793	.4798	4803	.4808	.4812	.4817
2.10	.4821	.4826	.4830	.4834	.4838	.4842	.4846	.4850	.4854	.4857
2.20	.4861	.4864	.4868	.4871	.4875	.4878	.4881	.4884	.4887	.4890
2.30	.4893	.4896	.4898	.4901	.4904	.4906	.4909	.4911	.4913	.4916
2.40	.4918	.4920	.4922	.4925	.4927	.4929	.4931	.4932	.4934	.4936
2.50	.4938	.4940	.4941	.4943	.4945	.4946	.4948	.4949	.4951	.4952
2.60	.4953	.4955	.4956	.4957	.4959	.4960	.4961	.4962	.4963	.4964
2.70	.4965	.4966	.4967	.4968	.4969	.4970	.4971	.4972	.4973	.4974
2.80	.4974	.4975	.4976	.4977	.4977	.4978	.4979	.4979	.4980	.4981
2.90	.4981	.4982	.4982	.4983	.4984	.4984	.4985	.4985	.4986	.4986
3.00	.4987	.4987	.4987	.4988	.4988	.4989	.4989	.4989	.4990	.4990
3.10	.4990	.4991	.4991	.4991	.4992	.4992	.4992	.4992	.4993	.4993
3.20	.4993	.4993	.4994	.4994	.4994	.4994	.4994	.4995	.4995	.4995
3.30	.4995	.4995	.4995	.4996	.4996	.4996	.4996	.4996	.4996	.4997
3.40	.4997	.4997	.4997	.4997	.4997	.4997	.4997	.4997	.4997	.4998
3.50	.4998	.4998	.4998	.4998	.4998	.4998	.4998	.4998	.4998	.4998
3.60	.4998	.4998	.4999	.4999	.4999	.4999	.4999	.4999	.4999	.4999
3.70	.4999	.4999	.4999	.4999	.4999	.4999	.4999	.4999	.4999	.4999
3.80	.4999	.4999	.4999	.4999	.4999	.4999	.4999	.4999	.4999	.4999

예: $0 \le Z \le 1.96$ 사이의 확률을 알려면 표의 첫번째 열에서 $Z=1.90$을 찾은 다음 다시 첫번째 행에서 0.06을 찾아($Z=1.90+0.06=1.96$) 두 숫자가 교차하는 지점에 위치한 0.4750을 읽으면 된다.

표 5. t분포표

예: $\alpha=0.05$, 자유도=10일 때, $t_{\alpha}=1.812$

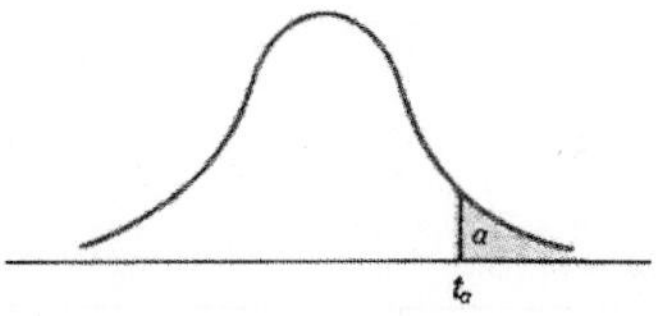

자유도	$t_{.100}$	$t_{.050}$	$t_{.025}$	$t_{.010}$	$t_{.005}$
1	3.078	6.314	12.706	31.821	63.657
2	1.886	2.920	4.303	6.965	9.925
3	1.638	2.353	3.182	4.541	5.841
4	1.533	2.132	2.776	3.747	4.604
5	1.476	2.015	2.571	3.365	4.032
6	1.440	1.943	2.447	3.143	3.707
7	1.415	1.895	2.365	2.998	3.499
8	1.397	1.860	2.306	2.896	3.355
9	1.383	1.833	2.262	2.821	3.250
10	1.372	1.812	2.228	2.764	3.169
11	1.363	1.796	2.201	2.718	3.106
12	1.356	1.782	2.179	2.681	3.055
13	1.350	1.771	2.160	2.650	3.012
14	1.345	1.761	2.145	2.624	2.977
15	1.341	1.753	2.131	2.602	2.947
16	1.337	1.746	2.120	2.583	2.921
17	1.333	1.740	2.110	2.567	2.898
18	1.330	1.734	2.101	2.552	2.878
19	1.328	1.729	2.093	2.539	2.861
20	1.325	1.725	2.086	2.528	2.845
21	1.323	1.721	2.080	2.518	2.831
22	1.321	1.717	2.074	2.508	2.819
23	1.319	1.714	2.069	2.500	2.807
24	1.318	1.711	2.064	2.492	2.797
25	1.316	1.708	2.060	2.485	2.787
26	1.315	1.706	2.056	2.479	2.779
27	1.314	1.703	2.052	2.473	2.771
28	1.313	1.701	2.048	2.467	2.763
29	1.311	1.699	2.045	2.462	2.756
∞	1.282	1.645	1.960	2.326	2.576

출처: M. Merrington, "Table of Percentage Points of the t-Distribution," *Biometrika*, 1941, *32*, 300.

표 6. χ^2 분포표

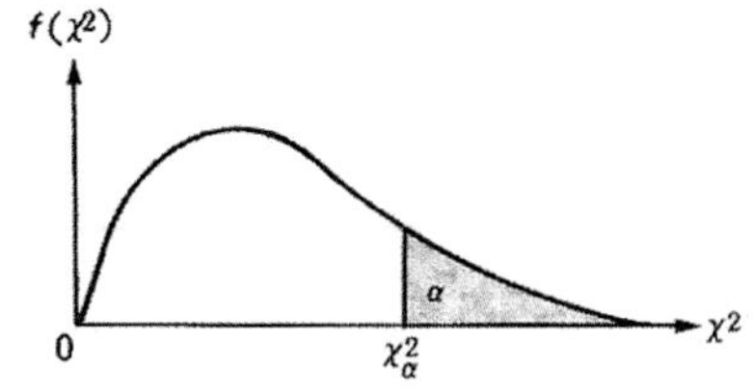

자유도	$\chi^2_{.995}$	$\chi^2_{.990}$	$\chi^2_{.975}$	$\chi^2_{.950}$	$\chi^2_{.900}$
1	0.0000393	0.0001571	0.0009821	0.0039321	0.0157908
2	0.100251	0.0201007	0.0506356	0.102587	0.210720
3	0.0717212	0.114832	0.215795	0.351846	0.584375
4	0.206990	0.297110	0.484419	0.710721	1.063623
5	0.411740	0.554300	0.831211	1.145476	1.61031
6	0.675727	0.872085	1.237347	1.63539	2.20413
7	0.989265	1.239043	1.68987	2.16735	2.83311
8	1.344419	1.646482	2.17973	2.73264	3.48954
9	1.734926	2.087912	2.70039	3.32511	4.16816
10	2.15586	2.55821	3.24697	3.94030	4.86518
11	2.60321	3.05347	3.81575	4.57481	5.57779
12	3.07382	3.57056	4.40379	5.22603	6.30380
13	3.56503	4.10691	5.00874	5.89186	7.04150
14	4.07468	4.66043	5.62872	6.57063	7.78953
15	4.60094	5.22935	6.26214	7.26094	8.54675
16	5.14224	5.81221	6.90766	7.96164	9.31223
17	5.69724	6.40776	7.56418	8.67176	10.0852
18	6.26481	7.01491	8.23075	9.39046	10.8649
19	6.84398	7.63273	8.90655	10.1170	11.6509
20	7.43386	8.26040	9.59083	10.8508	12.4426
21	8.03366	8.89720	10.28293	11.5913	13.2396
22	8.64272	9.54249	10.9823	12.3380	14.0415
23	9.26042	10.19567	11.6885	13.0905	14.8479
24	9.88623	10.8564	12.4011	13.8484	15.6587
25	10.517	11.5240	13.1197	14.6114	16.4734
26	11.1603	12.1981	13.8439	15.3791	17.2919
27	11.8076	12.8786	14.5733	16.1513	18.1138
28	12.4613	13.5648	15.3079	16.9279	18.9392
29	13.1211	14.2565	16.0471	17.7083	19.7677
30	13.7867	14.9535	16.7908	18.4926	20.5992
40	20.7065	22.1643	24.4331	26.5093	29.0505
50	27.9907	29.7067	32.3574	34.7642	37.6886
60	35.5346	37.4848	40.4817	43.1879	46.4589
70	43.2752	45.4418	48.7576	51.7393	55.3290
80	51.1720	53.5400	57.1532	60.3915	64.2778
90	59.1963	61.7541	65.6466	69.1260	73.2912
100	67.3276	70.0648	74.2219	77.9295	82.3581

출처: C.M. Thompson, "Tables of the Percentage Points of the χ^2-Distribution," *Biometrika*, 1941, *32*, 188-189.

예 : $\alpha=0.5$, 자유도=20일 때, $\chi_{\alpha}^{2}=31.4104$

자유도	$\chi^2_{.100}$	$\chi^2_{.050}$	$\chi^2_{.025}$	$\chi^2_{.010}$	$\chi^2_{.005}$
1	2.70554	3.84146	5.02389	6.63490	7.8794
2	4.60517	5.99147	7.37776	9.21034	10.5966
3	6.25139	7.81473	9.34840	11.3449	12.8381
4	7.77944	9.48773	11.1433	13.2767	14.8602
5	9.23635	11.0705	12.8325	15.0863	16.7496
6	10.6446	12.5916	14.4494	16.8119	18.5476
7	12.0170	14.0671	16.0128	18.4753	20.2777
8	13.3616	15.5073	17.5346	20.0902	21.9550
9	14.6837	16.9190	19.0228	21.6660	23.5893
10	15.9871	18.3070	20.4831	23.2093	25.1882
11	17.2750	19.6751	21.9200	24.7250	26.7569
12	18.5494	21.0261	23.3367	26.2170	28.2995
13	19.8119	22.3621	24.7356	27.6883	29.8194
14	21.0642	23.6848	26.1190	29.1413	31.3193
15	22.3072	24.9958	27.4884	30.5779	32.8013
16	23.5418	26.2962	28.8454	31.9999	34.2672
17	24.7690	27.5871	30.1910	33.4087	35.7185
18	25.9894	28.8693	31.5264	34.8053	37.1564
19	27.2036	30.1435	32.8523	36.1908	38.5822
20	28.4120	31.4104	34.1696	37.5662	39.9968
21	29.6151	32.6705	35.4789	38.9321	41.4010
22	30.9133	33.9244	36.7807	40.2894	42.7956
23	32.0069	35.1725	38.0757	41.2894	44.1813
24	33.1963	36.4151	39.3641	42.9798	45.5585
25	34.3816	37.6525	40.6465	44.3141	46.9278
26	35.5631	38.8852	41.9232	45.6417	48.2898
27	36.7412	40.1133	43.1944	46.9630	49.6449
28	37.9159	41.3372	44.4607	48.2782	50.9933
29	39.0875	42.5569	45.7222	49.5879	52.3356
30	40.2560	43.7729	46.9792	50.8922	53.6720
40	51.8050	55.7585	59.3417	63.6907	66.7659
50	63.1671	67.5048	71.4202	76.1539	79.4900
60	74.3970	79.0819	83.2976	88.3794	91.9517
70	85.5271	90.5312	95.0231	100.425	104.215
80	96.5782	101.879	106.629	112.329	116.321
90	107.565	113.145	118.136	124.116	128.299
100	118.498	124.342	129.561	135.807	140.169

표 7. F분포표

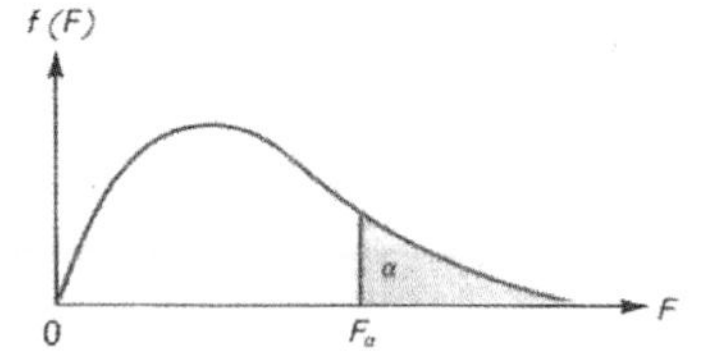

$\alpha=0.10$

분모자유도 ν_2 \ 분자자유도 ν_1	1	2	3	4	5	6	7	8	9
1	39.86	49.50	53.59	55.83	57.24	58.20	58.91	59.44	59.86
2	8.53	9.00	9.16	9.24	9.29	9.33	9.35	9.37	9.38
3	5.54	5.46	5.39	5.34	5.31	5.28	5.27	5.25	5.24
4	4.54	4.32	4.19	4.11	4.05	4.01	3.98	3.95	3.94
5	4.06	3.78	3.62	3.52	3.45	3.40	3.37	3.34	3.32
6	3.78	3.46	3.29	3.18	3.11	3.05	3.01	2.98	2.96
7	3.59	3.26	3.07	2.96	2.88	2.83	2.78	2.75	2.72
8	3.46	3.11	2.92	2.81	2.73	2.67	2.62	2.59	2.56
9	3.36	3.01	2.81	2.69	2.61	2.55	2.51	2.47	2.44
10	3.29	2.92	2.73	2.61	2.52	2.46	2.41	2.38	2.35
11	3.23	2.86	2.66	2.54	2.45	2.39	2.34	2.30	2.27
12	3.18	2.81	2.61	2.48	2.39	2.33	2.28	2.24	2.21
13	3.14	2.76	2.56	2.43	2.35	2.28	2.23	2.20	2.16
14	3.10	2.73	2.52	2.39	2.31	2.24	2.19	2.15	2.12
15	3.07	2.70	2.49	2.36	2.27	2.21	2.16	2.12	2.09
16	3.05	2.67	2.46	2.33	2.24	2.18	2.13	2.09	2.06
17	3.03	2.64	2.44	2.31	2.22	2.15	2.10	2.06	2.03
18	3.01	2.62	2.42	2.29	2.20	2.13	2.08	2.04	2.00
19	2.99	2.61	2.40	2.27	2.18	2.11	2.06	2.02	1.98
20	2.97	2.59	2.38	2.25	2.16	2.09	2.04	2.00	1.96
21	2.96	2.57	2.36	2.23	2.14	2.08	2.02	1.98	1.95
22	2.95	2.56	2.35	2.22	2.13	2.06	2.01	1.97	1.93
23	2.94	2.55	2.34	2.21	2.11	2.05	1.99	1.95	1.92
24	2.93	2.54	2.33	2.19	2.10	2.04	1.98	1.94	1.91
25	2.92	2.53	2.32	2.18	2.09	2.02	1.97	1.93	1.89
26	2.91	2.52	2.31	2.17	2.08	2.01	1.96	1.92	1.88
27	2.90	2.51	2.30	2.17	2.07	2.00	1.95	1.91	1.87
28	2.89	2.50	2.29	2.16	2.06	2.00	1.94	1.90	1.87
29	2.89	2.50	2.28	2.15	2.06	1.99	1.93	1.89	1.86
30	2.88	2.49	2.28	2.14	2.05	1.98	1.93	1.88	1.85
40	2.84	2.44	2.23	2.09	2.00	1.93	1.87	1.83	1.79
60	2.79	2.39	2.18	2.04	1.95	1.87	1.82	1.77	1.74
120	2.75	2.35	2.13	1.99	1.90	1.82	1.77	1.72	1.68
∞	2.71	2.30	2.08	1.94	1.85	1.77	1.72	1.67	1.63

출처: M. Merrington and C.M. Thompson, "Tables of Percentage Points of the Inverted Beta(F)-Distribution," *Biometrika*, 1943, *33*, 73-88.

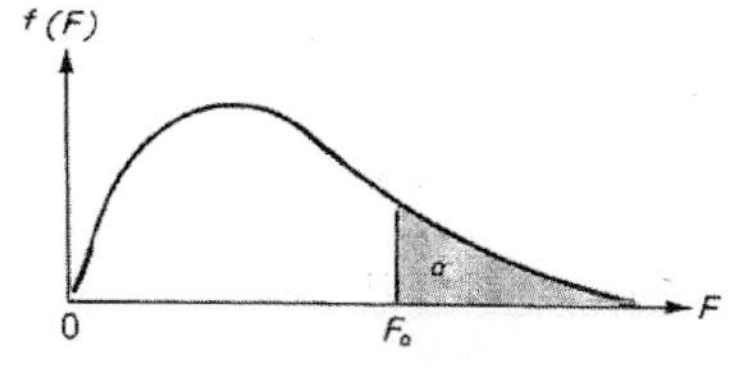

$\alpha = 0.05$

ν_2 \ ν_1	분자자유도								
	1	2	3	4	5	6	7	8	9
1	161.4	199.5	215.7	224.6	230.2	234.0	236.8	238.9	240.5
2	18.51	19.00	19.25	19.25	19.30	19.33	19.35	19.37	19.38
3	10.13	9.55	9.28	9.12	9.01	8.94	8.89	8.85	8.81
4	7.71	6.94	6.59	6.39	6.26	6.16	6.09	6.04	6.00
5	6.61	5.79	5.41	5.19	5.05	4.95	4.88	4.82	4.77
6	5.99	5.14	4.76	4.53	4.39	4.28	4.21	4.15	4.10
7	5.59	4.74	4.35	4.12	3.97	3.87	3.79	3.73	3.68
8	5.32	4.46	4.07	3.84	3.69	3.58	3.50	3.44	3.39
9	5.12	4.26	3.86	3.63	3.48	3.37	3.29	3.23	3.18
10	4.96	4.10	3.71	3.48	3.33	3.22	3.14	3.07	3.02
11	4.84	3.98	3.59	3.36	3.20	3.09	3.01	2.95	2.90
12	4.75	3.89	3.49	3.26	3.11	3.00	2.91	2.85	2.80
분 13	4.67	3.81	3.41	3.18	3.03	2.92	2.83	2.77	2.71
14	4.60	3.74	3.34	3.11	2.96	2.85	2.76	2.70	2.65
모 15	4.54	3.68	3.29	3.06	2.90	2.79	2.71	2.64	2.59
16	4.49	3.63	3.24	3.01	2.85	2.74	2.66	2.95	2.54
자 17	4.45	3.59	3.20	2.96	2.81	2.70	2.61	2.55	2.49
18	4.41	3.55	3.16	2.93	2.77	2.66	2.58	2.51	2.46
유 19	4.38	3.52	3.13	2.90	2.74	2.63	2.54	2.48	2.42
20	4.35	3.49	3.10	2.87	2.71	2.60	2.51	2.45	2.39
도 21	4.32	3.47	3.07	2.84	2.68	2.57	2.49	2.42	2.37
22	4.30	3.44	3.05	2.82	2.66	2.55	2.46	2.40	2.34
23	4.28	3.42	3.03	2.80	2.64	2.53	2.44	2.37	2.32
24	4.26	3.40	3.01	2.78	2.62	2.51	2.42	2.36	2.30
25	4.24	3.39	2.99	2.76	2.60	2.49	2.40	2.34	2.28
26	4.23	3.37	2.98	2.74	2.59	2.47	2.39	2.32	2.27
27	4.21	3.35	2.96	2.73	2.57	2.46	2.37	2.31	2.25
28	4.20	3.34	2.95	2.71	2.56	2.45	2.36	2.29	2.24
29	4.18	3.33	2.93	2.70	2.55	2.43	2.35	2.28	2.22
30	4.17	3.32	2.92	2.69	2.53	2.42	2.33	2.27	2.21
40	4.08	3.23	2.84	2.61	2.45	2.34	2.25	2.18	2.12
60	4.00	3.15	2.76	2.53	2.37	2.25	2.17	2.10	2.04
120	3.92	3.07	2.68	2.45	2.29	2.17	2.09	2.02	1.96
∞	3.84	3.00	2.60	2.37	2.21	2.10	2.01	1.94	1.88

출처: M. Merrington and C. M. Thompson, "Tables of Percentage Points of the Inverted Beta(F)-Distribution," *Biometrika*, 1943, *33*, 73-88.

예 : $\alpha=0.05$, 분자자유도 $\nu_1=4$, 분모자유도 $\nu_2=7$일 때, $F_{0.05}=4.12$

$\alpha=0.10$

	ν_2 \ ν_1	분자자유도									
		10	12	15	20	24	30	40	60	120	∞
	1	60.19	60.71	61.22	61.74	62.00	62.26	62.53	62.79	63.06	63.33
	2	9.39	9.41	9.42	9.44	9.45	9.46	9.47	9.47	9.48	9.49
	3	5.23	5.22	5.20	5.18	5.18	5.17	5.16	5.15	5.14	5.13
	4	3.92	3.90	3.87	3.84	3.83	3.82	3.80	3.79	3.78	3.76
	5	3.30	3.27	3.24	3.21	3.19	3.17	3.16	3.14	3.12	3.10
	6	2.94	2.90	2.87	2.84	2.82	2.80	2.78	2.76	2.74	2.72
	7	2.70	2.67	2.63	2.59	2.58	2.56	2.54	2.51	2.49	2.47
	8	2.54	2.50	2.46	2.42	2.40	2.38	2.36	2.34	2.32	2.29
	9	2.42	2.38	2.34	2.30	2.28	2.25	2.23	2.21	2.18	2.16
	10	2.32	2.28	2.24	2.20	2.18	2.16	2.13	2.11	2.08	2.06
	11	2.25	2.21	2.17	2.12	2.10	2.08	2.05	2.03	2.00	1.97
	12	2.19	2.15	2.10	2.06	2.04	2.01	1.99	1.96	1.93	1.90
분	13	2.14	2.10	2.05	2.01	1.98	1.96	1.93	1.90	1.88	1.85
	14	2.10	2.05	2.01	1.96	1.94	1.91	1.89	1.86	1.83	1.80
모	15	2.06	2.02	1.97	1.92	1.90	1.87	1.85	1.82	1.79	1.76
	16	2.03	1.99	1.94	1.89	1.87	1.84	1.81	1.78	1.75	1.72
자	17	2.00	1.96	1.91	1.86	1.84	1.81	1.78	1.75	1.72	1.69
	18	1.98	1.93	1.89	1.84	1.81	1.78	1.75	1.72	1.69	1.66
유	19	1.96	1.91	1.86	1.81	1.79	1.76	1.73	1.70	1.67	1.63
	20	1.94	1.89	1.84	1.79	1.77	1.74	1.71	1.68	1.64	1.61
도	21	1.92	1.87	1.83	1.78	1.75	1.72	1.69	1.66	1.62	1.59
	22	1.90	1.86	1.81	1.76	1.73	1.70	1.67	1.64	1.60	1.57
	23	1.89	1.84	1.80	1.74	1.72	1.69	1.66	1.62	1.59	1.55
	24	1.88	1.83	1.78	1.73	1.70	1.67	1.64	1.61	1.57	1.53
	25	1.87	1.82	1.77	1.72	1.69	1.66	1.63	1.59	1.56	1.52
	26	1.86	1.81	1.76	1.71	1.68	1.65	1.61	1.58	1.54	1.50
	27	1.85	1.80	1.75	1.70	1.67	1.64	1.60	1.57	1.53	1.49
	28	1.84	1.79	1.74	1.69	1.66	1.63	1.59	1.56	1.52	1.48
	29	1.83	1.78	1.73	1.68	1.65	1.62	1.58	1.55	1.51	1.47
	30	1.82	1.77	1.72	1.67	1.64	1.61	1.57	1.54	1.50	1.46
	40	1.76	1.71	1.66	1.61	1.57	1.54	1.51	1.47	1.42	1.38
	60	1.71	1.66	1.60	1.51	1.51	1.48	1.44	1.40	1.35	1.29
	120	1.65	1.60	1.55	1.48	1.45	1.41	1.37	1.32	1.26	1.19
	∞	1.60	1.55	1.49	1.42	1.38	1.34	1.30	1.24	1.17	1.00

$\alpha=0.05$

	ν_2 \ ν_1	분자자유도 10	12	15	20	24	30	40	60	120	∞
	1	241.9	243.9	245.9	248.0	249.1	250.1	251.1	252.2	253.3	254.3
	2	19.40	19.41	19.43	19.44	19.45	19.46	19.47	19.48	19.49	19.50
	3	8.79	8.74	8.70	8.66	8.64	8.62	8.59	8.57	8.55	8.53
	4	5.96	5.91	5.86	5.80	5.77	5.75	5.72	5.69	5.66	5.63
	5	4.74	4.68	4.62	4.56	4.53	4.50	4.46	4.43	4.40	4.36
	6	4.06	4.00	3.94	3.87	3.84	3.81	3.77	3.74	3.70	3.67
	7	3.64	3.57	3.51	3.44	3.41	3.38	3.34	3.30	3.37	3.23
	8	3.35	3.28	3.22	3.15	3.12	3.08	3.04	3.01	2.97	2.93
	9	3.14	3.07	3.01	2.94	2.90	2.86	2.83	2.79	2.75	2.71
	10	2.98	2.91	2.85	2.77	2.74	2.70	2.66	2.62	2.58	2.54
	11	2.85	2.79	2.72	2.65	2.61	2.57	2.53	2.49	2.45	2.40
	12	2.75	2.69	2.62	2.54	2.51	2.47	2.43	2.38	2.34	2.30
분	13	2.67	2.60	2.53	2.46	2.42	2.38	2.34	2.30	2.25	2.21
	14	2.60	2.53	2.46	2.39	2.35	2.31	2.27	2.22	2.18	2.13
모	15	2.54	2.48	2.40	2.33	2.29	2.25	2.20	2.16	2.11	2.07
	16	2.49	2.42	2.35	2.28	2.24	2.19	2.15	2.11	2.06	2.01
자	17	2.45	2.38	2.31	2.23	2.19	2.15	2.10	2.06	2.01	1.96
	18	2.41	2.34	2.27	2.19	2.15	2.11	2.06	2.02	1.97	1.92
유	19	2.38	2.31	2.23	2.16	2.11	2.07	2.03	1.98	1.93	1.88
	20	2.35	2.28	2.20	2.12	2.08	2.04	1.99	1.95	1.90	1.84
도	21	2.32	2.25	2.18	2.10	2.05	2.01	1.96	1.92	1.87	1.81
	22	2.30	2.23	2.15	2.07	2.03	1.98	1.94	1.89	1.84	1.78
	23	2.27	2.20	2.13	2.05	2.01	1.96	1.91	1.86	1.81	1.76
	24	2.25	2.18	2.11	2.03	1.98	1.94	1.89	1.84	1.79	1.73
	25	2.24	2.16	2.09	2.01	1.96	1.92	1.87	1.82	1.77	1.71
	26	2.22	2.15	2.07	1.99	1.95	1.90	1.85	1.80	1.75	1.69
	27	2.20	2.13	2.06	1.97	1.93	1.88	1.84	1.79	1.73	1.67
	28	2.19	2.12	2.04	1.96	1.91	1.87	1.82	1.77	1.71	1.65
	29	2.18	2.10	2.03	1.94	1.90	1.85	1.81	1.75	1.70	1.64
	30	2.16	2.09	2.01	1.93	1.89	1.84	1.79	1.74	1.68	1.62
	40	2.08	2.00	1.92	1.84	1.79	1.74	1.69	1.64	1.58	1.51
	60	1.99	1.92	1.84	1.75	1.70	1.65	1.59	1.53	1.47	1.39
	120	1.91	1.83	1.75	1.66	1.61	1.55	1.50	1.43	1.35	1.25
	∞	1.83	1.75	1.67	1.57	1.52	1.46	1.39	1.32	1.22	1.00

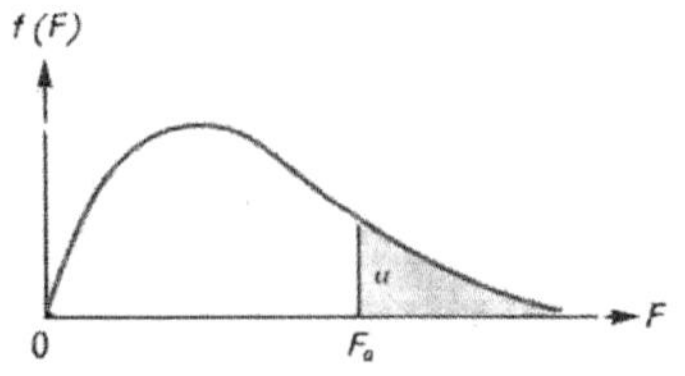

$\alpha=0.025$

	ν_2 \ ν_1	분자자유도								
		1	2	3	4	5	6	7	8	9
	1	647.8	799.5	864.2	899.6	921.8	937.1	948.2	956.7	963.3
	2	38.51	39.00	39.17	39.25	39.30	39.33	39.36	39.37	39.39
	3	17.44	16.04	15.44	15.10	14.88	14.73	14.73	14.54	14.47
	4	12.22	10.65	9.98	9.60	9.36	9.20	9.20	8.98	8.90
	5	10.01	8.43	7.76	7.39	7.15	6.98	6.98	6.76	6.68
	6	8.81	7.26	6.60	6.23	5.99	5.82	5.82	5.60	5.52
	7	8.07	6.54	5.89	5.52	5.29	5.12	5.12	4.90	4.82
	8	7.57	6.06	5.42	5.05	4.82	4.65	4.65	4.43	4.36
	9	7.21	5.71	5.08	4.72	4.48	4.32	4.32	4.10	4.03
	10	6.94	5.46	4.83	4.47	4.24	4.07	4.07	3.85	3.78
	11	6.72	5.26	4.63	4.28	4.04	3.88	3.88	3.66	3.59
	12	6.55	5.10	4.47	4.12	3.89	3.73	3.73	3.51	3.44
분	13	6.41	4.97	4.35	4.00	3.77	3.60	3.60	3.39	3.31
	14	6.30	4.86	4.24	3.89	3.66	3.50	3.50	3.29	3.21
모	15	6.20	4.77	4.15	3.80	3.58	3.41	3.41	3.20	3.12
	16	6.12	4.69	4.08	3.73	3.50	3.34	3.22	3.12	3.05
자	17	6.04	4.62	4.01	3.66	3.44	3.28	3.16	3.06	2.98
	18	5.98	4.56	3.95	3.61	3.38	3.22	3.10	3.01	2.93
유	19	5.92	4.51	3.90	3.56	3.33	3.17	3.05	2.96	2.88
	20	5.87	4.46	3.86	3.51	3.29	3.13	3.01	2.91	2.84
도	21	5.83	4.42	3.82	3.48	3.25	3.09	2.97	2.87	2.80
	22	5.79	4.38	3.78	3.44	3.22	3.05	2.93	2.84	2.76
	23	5.75	4.35	3.75	3.41	3.18	3.02	2.90	2.81	2.73
	24	5.72	4.32	3.72	3.38	3.15	2.99	2.87	2.78	2.70
	25	5.69	4.29	3.69	3.35	3.13	2.97	2.85	2.75	2.68
	26	5.66	4.27	3.67	3.33	3.10	2.94	2.82	2.73	2.65
	27	5.63	4.24	3.65	3.31	3.08	2.92	2.80	2.71	2.63
	28	5.61	4.22	3.63	3.29	3.06	2.90	2.78	2.69	2.61
	29	5.59	4.20	3.61	3.27	3.04	2.88	2.76	2.67	2.59
	30	5.57	4.18	3.59	3.25	3.03	2.87	2.75	2.65	2.57
	40	5.42	4.05	3.46	3.13	2.90	2.74	2.62	2.53	2.45
	60	5.29	3.93	3.34	3.01	2.79	2.63	2.51	2.41	2.33
	120	5.15	3.80	3.23	2.89	2.67	2.52	2.39	2.30	2.22
	∞	5.02	3.69	3.12	2.79	2.57	2.41	2.29	2.19	2.11

출처: M. Merrington and C. M. Thompson, "Tables of Percentage Points of the Inverted Beta(F)-Distribution," *Biometrika*, 1943, *33*, 73-88.

$\alpha=0.025$

분모자유도 ν_2 \ 분자자유도 ν_1	10	12	15	20	24	30	40	60	120	∞
1	968.6	976.7	984.9	993.1	997.2	1001	1006	1010	1014	1018
2	39.40	39.41	39.43	39.45	39.46	39.46	39.47	39.48	39.49	39.50
3	14.42	14.34	14.25	14.17	14.12	14.08	14.04	13.99	13.95	13.90
4	8.84	8.75	8.66	8.51	8.51	8.46	8.41	8.36	8.31	8.26
5	6.62	6.52	6.43	6.28	6.28	6.23	6.18	6.12	6.07	6.02
6	5.46	5.37	5.27	5.12	5.12	5.07	5.01	4.96	4.90	4.85
7	4.76	4.67	4.57	4.42	4.42	4.36	4.31	4.25	4.20	4.14
8	4.30	4.20	4.10	3.95	3.95	3.89	3.84	3.78	3.73	3.67
9	3.96	3.87	3.77	3.61	3.61	3.56	3.51	3.45	3.39	3.33
10	3.72	3.62	3.52	3.37	3.37	3.31	3.26	3.20	3.14	3.08
11	3.53	3.43	3.33	3.17	3.17	3.12	3.06	3.00	2.94	2.88
12	3.37	3.28	3.18	3.02	3.02	2.96	2.91	2.85	2.79	2.72
13	3.25	3.15	3.05	2.89	2.89	2.84	2.78	2.72	2.66	2.60
14	3.15	3.05	2.95	2.79	2.79	2.73	2.67	2.61	2.55	2.49
15	3.06	2.96	2.86	2.70	2.70	2.64	2.59	2.52	2.46	2.40
16	2.99	2.89	2.79	2.68	2.63	2.57	2.51	2.45	2.38	2.32
17	2.92	2.82	2.72	2.62	2.56	2.50	2.44	2.38	2.32	2.25
18	2.87	2.77	2.67	2.56	2.50	2.44	2.38	2.32	2.26	2.19
19	2.82	2.72	2.62	2.51	2.45	2.39	2.33	2.27	2.20	2.13
20	2.77	2.68	2.57	2.46	2.41	2.35	2.29	2.22	2.16	2.09
21	2.73	2.64	2.53	2.42	2.37	2.31	2.25	2.18	2.11	2.04
22	2.70	2.60	2.50	2.39	2.33	2.27	2.21	2.14	2.08	2.00
23	2.67	2.57	2.47	2.36	2.30	2.24	2.18	2.11	2.04	1.97
24	2.64	2.54	2.44	2.33	2.27	2.21	2.15	2.08	2.01	1.94
25	2.61	2.51	2.41	2.30	2.24	2.18	2.12	2.05	1.98	1.91
26	2.59	2.49	2.39	2.28	2.22	2.16	2.09	2.03	1.95	1.88
27	2.57	2.47	2.36	2.25	2.19	2.13	2.07	2.00	1.93	1.85
28	2.55	2.45	2.34	2.23	2.17	2.11	2.05	1.98	1.91	1.83
29	2.53	2.43	2.32	2.21	2.1	2.09	2.03	1.96	1.89	1.81
30	2.51	2.41	2.31	2.20	2.14	2.07	2.01	1.94	1.87	1.79
40	2.39	2.29	2.18	2.07	2.01	1.94	1.88	1.80	1.72	1.64
60	2.27	2.17	2.06	1.94	1.88	1.82	1.74	1.67	1.58	1.48
120	2.16	2.05	1.94	1.82	1.76	1.69	1.61	1.53	1.43	1.31
∞	2.05	1.94	1.83	1.71	1.64	1.57	1.48	1.39	1.27	1.00

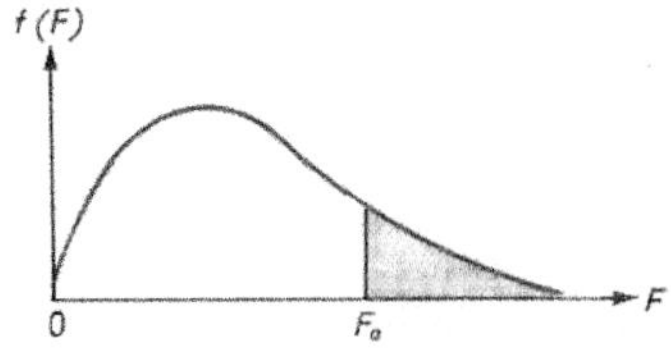

$\alpha=0.01$

	ν_2 \ ν_1	분자자유도 1	2	3	4	5	6	7	8	9
	1	4,052	4,999.5	5,403	5,625	5,764	5,859	5,928	5,982	6,022
	2	98.50	99.00	99.17	99.25	99.30	99.33	99.36	99.37	99.39
	3	34.12	30.82	29.46	28.71	28.24	27.91	27.67	27.49	27.35
	4	21.20	18.00	16.69	15.98	15.52	15.21	14.98	14.80	14.66
	5	16.26	13.27	12.06	11.39	10.97	10.67	10.46	10.29	10.16
	6	13.75	10.92	9.78	9.15	8.75	8.47	8.26	8.10	7.98
	7	12.25	9.55	8.45	7.85	7.46	7.19	6.99	6.84	6.72
	8	11.26	8.65	7.59	7.01	6.63	6.37	6.18	6.03	5.91
	9	10.56	8.02	6.99	6.42	6.06	5.80	5.61	5.47	5.35
	10	10.04	7.56	6.55	5.99	5.64	5.39	5.20	5.06	4.94
	11	9.65	7.21	6.22	5.67	5.32	5.07	4.89	4.74	4.63
	12	9.33	6.93	5.95	5.41	5.06	4.82	4.64	4.50	4.39
분	13	9.07	6.70	5.74	5.21	4.86	4.62	4.44	4.30	4.19
	14	8.86	6.51	5.56	5.04	4.69	4.46	4.28	4.14	4.03
모	15	8.68	6.36	5.42	4.89	4.56	4.32	4.14	4.00	3.89
	16	8.53	6.23	5.29	4.77	4.44	4.20	4.03	3.89	3.78
자	17	8.40	6.11	5.18	4.67	4.34	4.10	3.93	3.79	3.68
	18	8.29	6.01	5.09	4.58	4.25	4.01	3.84	3.71	3.60
유	19	8.18	5.93	5.01	4.50	4.17	3.94	3.77	3.63	3.52
	20	8.10	5.85	4.94	4.43	4.10	3.87	3.70	3.56	3.46
도	21	8.02	5.78	4.87	4.37	4.04	3.81	3.64	3.51	3.40
	22	7.95	5.72	4.82	4.31	3.99	3.76	3.59	3.45	3.35
	23	7.88	5.66	4.76	4.26	3.94	3.71	3.54	3.41	3.30
	24	7.82	5.61	4.72	4.22	3.90	3.67	3.50	3.36	3.26
	25	7.77	5.57	4.68	4.18	3.85	3.63	3.46	3.32	3.22
	26	7.72	5.53	4.64	4.14	3.82	3.59	3.42	3.29	3.18
	27	7.68	5.49	4.60	4.11	3.78	3.56	3.39	3.26	3.15
	28	7.64	5.45	4.57	4.07	3.75	3.53	3.36	3.23	3.12
	29	7.60	5.42	4.54	4.04	3.73	3.50	3.33	3.20	3.09
	30	7.56	5.39	4.51	4.02	3.70	3.47	3.30	3.17	3.07
	40	7.31	5.18	4.31	3.83	3.51	3.29	3.12	2.99	2.89
	60	7.08	4.98	4.13	3.65	3.34	3.12	2.95	2.82	2.72
	120	6.85	4.79	3.95	3.48	3.17	2.96	2.79	2.66	2.56
	∞	6.63	4.61	3.78	3.32	3.02	2.80	2.64	2.51	2.41

출처: M. Merrington and C. M. Thompson, "Tables of Percentage Points of the Inverted Beta(F) Distribution," *Biometrika*, 1943, *33*, 73-88.

$\alpha=0.01$

ν_2 \ ν_1 (분자자유도)	10	12	15	20	24	30	40	60	120	∞
1	6,056	6,106	6,157	6,209	6,235	6,261	6,287	6,313	6,339	6,366
2	99.40	99.42	99.43	99.45	99.46	99.47	99.47	99.48	99.49	99.50
3	27.23	27.05	26.87	26.69	26.60	26.50	26.41	26.32	26.22	26.13
4	14.55	14.37	14.20	14.02	13.93	13.84	13.75	13.65	13.56	13.46
5	10.05	9.89	9.72	9.55	9.47	9.38	9.29	9.20	9.11	9.02
6	7.87	7.72	7.56	7.40	7.31	7.23	7.14	7.06	6.97	6.88
7	6.62	6.47	6.31	6.16	6.07	5.99	5.91	5.82	5.74	5.65
8	5.81	5.67	5.52	5.36	5.28	5.20	5.12	5.03	4.95	4.86
9	5.26	5.11	4.96	4.81	4.73	4.65	4.57	4.48	4.40	4.31
10	4.85	4.71	4.56	4.41	4.33	4.25	4.17	4.08	4.00	3.91
11	4.54	4.40	4.25	4.10	4.02	3.94	3.86	3.78	3.69	3.60
12	4.30	4.16	4.01	3.86	3.78	3.70	3.62	3.54	3.45	3.36
분 13	4.10	3.96	3.82	3.66	3.59	3.51	3.43	3.34	3.25	3.17
14	3.94	3.80	3.66	3.51	3.43	3.35	3.27	3.18	3.09	3.00
모 15	3.80	3.67	3.52	3.37	3.29	3.21	3.13	3.05	2.96	2.87
16	3.69	3.55	3.41	3.26	3.18	3.10	3.02	2.93	2.84	2.75
자 17	3.59	3.46	3.31	3.16	3.08	3.00	2.92	2.83	2.75	2.65
18	3.51	3.37	3.23	3.08	3.00	2.92	2.84	2.75	2.66	2.57
유 19	3.43	3.30	3.15	3.00	2.92	2.84	2.76	2.67	2.58	2.49
20	3.37	3.23	3.09	2.94	2.86	2.78	2.69	2.61	2.52	2.42
도 21	3.31	3.17	3.03	2.88	2.80	2.72	2.64	2.55	2.46	2.36
22	3.26	3.12	2.98	2.83	2.75	2.67	2.58	2.50	2.40	2.31
23	3.21	3.07	2.93	2.78	2.70	2.62	2.54	2.45	2.35	2.26
24	3.17	3.03	2.89	2.74	2.66	2.58	2.49	2.40	2.31	2.21
25	3.13	2.99	2.85	2.70	2.62	2.54	2.45	2.36	2.27	2.17
26	3.09	2.96	2.81	2.66	2.58	2.50	2.42	2.33	2.23	2.13
27	3.06	2.93	2.78	2.63	2.55	2.47	2.38	2.29	2.20	2.10
28	3.03	2.90	2.75	2.60	2.52	2.44	2.35	2.26	2.17	2.06
29	3.00	2.87	2.73	2.57	2.49	2.41	2.33	2.23	2.14	2.03
30	2.98	2.84	2.70	2.55	2.47	2.39	2.30	2.21	2.11	2.01
40	2.80	2.66	2.52	2.37	2.29	2.20	2.11	2.02	1.92	1.80
60	2.63	2.50	2.35	2.20	2.12	2.03	1.94	1.84	1.73	1.60
120	2.47	2.34	2.19	2.03	1.95	1.86	1.76	1.66	1.53	1.38
∞	2.32	2.18	2.04	1.88	1.79	1.70	1.59	1.47	1.32	1.00

연습문제 해답

제1장 경영통계학의 기초

01 모집단 : 조사대상이 되는 사람이나 사물의 집합, 전체 관찰단위가 지닌 속성에 관한 수치들의 모임

표본 : 모집단에서 추출된 일부 수치들의 모임

02 기술통계학 : 자료를 정리하고 요약하는 통계분석방법

추론통계학 : 표본의 특성을 파악하여 모집단의 특성을 추론하는 통계분석방법

03 명목자료 : 주민등록번호, 성별

서열자료 : 상중하로 나눈 생활수준, 학급석차

등간자료 : 섭씨온도, 지능지수

비율자료 : 몸무게, 매출액

04 양적자료 : 몸무게, 섭씨온도, 매출액, 학급석차, 지능지수

질적자료 : 주민등록번호, 상중하로 나눈 생활수준, 성별

제2장 기술통계학

01 ①

- 도수분포표

구분	도수	상대도수
60 이하	5	20.83%
61~70	4	16.67%
71~80	5	20.83%
81~90	8	33.34%
91~100	2	8.33%
합계	24	100.00%

• 히스토그램

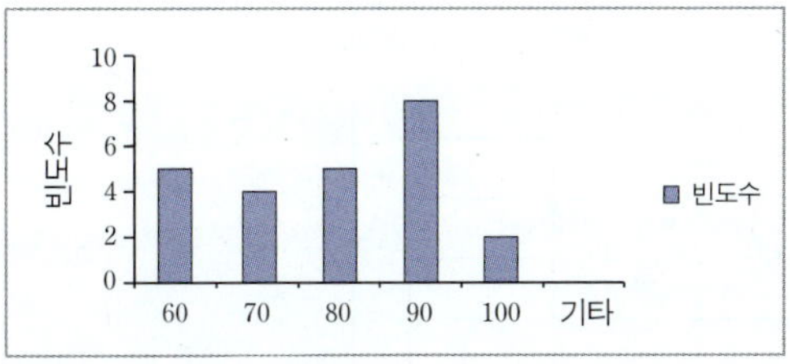

• 줄기–잎 그림

5|0 4 5 7
6|0 4 5 6
7|0 2 5 8 9
8|0 1 2 4 5 7
9|0 0 0 2 5

② 중앙값 : 78.5, 평균 : 75.04

③ 분산 : 181.52, 표준편차 : 13.47

02 • 분산 : 125.32

• 표준편차 : 11.19

03 K군의 경영학 점수와 통계학 점수를 표준화시켜 그 값을 비교해 보면 확인할 수 있다.

$Z=\dfrac{X-\mu}{\sigma}$ 이므로,

경영학 점수 $Z=\dfrac{X-\mu}{\sigma}=\dfrac{90-85}{15}=0.33$,

통계학 점수 $Z=\dfrac{X-\mu}{\sigma}=\dfrac{76-70}{20}=0.3$ 이다.

따라서 K군의 통계학 점수가 경영학 점수에 비해 높다고 할 수 없다.

04 절대적인 주가의 변동성은 A기업이 더 크다. 그러나 평균가격이 다르므로 투자가의 관점에서는 두 주가의 변동성을 평균가격에 대한 상대적인 척도로 비교하여야 한다. 따라서 변동계수를 근거로 변동성을 비교하면 A기업의 변동계수 = (10,000/50,000) × 100% = 20%, B기업의 변동계수 = (4,000/12,000) × 100% = 33.3% 이다. 따라서 B기업의 주가 변동성이 더 크다고 할 수 있다.

05 ①

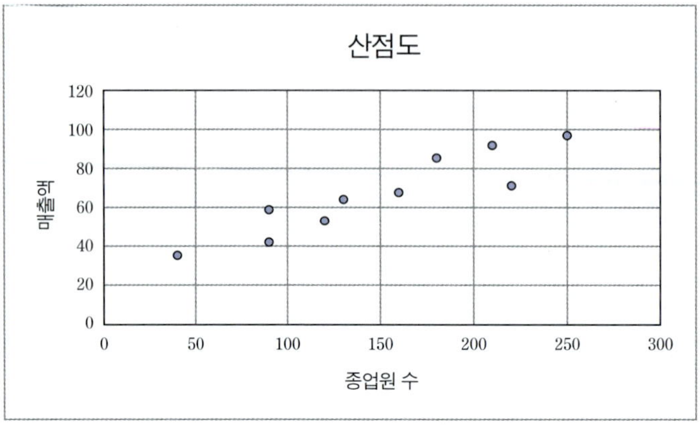

② 종업원 수 : 평균 66.60, 표준편차 20.50

매출액 : 평균 149, 표준편차 66.74

공분산 1,256.22, 상관계수 0.91

제3장 확률론 기초

01 $\frac{5}{8} = \frac{3}{7} = \frac{15}{56}$

02 ① 5/36

② 15/36

03 전체 학생 100명의 분할표 또는 사후확률과 결합확률표를 계산한다.

구분	남	여	합계
자취	24(60×40%)	4(40×10%)	28
비자취	36	36	72
합계	60	40	100

구분	남	여	합계
자취	0.24(24/100)	0.04	0.28
비자취	0.36	0.36	0.72
합계	0.6	0.4	1.00

① 주변확률 : 28/100

② $P(\text{자취생/여학생}) = \dfrac{(\text{자취생} \cap \text{여학생})}{(\text{여학생})} = \dfrac{4}{40} = 0.1$

$= \dfrac{P(\text{자취생} \cap \text{여학생})}{P(\text{여학생})} = \dfrac{0.04}{0.4} = 0.1$

③ 조건부확률 $P(\text{남학생/비자취생}) = \dfrac{(\text{남학생} \cap \text{비자취생})}{(\text{비자취생})} = \dfrac{36}{72} = 0.5$

$= \dfrac{P(\text{남학생} \cap \text{비자취생})}{P(\text{비자취생})} = \dfrac{0.36}{0.72} = 0.5$

04 1,000명의 분할표 또는 사후확률과 결합확률표를 계산한다.

구분		평가시스템에 의한 결과			
		높음	중간	낮음	합계
고객의 실제 신용도	높음	420(600×0.7)	120(600×0.2)	60(600×0.1)	600
	중간	90(300×0.3)	150(300×0.5)	60(300×0.2)	300
	낮음	5(100×0.05)	5(100×0.05)	90(100×0.9)	100
	합계	515	275	210	1,000

구분		평가시스템에 의한 결과			
		높음	중간	낮음	합계
고객의 실제 신용도	높음	0.42(420/1,000)	0.12	0.06	0.6
	중간	0.09	0.15	0.06	0.3
	낮음	0.005	0.005	0.09	0.1
	합계	0.515	0.275	0.21	1.0

① $P(\text{실제 낮음/평가시스템상 낮음})$

$= \dfrac{(\text{실제 낮음} \cap \text{평가시스템상 낮음})}{(\text{평가시스템상 낮음})} = \dfrac{90}{210} = .428571$

$= \dfrac{P(\text{실제 낮음} \cap \text{평가시스템상 낮음})}{P(\text{평가시스템상 낮음})} = \dfrac{0.09}{0.21} = .428571$

② $P(\text{실제 낮음/평가시스템상 높음})$

$= \dfrac{(\text{실제 낮음} \cap \text{평가시스템상 높음})}{(\text{평가시스템상 높음})} = \dfrac{5}{515} = .009709$

$= \dfrac{P(\text{실제 낮음} \cap \text{평가시스템상 높음})}{P(\text{평가시스템상 높음})} = \dfrac{0.005}{0.515} = .009709$

제4장 이산확률분포

01 ① 0.25, 0.3, 0.1

② 0.8

③ $E(X)=\sum XP(X)$

$=(10\times0.05)+(20\times0.25)+(30\times0.35)+(40\times0.2)+(50\times0.1)+(60\times0.05)=32$

④ $V(X)=E(X^2)-[E(X)]^2=146$

02 $E(X)=(100,000\times0.05)+(300,000\times0.03)+(1,000,000\times0.01)=24,000$

03 ① 0.416 ② 0.302 ③ 0.983 ④ 0.246

04 $P(X\leq2)=P(X=0)+P(X=1)+P(X=2)$

$={}_{10}C_0(0.1)^0(0.9)^{10}+{}_{10}C_1(0.1)^1(0.9)^9+{}_{10}C_2(0.1)^2(0.9)^8$

$=0.93$

05 $P(X=3)={}_{20}C_3(0.2)^3(0.8)^{17}$

$=0.205$

06 ① $P(X=0)={}_4C_0(0.25)^0(0.75)^4=0.3164$

② $P(X=4)={}_4C_4(0.25)^4(0.75)^0=0.0039$

07 $E(X)=np=100\times0.9=90$

$V(X)=np(1-p)=100\times0.9\times0.1=9$

08 ① $P(X=5)={}_{20}C_5(0.3)^5(0.7)^{15}=0.178$

② $E(X)=np=20\times0.3=6$

$V(X)=np(1-p)=20\times0.3\times0.7=4.2$

제5장 연속확률분포

01 ① 0.3413 ② 0.1587 ③ 0.7881 ④ 0.3267 ⑤ 0.0418

02 $Z=\frac{X-\mu}{\sigma}$ 이므로

① $P(X\leq15)=P\left(Z\leq\frac{15-10}{5}\right)=P(Z\leq1)=0.5+0.3413=0.8413$

② 0.3446 ③ 0.5670 ④ 0.2119

03 ① 0.9332 ② 0.3085 ③ 0.3830

04 ① 0.3413 ② 0.3829 ③ 0.2417 ④ 0.1598

05 $P(X\geq x)=0.05$

$P\left(Z\geq\frac{x-72}{9}\right)=0.05$

$x=86.8$

06 $P(5-d \le X \le 5+d)=0.95$

$P\left(\frac{5-d-5}{0.2} \le Z \le \frac{5+d-5}{0.2}\right)=0.95$

$\frac{d}{0.2}=1.96$

$d=0.392$

07 $P(X \ge x)=0.15$

$P\left(Z \ge \frac{x-150}{25}\right)=0.15$

$x=176$ 만 원

제6장 표본분포와 모수의 추정

01 모집단의 분포가 정규분포를 따르지 않더라도 표본크기 n이 충분히 큰 경우 표본평균의 확률분포가 정규분포에 근사한다는 이론

02 ① 표본평균은 정규분포 $N\left(\mu, \frac{\sigma^2}{n}\right)$이므로 $N(1,000, 9)$이다. 그러므로 $\frac{\sigma^2}{n}=9$이다.

② 모집단의 확률변수의 분포는 $N(\mu, \sigma^2)$을 따르고 표본의 크기가 50이므로 모집단의 평균은 1,000이고 분산은 $450(\sigma^2=n\times 9)$이다.

03 ① 모집단의 확률변수의 분포는 $N(\mu, \sigma^2)$, 즉 $N(25, 9)$를 따른다.

② 표본평균은 $N\left(\mu, \frac{\sigma^2}{n}\right)$를 따르고 표본의 크기가 36이므로 중심극한정리에 따라 표본평균은 $N\left(25, \frac{9}{36}\right)$를 따른다. 즉, 평균은 25, 표준오차는 $0.5(=\sqrt{.25})$이다.

04 ① 모집단분산이 알려져 있으므로 표준정규분포를 이용하여 모집단평균에 대한 신뢰구간추정을 한다.

② 95% 신뢰수준에 해당하는 Z값을 표준정규분포표에서 찾으면 $Z_{\alpha/2}=Z_{0.025}=1.96$이다.

③ $\overline{X}=9.8, \sigma=3.4, n=100$이므로 95% 신뢰구간은 다음과 같다.

$$9.8-1.96\frac{3.4}{\sqrt{100}} \le \mu \le 9.8+1.96\frac{3.4}{\sqrt{100}}$$

$$9.134 \le \mu \le 10.466$$

우리나라 가구의 냉장고 평균 사용기간은 9.134년에서 10.466년 사이일 확률이 95%이다.

05 ① 모집단분산이 알려져 있지 않고 표본크기가 작으므로 t분포를 이용하여 모집단평균에 대한 신뢰구간추정을 한다.

② 99% 신뢰수준에 해당하는 t값을 t분포표에서 찾으면 $t_{\alpha/2, n-1}=t_{0.005, 24}=2.797$이다.

③ $\overline{X}=7.3, s=2.6, n=25$이므로 99% 신뢰구간은 다음과 같다.

$$5.846 \le \mu \le 8.754$$

서울시 성인이 1인당 5.846개에서 8.754개의 신용카드를 가지고 있을 확률이 99%이다.

06 ① 모집단분산이 알려져 있지 않으나 표본크기가 $n=50$ 으로 충분히 크므로 표준정규분포를 이용하여 모집단평균에 대한 신뢰구간추정을 한다.

② 99% 신뢰수준에 해당하는 Z값을 표준정규분포표에서 찾으면 $Z_{\alpha/2}=Z_{0.005}=2.57$ 이다.

③ $\overline{X}=8.9,\ s=2.7,\ n=50$ 이므로 99% 신뢰구간은 다음과 같다.

$$8.9-2.57\frac{2.7}{\sqrt{50}}\le\mu\le 8.9+2.57\frac{2.7}{\sqrt{50}}$$

$$7.979\le\mu\le 9.881$$

A대학교 재학생의 연평균 영화 관람 횟수는 7.919회에서 9.881회 사이일 확률이 99%이다.

07 ① 표본크기가 $n=2,000$ 으로 충분히 크므로 표준정규분포를 이용하여 모집단비율에 대한 신뢰구간추정을 한다.

② 90% 신뢰수준에 해당하는 Z값을 표준정규분포표에서 찾으면 $Z_{\alpha/2}=Z_{0.05}=1.64$ 이다.

③ $\hat{p}=0.42,\ n=2,000$ 이므로 90% 신뢰구간은 다음과 같다.

$$0.42-1.64\sqrt{\frac{0.42(1-0.42)}{2,000}}\le p\le 0.42+1.64\sqrt{\frac{0.42(1-0.42)}{2,000}}$$

$$0.403\le p\le 0.437$$

대한민국 20대의 P사 SNS 이용률은 40.3%에서 43.7% 사이일 확률이 90%이다.

08 ① 95% 신뢰수준에 해당하는 Z값을 표준정규분포표에서 찾으면 $Z_{\alpha/2}=Z_{0.025}=1.96$ 이고, $d=0.03$ 이다.

② $\hat{p}$ 에 대한 알려진 정보는 없으나 추정되는 $\hat{p}=0.25$ 를 사용한다.

③ $n\ge Z_{\alpha/2}^2\dfrac{\hat{p}(1-\hat{p})}{d^2}=1.96^2\dfrac{0.25(1-0.25)}{0.03^2}=800.3$

그러므로 801명 이상을 표본으로 추출하는 것이 적절하다.

제7장 단일집단 모평균의 검정

01 제1종 오류, 제2종 오류

02 유의수준 α

03 ① $H_0:\mu\le 50,000,\ \ H_1:\mu>50,000$

② $\alpha=0.01$ 단측검정

③ $Z_{0.01}=2.33$ 이므로 귀무가설의 채택영역 : $Z_{0.01}\le 2.33$, 기각영역 : $Z_{0.01}>2.33$

④ $\overline{X}=50,280,\ \mu=50,000,\ \sigma=500,\ n=400$ 이므로 $Z=\dfrac{\overline{X}-\mu}{\sigma/\sqrt{n}}=\dfrac{50,280-50,000}{500/\sqrt{400}}=11.2$

⑤ 귀무가설의 기각, 전구의 수명은 50,000시간보다 길다.

04 ① $H_0:\mu=105,\ \ H_1:\mu\ne 105$

② $\alpha=0.05$ 양측검정

③ 양측검정이므로 $Z_{0.025}=1.96$

귀무가설의 채택영역 : $-1.96 \leq Z \leq 1.96$, 기각영역 : $Z>1.96$ 또는 $Z<-1.96$

④ $\overline{X}=110, \mu=105, \sigma=24, n=100$ 이므로 $Z=\dfrac{\overline{X}-\mu}{\sigma/\sqrt{n}}=\dfrac{110-105}{24/\sqrt{100}}=2.08$

⑤ 귀무가설의 기각, 학생들의 평균 IQ는 105가 아니다.

05 ① $H_0 : \mu \geq 120,\ H_1 : \mu<120$

② $\alpha=0.01$ 단측검정

③ $-Z_{0.01}=-2.33$ 이므로 귀무가설의 채택영역 $Z \geq -2.33$, 기각영역 $Z<-2.33$

④ $\overline{X}=110, \mu=120, s=25, n=35$ 이므로 $Z=\dfrac{\overline{X}-\mu}{s/\sqrt{n}}=\dfrac{110-120}{25/\sqrt{35}}=-2.37$

⑤ 귀무가설의 기각, 식료품 평균 구입비는 120만 원보다 적다.

06 ① $H_0 : \mu=200,\ H_1 : \mu \neq 200$

② $\alpha=0.05$ 양측검정

③ $Z_{0.025}=196$ 이므로

귀무가설의 채택영역 : $-1.96 \leq Z \leq 1.96$, 기각영역 : $Z>1.96$ 또는 $Z<-1.96$

④ $\overline{X}=195, \mu=200, s=30, n=100$ 이므로 $Z=\dfrac{\overline{X}-\mu}{s/\sqrt{n}}=\dfrac{195-200}{30/\sqrt{100}}=-1.67$

⑤ 귀무가설의 채택, 이 스낵의 무게는 200g이라고 할 수 있다.

07 ① $H_0 : \mu=15,\ H_1 : \mu \neq 15$

② $\alpha=0.05$ 양측검정

③ $t_{0.025,\,24}=2.064$ 이므로

귀무가설의 채택영역 : $-2.064 \leq t \leq 2.064$, 기각영역 : $t>2.064$ 또는 $t<-2.064$

④ $\overline{X}=13.8, \mu=15, s=3, n=25$ 이므로 $t=\dfrac{\overline{X}-\mu}{s/\sqrt{n}}=\dfrac{13.8-15}{3/\sqrt{25}}=-2.0$

⑤ 귀무가설의 채택, 이 승용차의 l당 연비는 15km라고 할 수 있다.

08 ① $H_0 : \mu \leq 100,\ H_1 : \mu>100$

② $\alpha=0.01$ 단측검정

③ $t_{0.01,\,24}=2.492$ 이므로 귀무가설의 채택영역 : $t \leq 2.492$, 기각영역 : $t>2.492$

④ $\overline{X}=103, \mu=100, s=5.5, n=25$ 이므로 $t=\dfrac{\overline{X}-\mu}{s/\sqrt{n}}=\dfrac{103-100}{5.5/\sqrt{25}}=2.727$

⑤ 귀무가설의 기각, 이 크림빵의 무게는 100g 이상이다.

09 ① $H_0 : \mu \leq 49.5,\ H_1 : \mu>49.5$

② $\alpha=0.01$ 우단측검정

③ $Z_{0.01}=2.33$ 이므로 귀무가설의 채택영역 : $Z_{0.01} \leq 2.33$, 기각영역 : $Z_{0.01}>2.33$

④ $\overline{X}=52, \mu=49.5, \sigma=7, n=24$ 이므로 $Z=\dfrac{\overline{X}-\mu}{\sigma/\sqrt{n}}=\dfrac{52-49.5}{7/\sqrt{24}}=1.75$

⑤ 귀무가설의 채택, K사의 평균 생산량은 49.5벌이라고 할 수 있다.

10 ① $H_0 : \mu=75$, $H_1 : \mu \neq 75$

② $\alpha=0.01$ 양측검정

③ 양측검정이므로 $Z_{0.005}=2.57$

귀무가설의 채택영역 : $-2.57 \leq Z \leq 2.57$, 기각영역 : $Z>2.57$ 또는 $Z<-2.57$

④ $\overline{X}=71, \mu=75, \sigma=15, n=90$ 이므로 $Z=\dfrac{\overline{X}-\mu}{\sigma/\sqrt{n}}=\dfrac{71-75}{15/\sqrt{90}}=-2.53$

⑤ 귀무가설의 채택, 학생들의 영어 평균 성적은 75점이라고 할 수 있다.

제8장 두 모집단의 평균차이에 관한 가설검정

01 ① $H_0 : \mu_1=\mu_2$, $H_1 : \mu_1 \neq \mu_2$

② $\alpha=0.05$

③ 채택영역 : $-1.96 \leq Z \leq 1.96$, 기각영역 : $Z>1.96$ 또는 $Z<-1.96$

④ $Z=\dfrac{(\overline{X}_1-\overline{X}_2)-(\mu_1-\mu_2)}{\sigma_{\overline{X}_1-\overline{X}_2}}=\dfrac{(37-39)-0}{1.10}=-1.82$

⑤ 귀무가설 채택, 요일별 판매량이 다르지 않다. 또는 요일별 효과가 없다.

02 ① $H_0 : \mu_1 \leq \mu_2$, $H_1 : \mu_1 > \mu_2$

② $\alpha=0.01$(단측검정)

③ 채택영역 : $Z \leq 2.33$, 기각영역 : $Z>2.33$

④ $Z=\dfrac{(\overline{X}_1-\overline{X}_2)-(\mu_1-\mu_2)}{\sigma_{\overline{X}_1-\overline{X}_2}}=\dfrac{(79-75)-0}{1.54}=2.60$

⑤ 귀무가설 기각, 대학부설 영어학원의 프로그램이 사설 영어학원의 프로그램보다 좋다고 말할 수 있다.

03 ① $H_0 : \mu_1 \leq \mu_2$, $H_1 : \mu_1 > \mu_2$

② $\alpha=0.05$(단측검정)

③ 채택영역 : $Z \leq 1.64$, 기각영역 : $Z>1.64$

④ $Z=\dfrac{(\overline{X}_1-\overline{X}_2)-(\mu_1-\mu_2)}{\sigma_{\overline{X}_1-\overline{X}_2}}=\dfrac{(117-105)-0}{7.81}=1.54$

⑤ 귀무가설 채택, 일본 스모선수가 한국 씨름선수보다 더 무겁다고 말할 수 없다.

04 ① $H_0 : \mu_1=\mu_2$, $H_1 : \mu_1 \neq \mu_2$

② $\alpha=0.05$(양측검정)

③ 채택영역 : $-1.96 \leq Z \leq 1.96$, 기각영역 : $Z>1.96$ 또는 $Z<-1.96$

④ $Z=\dfrac{(\overline{X}_1-\overline{X}_2)-(\mu_1-\mu_2)}{\sigma_{\overline{X}_1-\overline{X}_2}}=\dfrac{(73.5-68.7)-0}{2.41}=1.99$

⑤ 귀무가설 기각, 흡연자와 비흡연자의 평균수명은 같다고 할 수 없다.

05 ① $H_0: \mu_1=\mu_2,\ H_1: \mu_1 \neq \mu_2$

② $\alpha=0.05$ (양측검정)

③ 임계치 : $t_{0.025,\,40}=2.021$

채택영역 : $-2.021 \le t \le 2.021$, 기각영역 : $t>2.021$ 또는 $t<-2.021$

④ 합동 표준편차와 t값의 계산

$$s_p=\sqrt{\frac{(n_1-1)s_1^2+(n_2-1)s_2^2}{n_1+n_2-2}}$$

$$=\sqrt{\frac{19\times 42.25+21\times 81}{40}}=7.91$$

$$t=\frac{(\overline{X_1}-\overline{X_2})-(\mu_1-\mu_2)}{s_p\sqrt{\frac{1}{n_1}+\frac{1}{n_2}}}$$

$$=\frac{(73.5-68.7)-0}{7.91\times\sqrt{\frac{1}{20}+\frac{1}{22}}}=\frac{4.8}{2.45}=1.959$$

⑤ 귀무가설 채택, 흡연자와 비흡연자의 평균수명은 같다고 할 수 있다.

06 ① $H_0: \mu_1=\mu_2,\ H_1: \mu_1 \neq \mu_2$

② $\alpha=0.05$ (양측검정)

③ 임계치 : $t_{0.025,\,30}=2.042$

채택영역 : $-2.042 \le t \le 2.042$, 기각영역 : $t>2.042$ 또는 $t<-2.042$

④ 합동 표준편차와 t값의 계산

$$s_p=\sqrt{\frac{(n_1-1)s_1^2+(n_2-1)s_2^2}{n_1+n_2-2}}$$

$$=\sqrt{\frac{14\times 100+16\times 169}{30}}=11.7$$

$$t=\frac{(\overline{X_1}-\overline{X_2})-(\mu_1-\mu_2)}{s_p\sqrt{\frac{1}{n_1}+\frac{1}{n_2}}}$$

$$=\frac{(105-107)-0}{11.7\times\sqrt{\frac{1}{15}+\frac{1}{17}}}=\frac{-2}{4.1}=-0.488$$

⑤ 귀무가설 채택, 남자아이와 여자아이의 평균 키는 차이가 없다고 할 수 있다.

07 ① $H_0: \mu_1=\mu_2,\ H_1: \mu_1 \neq \mu_2$

② $\alpha=0.1$ (양측검정)

③ 임계치 : $t_{0.05,\,17}=1.740$

채택영역 : $-1.740 \le t \le 1.740$, 기각영역 : $t>1.740$ 또는 $t<-1.740$

④ 합동 표준편차와 t값의 계산

$$n_1=9,\ \overline{X_1}=84.22,\ s_1^2=\frac{\sum(X_1-\overline{X_1})^2}{n_1-1}=62.44$$

$$n_2=10,\ \overline{X_2}=76.9,\ s_2^2=\frac{\sum(X_2-\overline{X_2})^2}{n_2-1}=78.77$$

$$s_p=\sqrt{\frac{(n_1-1)s_1^2+(n_2-1)s_2^2}{n_1+n_2-2}}$$

$$=\sqrt{\frac{8\times 62.44+9\times 78.77}{17}}=8.37$$

$$t=\frac{(\overline{X_1}-\overline{X_2})-(\mu_1-\mu_2)}{s_p\sqrt{\frac{1}{n_1}+\frac{1}{n_2}}}$$

$$=\frac{(84.2-76.9)-0}{8.37\times\sqrt{\frac{1}{9}+\frac{1}{10}}}=\frac{7.3}{3.85}=1.896$$

⑤ 귀무가설 기각, 상대학생과 공대학생의 국어실력이 동일하다고 할 수 없다.

08 ① $H_0:\mu_1=\mu_2,\ H_1:\mu_1\neq\mu_2$

② $\alpha=0.05$ (양측검정)

③ 임계치와 기각역, 채택역의 결정

자유도 $n-1=9$ 이므로 양측 t검정의 임계치는 $t_{0.025,\,9}=2.262$

채택영역 : $-2.262 \le t \le 2.262$, 기각영역 : $t > 2.262$ 또는 $t < -2.262$

④ 표본통계량의 계산과 임계치와의 비교

$\overline{D}=11.5$ 이고 $s_D=8.5$ 이므로

$$t=\frac{\overline{D}-(\mu_1-\mu_2)}{s_D/\sqrt{n}}=\frac{11.5-0}{8.5/\sqrt{10}}=4.28$$

⑤ 귀무가설 기각, 발음 클리닉은 효과가 있다고 할 수 있다.

제9장 모집단 비율 및 분산에 관한 가설검정

01 ① $H_0:p=0.7,\ H_1:p\neq 0.7$

② $\alpha=0.05$

③ 양측검정이므로 $Z_{0.025}=1.96$

채택영역 : $-1.96\le Z\le 1.96$, 기각영역 : $Z>1.96$ 또는 $Z<-1.96$

④ $\sigma_{\hat{p}}=\sqrt{\frac{p(1-p)}{n}}$ 이므로 $\sigma_{\hat{p}}=\sqrt{(0.7)(1-0.7)/100}=0.046$

$\hat{p}=62/100=0.62$ 이므로

$$Z=\frac{\hat{p}-p}{\sigma_{\hat{p}}}=\frac{0.62-0.7}{0.046}=-1.739$$

⑤ 귀무가설 채택, S의 지지도는 70%라고 할 수 있다.

02 ① $H_0:p\le 0.20,\ H_1:p>0.20$

② $\alpha=0.01$

③ 단측검정이므로 $Z_{0.01}=2.33$

채택영역 : $Z_{0.01} \leqq 2.33$, 기각영역 : $Z_{0.01} > 2.33$

④ $\sigma_{\hat{p}} = \sqrt{(0.2)(0.8)/100} = 0.040$, $\hat{p}=23/100=0.23$ 이므로

$$Z=\frac{0.23-0.20}{0.040}=.750$$

⑤ 귀무가설 채택, M테크의 구매 후 1년 내 A/S센터 방문율은 20% 이상이라고 할 수 없다.

03 ① $H_0: p_1 \leq p_2$, $H_1: p_1 > p_2$

② $\alpha=0.01$

③ 단측검정이므로 $Z_{0.01}=2.33$

채택영역 : $Z_{0.01} \leq 2.33$, 기각영역 : $Z_{0.01} > 2.33$

④ $\hat{p}_1=82/150=0.55$, $\hat{p}_2=52/120=0.43$

$$\hat{p}=\frac{n_1\hat{p}_1+n_2\hat{p}_2}{n_1+n_2}=\frac{150\times0.55+120\times0.43}{150+120}=0.497$$

$$s_{\hat{p}_1-\hat{p}_2}=\sqrt{\hat{p}(1-\hat{p})\left(\frac{1}{n_1}+\frac{1}{n_2}\right)}=\sqrt{0.497(1-0.497)\left(\frac{1}{150}+\frac{1}{120}\right)}$$
$$=0.0612$$

$$Z=\frac{(\hat{p}_1-\hat{p}_2)-(p_1-p_2)}{s_{\hat{p}_1-\hat{p}_2}}=\frac{(0.55-0.43)-0}{0.0612}=1.961$$

⑤ 귀무가설 채택, 남학생의 안경착용비율은 여학생보다 높지 않다.

04 ① $H_0: \sigma^2=5$, $H_1: \sigma^2 \neq 5$

② $\alpha=0.02$

③ 양측검정이므로 우측 임계치는 $\chi^2_{\alpha/2}$ 이고, 좌측 임계치는 $\chi^2_{1-\alpha/2}$ 이 된다.

자유도가 $n-1=24$이므로 $\chi^2_{0.01,\,24}=42.98$, $\chi^2_{0.99,\,24}=10.86$

- 채택영역 : $10.86 \leq \chi^2 \leq 42.98$
- 기각영역 : $\chi^2 < 10.86$ 또는 $\chi^2 > 42.98$

④ s^2 의 추정

$$\chi^2_{n-1}=\frac{(n-1)\cdot s^2}{\sigma^2}$$ 이므로

$$s^2_{low}=\frac{\chi^2_{n-1}\cdot\sigma^2}{n-1}=\frac{10.86\times5}{24}=2.26$$

$$s^2_{high}=\frac{\chi^2_{n-1}\cdot\sigma^2}{n-1}=\frac{42.98\times5}{24}=8.95$$

따라서 s^2 의 신뢰구간 : $2.26 \leq s^2 \leq 8.95$

05 ① $H_0: \sigma^2=9$, $H_1: \sigma^2 \neq 9$ 인 양측검정

② $\alpha=0.05$

③ 자유도가 $n-1=19$이므로 $\chi^2_{0.025,\,19}=32.85$, $\chi^2_{0.975,\,19}=8.91$

④ s^2 의 추정

$$s_{low}^2 = \frac{\chi_{n-1}^2 \cdot \sigma^2}{n-1} = \frac{8.91 \times 9}{19} = 4.22$$

$$s_{high}^2 = \frac{\chi_{n-1}^2 \cdot \sigma^2}{n-1} = \frac{32.85 \times 9}{19} = 15.56$$

따라서 s^2 의 신뢰구간 : $4.22 \le s^2 \le 15.56$

06 ① $H_0 : \sigma^2 = 5,625$, $H_1 : \sigma^2 \ne 5,625$

② $\alpha = 0.05$ (양측검정)

③ 자유도가 $n-1=24$이므로 $\chi_{0.025,\,24}^2 = 39.36$, $\chi_{0.975,\,24}^2 = 12.40$

- 채택영역 : $12.40 \le \chi^2 \le 39.36$
- 기각영역 : $\chi^2 < 12.40$ 또는 $\chi^2 > 39.36$

④ $\chi_{n-1}^2 = \frac{(n-1) \cdot s^2}{\sigma^2}$ 이므로

$$\chi^2 = \frac{(25-1) \times 6,724}{5,625} = 28.69$$

⑤ 귀무가설 채택, 배터리 사용시간의 표준편차는 75분이라고 할 수 있다.

07 ① $H_0 : \sigma^2 \ge 144$, $H_1 : \sigma^2 < 144$

② $\alpha = 0.01$ (좌단측검정)

③ 자유도가 $n-1=19$이므로 $\chi_{0.99,\,19}^2 = 7.63$

- 채택영역 : $\chi^2 \ge 7.63$
- 기각영역 : $\chi^2 < 7.63$

④ 검정통계량의 계산

$\chi_{n-1}^2 = \frac{(n-1) \cdot s^2}{\sigma^2}$ 이므로

$$\chi^2 = \frac{19 \times 64}{144} = 8.44$$

⑤ 귀무가설 채택, 모집단의 표준편차가 12일보다 줄었다고 말할 수 없다.

08 ① $H_0 : \sigma_1^2 \le \sigma_2^2$, $H_1 : \sigma_1^2 > \sigma_2^2$ (σ_1^2 : A모델의 분산, σ_2^2 : B모델의 분산)

② $\alpha = 0.05$ (우단측검정)

③ 자유도는 $n_1 - 1$, $n_2 - 1$ 이므로 $31-1=30$, $30-1=29$이다.

$F_{0.05:30,\,29} = 1.85$ 이므로

채택영역 : $F \le 1.85$, 기각영역 : $F > 1.85$

④ $F = \frac{s_1^2}{s_2^2} = \frac{16}{13.2} = 1.212$

⑤ 귀무가설 채택, 즉 두 모델의 분산차이는 없다고 할 수 있다.

제10장 분류된 데이터의 통계분석

01 기대분포

구분	A	B	C	D	F
도수	10	15	15	5	5

- 임계치 : 자유도가 $k-1$ 이므로 4, 유의수준 0.05일 때의 χ^2 값 9.48773
- 검정통계량

$$\chi^2=\sum\frac{(O_i-E_i)^2}{E_i} \text{ 이므로}$$

$$\chi^2=\frac{(15-10)^2}{10}+\frac{(10-15)^2}{15}+\frac{(10-15)^2}{15}+\frac{(10-5)^2}{5}+\frac{(5-5)^2}{5}=10.8333$$

- 검정통계량이 임계치보다 크므로 귀무가설을 기각시킨다. 따라서 학점 부여의 기준이 지켜졌다고 볼 수 없다.

02 기대분포

구분	광고를 본 소비자	광고를 보지 않은 소비자	합계
자사제품 선호	11	44	55
자사제품 비선호	19	76	95
선호 구분 없음	30	120	150
합계	60	240	300

- 임계치 : 자유도가 $(r-1)(c-1)$ 이므로 2, 유의수준 0.05일 때의 χ^2 값 5.99147
- 검정통계량

$$\chi^2=\sum\frac{(O_i-E_i)^2}{E_i} \text{ 이므로}$$

$$\chi^2=\frac{(15-11)^2}{11}+\frac{(40-44)^2}{44}+\frac{(15-19)^2}{19}+\frac{(80-76)^2}{76}+\frac{(30-30)^2}{30}+\frac{(120-120)^2}{120}=2.8708$$

- 검정통계량이 임계치보다 작으므로 귀무가설을 기각시키지 못한다. 따라서 광고를 본 소비자와 보지 않은 소비자 간에 제품 선호도 차이가 있다고 말할 수 없다.

03 기대분포

구분	A	B	C	D
도수	50	50	50	50

- 임계치 : 자유도가 $k-1$ 이므로 3, 유의수준 0.05일 때의 χ^2 값 7.81473
- 검정통계량

$$\chi^2=\sum\frac{(O_i-E_i)^2}{E_i} \text{ 이므로}$$

$$\chi^2=\frac{(60-50)^2}{50}+\frac{(45-50)^2}{50}+\frac{(65-50)^2}{50}+\frac{(30-50)^2}{50}=15$$

- 검정통계량이 임계치보다 크므로 귀무가설을 기각시킨다. 따라서 제품별 시장점유율이 동일하다고 볼 수 없다.

04 기대분포

구분	남자	여자	합계
모델 A	50	50	100
모델 B	30	30	60
모델 C	20	20	40
합계	100	100	200

- 임계치 : 자유도가 $(r-1)(c-1)$ 이므로 2, 유의수준 0.01일 때의 χ^2 값 9.21034
- 검정통계량

$$\chi^2=\sum\frac{(O_i-E_i)^2}{E_i} \text{ 이므로}$$

$$\chi^2=\frac{(60-50)^2}{50}+\frac{(40-50)^2}{50}+\frac{(20-30)^2}{30}+\frac{(40-30)^2}{30}+\frac{(20-20)^2}{20}+\frac{(20-20)^2}{20}=10.6667$$

- 검정통계량이 임계치보다 크므로 귀무가설을 기각시킨다. 따라서 남녀 간에 휴대폰 광고모델 선호도에 차이가 없다고 말할 수 없다.

05 기대분포

구분	2명 이하	3~4명	5명 이상	합계
소형	6	24	30	60
중형	13	52	65	130
대형	11	44	55	110
합계	30	120	150	300

- 임계치 : 자유도가 $(r-1)(c-1)$ 이므로 4, 유의수준 0.05일 때의 χ^2 값 9.48773
- 검정통계량

$$\chi^2=\sum\frac{(O_i-E_i)^2}{E_i} \text{ 이므로}$$

$$\chi^2=\frac{(20-6)^2}{6}+\frac{(30-24)^2}{24}+\frac{(10-30)^2}{30}+\frac{(5-13)^2}{13}+\frac{(60-52)^2}{52}+\frac{(65-65)^2}{65}+\frac{(5-11)^2}{11}+\frac{(30-44)^2}{44}+\frac{(75-55)^2}{55}=71.1713$$

- 검정통계량이 임계치보다 크므로 귀무가설을 기각시킨다. 따라서 가족크기에 따라 냉장고의 크기가 다르지 않다고 말할 수 없다.

06 기대분포

구분	경험 없음	경험 있음	합계
40세 이상	10	10	20
40세 미만	15	15	30
합계	25	25	50

- 임계치 : 자유도가 $(r-1)(c-1)$ 이므로 1, 유의수준 0.01일 때의 값 6.63490
- 검정통계량

$$\chi^2=\sum\frac{(O_i-E_i)^2}{E_i} \text{ 이므로}$$

$$\chi^2=\frac{(15-10)^2}{10}+\frac{(5-10)^2}{10}+\frac{(10-15)^2}{15}+\frac{(20-15)^2}{15}=8.3333$$

- 검정통계량이 임계치보다 크므로 귀무가설을 기각시킨다. 따라서 연령과 헌혈 경험이 독립적이라 말할 수 없다.

제11장 실험설계와 분산분석

01 1) 처리의 수 : 3개안=3

2) $\overline{X}=133.87,\ \overline{X}_1=123.8,\ \overline{X}_2=134.6,\ \overline{X}_3=143.2$ 이므로

$$SST=\sum\sum(X_{ij}-\overline{X})^2$$
$$=(120-133.87)^2+(122-133.87)^2+\cdots+(150-133.87)^2=1,657.73$$

$$SSB=\sum r(\overline{X}_j-\overline{X})^2$$
$$=5(123.8-133.87)^2+5(134.6-133.87)^2+5(143.2-133.87)^2=944.93$$

$$SSW=\sum\sum(X_{ij}-\overline{X}_j)^2=336.8+211.2+164.8=712.8$$

$j=1$ (1안) : $\sum(X_{i1}-\overline{X}_1)^2=(120-123.8)^2+\cdots+(118-123.8)^2=336.8$

$j=2$ (2안) : $\sum(X_{i2}-\overline{X}_2)^2=(122-134.6)^2+\cdots+(140-134.6)^2=211.2$

$j=3$ (3안) : $\sum(X_{i3}-\overline{X}_3)^2=(144-143.2)^2+\cdots+(152-143.2)^2=164.8$

3) $MSB=\dfrac{SSB}{k-1}=\dfrac{944.93}{2}=472.47$

$MSW=\dfrac{SSW}{n-k}=\dfrac{712.8}{12}=59.4$

4) $F=\dfrac{MSB}{MSW}=\dfrac{472.47}{59.4}=7.954$

5) 분산분석표

변동의 요인	제곱합	자유도	제곱평균	F비율
교육방법	944.93	2	472.47	7.95
잔차	712.8	12	59.4	
계	1,657.73	14		

02 ① $H_0 : \mu_1=\mu_2=\mu_3$, H_1 : 교육방법에 따라 판매량이 다르다.

② $\alpha=0.01$

③ 총 관측치 수 15, 집단의 수 3이므로 자유도는 $3-1=2$, $15-3=12$이다.

F의 임계치는 $F_{0.01:2,12}=6.93$

- 채택영역 : $F\leq 6.93$
- 기각영역 : $F>6.93$

④ 분산분석표의 F검정통계량>F기각치이므로 귀무가설은 기각된다. 즉, 교육방법에 따라 판매량이 다르다고 할 수 있다.

03 1) 처리 수(포스터의 수)=3, 블록 수(지역 수)=5

2) $n=15$, $k=3$, $r=5$

$\overline{X}$= 전체 평균, $\overline{X}_j$= 집단 j의 평균, $\overline{X}_i$= 블록 i의 평균이라고 할 때

$$SST=\sum_{j=1}^{k}\sum_{i=1}^{r}(X_{ij}-\overline{X})^2$$

$$=(15-17.13)^2+(17-17.13)^2+\cdots+(15-17.13)^2=247.733$$

$$SSG=r\sum_{j=1}^{k}(\overline{X}_j-\overline{X})^2$$

$$=5(14.6-17.13)^2+5(21.8-17.13)^2+5(15-17.13)^2=163.733$$

$$SSB=k\sum_{i=1}^{r}(\overline{X}_i-\overline{X})^2$$

$$=3(18.33-17.13)^2+3(18.33-17.13)^2+\cdots+3(14.67-17.13)^2=55.067$$

$$SSE=\sum_{j=1}^{k}\sum_{i=1}^{r}(X_{ij}-\overline{X}_i-\overline{X}_j+\overline{X})^2$$

$$=SST-SSG-SSB$$

$$=245.73-163.73-55.07=26.933$$

3) $MSG=\dfrac{SSG}{k-1}=\dfrac{163.733}{2}=81.867$

$MSB=\dfrac{SSB}{r-1}=\dfrac{55.067}{4}=13.767$

$MSE=\dfrac{SSE}{(k-1)(r-1)}=\dfrac{26.933}{8}=3.367$

4) $F_G=\dfrac{MSG}{MSE}=\dfrac{81.867}{3.367}=24.317$

$F_B=\dfrac{MSB}{MSE}=\dfrac{13.767}{3.367}=4.089$

04 1) 분산분석표의 작성

변동의 요인	제곱합	자유도	제곱평균	F비율	F기각치
인자 A(지역)	55.0667	4	13.76667	4.08911	3.837854
인자 B(포스터)	163.7333	2	81.86667	24.31683	4.458968
잔차	26.9333	8	3.36667		
계	245.7333	14			

2) 포스터별 선호도 차이 검정

① $H_0 : \mu_1 = \mu_2 = \mu_3$: 포스터별 선호도의 차이가 없다.

$H_1 : \mu_1 \neq \mu_2$ 혹은 $\mu_1 \neq \mu_3$ 혹은 $\mu_2 \neq \mu_3$: 포스터별 선호도의 차이가 있다.

② $\alpha = 0.05$

③ $n=15,\ k=3,\ r=5$ 이므로

F의 임계치는 $F_{0.05:2,8} = 4.46$

- 채택영역 : $F \leq 4.46$
- 기각영역 : $F > 4.46$

④ 위의 분산분석표에서 계산된 F_B(열)의 값 24.32는 귀무가설의 기각영역에 포함되므로 귀무가설이 기각된다. 그러므로 포스터별 선호도의 차이가 있다고 할 수 있다.

3) 지역별 선호도 차이 검정

① $H_0 : \mu_1 = \mu_2 = \cdots = \mu_5$: 지역별 선호도의 차이가 없다.

H_1 : 지역별 선호도의 차이가 있다.

② $\alpha = 0.05$

③ $n=15,\ k=3,\ r=5$ 이므로

F의 임계치는 $F_{0.05:4,8} = 3.84$

- 채택영역 : $F \leq 3.84$
- 기각영역 : $F > 3.84$

④ 위의 분산분석표에서 계산된 F_G(행)의 값 4.09는 귀무가설의 기각영역에 포함되므로 귀무가설이 기각된다. 그러므로 지역에 따라 선호도의 차이가 있다고 할 수 있다.

05 1) (전체 관측치의 수)=18, (셀 내 관측치의 수)=3

2) (행의 수)=2, (열의 수)=3

3) $\overline{X}_{(전체)} = 18.222$

$\overline{X}_{11} = 22,\ \overline{X}_{12} = 16.333,\ \overline{X}_{13} = 13.333,$

$\overline{X}_{21} = 25.667,\ \overline{X}_{22} = 19.333,\ \overline{X}_{23} = 12.667$

4) $\overline{X}_{1\cdot} = 17.222,\ \overline{X}_{2\cdot} = 19.222$

5) $\overline{X}_{\cdot 1} = 23.833,\ \overline{X}_{\cdot 2} = 17.833,\ \overline{X}_{\cdot 3} = 13$

6) $SST = \sum_{i=1}^{r} \sum_{j=1}^{k} \sum_{l=1}^{m} (X_{ijl} - \overline{X})^2$

$$=(22-18.222)^2+(21-18.222)^2+\cdots+(15-18.222)^2=433.111$$

$$SSR=km\sum_{i=1}^{r}(\overline{X}_{i\cdot}-\overline{X})^2$$

$$=3\times3(17.222-18.222)^2+3\times3(19.222-18.222)^2=18$$

$$SSC=rm\sum_{j=1}^{k}(\overline{X}_{\cdot i}-\overline{X})^2$$

$$=2\times3(23.833-18.222)^2+6(17.833-18.222)^2+6(13-18.222)^2=353.444$$

$$SSE=\sum_{i=1}^{r}\sum_{j=1}^{k}\sum_{l=1}^{m}(X_{ijl}-\overline{X_{ij}})^2$$

$$=(22-22)^2+(21-22)^2+(23-22)^2+(28-25.667)^2+(27-25.667)^2+\cdots+$$

$$(12-12.667)^2+(11-12.667)^2+(15-12.667)^2=45.333$$

$$SSI=SST-SSR-SSC-SSE$$

$$=433.111-18-353.444-45.333=16.333$$

7) $MSR=\dfrac{SSR}{r-1}=\dfrac{18}{2-1}=18$

$MSC=\dfrac{SSC}{k-1}=\dfrac{353.444}{3-1}=176.722$

$MSI=\dfrac{SSI}{(k-1)(r-1)}=\dfrac{16.333}{(3-1)(2-1)}=8.167$

$MSE=\dfrac{SSE}{kr(m-1)}=\dfrac{45.333}{3\times2(3-1)}=3.778$

8) $F_R=\dfrac{MSR}{MSE}=\dfrac{18}{3.778}=4.765$

$F_C=\dfrac{MSC}{MSE}=\dfrac{176.722}{3.778}=46.779$

$F_I=\dfrac{MSI}{MSE}=\dfrac{8.167}{3.778}=2.161$

06 1) 분산분석표 작성

변동의 요인	제곱합	자유도	제곱평균	F비율	F기각치
인자 A(지역)	18	1	18	4.76471	9.330279
인자 B(선호도)	353.4444	2	176.7222	46.77941	6.926598
상호작용	16.3333	2	8.1667	2.16177	6.926598
잔차	45.3333	12	3.7778		
계	433.1111	17			

2) 포스터 유형에 따른 선호도 차이 검정

① $H_0:\mu_1=\mu_2=\mu_3$ 포스터별 선호도의 차이가 없다.

H_1 : 포스터별 선호도의 차이가 있다.

② $\alpha=0.01$

③ $k=3,\ r=2,\ m=3$ 이므로

F의 임계치는 $F_{0.01:2,12}=6.93$

- 채택영역 : $F \le 6.93$
- 기각영역 : $F > 6.93$

④ 위의 분산분석표에서 계산된 F_B(열)의 값 46.78은 귀무가설의 기각영역에 포함되므로 귀무가설이 기각된다. 그러므로 포스터별 선호도의 차이가 있다고 할 수 있다.

3) 지역별 선호도 차이 검정

① $H_0 : \mu_1 = \mu_2$: 두 지역의 선호도에는 차이가 없다.
$H_1 : \mu_1 \neq \mu_2$: 두 지역의 선호도에는 차이가 있다.

② $\alpha = 0.01$

③ $k=3,\ r=2,\ m=3$ 이므로
F의 임계치는 $F_{0.01:1,\,12} = 9.33$

- 채택영역 : $F \le 9.33$
- 기각영역 : $F > 9.33$

④ 위의 분산분석표에서 계산된 F_G(행)의 값 4.76은 귀무가설의 채택영역에 포함되므로 귀무가설이 채택된다. 그러므로 지역에 따라 선호도의 차이가 없다고 할 수 있다.

4) 포스터 유형과 지역의 상호작용에 따른 선호도 차이 검정

① H_0 : 포스터 유형과 지역의 상호작용효과는 없다.
H_1 : 포스터 유형과 지역의 상호작용효과는 있다.

② $\alpha = 0.01$

③ $k=3,\ r=2,\ m=3$ 이므로
F의 임계치는 $F_{0.01:2,\,12} = 6.93$

- 채택영역 : $F \le 6.93$
- 기각영역 : $F > 6.93$

④ 위의 분산분석표에서 계산된 F_I(상호작용)의 값 2.16은 귀무가설의 채택영역에 포함되므로 귀무가설이 채택된다. 그러므로 포스터 유형과 지역의 상호작용효과가 없다고 할 수 있다.

제12장 단순회귀분석

01 상관관계분석 : 두 변수 간의 선형관계를 조사하는 분석
회귀분석 : 독립변수와 종속변수 간의 인과관계를 조사하는 분석

02 ① X의 평균은 1.5이며 Y의 평균은 0.2이다.

$$b = \frac{n\sum X_i Y_i - \sum X_i \sum Y_i}{n\sum X_i^2 - (\sum X_i)^2} = \frac{\sum X_i Y_i - n\overline{X}\,\overline{Y}}{\sum X_i^2 - n\overline{X}^2} = \frac{96 - 10\times 1.5\times 0.2}{81 - 10\times 1.5^2} = 1.589744$$

$$a=\frac{\sum Y_i}{n}-b\frac{\sum X_i}{n}=Y-b\overline{X}=0.2-1.589744\times1.5=-2.18462$$

②

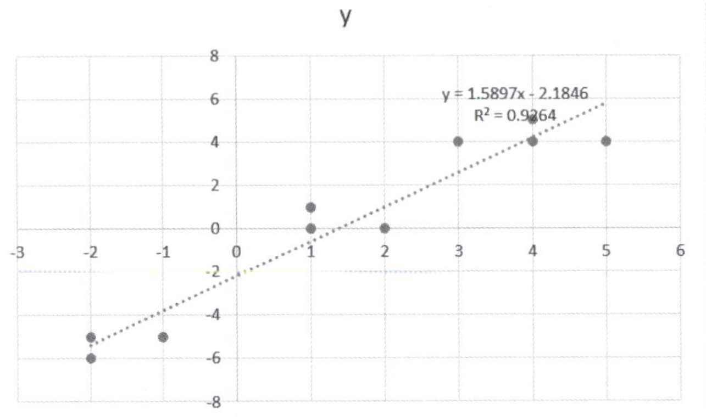

③ $r=\frac{s_{XY}}{s_X s_Y}=\frac{10.4444}{2.5495\times4.2163}=0.9716$

03

X	Y	XY	X^2	$(X-\overline{X})^2$	$\hat{Y}$	SST	SSE	SSR
1,500	300	450,000	2,250,000	1,512,900	208.37	2,025	8,396.71	18,668.73
1,800	250	450,000	3,240,000	864,900	241.69	9,025	69.03	10,672.61
1,300	200	260,000	1,690,000	2,044,900	186.15	21,025	191.83	25,233.45
2,500	250	625,000	6,250,000	52,900	319.45	9,025	4,823.39	652.77
2,800	400	1,120,000	7,840,000	4,900	352.78	3,025	2,230.12	60.46
2,200	200	440,000	4,840,000	280,900	286.13	21,025	7,417.58	3,466.22
4,000	500	2,000,000	16,000,000	1,612,900	486.08	24,025	193.85	19,902.70
3,200	350	1,120,000	10,240,000	220,900	397.21	25	2,228.74	2,725.84
3,500	400	1,400,000	12,250,000	592,900	430.53	3,025	932.38	7,316.21
4,500	600	2,700,000	20,250,000	3,132,900	541.62	65,025	3,408.34	38,659.04
27,300	3,450	10,565,000	84,850,000	10,321,000	3,450	157,250	29,891.97	127,358.03

① $b=\frac{\sum X_i Y_i-n\overline{X}\,\overline{Y}}{\sum X_i^2-n\overline{X}^2}=\frac{10,565,000-10\times2,730\times345}{84,850,000-10\times2,730^2}=0.111084$

$a=\overline{Y}-b\overline{X}=345-0.111084\times2,730=41.74068$

따라서 회귀식 $Y=41.74068+0.111084X$

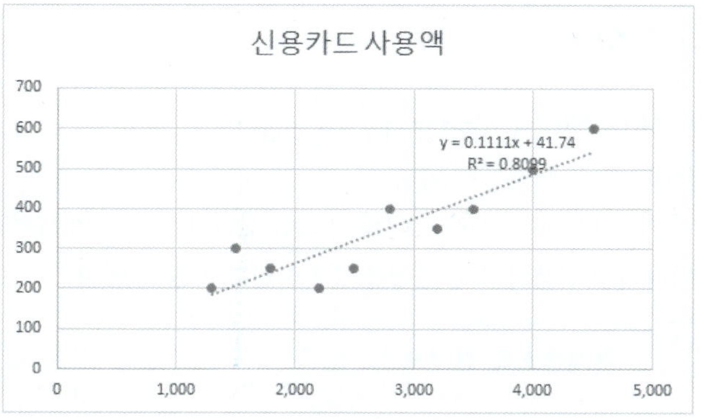

② 111,084원 증가한다.

③ $s_e = \sqrt{\frac{1}{n-2}\sum_{i=1}^{n}(Y_i - \hat{Y}_i)^2} = \sqrt{\frac{SSE}{n-2}} = \sqrt{\frac{29,891.97}{8}} = 61.1269$

$R^2 = 127,358.03/157,250 = 0.809908$

④ 분산분석

	자유도	제곱합	평균제곱	F비	유의한 F
회귀	1	127,358	127,358	34.08488	0.000388
잔차	8	29,891.97	3,736.496		
계	9	157,250			

⑤ $s_b = s_e\sqrt{\frac{1}{\sum(X_i - \overline{X})^2}} = 61.1296 \times \sqrt{\frac{1}{10,321,000}} = 0.019028$

⑥ • t검정 이용

– 임계치 : $t_{0.025,\,8} = 2.306$

– 검정통계량 : $(0.111084 - 0)/0.019028 = 5.838$

검정통계량이 임계치보다 크므로 귀무가설을 기각시킨다.

• F검정 이용

분산분석에서의 값이 0.000388로서 유의수준 0.05보다 현저하게 작으므로 귀무가설을 기각시킨다.

⑦ $Y = 41.74068 + 0.111084X$ 에 대입하면 263.90868만 원

⑧ 개별예측치의 구간을 추정하는 공식이 다음과 같으므로,

$$\hat{Y} \pm t_{\alpha/2,\,n-2} \times s_e\sqrt{1 + \frac{1}{n} + \frac{(X_p - \overline{X})^2}{\sum(X_i - \overline{X})^2}}$$

$$= 263.90868 \pm 2.306 \times 61.1296 \times \sqrt{1 + \frac{1}{10} + \frac{(2,000 - 2,730)^2}{10,321,000}}$$

$$= 263.90868 \pm 151.2750$$

⑨ 평균예측치의 구간을 추정하는 공식이 다음과 같으므로

$$\hat{Y} \pm t_{\alpha/2,\, n-2} \times s_e \sqrt{\frac{1}{n} + \frac{(X_p - X)^2}{\sum(X_i - X)^2}}$$

$$= 263.90868 \pm 2.306 \times 61.1296 \times \sqrt{\frac{1}{10} + \frac{(2,000 - 2,730)^2}{10,321,000}}$$

$$= 263.90868 \pm 54.8918$$

⑩ 잔차도를 그려 보면 다음과 같이 된다. 아래의 그림을 보면 잔차가 특이한 체계적인 패턴이 없음을 알 수 있다. 따라서 회귀분석의 제 가정을 충족시킨다고 볼 수 있다.

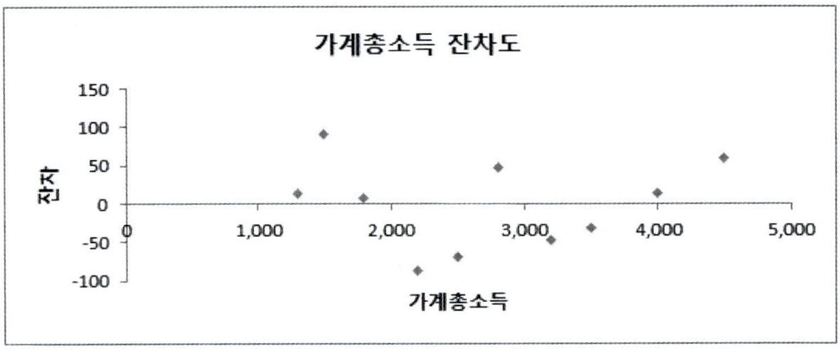

04 회귀분석 통계량

다중상관계수	(0.927307)
결정계수	0.859898
조정된 결정계수	0.852115
표준오차	60.41388
관측 수	20

분산분석

	자유도	제곱합	평균제곱	F비	유의한 F
회귀	1	403,226.70	(403,226.7)	(110.48)	4.13E−09
잔차	(18)	(65,697.1)	(3,469.8)		
계	(19)	468,923.80			

	계수	표준오차	t통계량	p값
Y절편	−6.94398	52.00418	−0.13353	0.895258
X	17.71289	1.6852	(10.51086)	(4.13E−09)

제13장 다중회귀분석

01 ①

분산의 원천	제곱의 합	자유도	평균제곱	F
회귀 오차	(10,221) (1,264)	(2) 17	5,110.5 (74.3529)	(68.733)
합계	11,485	19		

② 독립변수의 개수 : 2개, 표본의 크기 : 20개

③ 결정계수=10,221/11,485=0.8899

02 메뉴의 다양성과 종업원 수를 독립변수로, 매출액을 종속변수로 한 회귀분석결과

회귀분석 통계량

다중상관계수	0.973151
결정계수	0.947023
조정된 결정계수	0.931887
표준오차	1.678804
관측 수	10

분산분석

	자유도	제곱합	평균제곱	F비	유의한 F
회귀	2	352.6713	176.3357	62.56629	3.42E−05
잔차	7	19.72867	2.818381		
계	9	372.4			

	계수	표준오차	t통계량	p값	하위 95%	상위 95%
Y절편	−0.83492	2.234612	−0.37363	0.719736	−6.11894	4.44909
X_1	1.606561	0.458755	3.502007	0.009966	0.52178	2.691343
X_2	0.824642	0.272038	3.031352	0.019078	0.181375	1.467908

① 회귀식 $Y = -0.88492 + 1.606561X_1 + 0.824642X_2$

② $s_e = \sqrt{\frac{1}{n-k-1}\sum_{i=1}^{n}(Y_i - \hat{Y}_i)^2} = \sqrt{\frac{SSE}{n-k-1}} = \sqrt{\frac{19.72867}{7}} = 1.6788$

결정계수=0.9470

③ 위의 표 참조

④ p값이 3.42E−0.5로서 유의적이다.

⑤ p값이 각각 0.009, 0.01로서 유의수준 0.05보다 작게 나타나 두 계수 모두 유의적이다.

03 ① 교육년수와 근무년수를 독립변수로, 연봉을 종속변수로 한 회귀분석결과

회귀분석 통계량

다중상관계수	0.851015
결정계수	0.724226
조정된 결정계수	0.691782
표준오차	4.484646
관측 수	20

분산분석

	자유도	제곱합	평균제곱	F비	유의한 F
회귀	2	897.8951	448.9476	22.32232	1.76E−05
잔차	17	341.9049	20.11205		
계	19	1239.8			

	계수	표준오차	t통계량	p값	하위 95%	상위 95%
Y절편	0.280362	4.174767	0.067156	0.947241	−8.52764	9.088363
X_1	1.446499	0.230001	6.289101	8.16E−06	0.961239	1.931759
X_2	0.550906	0.217258	2.535726	0.021327	0.092532	1.00928

② 회귀식 $Y=0.280326+1.446499X_1+0.550906X_2$

③ 위의 표 참조

④ 결정계수 : 0.724426, 상관계수 : 0.851015, 상관계수를 제곱한 것이 결정계수이다.

⑤ 모형의 p값이 1.76E−05로서 유의적이다.

⑥ $b-t_{\alpha/2,\,n-2}\times s_b \le \beta \le b+t_{\alpha/2,\,n-2}\times s_b$ 이므로

$1.4465-2.101\times0.2300 \le \beta_1 \le 1.4465+2.101\times0.2300$

$0.96327 \le \beta_1 \le 1.92973$

$0.5509-2.101\times0.2173 \le \beta_2 \le 0.5509+2.101\times0.2173$

$0.09435 \le \beta_2 \le 1.00744$

⑦ p값이 8.16E−06으로서 유의적이다.

04 회귀분석 통계량

다중상관계수	0.983
결정계수	(0.966289)
조정된 결정계수	(0.9528046)
표준오차	1.077
관측 수	8

분산분석

	자유도	제곱합	평균제곱	F비	유의한 F
회귀	2	166.2052	(83.1026)	(71.70446)	0.0002
잔차	(5)	(5.7948)	(1.15896)		
계	(7)	172			

	계수	표준오차	t통계량	p값
Y절편	5.9793	1.7633	3.3910	0.0194
X_1	0.2297	0.1971	(1.1654)	0.2963
X_2	1.1241	0.8194	(1.3719)	0.2284

05 ① $Y = -48.6042 + 0.0611X_1 + 1.7481X_2$

② 611대 증가한다.

③ p값이 0.0006이므로 유의적이다.

④ 179.6468/204.1650=0.879919

⑤ X_1은 p값이 0.0086으로 유의수준 0.05보다 작게 나타나 유의적이나 X_2는 p값이 0.2836으로 유의수준 0.05보다 크게 나타나 유의적이지 못하다.

찾아보기
INDEX

ㅈ

저자소개

김상조
마케팅을 전공하였고 주니어시절 마케팅관련 기업에서 근무했다. 지금은 동의대학교 경영학과에 재직 중이다. 마케팅 조사, 마케팅전략, 소비자 행동 분야를 중심으로 강의하며, 최근에는 디지털 마케팅과 청년 창업에 관심을 두고 있다.

최원일
부산대학교 대학원 경영학과(경영학 박사)를 졸업하였다. LG증권(주)에서 근무하였으며 서남대학교 교수, 동서대학교 경영학부 교수를 거쳐 지금은 부산디지털대학교 총장으로 재직하고 있다.

공희숙
부산대학교 대학원 경영학과(경영학 박사)를 졸업하였으며, 현재 동서대학교 민석교양대학 부교수로 재직중이다. 교양대학에서 경영을 딱딱한 이론이 아닌 우리 일상 속 이야기로 자연스럽게 풀어내는 데 관심을 두고 있다.

엑셀과 AI로 쉽게 배우는 **경영통계학**

2025년 8월 18일 1판 1쇄 인쇄
2025년 8월 25일 1판 1쇄 발행

저 자 김상조 · 최원일 · 공희숙
발행인 김사설
발행처 도서출판 **창명**
12946 경기도 하남시 미사대로 540 AA동 8층 33호(한강미사2차)
전화 (031)795-1214 팩스 (031)5175-8033
이메일 kimsaseol@hanmail.net

출판등록 2016년 5월 20일
등록번호 제131-93-14552호

정가 30,000원 ISBN 979-11-88109-36-4